Crisi e resilienza del diritto d'autore

Il recepimento italiano della direttiva 2019/790

IUSTITIAM COLIMUS

Crisi e resilienza del diritto d'autore

Il recepimento italiano della direttiva 2019/790

a cura di Maria Letizia Bixio

Piero Attanasio
Maria Letizia Bixio
Giovanni Cavani
Alessandro Cogo
Paolo Cuomo
Beatrice Cunegatti
Giovanni d'Ammassa
Chiara Dellacasa
Deborah De Angelis
Stefania Ercolani
Valeria Falce
Gustavo Ghidini
Fabio Ghiretti
Francesca Giordanelli
Alessandro La Rosa
Simona Lavagnini
Fabiola Massa
Rosa Maiello
Chiara Marchisotti
Paolo Marzano
Giuseppe Mazziotti
Andrea Micciché
Costantino Monteleone
Alberto Musso
Raffella Pellegrino
Gianluca Poiaghi
Stéphanie Rotelli
Cristiana Sappa
Davide Sarti
Isabella Splendore

Giappichelli

VIA PO, 21 - TEL. 011-81.53.111
http://www.giappichelli.it

ISBN/EAN 978-88-7524-594-8
ISBN/EAN 979-12-211-5565-5 (ebook - pdf)

Il presente volume è stato pubblicato con il contributo del Dipartimento di Scienze umane dell'Università Europea di Roma e nell'ambito del Progetto PRIN 2020 E-Agorà - Online Platform Contracts: economic efficiency and rights' protection of service users. Technological innovation and service sharing in a social world.

G. Giappichelli Editore

Questo libro è stato stampato su carta certificata, riciclabile al 100%

Stampa: Rotolito S.p.A. - Pioltello (MI)

Indice

pag.

Prefazione
Fair use tra Direttiva Copyright e intelligenza artificiale (Valeria Falce) XVII

Note Curatoriali (Maria Letizia Bixio) XXIII

Introduzione (Stefania Ercolani) XXV

Capitolo I
L'Italia e la Direttiva diritto d'autore nel mercato unico digitale: luci e ombre del d.lgs. 177/2021
di *Alessandro Cogo, Simona Lavagnini*

Parte I: *Prime riflessioni sulle linee generali della Direttiva 790/2019 e sul suo recepimento in Italia* (Alessandro Cogo) 1
1. Introduzione 1
2. La Direttiva "*Copyright*" all'interno della riforma del *Digital Single Market* 1
3. Qualche linea di fondo della Direttiva: valorizzazione delle utilizzazioni per finalità di interesse generale 2
4. *Segue*: redistribuzione dei profitti generati dallo sfruttamento dei contenuti 3
5. *Segue*: piattaforme di condivisione tra *must carry* e *must pay* 5
6. Il recepimento in Italia: qualche osservazione sparsa 6
7. *Segue*: le immagini di opere delle arti visive cadute in pubblico dominio 6
8. *Segue*: il controllo sui corrispettivi contrattuali 7
9. *Segue*: l'indisponibilità sulle piattaforme dei contenuti oggetto di contestazione 8
10. *Segue*: il ruolo di AGCOM nel *Digital Single Market* 8

Parte II: *Il ruolo di AGCOM* (Simona Lavagnini)
1. Le nuove attribuzioni di AGCOM 10
2. AGCOM e diritto d'autore: evoluzione storica fino al Regolamento per la tutela del diritto d'autore online e relative modifiche 13
3. Considerazioni conclusive 17

pag.

Capitolo II

(dagli artt. 3-4 CDSM all'art. 70-*ter* LDA)

Le eccezioni per scopo di ricerca: il mondo guarda all'UE

di *Deborah De Angelis*

1. La trasposizione in Italia degli artt. 3 e 4 della Direttiva Copyright 21
2. Estrazione di testo e di dati per finalità di ricerca scientifica: ambito applicativo 25
3. Eccezioni e limitazioni ai fini dell'estrazione di testo e di dati per finalità commerciali: ambito applicativo 31
   3.1. Le misure tecnologiche di protezione 34
4. Profili critici, scenari applicativi, processi di IA 35

Capitolo III

(dall'art. 5 CDSM all'art. 70-*bis* LDA)

L'Insegnamento a distanza: l'accademia italiana può essere competitiva?

di *Fabiola Massa*

1. La *ratio* dell'art. 5 della Direttiva (UE) 2019/790 39
2. La trasposizione in Italia dell'art. 5 della Direttiva 790 41
3. Le modifiche al previgente assetto dell'eccezione ad uso didattico 45

.Capitolo IV

(dall'art. 6 CDSM all'art. 68, co. 2-*bis* LDA)

Qualche spunto sull'eccezione per la conservazione del patrimonio culturale

di *Rosa Maiello, Giuseppe Mazziotti, Cristiana Sappa*

1. Introduzione 51
2. Il contesto: l'evoluzione delle norme con impatto sul patrimonio culturale 51
3. Cosa dice la norma e quali vasi di Pandora apre? 54
4. Possibile applicazione della norma e sviluppi futuri 57
5. Una prima conclusione 61

pag.

Capitolo V
(dagli artt. 8-10 CDSM agli artt. 102-*undecies* e ss. LDA)
L'Utilizzo delle opere fuori commercio da parte degli istituti di tutela del patrimonio e l'innesto delle licenze collettive
di *Maria Letizia Bixio, Piero Attanasio, Raffella Pellegrino*

Parte I: *La nuova disciplina per le opere fuori commercio, un progetto di apparente continuità* (Maria Letizia Bixio)
1. La trasposizione in Italia degli artt. 8-10 della Direttiva: l'utilizzo delle opere fuori commercio 63
2. Per un parallelismo sistematico tra opere orfane e fuori commercio 67
3. Una prima conclusione 70

Parte II: *Le licenze collettive estese per le opere fuori commercio* (Piero Attanasio, Raffaella Pellegrino)
1. Le licenze collettive estese nel contesto dei programmi di digitalizzazione delle biblioteche 72
2. Attività propedeutiche al rilascio della licenza 73
3. Aspetti tecnici dell'identificazione dello status di "fuori commercio" 75
4. Rappresentatività degli organismi di gestione collettiva 77
5. L'eccezione al diritto d'autore in assenza di licenze 79
6. *Iter* per il rilascio della licenza ed altri aspetti attuativi 80
7. Conclusioni 83

Capitolo VI
(dall'art. 12 CDSM all'art. 180-*ter* LDA)
Licenze collettive estese e concorrenza nell'art. 180-*ter* LDA: complementarità o conflitto?
di *Paolo Cuomo, Andrea Micciché, Davide Sarti*

Parte I: *Le licenze collettive estese e il modello concorrenziale adottato dal legislatore italiano* (Paolo Cuomo)
1. Introduzione 85
2. I settori ammessi 87
3. Le *collecting* legittimate 89
4. Gli effetti della licenza collettiva estesa per gli apolidi: le tutele 92
   4.1. La portata dell'effetto esteso 93

pag.

Parte II: *Spunti critici in tema di apolidi* (Andrea Micciché)
1. Il titolare del diritto apolide 95
2. L'imputazione del compenso 96
3. Quali criteri per calcolare il diritto dell'apolide che ha svolto le proprie esecuzioni o interpretazioni 98
4. Sul regime degli apolidi e sull'intermediazione necessaria 99
5. Conclusioni 100

Parte III: *Alcune considerazioni sul sistema dei compensi* (Davide Sarti)
1. Premessa. Il fondamento sistematico dei diritti a compenso e della loro gestione in forma collettiva 101
2. Il parallelismo con il sistema tedesco 103
3. L'auspicata concorrenzialità di tre *collecting* rappresentative ed i suoi conseguenti problemi 104
4. Il "modello" concorrenziale del progetto di regolamento AGCOM e le sue criticità 106
5. In mezzo al guado: fra apprezzabili tentativi di riforma del sistema dei compensi e fragilità del modello di regolamentazione concorrenziale 108

Capitolo VII

(dall'art. 13 CDSM agli artt. 16-*quater* e 110-*ter* LDA)

La conclusione di licenze per i diritti VOD

di *Chiara Dellacasa, Chiara Marchisotti*

Parte I: *La trasposizione in Italia dell'art. 13 della Direttiva Copyright* (Chiara Dellacasa)
1. I principi ispiratori dell'art. 13 della Direttiva 109
2. Il d.lgs. 8 novembre 2021, n. 177 e l'audiovisivo 111
   2.1. L'art. 110-*ter* nella l. 633/1941 111

Parte II: *L'attuazione dell'art. 110-*ter *e il ruolo dell'Autorità per le Garanzie nelle Comunicazioni* (Chiara Marchisotti)
1. La natura, i presupposti e le finalità dell'istituto 113
2. Lo schema di regolamento di cui all'Allegato A alla delibera 44/23/CONS 114
3. Spunti applicativi in tema di meccanismo di assistenza nel raggiungimento di accordi contrattuali per la concessione di licenze per lo sfruttamento di opere audiovisive su servizi di *video on demand* 117

pag.

Capitolo VIII
(dall'art. 14 CDSM all'art. 32-*quater* LDA)
Il patrimonio culturale tra pubblico dominio e riproduzione riservata
di *Stéphanie Rotelli e Costantino Monteleone*

1. Il contesto italiano 119
2. Alcune considerazioni generali sulle nuove norme 121
3. L'impatto delle nuove norme sui documentari di opere delle arti visive e/o beni culturali 123

Capitolo IX
(dall'art. 15 CDSM all'art. 43-*bis* LDA)
La via italiana per i diritti connessi degli editori di pubblicazioni giornalistiche
di *Francesca Giordanelli, Paolo Marzano, Isabella Splendore*

Parte I: *Per una ricognizione della trasposizione italiana* (Francesca Giordanelli)
1. La trasposizione in Italia dell'art. 15 della Direttiva 127
2. I criteri interpretativi dell'art. 43-*bis* e del Regolamento AGCOM 131

Parte II: *Applicazione della norma interna e primo vaglio giurisprudenziale* (Paolo Marzano)
1. Dal dato normativo al contenzioso 134
2. Il 'Contenzioso Promopress' 135
3. La portata 'larga' dell'art. 43-*bis* e del Regolamento AGCOM 139
4. Conclusioni 142

Parte III: *Il recepimento del diritto connesso degli editori di giornali in Italia: il punto di vista degli editori* (Isabella Splendore) 143

pag.

Capitolo X
(dall'art. 16 CDSM all'art. 70-*quinquies* LDA)

La partecipazione degli editori e dei cessionari ai compensi per le limitazioni ai diritti

di *Gianluca Pojaghi e Beatrice Cunegatti*

Parte I: *Evoluzione storica del quadro normativo di riferimento* (Gianluca Pojaghi)
1. L'originaria previsione normativa della reprografia 149
2. L'introduzione della normativa sulla copia privata 151
3. Le modifiche apportate dalla Direttiva europea sulla Società dell'Informazione 151
4. La Decisione Reprobel 154
5. Le modifiche apportate dalla Direttiva europea sul Mercato Unico Digitale 156

Parte II: *Implicazioni pratiche* (Beatrice Cunegatti)
1. Le ragioni della norma e l'esclusione del diritto di prestito 158
2. Il diritto alla partecipazione al compenso nei rapporti interni con l'autore 160
3. Le quote di partecipazione al compenso in caso di reprografia (e di copia privata) 161
4. Ambito soggettivo di applicazione della norma: la nozione di editore 162
5. *Segue*: la nozione di autore e la posizione dei titolari di diritti connessi 163
6. *Segue*: la generalità dei "titolari" dei diritti 165
7. Ambito oggettivo di applicazione della norma: il titolo di acquisto del diritto 165
8. Valutazione della legittimità delle norme regolamentari che non prevedono un compenso a favore dell'editore 167
9. Osservazioni conclusive 167

Capitolo XI
(dall'art. 17 CDSM all'art. 102-*nonies* LDA)

L'articolo 17 direttiva CDSM

di *Stefania Ercolani e Alessandro La Rosa*

Parte I: *Inquadramento e scopo dell'art. 17 della Direttiva* (Stefania Ercolani)
1. La storia 169
2. I Servizi di Condivisione 172
3. Diritto di comunicazione al pubblico 174
4. L'autorizzazione dei titolari dei diritti sui contenuti 176

pag.

Parte II: *Violazioni dei diritti e regime speciale di responsabilità per i prestatori di servizi di condivisione* (Alessandro La Rosa)
1. L'art. 17 della Direttiva Copyright e la sua trasposizione nell'art. 102-*septies* LDA (cenni) 181
2. L'art. 102-*septies*, co. 1, lett. *c*), LDA 184
3. L'intervento del DSA – le segnalazioni di contenuti in violazione del diritto d'autore 187
4. Il meccanismo di *claim* e *counterclaim*: riflessi dell'art. 102-*nonies* sull'art. 102-*decies* LDA 189
5. Gli Orientamenti della Commissione Europea sull'applicazione dell'art. 17, § 9, Direttiva Copyright (convertito nell'art. 102-*decies* LDA) 190
6. Le linee guida di AGCOM (delibera AGCOM 115/23/CONS) 194
7. La recente evoluzione normativa: la l. 14 luglio 2023, n. 93 196

Capitolo XII

(dall'art. 17, par. 7, CDSM all'art. 102-*nonies* LDA)

Il presidio della libertà di espressione degli utenti

di *Alberto Musso, Gustavo Ghidini, Giovanni Cavani*

Parte I: *La trasposizione in Italia dell'art. 17, par. 7, Dir. Copyright: un possibile bilanciamento di citazione e parodia con la formalistica dogmatica interpretativa su eccezioni e limitazioni* (Alberto Musso)
1. Dalle libere utilizzazioni al regime «proibizionista» dell'art. 5, par. 5, Dir. Infosoc 199
   1.1. Ulteriore restringimento delle eccezioni in via interpretativa… 200
   1.2. … anche per diritti fondamentali altrettanto costituzionalmente garantiti… 200
   1.3. … tanto da doversi a volte invocare un "effetto utile" per preservare l'eccezione 201
2. Interpretazione dell'art. 17 CDFUE 201
3. Assenza o mancata considerazione di eccezioni opzionali eventualmente applicabili, quale l'eccezione didattica 202
   3.1. Risultato: un serpente che si morde la coda 203
4. Parodia e citazione: due (vecchie e nuove) eccezioni "obbligatorie" 203
   4.1. Attuazione italiana 204
5. Problemi interpretativi e applicativi nella disciplina italiana 204
   5.1. Parodia: necessità di eccezione o naturale funzione trasformativa? 204
   5.2. L'interpretazione di Cassazione civ., 30 dicembre 2022, n. 38165 204
   5.3. Rischi alla libertà di espressione in caso di parodia come eccezione, soprattutto nel preteso senso restrittivo e unitario della CGUE 205

pag.

5.4. La citazione: il contrasto tra la restrittiva nozione italiana e la sua più ampia nozione in ambito europeo e internazionale 205
5.5. Conseguenti problematiche per usuali citazioni nell'ambito commerciale che pure non contrastano con la correttezza professionale 206
6. Meccanismi di reclamo per la salvaguardia di eccezioni o limitazioni in ambito digitale 206
7. Ambito di applicazione delle eccezioni digitali *ex* art. 102-*nonies*, co. 2, LDA 207

Parte II: *"Eccezioni" e "limitazioni" fra ordinamento UE e ordinamento italiano del diritto d'autore. Il caso della parodia* (Gustavo Ghidini, Giovanni Cavani)
1. Dagli usi liberi di Berna alle eccezioni di Infosoc: una traiettoria protezionistica 208
2. Il regime della parodia e il contrasto fra libertà di espressione del suo autore e diritto esclusivo del titolare dell'opera originaria 212
3. Le opere derivate. Il cuore della problematica 212
4. La parodia come opera derivata "autonoma" 215
5. Conclusioni riassuntive 220

Capitolo XIII
(dagli artt. 18-22 CDSM agli artt. 107 e 110-*quater* ss. LDA)

Il fragile equilibrio tra autonomia privata e potere negoziale alla prova delle nuove norme sulla cessione dei diritti

di *Fabio Ghiretti, Paolo Marzano, Giovanni d'Ammassa*

Parte I: *La disciplina dell'equa remunerazione e gli obblighi di trasparenza* (Fabio Ghiretti)
1. L'art. 18 della Direttiva e la sua trasposizione nell'art. 107 LDA 227
2. Il diritto alla remunerazione adeguata e proporzionata di cui all'art. 107, co. 2, LDA 229
3. L'art. 19 della Direttiva e la sua trasposizione nell'art. 110-*quater* LDA 232
4. L'obbligo di trasparenza di cui all'art. 110-*quater* LDA 234
5. L'obbligo di trasparenza nello schema di Regolamento AGCOM 235

Parte II: *La prassi contrattuale tra artisti ed autori ed i loro cessionari. Profili critici* (Paolo Marzano)
1. Premessa 238
2. La difficile convivenza tra gli artt. 46-*bis* e 84, da un lato, ed i nuovi artt. 107 e 110-*quinquies*, dall'altro 239

pag.

3. Quale futuro per l'art. 130? 244
4. Conclusioni 245

Parte III: *La posizione contrattuale più debole di autori e artisti* (Giovanni d'Ammassa)
1. Premessa 246
2. Il principio di remunerazione adeguata e proporzionata 250
3. Le informazioni e i principio di trasparenza 252
4. Il meccanismo di adeguamento dei contratti 259
5. Il diritto di revoca 261
6. La procedura alternativa di risoluzione delle controversie: cenni 267
7. L'applicazione nel tempo 268

Prefazione
Fair use tra Direttiva Copyright e intelligenza artificiale

di *Valeria Falce*

Il rafforzamento dell'industria culturale e creativa identifica un chiaro obiettivo strategico. Con la finalità, infatti, di contribuire al consolidamento del Mercato Interno e l'intenzione di stimolare anche in ambiente digitale l'innovazione, gli investimenti, la creatività e la produzione di contenuti nel rispetto della diversità culturale, sono diverse e sempre più ambiziose le iniziative intraprese in sede europea [1].

Tra queste, la Direttiva 2019/790/UE ("Direttiva Copyright") si propone un ruolo fondamentale: modernizzare l'istituto autoriale alla luce della trasformazione digitale e delle sfide delle nuove tecnologie e di un più maturo equilibrio tra l'interesse degli autori/editori e quello generale, a salvaguardia dei diritti fondamentali. Seguendo tali traiettorie, l'Europa, e sulla sua scia l'Italia, interviene su diversi ed intrecciati fronti: garantire un livello di protezione elevato ai titolari dei diritti, facilitare il sistema di licenza e circolazione delle opere, e creare un quadro di regole armonizzato che disciplini lo sfruttamento delle opere e altri materiali protetti [2].

Nel perseguire siffatte direttrici, non si ambisce a mettere in discussione i presupposti della disciplina o i suoi tratti distintivi. Ci si propone piuttosto di assicurare l'effettività e l'*enforceability* del diritto autoriale europeo alla luce «*degli sviluppi tecnologici e dei nuovi canali di distribuzione dei contenuti protetti nel mercato interno*». Coerentemente, la Direttiva prima ribadisce con forza che «*gli obiettivi e i principi stabiliti dal quadro giuridico dell'Unione sul diritto d'autore*», «*rimangono validi*», e poi circoscrive il contributo che intende rendere all'armonizzazione dell'istituto autoriale a livello europeo con la « *necessità* » di « *adeguare* » la legislazione alle esigenze future, in modo da non limitare l'evoluzione tecnologica [3].

---

[1] Così e per ampi riferimenti: V. FALCE, *La spinta adeguatrice della Direttiva Copyright. Il caso dell'eccezione di insegnamento*, in *Riv. Dir. Ind.*, 2019, 376.

[2] Per una sintesi e sulle ricadute sul sistema nazionale, mi si permetta di rinviare ampiamente a V. FALCE, *International Copyright Law and Practice* (Italy), Albany, New York, M. Bender, Lexis Nexis, 2022.

[3] V. FALCE, M.L. BIXIO, *Brevi note sul principio di fair remuneratin e fair contract nella Direttiva Copyright*, in *Riv. Dir. Ind.*, 2020, 261.

Se però la *solidità e* la *tenuta del sistema* costituiscono gli assi portanti della nuova architettura, non può ignorarsi che l'intervento legislativo abbia risposto allo scollamento tra la situazione di fatto e quella di diritto, che, nella percezione delle istituzioni europee, ostacolava il perseguimento della finalità dell'integrazione europea e del consolidamento del mercato unico digitale [4].

A fronte, infatti, di "*nuovi tipi di utilizzi*" consentiti dalle "*tecnologie digitali*", la cornice giuridica europea risultava inadeguata, perché alcune di queste utilizzazioni non potevano essere ricondotte al quadro delle eccezioni consentite dalla regolazione europea, e perché, in ogni caso e a prescindere dalla lettura estensiva del sistema esistente, il modello europeo su base facoltativa non ne agevolava, né assicurava l'accessibilità transfrontaliera. Per un verso, la giurisprudenza europea aveva da tempo codificato il principio in forza del quale le eccezioni introdotte in sede europea derogano al diritto esclusivo su cui si fonda il diritto d'autore, e come tali non legittimano interpretazioni evolutive o innovative [nel senso che per garantire l'equilibrio omeostatico del sistema, devono essere ancorate ad un criterio ermeneutico di stretta interpretazione]. Per altro verso, le nuove tecnologie permettevano la fruizione di contenuti attraverso forme (a distanza), modalità (digitale) e orizzonti geografici (transnazionali) non contemplati dal sistema esistente.

Ragioni di coerenza sistematica e di conformità con l'*acquis communitaire*, insieme alla spinta alla più matura armonizzazione a livello intraeuropeo, hanno così imposto al legislatore prima europeo e poi nazionale di intervenire all'insegna della continuità, attualizzando e modernizzando il regime delle eccezioni e delle limitazioni esistenti [5].

Una conferma della spinta adeguatrice proviene dal Considerando n. 6 della Direttiva Copyright, che richiama il perno attorno a cui ruota l'intera disciplina: promuovere un equilibrio tra il diritto esclusivo presidiato dal diritto d'autore e i giusti contrappesi che lo stesso sistema riconosce come coessenziali.

In particolare, il Considerando sintetizza lo scopo finale del sistema delle eccezioni, là dove chiarisce che "le eccezioni e le limitazioni tendono al raggiungimento di un giusto equilibrio tra i diritti e gli interessi degli autori e degli altri titolari di diritti, da un lato, e degli utilizzatori, dall'altro". Proseguendo, e qui vale la pena rimarcarlo, rinsalda, in combinato disposto con il successivo Art. 7 della Direttiva, gli obblighi di diritto internazionale scolpiti nel sistema europeo in forza dei quali le eccezioni "sono applicabili solo in taluni casi specifici che non siano in contrasto con il normale sfruttamento delle opere o altri materiali e non arrechino indebitamente pregiudizio ai legittimi interessi dei titolari dei diritti".

La nuova cornice, insomma, riaffermando la funzione ultima della disciplina

---

[4] Prospettiva questa approfondita anche in V. FALCE, N.M. FARAONE, *Spunti di diritto positivo sull'art. 17 della Direttiva Copyright*, in *Riv. Dir. Ind.*, 2021 21.

[5] Per un inquadramento sulla traiettoria nazionale, rimangono valide le considerazioni espresse in V. FALCE, *La modernizzazione del diritto di autore*, 2012.

anche nell'era digitale e anche rispetto al sistema delle eccezioni (Considerando 5-29; Artt. 3-7, rispettivamente in tema di text e data mining, insegnamento e patrimonio culturale): 1) conferma la legittimità delle pretese di remunerazione degli autori e delle imprese operanti nel campo culturale e dell'informazione, 2) riconosce che tali legittime pretese possano scontrarsi contro altre esigenze ed interessi, ostacolando il libero accesso al patrimonio ideale delle conoscenze incorporate nelle opere protette, a fini di studio, insegnamento e di ricerca, 3) ribadisce che, in caso di contrasto, le esigenze ulteriori possano prevalere in casi specifici e al ricorrere di specifiche condizioni, così restringendo la portata del diritto esclusivo non in quanto tale, ma nella misura strettamente necessaria al conseguimento della finalità prevalente da conseguire, 4) esclude il rovesciamento del modello diritto-eccezione a favore della creazione di nuovi diritti a favore degli utilizzatori.

In altri termini, la nuova nomenclatura non incide ma riafferma i principi della materia, aggiornandoli in aderenza al canone della stretta inerenza e proporzionalità, così che l'impianto delle eccezioni che ne risulta prevede non una norma di carattere generale, ma la tipizzazione di fattispecie specifiche.

Premesso infatti che le esigenze altre tutelate dal sistema delle limitazioni rimandano ad altrettanti interessi di rilievo generale, il contemperamento richiesto dal legislatore in primis e dall'interprete in seconda battuta è di assicurare attraverso il pendolo dei diritti e delle limitazioni il perseguimento di un obiettivo finale, che consiste nello stimolare la produzione di una maggiore quantità di innovazione, sia in campo tecnico che culturale.

Ed è quindi in questa ottica – secondo cui il diritto esclusivo dell'autore è uno scopo-mezzo e non uno scopo finale – che va definito un equilibrio tra forze e interessi anche antagonisti. A tal fine, l'istituto autoriale effettivamente prevede un reticolo di previsioni che fissano limiti «interni» – operanti quali correttivi al sistema, circoscrivendo l'estensione dell'area di riserva –, e marcano limitazioni – con tali intendendosi quelle misure riconducibili a interessi diversi da quelli connaturati ed intriseci alla dialettica della disciplina autoriale, che autorizzano l'uso da parte di terzi normalmente dietro pagamento di un corrispettivo.

Ferma tale scelta funzionale, il Legislatore interviene sulla geometria dei limiti interni e sulle limitazioni esterne, segnandone contorni e confini rispetto alle libertà fondamentali.

In concreto, le eccezioni sono riconosciute nei termini definiti in sede normativa (per evitare la confusione tra diritti ed eccezioni), ed entro questi termini devono essere interpretate al fine di non pregiudicare la chance di guadagno differenziale associata all'area di esclusiva accordata ai titolari dei diritti (essenziale per garantire il bilanciamento di interessi).

La definizione puntuale delle eccezioni insieme all'interpretazione del relativo ambito di applicazione è fondamentale, perché grazie alle nuove modalità di fruizione consentite dall'innovazione tecnologica lo sfruttamento dell'opera tutelata diventa concorrenzialmente rilevante.

Non stupisce dunque la preferenza per un sistema misto, che da un lato ricorre alle prerogative dello *ius excludendi alios* per vietare comportamenti lesivi degli interessi dei titolari, e dall'altro favorisce il pagamento di un compenso ai titolari dei diritti. Né sorprende l'imposizione di un sistema teso ad evitare che i contorni delle eccezioni possano essere superati in via contrattuale. Né, infine, coglie di sorpresa che la strada della facoltatività abbia lasciato il passo all'obbligatorietà del sistema delle eccezioni.

Sin qui tutto bene. Rispetto alla tenuta del sistema rimane però almeno un dubbio.

In particolare, ci si chiede se le nuove coordinate siano in grado – non solo nella forma ma soprattutto nella sostanza – di imbrigliare i fronti aperti delle tecnologie più avanzate e tra queste dell'intelligenza artificiale [6].

Che le intersezioni ed interferenze tra IA e diritto di autore si possano apprezzare almeno in due distinte fasi è pacifico: 1) quella a monte, quando il contenuto autoriale, un'opera o anche una sua parte, viene utilizzato per addestrare un sistema di intelligenza artificiale e 2) quella a valle, quando l'IA elaborando dati, contenuti ed informazioni ne propone una sintesi o una nuova elaborazione che non può essere ricondotta direttamente e specificamente a nessuno dei contenuti utilizzati se non come fonte di ispirazioni, così proponendosi come opera trasformativa o anche nuova.

In ciascuna delle suddette fasi, il sistema di IA si "nutre" di opere o parti di opere autoriali, la cui versione digitale è inscindibilmente legata a quella originale, vuoi che sia analogica vuoi che sia digitale.

La prima fase prevede l'individuazione dei contenuti da analizzare, la loro standardizzazione secondo formati digitali compatibili (pre-processing) e dunque accesso e loro analisi grazie a software di Text and Data Mining, cioè algoritmi in grado di localizzare, estrarre ed esaminare determinati dati.

Per addestrare insomma un sistema IA è necessario accedere ed utilizzare opere e sue parti, e tali azioni sono legittime in Europa e in Italia solo se consentite dai suoi titolari, a meno che quelle forme di utilizzazione non qualifichino eccezioni e limitazioni normativamente previste.

Certo, alla ricerca di un opportuno bilanciamento tra gli interessi dell'industria culturale e dei titolari dei diritti con quelli della concorrenza e dell'innovazione contribuisce la Direttiva Copyright, per un verso rendendone l'introduzione obbligatoria a livello nazionale, e, per altro verso, confermando che ciascuna di quegli usi deve comunque rispettare il c.d. three-step test (di cui alla Convenzione di Berna e agli artt. 13 TRIPs, 10 WCT e 16 WPPT). Clausola generale in forza della quale l'utilizzazione di contenuto autoriale senza autorizzazione è legittima "solo in taluni casi specifici che non siano in contrasto con il normale sfruttamen-

---

[6] Per tutti, si rinvia alla ricostruzione e alle riflessioni offerte in AA.VV., *Intelligenza artificiale e diritto: una rivoluzione?* (Volume 3), a cura di A. PAJNO, F. DONATI, A. PERRUCCI, Il Mulino, 2022.

to delle opere o altri materiali e non arrechino indebitamente pregiudizio ai legittimi interessi dei titolari dei diritti».

Ebbene, proprio per dare impulso alla trasformazione digitale e ai nuovi mercati ad essa connessi senza frustrare i settori della creatività, l'estrazione di testo, dati, suoni e immagini, i.e Text and Data Mining, rientra nel novero delle eccezioni, vuoi per scopi di ricerca (sempre che siano svolte senza finalità lucrative e non contrastino con gli interessi dei titolari dei diritti), vuoi per finalità commerciali e lucrative.

L'eccezione d'altra parte non è assoluta o incondizionata, ma subordinata al rispetto di presupposti specifici e generali. Tra i primi: che ai contenuti si abbia legalmente accesso (grazie a condizioni contrattuali o abbonamenti), che i contenuti non siano riservati e che, nella lettura della dottrina, sia previsto un compenso negoziale. Tra i secondi: che l'uso di quei materiali non contrasti con il normale sfruttamento delle opere o altri materiali e non arrechi indebitamente pregiudizio ai legittimi interessi dei titolari dei diritti.

La seconda fase prevede il trattamento dei materiali acquisiti ed il rilascio di una opera che ne sia una elaborazione distinta e non direttamente riconducibile a nessuna delle opere utilizzate, con la connessa questione della relativa autonoma proteggibilità per la disciplina autoriale.

Premesso che il diritto di elaborazione e traduzione spetta al titolare dell'opera, il sistema unionale e nazionale si oppongono a questa costruzione. Non solo la Convenzione di Berna, Trattato internazionale che inquadra i principi della materia, insieme all'architettura europea e nazionale attribuiscono la tutela autoriale alle sole creazioni realizzate con il prevalente contributo umano (l'opera generata dall'IA non è pertanto qualificabile come opera dell'ingegno), ma in ogni caso l'opera proteggibile è quella creazione propria dell'essere umano, generalmente dotato di capacità giuridica e di agire (il sistema di IA non può essere soggetto di diritto).

Sulla carta pare che il sistema regga. Con un *caveat*.

Poiché è al titolare dei diritti che spetta contestare la violazione delle sue prerogative autoriali e alla controparte eccepire la legittimità di quell'uso in quanto rientrante nell'ambito dell'eccezione, ad avviso di chi scrive, meritano di essere ulteriormente approfondite le asimmetrie informative lungo la catena del valore, il livello di conoscenza necessaria per maneggiare la complessità tecnica della materia, e più ampiamente i termini dell'eventuale squilibrio economico e negoziale tra le parti. Approfondimenti questi strettamente necessari a valutare se ed in che termini (eventualmente e in ottica *de iure condendo*) favorire processualmente la controparte debole, introdurre delle presunzioni semplici, invertire l'onere della prova (come previsto dalla disciplina sull'abuso di dipendenza economica[7]) o an-

---

[7] Per un parallelo, V. FALCE, *Rapporti asimmetrici tra imprese e soluzioni pro-concorrenziali. Note minime su evoluzione normativa e giurisprudenziale*, in *Riv. Dir. Ind.*, 2023.

cora richiedere esplicitamente la trasparenza e spiegabilità dei processi e degli algoritmi, ovvero l'accesso alle informazioni e ai dati di cui si nutre il sistema IA, insieme alla loro marchiatura, o anche l'indicazione delle fonti utilizzate per l'elaborazione di contenuti nuovi in uscita (come parrebbe richiedere una lettura combinata e sistematicamente coerente dell'AI Act con la Direttiva Copyright), ovvero introdurre in via normativa clausole contrattuali o sistemi di licenza abbinati ad un ruolo rafforzato di composizione degli interessi attribuito ad organismi istituzionali, autorità o giudici, o infino favorire le misure tecniche ed organizzative di protezione dei contenuti (proseguendo lungo la scia della stessa Direttiva Copyright) [8].

---

[8] Si rinvia alle note 1-3.

Note Curatoriali

di *Maria Letizia Bixio*

Il volume “Crisi e Resilienza del Diritto d’Autore. Il recepimento italiano della direttiva 2019/790” che l’Editore Giappichelli presenta ai lettori, è stato pensato con l’intento di non disperdere le attente riflessioni susseguitesi nel corso del 2022 e 2023 nell’articolato ciclo di seminari dedicato da ALAI Italia alla trasposizione della direttiva 2019/790.

Senza entrare nel merito dei singoli interventi, che verranno presentati in seguito, mi sia consentito un cenno alla metodologia adottata nel tentativo di riproporre in ciascun capitolo la felice alternanza di voci dei più illustri esperti nazionali della materia del diritto d’autore.

Nell’analisi di ogni istituto interessato dall’opera di modernizzazione, si è addivenuti alla proposizione di un dialogo fecondo, dove, la riflessione teorico-sistematica sul dato normativo della direttiva, la *ratio* della sua implementazione nel sistema interno, e i profili critici di natura puramente pratica che ne derivano, sono divenuti necessari e legittimi complementi l’uno dell’altro.

Gli Atti dei singoli incontri hanno, dunque, trovato piena sistemazione in una collana che si dedica alle esigenze del giurista teorico e dell’operatore del diritto, poiché la competenza di un addetto del settore non può limitarsi all’acquisizione meramente nozionistica dell’evoluzione del dettato normativo, ma si arricchisce tanto grazie al dialogo teorico con gli accademici, quanto a quello pratico con i professionisti, con i quali giova condividere l’*habitus* dell’approfondimento e dell’aggiornamento.

L’opera di riforma della direttiva 2001/29/CE sull’armonizzazione di taluni aspetti del diritto d’autore e dei diritti connessi nella società dell’informazione, operata alla luce del necessario ripensamento che il contesto del mercato unico digitale postulava, ha consentito di approdare alla definizione di un primo ordine di soluzioni (quali l’obbligo di licenza preventiva, la trasparenza, i meccanismi di adeguamento contrattuale) in risposta ai principali problemi correlati alle nuove forme di fruizione dei contenuti nell’ecosistema digitale (deficit di *enforcement*, *value gap*, disequilibrio concorrenziale). L’opera collettanea che qui si propone al lettore, illustra, quindi, seguendo l’impianto proposto dalla direttiva 2019/790, quegli istituti, neo-formati o riformati, con riferimento alle possibili ricadute nel sistema interno. Attraverso uno schema snello, ciascun capitolo mira a dirimere i primi dubbi interpretativi sul nuovo dettato normativo della legge 633/1941 sulla protezione del diritto d'autore e di altri diritti connessi al suo esercizio, nonché, ad evidenziare i principali profili di criticità, nell'auspicio di poter così anche offrire un contributo qualificato alla comprensione critica di quei correttivi che il legislatore europeo aveva previsto fossero assunti in sede attuativa per affrontare le sfide poste dalla digitalizzazione. Tuttavia, tali sfide evolvono incessantemente assieme alla tecnologia e la norma, anche la più "modernizzata" è rincorsa dallo spettro della propria obsolescenza. Crisi o resilienza del diritto d'autore dunque? La necessità di un migliore *enforcement* per garantire i titolari dei diritti, il contrasto al *value gap* per evitare il *free riding* dei contenuti creativi, i correttivi per il disequilibrio concorrenziale tra i *players*, non sono forse problemi che si rivestono di nuova attualità se li si rilegge pensando all'impatto dell'intelligenza artificiale e delle tecnologie ad essa correlate? Di qui l'importanza di una riflessione che guardando ai ciclici fattori di crisi del diritto d'autore, continui a proporre soluzioni nell'interpretazione dei principi più alti e generali della materia, piuttosto che ad invocare sempre nuove, e già desuete, regolamentazioni.

Introduzione

di *Stefania Ercolani*

Nella prima metà del 1900 nemmeno nei romanzi di fantascienza si sarebbe potuto lontanamente immaginare quali trasformazioni la tecnologia digitale e la globalizzazione avrebbero portato nel modo di comunicare, di produrre e di interagire nel 21° secolo. Eppure la legge italiana sul diritto d'autore e i diritti connessi al suo esercizio, emanata il 22 aprile 1941, grazie alla sua coerenza sistematica, si è adattata e continua a reggere alle successive e profonde novellazioni dettate dall'evoluzione sociale e tecnologica, dall'appartenenza dell'Italia all'Unione Europea e dall'esigenza di tenere il passo con la diffusione dei contenuti in ambiente digitale. Qualche spiegazione per una legge così inopinatamente *future proof* potrebbe ricercarsi nella storia personale del suo principale artefice Eduardo Piola Caselli, il quale scrisse il suo primo Trattato in materia nel 1907 [1], coltivando una carriera eclettica e molte esperienze internazionali e diplomatiche, prima di guidare il gruppo di studio che ha elaborato e redatto la legge 633/1941, pubblicando infine nel 1943 un commentario [2] della stessa legge, che risulta ancora oggi utile per la comprensione di certe scelte legislative. Tra le sue esperienze internazionali merita qui di essere citata la sua partecipazione alla *Association Littéraire et Artistique Internationale*, oltre che alla Conferenza Diplomatica per la revisione della Convenzione di Berna nel 1928.

Gli interventi sulla legge 633/1941 si sono susseguiti con crescente frequenza e non tutti gli obiettivi perseguiti nei decenni successivi sono stati raggiunti; non mancano, infatti, le critiche radicali al sistema dei diritti e delle cosiddette eccezioni e limitazioni, in base alla considerazione che il perseguito bilanciamento tra i diversi diritti fondamentali destinati ad interagire – in positivo o in negativo – con il diritto d'autore, abbia seguito una "traiettoria protezionistica" ad opera anche della Corte Europea di Giustizia. Il capitolo XII di Alberto Musso, Gustavo Ghidini e Giovanni Cavani fornisce una chiave di lettura imprescindibile sull'argomento.

---

[1] Trattato del Diritto di Autore e del Contratto di Edizione (II Edizione UTET, 1927).

[2] Codice del diritto d'autore: commentario della nuova Legge 22 aprile 1941-XIX n. 633: corredato dei lavori preparatori e di un indice analitico delle leggi interessanti la materia, Torino, UTET, 1943.

La modernizzazione della normativa sulla protezione delle opere e sui diritti connessi mediante le direttive EU è stata anche criticata perché ha mancato di ottenere un'effettiva armonizzazione, quando non ha addirittura contribuito alla frammentazione del mercato europeo. Le critiche riguardano in primo luogo l'adeguamento della normativa all'era digitale, obiettivo della direttiva 29/2001/CE sul diritto d'autore e i diritti connessi nella società dell'informazione, che lascia gli stati membri della UE liberi di optare tra le diverse eccezioni contenute nel suo articolo 5, facoltà che riguarda non solo *se* recepire le eccezioni stesse, ma anche *come* recepirle. Tale direttiva rimane il corpus normativo fondamentale al quale fa riferimento la Corte Europea di Giustizia nelle sempre più numerose decisioni sulla materia, poiché costituisce, attraverso la trasposizione negli stati membri, la fonte principale per quanto attiene alla definizione e all'estensione dei diritti sanciti nei trattati OMPI del 1996 e negli articoli 2 e 3 della stessa direttiva.

Con la trasposizione della direttiva UE/2019/790 su diritto d'autore e diritti connessi nel mercato unico digitale, la legge italiana offre l'ennesima prova di resilienza; a differenza della direttiva del 2001, le norme del 2019 non incidono direttamente sul quadro normativo generale e non toccano il "cuore" della protezione dei diritti, ma costituiscono piuttosto un adeguamento, per altro non del tutto accurato e certo non esaustivo, di eccezioni e limitazioni, auspicabilmente destinato a meglio configurare i diritti ed a garantirne un'attuazione equilibrata.

Nel ciclo di webinar di ALAI Italia che hanno dato origine a questo volume, si sono intrecciate le analisi accademiche e le esperienze dei giuristi e degli *stakeholders*, con l'intento di fornire un'illustrazione tempestiva e sintetica sulle novità introdotte dal decreto legislativo di recepimento 8.11.2021 n. 177, mettendo in evidenza la complementarità tra l'analisi delle nuove norme e il loro impatto sugli aspetti di interesse specifico per i professionisti del copyright, ciò senza trascurare gli interessi dei beneficiari delle nuove eccezioni.

La linea seguita consente di individuare tre temi principali, il primo riguardante il rapporto tra copyright e beni culturali, fondamentale perché, come evidenziato nel capitolo VIII da Stéphanie Rotelli e Costantino Monteleone, "Il settore del patrimonio culturale è dunque un settore di eccellenza e centralità per il paese, che genera esigenze e sfide, anche antagoniste tra loro: da un lato e con il fine di favorire un accesso sempre più libero e aperto alla cultura, quelle di conservazione, digitalizzazione e valorizzazione; d'altro lato e con l'obiettivo di ottimizzarne l'indotto e di minimizzarne utilizzi abusivi o lesivi, quelle di circolazione e utilizzazione economico-commerciali regolamentate." Per altro, come avvertono Rosa Maiello, Giuseppe Mazziotti e Cristiana Sappa nell'introduzione del capitolo IV, un inquadramento generale anche in una prospettiva storica sul posizionamento delle diverse eccezioni nell'attuale quadro normativo può facilitare la comprensione delle loro possibili applicazioni a breve termine e della loro prospettiva futura, e ciò vale per le eccezioni per scopi culturali come per quella a scopo di insegnamento, trattata nel capitolo III curato da Fabiola Massa.

C'è poi il tema della trasposizione delle norme che riguardano il funzionamento del mercato nell'ottica dell'Unione Europea, che vanno a incidere su ambiti molto diversi tra loro, a partire dalle disposizioni che mostrano una nuova e quanto mai necessaria attenzione agli aspetti "sociali" dei contratti di autori ed artisti di cui si tracciano le linee essenziali nel capitolo XIII (Fabio Ghiretti, Paolo Marzano, Giovanni D'ammassa); al tema della protezione degli autori è connesso anche il capitolo X di Beatrice Cunegatti e Gianluca Pojaghi, che attiene all'attribuzione dei compensi per le limitazioni ai diritti, tema molto tecnico ma di interesse tutt'altro secondario per la contrattualistica di autori ed artisti.

L'analisi relativa al mercato continua nel capitolo V, con le riflessioni di Piero Attanasio, Raffella Pellegrino e Maria Letizia Bixio riguardo alla disciplina delle opere fuori commercio, con un'integrazione indiretta dell'eccezione per le opere orfane, in modo più rispondente alle esigenze del mercato e in un contesto di rispetto per i diritti. I profili problematici e peculiari delle norme italiane sulle licenze collettive ad effetto esteso sono sinteticamente evidenziati nel capitolo VI da Paolo Cuomo, Andrea Micciché e Davide Sarti.

Fonte di acceso dibattito nell'iter legislativo e nel recepimento sono state due distinti gruppi di norme direttamente attinenti ai contenuti digitali. Il primo concerne l'introduzione di un nuovo diritto connesso degli editori di giornali, esteso in Italia anche alle rassegne stampa e ai servizi di media monitoring, norme alle quali è dedicato il capitolo IX di Francesca Giordanelli, Isabella Splendore e Paolo Marzano. Il secondo concerne la disciplina che definisce il regime di responsabilità delle piattaforme di condivisione, trattato nel capitolo XI da Alessandro La Rosa e Stefania Ercolani; come ipotizza Alessandro Cogo nel primo capitolo, le disposizioni sembrano anche configurare l'attività di questi servizi (inesistenti quando sono state emanate la direttiva sul commercio elettronico del 2000 e la direttiva Infosoc del 2001) in termini di *must carry* e *must pay* dei contenuti protetti.

Il terzo tema ha una dimensione nazionale e comprende una serie di disposizioni che prevedono potestà regolamentari, sanzionatorie di mediazione e aggiudicative per l'Autorità di Garanzia delle Comunicazioni, ricordate nel loro travagliato percorso da Simona Lavagnini nel capitolo I. Il d. lgs. 177/2021 prosegue, quindi nella direzione intrapresa con il Regolamento tutela del diritto d'autore sulle reti di comunicazione elettronica emanato nel 2013 (che ha avuto la sua più recente integrazione con la legge 14 luglio 2023, n. 93), come pure con l'affidamento di compiti di vigilanza sulla gestione collettiva dei diritti, in assenza di un disegno legislativo coerente nel perseguire questo progressivo accentramento. Su questo aspetto, il decreto di recepimento rappresenta un'occasione mancata per la revisione del regolamento di esecuzione del 1943, che prevede norme in materia di mediazione ormai obsolete o mai applicate.

Di fronte alla quantità e qualità dei temi sommariamente ricordati risulta ancor più apprezzabile il compito svolto brillantemente dalla curatrice nella sistematizzazione dei contributi seguendo il filo delle modifiche e dei nuovi articoli inseriti nella legge sul diritto d'autore per il recepimento della direttiva UE/790/2019, cosicché ciascuno degli argomenti si articola in più parti coordinate e complementari. Tutti coloro che sono interessati all'analisi delle interazioni della direttiva UE/2019/790 con il quadro normativo italiano potranno trovare qualche risposta, molti spunti interessanti e numerosi stimoli alla riflessione.

Questo volume si può anche considerare il quarto Quaderno di ALAI Italia. I primi tre Quaderni, compreso quello che contiene gli Atti del Congresso internazionale svoltosi a Roma nel 2016 con il titolo "Applied Arts under IP Law" sono scaricabili dal sito www.Alai-italia.it.

Per ultimo ma non meno importante, ricordo che questo volume rappresenta una tappa importante della collaborazione tra ALAI Italia e il Centro di Ricerca di Eccellenza per il Diritto d'Autore (Creda); i più sinceri ringraziamenti vanno quindi, oltre che alla curatrice di questo volume Maria Letizia Bixio, ai ricercatori del CREDA presso l'Università Europea di Roma.

Capitolo I

L'Italia e la Direttiva diritto d'autore nel mercato unico digitale: luci e ombre del d.lgs. 177/2021

Parte I

Prime riflessioni sulle linee generali della Direttiva 790/2019 e sul suo recepimento in Italia

di *Alessandro Cogo*

SOMMARIO: 1. Introduzione. – 2. La Direttiva "*Copyright*" all'interno della riforma del *Digital Single Market*. – 3. Qualche linea di fondo della Direttiva: valorizzazione delle utilizzazioni per finalità di interesse generale. – 4. *Segue*: redistribuzione dei profitti generati dallo sfruttamento dei contenuti. – 5. *Segue*: piattaforme di condivisione tra *must carry* e *must pay*. – 6. Il recepimento in Italia: qualche osservazione sparsa. – 7. *Segue*: le immagini di opere delle arti visive cadute in pubblico dominio. – 8. *Segue*: il controllo sui corrispettivi contrattuali. – 9. *Segue*: l'indisponibilità sulle piattaforme dei contenuti oggetto di contestazione. – 10. *Segue*: il ruolo di AGCOM nel *Digital Single Market*.

1. Introduzione

Svilupperò di seguito alcune considerazioni sul recepimento in Italia della Direttiva UE 790/2019, senza pretesa di completezza e anzi con l'obiettivo di evitare di anticipare approfondimenti demandati invece in questo volume ad interventi più puntuali.

2. La Direttiva *"Copyright"* all'interno della riforma del *"Digital Single Market"*

Il primo aspetto degno di attenzione è il titolo della Direttiva, vale a dire *Copy-*

right in the Digital Single Market (*CDSM*). Segnala infatti immediatamente che si tratta di un segmento di una strategia politica della commissione UE molto più ampia; ed è a fronte di questa più ampia strategia che deve essere apprezzato. In breve, ritengo che questa strategia si compendi nell'idea di superare l'approccio alla rete maturato alla fine degli anni '90 del secolo scorso e improntato essenzialmente alla *deregulation*, alla liberalizzazione e alla soluzione interprivatistica degli inevitabili conflitti, in favore di un intervento dal sapore marcatamente regolatorio sia nelle intenzioni maturate a Bruxelles che nell'attuazione seguita a Roma. A fronte dell'obiettivo dichiarato di ripristinare nell'ambiente *online* principi e valori europei, è effettivamente corrisposta la presentazione di proposte di riforma, in taluni casi divenute nel frattempo regole vigenti, che ridisegnano il mercato digitale intorno all'idea che l'attività degli intermediari, vale a dire di coloro che operano, per così dire, le infrastrutture essenziali della rete, debba essere assoggettata a regole tracciate per garantire tutela a interessi pubblici e privati che, senza la loro fattiva collaborazione, non potrebbero ricevere adeguata protezione. Inoltre, e forse soprattutto, l'attività degli intermediari è ora sottoposta a vigilanza e sanzione a livello nazionale ed euro-unitario: sicché vi è da attendersi che l'*enforcement* pubblico si sostituirà in buona parte a quello privatistico nel rendere effettive le pretese nei loro confronti. Questo discorso riguarda naturalmente anche i titolari di diritti d'autore e connessi, che nel nuovo mercato unico digitale potranno avvantaggiarsi del quadro regolatorio disegnato dalla Commissione per ottenere più rapidamente tutela nei confronti di coloro che violino i loro diritti esclusivi – penso qui in particolare alla disciplina nel cd. *Digital Services Act* (*DSA*) delle procedure di *notice and action* – così come per realizzare in misura più soddisfacente i loro interessi economici tramite la concessione di licenze individuali o più spesso collettive. È in questo contesto in mutazione che occorre apprezzare il significato e la portata delle norme dettate dalla Direttiva *CDSM.*

3. Qualche linea di fondo della Direttiva: valorizzazione delle utilizzazioni per finalità di interesse generale

Per quanto riguarda le linee interne alla Direttiva, ritengo che le sue disposizioni siano raggruppabili intorno ad alcuni obiettivi principali.

Un primo obiettivo consiste nella più netta distinzione tra utilizzazioni che perseguono finalità egoistiche, normalmente lucrative, e utilizzazioni orientate all'interesse generale, tipicamente non lucrative. Si tratta di una distinzione poco o per nulla coltivata nella prime direttive europee sul diritto d'autore, inclusa la Direttiva 2001/29/CE sul diritto d'autore nella società dell'informazione che ha accompagnato la prima generazione di regole sul commercio elettronico e ora, come detto, oggetto di riforme molto profonde. Essa ha acquisito invece un'importanza crescente, tanto nel diritto internazionale (si pensi al trattato WIPO concluso a Marrakesh per facilitare l'accesso alle opere da parte delle persone con disabilità), quanto nel diritto europeo più recente (si veda la Direttiva sulle opere orfane). È ora valorizzata dalla nuova Direttiva, che la impiega ad esempio per affrontare la questione assai importante delle riproduzioni finalizzate all'estrazione di testo e di dati da contenuti protetti, nell'ambito della quale si pone anche il problema – pure affrontato dalla Direttiva – di ammettere forme di collaborazione pubblico-privato senza per questo consentire che si traducano in vantaggi spendibili dall'impresa nella lotta concorrenziale (si veda il considerando n. 13).

4. *Segue*: redistribuzione dei profitti generati dallo sfruttamento dei contenuti

Un secondo obiettivo ben delineato nella Direttiva è la redistribuzione delle utilità generate dallo sfruttamento dei contenuti protetti. Finalità redistributive che operano in due direzioni diverse. Vi è anzitutto una redistribuzione a vantaggio del settore dell'industria culturale complessivamente inteso e a spese dei prestatori di alcuni servizi intermediari *online*, ora trattati in realtà come utilizzatori professionali *sui generis*. Qui il pensiero naturalmente corre alle norme dettata dall'art. 15 a tutela degli editori di giornali e riviste nonché all'art. 17 a protezione di tutti i titolari di diritti su contenuti che si prestino alla condivisione su piattaforme *online*. Si tratta delle disposizioni pensate per colmare il cd. *value gap* tra benefici generati dalla circolazione dei contenuti protetti e benefici effettivamente raccolti dai titolari di diritti, in un contesto nel quale si assume che gli intermediari assorbano indebitamente una parte rilevante di tale valore, impoverendo così l'industria dei contenuti. Dunque: redistribuzione anzitutto nella direzione utilizzatori-intermediari-titolari di diritti. Ma vi è poi il tentativo di dar corso anche ad una redistribuzione all'interno dell'industria culturale, questa volta a vantaggio specifico dei creativi in senso lato, e cioè degli autori e degli artisti interpreti esecutori. Qui il pensiero va anzitutto agli articoli 18 ss., che introducono il principio in virtù del quale agli autori e agli artisti che cedano o concedano in licenza i diritti su opere e prestazioni protette al fine del loro sfruttamento devono ricevere una remunerazione adeguata e proporzionata al valore dei diritti trasferiti o concessi e ai ricavi generati con il loro esercizio. Questo principio trova nella Direttiva attuazione specifica attraverso la previsione di obblighi di trasparenza in capo a cessionari e licenziatari, anche indiretti, per consentire agli autori e agli artisti di monitorare le utilizzazioni effettivamente compiute e i risultati ottenuti (art. 21). Ciò evidentemente al fine di ottenere il pagamento dei compensi a partecipazione normalmente pattuiti in virtù degli usi correnti in molti settori e comunque in aderenza al principio qui discusso; nonché eventualmente per ottenere l'adeguamento del compenso originariamente concordato qualora risulti grandemente sproporzionato rispetto ai frutti generati con lo sfruttamento dell'opera o della prestazione (art. 20), come è normale che accada quando il corrispettivo sia stato pattuito a *forfait*; o al limite per revocare la cessione o la licenza in caso di mancato effettivo utilizzo dei diritti esclusivi (art. 22), che è causa di pregiudizio (non solo morale ma anche) economico nella misura in cui impedisce il maturare di *royalties*. Per inciso, la somma di questi fattori fa sì che i tratti distintivi del mercato unico digitale per quanto riguarda la disciplina degli atti di disposizione mimino quelli familiari al diritto d'autore tedesco, nel quale l'adeguamento contrattuale e il diritto di revoca costituiscono elementi caratteristici della legge introdotta nel 1965 in adesione alla concezione cd. monistica del diritto d'autore – e cioè dell'idea dell'indissolubilità del legame giuridico tra autore ed opera – mentre l'obiettivo di garantire ad autori e artisti una *angemessene Vergütung* è entrato nel 2001 tra le finalità assegnate dal §11 UrhG all'istituto. Resta di capire se si tratti soltanto di un'assonanza o viceversa di una vera e propria convergenza, che per noi rappresenterebbe un punto di svolta.

Certo è difficile spiegare dal punto di vista dogmatico la possibilità di valicare il principio della definitività degli effetti degli atti traslativi se si assume, come è usuale per noi, che i diritti oggetto di disposizione abbiano natura (unicamente) patrimoniale. E, si potrebbe aggiungere, queste nuove regole costituiscono in realtà soltanto il culmine di un processo da tempo in atto di crescita in numero e rilevanza delle pretese economiche attribuite ad autori e artisti dichiarate per legge indisponibili e irrinunciabili o talora riconosciute tali dalla giurisprudenza pur in assenza di indicazioni normative esplicite (si pensi agli equi compensi per copia privata e per reprografia, sui quali è intervenuta la Corte di giustizia UE nei casi *Luksan* e *Reprobel*). Tanto che, tutto sommato, ci si potrebbe interrogare sull'effettiva corrispondenza del sistema vigente alla concezione dualistica, che si ritiene tradizionalmente sposata dal nostro ordinamento.

Ad ogni modo, si tratta di riflessioni estranee alla Direttiva *CDSM*, che affronta anche il tema della tutela dell'interesse dei creativi all'effettiva diffusione dei loro contributi come problema di funzionamento del mercato (per la verità non necessariamente "digitale") dei diritti di utilizzazione economica, senza specifica considerazione delle ragioni spesso anche o solo morali che giustificano l'attribuzione della facoltà di revoca. La prospettiva non è, in altri termini, quella della valorizzazione del legame tra autore ed opera ma, più prosaicamente, quella della correzione di croniche disfunzionalità del mercato dei diritti che pregiudicano la capacità di autori e artisti di ottenere una remunerazione adeguata per i frutti del loro lavoro intellettuale. Disfunzionalità che derivano, come è stato osservato da molti, dalla difficoltà, o forse impossibilità, di conoscere con precisione e accuratezza il valore dei diritti che vengono trasferiti o concessi in licenza nel momento in cui l'opera è ancora inedita, tanto più se l'autore è un esordiente; cui spesso si accompagna, per altro verso, l'ambizione da parte dell'impresa che si incarica della pubblicazione di ottenere le più ampie facoltà di sfruttamento dei contenuti sui quali investe, così da "catturare" ogni possibile fonte di remunerazione, senza avere necessariamente la capacità o l'interesse a procedervi e comunque senza obbligarsi a farlo.

5. *Segue*: piattaforme di condivisione tra *must carry* e *must pay*

Un ultimo obiettivo principale perseguito dalla Direttiva consiste nel rafforzamento della tutela dei diritti d'autore e connessi in relazione alla diffusione di contenuti sulle piattaforme di condivisione: tema che ha sostanzialmente monopolizzato il dibattito durante il procedimento legislativo. In questo contesto, gran parte dell'attenzione è stata rivolta all'introduzione del dovere per le piattaforme di arginare il caricamento, la permanenza e la diffusione di contenuti per i quali i titolari di diritti abbiano chiesto al gestore d'intervenire. Si tratta certamente di un aspetto importante e delicato della disciplina; ma non rappresenta, mi pare, una deviazione significativa rispetto al quadro già delineatosi di fatto prima dell'approvazione della Direttiva, così come mi pare abbia poi confermato nella sostanza la decisione della Corte di giustizia UE nei casi riuniti *YouTube* e *Cyando*. Personalmente ritengo dunque più rilevante un altro aspetto della nuova disciplina, vale a dire l'introduzione di regole che vincolano il comportamento del gestore non nei confronti di quanti vogliono veder sparire i loro contenuti dalla piattaforma ma di coloro che ambiscono a vederli lì presenti. Mi riferisco anzitutto all'art. 17, co. 4, lett. *a*) dir. *CDSM*, in virtù del quale il gestore, per evitare di risultare responsabile per i contenuti caricati dagli utenti, deve fare i migliori sforzi per dotarsi di una licenza, non essendo a tal fine sufficiente dimostrare di aver fatto il possibile per impedirne l'*uploading* o, per lo meno, il perdurare della condivisione. Questa regola va apprezzata tenendo conto dell'art. 17, co. 7, dir. *CDSM*, secondo il quale il gestore è tenuto ad assicurare agli utenti la possibilità di fruire effettivamente delle eccezioni e limitazioni ai diritti d'autore e connessi, con speciale riguardo per quelle poste a protezione della libertà di espressione e artistica. Queste disposizioni, se ben vedo, restringono in modo significativo la libertà del gestore di definire a proprio piacimento le caratteristiche del servizio e, in particolare, di sviluppare strategie commerciali (e correlative tecnologie di filtraggio) che limitino la diffusione di contenuti di scarso interesse, così da evitare di contrarre licenze con i rispettivi titolari, o che lo espongano a rischi elevati di contestazioni da parte di terzi. All'atto pratico, si delinea uno scenario nel quale le piattaforme si trovano in sostanza vincolate a mantenere intatte le caratteristiche essenziali che le differenziano dagli altri mezzi di comunicazione online, segnatamente l'assenza di una selezione editoriale dei contenuti offerti, vuoi in ragione della loro maggiore o minore appetibilità, vuoi in relazione ai rischi di responsabilità verso terzi. Se si considera poi che anche le piattaforme sembrano esposte all'applicazione del principio della remunerazione adeguata e proporzionata, si profila all'orizzonte un meccanismo che, all'atto pratico, pare tradursi non solo in una sorta di *must carry*, ma anche di *must pay*, quantomeno laddove la messa a disposizione del servizio di diffusione *online* non possa ritenersi satisfattiva rispetto al contributo del singolo contenuto alla redditività della piattaforma. Il che determina qualche assonanza, mi pare, anche con le regole da sempre dedicate nella disciplina euro-unitaria delle televisioni e più di recente dei media audiovisivi alla creazione di un mercato di sbocco per i contenuti europei, vuoi con la previsione di quote di riserva nel tempo delle trasmissioni, vuoi con l'imposizione di obblighi di investimento, vuoi con la *prominence* nei cataloghi dei servizi a richiesta.

6. Il recepimento in Italia: qualche osservazione sparsa

Venendo al recepimento della Direttiva in Italia, intendo anche in questo caso svolgere solo alcune prime considerazioni sparse sul d.lgs. 177/2021, senza pretesa alcuna di esaustività né di formulare giudizi definitivi ed allo scopo invece di segnalare alcune specificità dell'approccio italiano rispetto alle indicazioni immediatamente ricavabili dalle norme euro-unitarie. Neppure indugerò sulle modalità, invero discutibili, con le quali è avvenuto il recepimento, limitandomi a rilevare con soddisfazione che è stata nel frattempo corretta una delle smagliature più evidenti nell'intervento di novellazione della legge sul diritto d'autore, vale a dire l'inserimento del "traduttore" tra i coautori dell'opera cinematografica all'art. 44 LDA. Peccato che lo stesso non sia accaduto per altri profili problematici, in relazione ai quali rinvio alle considerazioni svolte nel numero di maggio 2023 di *Giurisprudenza italiana*.

7. *Segue*: le immagini di opere delle arti visive cadute in pubblico dominio

È stato rilevato anzitutto da più parti un disallineamento tra norme di recepimento e testo della Direttiva circa le riproduzioni fotografiche di opere delle arti visuali cadute in pubblico dominio. Il nostro legislatore ha seguito alla lettera la Direttiva nella parte in cui esclude che tali riproduzioni possano formare oggetto di diritti d'autore o connessi, a meno che presentino carattere creativo, salvo poi far salva la disciplina dei beni culturali, che contiene disposizioni in virtù delle quali l'utilizzazione di riproduzioni soggiace ad autorizzazione onerosa quando persegua finalità commerciali. Per la verità, non credo si tratti di una scelta incompatibile con la Direttiva, che in fin dei conti preclude unicamente (e comunque con la limitazione di cui si è detto) l'attribuzione di diritti d'autore o connessi sulle riproduzioni di opere d'arte: dunque di diritti soggettivi a contenuto normalmente esclusivo e disponibili. Ben altra cosa rispetto alla previsione di forme di dominio pubblico pagante in favore dello Stato o anche della previsione di controllo pubblico per tutte o per alcune utilizzazioni a scopo commerciale, rispetto alle quali non è difficile intravedere l'esistenza di ragioni che possono giustificare in taluni casi il diniego. D'altra parte, il nostro Paese è enormemente ricco di opere di ogni genere e tipo cadute in pubblico dominio rispetto alle quali vale certamente l'interesse ad una ampia accessibilità; non è detto però che gli atti di sfruttamento economico di beni culturali debbano per forza di cose restare esenti da oneri economici, tanto più considerata la necessità per noi particolarmente intensa di reperire le risorse necessarie alla cura di un patrimonio culturale sterminato. Se, come talora si osserva, il meccanismo predisposto dal codice dei beni culturali per perseguire questi obiettivi non funziona adeguatamente e comunque non produce introiti significativi, questa non è di per sé una ragione sufficiente per abolirlo ma, se mai, per correggerlo.

8. *Segue*: il controllo sui corrispettivi contrattuali

Nelle more del recepimento della Direttiva, è stata avanzata la tesi secondo la quale il suo art. 18 non obbligherebbe gli Stati membri ad introdurre un meccanismo di controllo dell'adeguatezza dei corrispettivi nel momento in cui sono pattuiti – e dunque: in una fase che precede l'avvio dello sfruttamento economico – ma solo a prevedere un meccanismo di adeguamento per il caso in cui tale corrispettivo risulti – a valle della pubblicazione – grandemente sproporzionato rispetto ai ricavi conseguiti.

Questa tesi poteva certamente contare su alcune argomentazioni persuasive, anche a fronte di un dato normativo europeo indubbiamente ambiguo. Mi pare tuttavia che il d.lgs. 177/2021 abbia imboccato con decisione la strada opposta e, se ben vedo, questa impressione è condivisa dai più. Depone del resto in questo senso la lettera del nuovo co. 2 aggiunto all'art. 107 LDA., che fulmina con la nullità le pattuizioni relative al compenso non adeguate al valore dei diritti oggetto dell'atto di disposizione e non commisurata ai ricavi generati con il loro esercizio, avallando così l'idea che ci si trovi di fronte ad un vizio genetico dell'accordo e non alla gestione di sopravvenienze che incidono sull'equilibrio negoziale originariamente (e validamente) fissato. Resta il fatto che la disciplina così dettata pone problemi interpretativi e applicativi di non breve momento. Numerosi sono tuttavia i contributi interpretativi già editi che aiutano a far luce su non pochi aspetti delle norme nuove. Inoltre, vi è da attendersi che tanto le società di gestione collettiva quanto le associazioni di categoria di settore giochino un ruolo importante nel concretizzare il concetto di remunerazione adeguata e proporzionata per categorie di opere e relative modalità di sfruttamento. Da questo punto di vista, merita di essere qui segnalata la Comunicazione della Commissione UE del 30 settembre 2022 recante *Orientamenti sull'applicazione del diritto della concorrenza dell'Unione agli accordi collettivi concernenti le condizioni di lavoro dei lavoratori autonomi individuali*, che al par. 30 afferma espressamente la compatibilità col diritto antitrust degli accordi collettivi intesi a realizzare il diritto alla remunerazione adeguata e proporzionata. Un'apertura che è già stata messa in pratica da alcune organizzazioni sindacali di settore.

9. *Segue*: l'indisponibilità sulle piattaforme dei contenuti oggetto di contestazione

Si è poi rilevato in dottrina che il nostro legislatore ha recepito l'art. 17 dir. in modo pedissequo, con un'unica, deplorevole, eccezione: all'art. 102-*decies*, co. 3, LDA ha arricchito il testo di riferimento per prevedere che, a fronte della contestazione da parte del titolare dei diritti, il gestore della piattaforma debba disabilitare l'accesso ai contenuti finché non decida sulla fondatezza dell'eventuale reclamo spiccato dall'utente. Questa scelta è stata criticata perché realizza un livello inadeguato di tutela degli utenti, specie in relazione alla loro possibilità di godere effettivamente delle eccezioni e limitazioni previste dalla LDA. Mi permetto tuttavia di esprimere qualche perplessità sul punto. La soluzione accolta dal nostro legislatore mi pare infatti sostanzialmente imposta dall'operare del regime di responsabilità previsto dalla Direttiva sul commercio elettronico e ora dal *Digital Services Act*, che espongono il prestatore del servizio a pretese anche risarcitorie dei titolari dei diritti una volta che sia stata portata a loro conoscenza una violazione in essere, tanto più se il prestatore ha già riconosciuto la fondatezza *prima facie* della relativa richiesta d'intervento.

10. *Segue*: il ruolo di AGCOM nel *Digital Single Market*

Un'ultima osservazione concerne la scelta operata dal nostro legislatore di demandare all'Autorità Garante delle Comunicazioni numerosi e importanti compiti relativi al completamento della disciplina di legge nonché alla sua applicazione anche nell'ambito di situazioni sostanzialmente contenziose. Compiti che l'Autorità sembra disposta ad interpretare in modo ampio, come dimostrano le linee guida sui meccanismi di ricorso che le piattaforme di condivisione devono apprestare ai sensi dell'art. 102-*decies*, co. 2, LDA, offerte in consultazione nell'estate 2022 e poi approvate a maggio 2023, che in vari punti chiariscono e in qualche misura completano la disciplina dettata, come si è detto, tramite ripresa pedissequa dell'art. 17 dir. *CDSM*. Non mi pare che questo approccio dell'Autorità meriti di essere criticato. Del resto, la Direttiva costituisce – come si è detto – solo un'anticipazione del vero e proprio mutamento di paradigma portato dal *Digital Services Act*. Un atto normativo, quest'ultimo, da leggersi al contrario: non soffermandosi più di tanto sulla messa a punto del meccanismo di responsabilità dei prestatori di servizi intermediari già tracciato dalla Direttiva sul commercio elettronico e neppure indugiando eccessivamente sugli obblighi crescenti imposti alle piattaforme normali e "molto grandi". Perché ancora più importante è, credo, la costruzione di un quadro nel quale alle autorità di regolazione, come la nostra AGCOM, sono attribuite funzioni di sorveglianza e all'occorrenza sanzionatorie nei confronti dei *provider* che non ottemperino ai doveri loro imposti a tutela di interessi generali e particolari, quali quelli dei titolari di diritti di proprietà intellettuale. Insomma, pare proprio che toccherà alle autorità di regolazione un ruolo davvero centrale nel governo del *Digital Single Market* anche per i profili che qui più strettamente interessano.

Parte II

Il ruolo di AGCOM

di *Simona Lavagnini*

SOMMARIO: 1. Le nuove attribuzioni di AGCOM. – 2. AGCOM e diritto d'autore: evoluzione storica fino al Regolamento per la tutela del diritto d'autore online e relative modifiche. – 3. Considerazioni conclusive.

1. Le nuove attribuzioni di AGCOM

Il d.lgs. 177/2021 di attuazione della Direttiva Copyright Digital Single Market (2019/790) ha attribuito ad AGCOM (Autorità per le garanzie nelle comunicazioni) una serie di importanti funzioni nel settore del diritto d'autore, che sono di natura regolamentare, di sorveglianza, paragiudiziali.

Vi sono anzitutto funzioni in materia di equo compenso per gli editori, introdotte *ex* art. 43-*bis* LDA con riferimento all'utilizzo online di pubblicazioni giornalistiche. In quest'ambito AGCOM ha ricevuto il compito di emanare un regolamento per l'individuazione dei criteri di riferimento ai fini della determinazione dell'equo compenso [1]. Inoltre, ad AGCOM è stato attribuito il compito di intervenire – su richiesta delle parti – nell'ambito delle negoziazioni per la determinazione dell'equo compenso. Se entro trenta giorni dalla richiesta di avvio del negoziato di una delle parti interessate non è raggiunto un accordo sull'ammontare del compenso in questione, ciascuna delle parti potrà rivolgersi all'Autorità, la quale entro sessanta giorni dalla richiesta indicherà quale delle proposte economiche formulate è conforme ai criteri oppure, qualora non reputi conforme nessuna delle proposte, indicherà d'ufficio l'ammontare dell'equo compenso. Ancora, i presta-

[1] Il regolamento in questione, denominato "*Regolamento in materia di individuazione dei criteri di riferimento per la determinazione dell'equo compenso per l'utilizzo online di pubblicazioni di carattere giornalistico di cui all'art. 43-bis della legge 22 aprile 1941 n. 633*" è stato emanato con la delibera AGCOM 3/23/CONS del 19 gennaio 2023. Va segnalato che con la sentenza del 12 dicembre 2023, n. 18790 il TAR Lazio ha rinviato alla Corte di giustizia dell'Unione Europea una serie di quesiti concernenti la compatibilità col diritto dell'Unione europea delle disposizioni regolamentari che prevedono un equo compenso a favore degli editori, attribuendo ad AGCOM poteri regolatori in materia.

tori di servizi della società dell'informazione sono obbligati a mettere a disposizione, anche a seguito di richiesta da parte di AGCOM (o della parte interessata), i dati necessari a determinare la misura dell'equo compenso. Sull'adempimento di questo obbligo informativo è poi la stessa Autorità a dover vigilare e, in caso di mancata comunicazione dei dati entro trenta giorni dalla richiesta, applicherà una sanzione amministrativa pecuniaria a carico del soggetto inadempiente fino all'uno per cento del fatturato realizzato nell'ultimo esercizio chiuso anteriormente alla notifica della contestazione.

AGCOM ha poi acquisito competenze in materia di piattaforme online che mettono a disposizione del pubblico contenuti user generated, come Youtube, Facebook, ed altri. In base all'artt. 102-*decies* LDA ad AGCOM è stato attribuito il compito di emanare le linee guida sui meccanismi di reclamo per la contestazione della decisione da parte della piattaforma di disabilitazione dell'accesso o di rimozione di specifiche opere o di altri materiali caricati dagli utenti. Inoltre, la decisione adottata dal prestatore a seguito del reclamo potrà essere contestata con ricorso presentato all'Autorità, secondo modalità definite dall'Autorità stessa con regolamento [2].

Un altro settore molto importante che vede l'attribuzione ad AGCOM di varie funzioni, fra cui quella di vigilanza e quella di risoluzione delle controversie, è l'ambito della remunerazione degli autori e degli artisti interpreti ed esecutori. Nel nuovo quadro normativo sono infatti previste alcune particolari tutele di questi ultimi soggetti, fra cui l'obbligo di trasparenza relativamente alle informazioni che i licenziatari o cessionari dei diritti debbono fornire agli autori ed agli artisti (art. 110-*quater* LDA), nonché un meccanismo di adeguamento del compenso quando la remunerazione inizialmente pattuita si riveli sproporzionatamente bassa rispetto ai proventi generati dallo sfruttamento delle loro opere. Sull'adempimento dell'obbligo di informazione vigila AGCOM la quale, in caso di violazione, applica una sanzione amministrativa pecuniaria a carico del soggetto inadempiente fino all'1 per cento del fatturato realizzato nell'ultimo esercizio chiuso anteriormente alla notifica della contestazione. Ancora, ai sensi dell'art. 110-*sexies* LDA, in caso insorgano controversie aventi ad oggetto gli obblighi di trasparenza di cui all'art. 110-*quater* LDA e il meccanismo di adeguamento contrattuale di cui all'art. 110-*quinquies* LDA, ciascuna delle parti può rivolgersi ad AGCOM, che risolve la controversia nel termine di novanta giorni dalla richiesta, in conformità a quanto stabilito da apposito regolamento che la stessa AGCOM adotta [3], e fermo

---

[2] Con delibera 115/23/CONS del 18 maggio 2023 AGCOM ha emanato le "*Linee guida concernenti i meccanismi di reclamo predisposti dai prestatori di servizi di condivisione di contenuti online e regolamento concernente la risoluzione delle controversie tra prestatore di servizi di condivisione di contenuti online e utenti, in attuazione dell'art. 102-*decies *della legge 22 aprile 1941 n. 633*".

[3] AGCOM ha emanato il 24 febbraio 2023 (Delibera 44/23/CONS) la consultazione pubblica riferita ad uno schema di regolamento recante attuazione degli artt. 18-*bis*, 46-*bis*, 80, 84, 110-*ter*,

restando il diritto degli artisti e degli autori di adire l'autorità giudiziaria. Competenze similari in materia di gestione delle licenze sono anche previste dall'art. 110-*ter* LDA, secondo il quale in caso di difficoltà nel raggiungere un accordo contrattuale per la concessione di una licenza per lo sfruttamento delle opere audiovisive su servizi di video on demand ciascuna delle parti, ai fini della definizione dell'accordo, può chiedere l'assistenza di AGCOM che fornirà indicazioni sulle opportune soluzioni negoziali, anche con riferimento alla determinazione del compenso dovuto. In aggiunta va ricordato che AGCOM ha acquisito poteri anche in ambito di determinazione di alcuni compensi specifici previsti a favore di autori ed artisti, come in particolare quelli stabiliti dagli artt. 18-*bis*, 46-*bis*, 80 e 84 LDA [4].

110-*quater*, 110-*quinquies*, 110-*sexies*, 180-*ter* della l. 22 aprile 1941, n. 633 come novellata dal d.lgs. 8 novembre 2021, n. 177. Nel momento in cui si scrive (febbraio 2024) il Regolamento che dovrebbe scaturire dalla consultazione pubblica non è ancora stato emanato.

[4] Secondo l'art. 18-*bis* LDA l'autore, anche in caso di cessione del diritto di noleggio ad un produttore di fonogrammi o di opere cinematografiche o audiovisive o sequenze di immagini in movimento, conserva il diritto di ottenere un'equa remunerazione per il noleggio da questi a sua volta concluso con terzi. Ogni patto contrario è nullo. In difetto di accordo da concludersi tra le categorie interessate quali individuate dall'art. 16, co. 1, del regolamento, detto compenso è stabilito dall'Autorità per le garanzie nelle comunicazioni secondo le procedure previste da apposito regolamento da adottare entro sessanta giorni dalla data di entrata in vigore della disposizione indicata. L'art. 46-*bis* LDA prevede che in caso di cessione del diritto di diffusione al produttore, spetta agli autori di opere cinematografiche e assimilate un compenso adeguato e proporzionato a carico degli organismi di emissione per ciascuna utilizzazione delle opere stesse a mezzo della comunicazione al pubblico via etere, via cavo e via satellite. Inoltre, per ciascuna utilizzazione di opere cinematografiche e assimilate diversa da quella prevista nel co. 1 dell'art. 46-*bis* LDA e nell'art. 18-*bis*, co. 5, LDA agli autori delle opere stesse spetta un equo compenso a carico di coloro che esercitano i diritti di sfruttamento per ogni distinta utilizzazione economica. Per ciascuna utilizzazione di opere cinematografiche ed assimilate espresse originariamente in lingua straniera spetta, altresì, un compenso adeguato e proporzionato agli autori delle elaborazioni costituenti traduzione o adattamento della versione in lingua italiana dei dialoghi. Ciascun compenso tra quelli sopra indicati non è rinunciabile e, in difetto di accordo da concludersi tra le categorie interessate quali individuate dall'art. 16, co. 1, del regolamento, è stabilito dall'Autorità per le garanzie nelle comunicazioni secondo le procedure previste da apposito regolamento da adottare entro sessanta giorni dall'entrata in vigore della disposizione in oggetto. In base all'art. 80 LDA l'artista interprete o esecutore, anche in caso di cessione del diritto di noleggio ad un produttore di fonogrammi o di opere cinematografiche o audiovisive o di sequenze di immagini in movimento, conserva il diritto di ottenere un'equa remunerazione per il noleggio concluso dal produttore con terzi. Ogni patto contrario è nullo. In difetto di accordo da concludersi tra i soggetti interessati, detto compenso è stabilito dall'Autorità per le garanzie nelle comunicazioni secondo le procedure previste da apposito regolamento da adottare entro sessanta giorni dalla data di entrata in vigore della disposizione in questione. Infine, *ex* art. 84, co. 2, LDA agli artisti interpreti ed esecutori che nell'opera cinematografica e assimilata, ivi inclusa l'opera teatrale trasmessa, sostengono una parte di notevole importanza artistica, anche se di artista comprimario, spetta, per ciascuna utilizzazione dell'opera cinematografica e assimilata, ivi inclusa l'opera teatrale trasmessa a mezzo della comunicazione al pubblico via etere, via cavo e via satellite, un compenso adeguato e proporzionato a carico degli organismi di emissione. Il co. 3 della stessa norma prevede che per ciascuna utilizzazione di opere cinematografiche e assimilate, ivi incluse le opere teatrali trasmesse diversa da quella prevista

Da ultimo, vanno ricordati i poteri di AGCOM relativi alle collecting ed al settore delle licenze collettive estese. Ad AGCOM è stato infatti attribuito il compito di emanare il regolamento che dovrà definire i criteri per la determinazione della maggiore rappresentatività degli organismi di gestione collettiva del settore, nonché le misure di pubblicità volte ad informare della possibilità di concedere le licenze, nonché infine la procedura con cui può essere esercitato il cd. opt-out da parte dei titolari dei diritti (nel caso in cui questi ultimi non intendano avvalersi del meccanismo delle licenze collettive estese) [5].

2. AGCOM e il diritto d'autore: evoluzione storica fino al Regolamento per la tutela del diritto d'autore online e relative modifiche

AGCOM è una cd. autorità indipendente, costituita con l. 249/1997. Le autorità indipendenti sono organismi pubblici cui viene attribuito il compito di regolare e controllare alcuni specifici settori, considerati sensibili o di alto contenuto tecnico. Questi organismi sono dotati di una particolare autonomia e indipendenza nei confronti del potere politico, al fine di garantire la neutralità, l'imparzialità e la trasparenza delle loro decisioni. Nate inizialmente in ordinamenti anglosassoni, le autorità indipendenti si sono successivamente diffuse anche negli ordinamenti continentali, come quello italiano, ove tuttavia restano privi di una regolamentazione chiara e completa, così che l'interprete si trova spesso a confrontarsi con norme e principi frammentari e talora di difficile ricostruzione.

Per quanto in particolare riguarda AGCOM, la sua istituzione è stata inizialmente collegata all'opportunità di sorvegliare un settore regolamentato come quello delle comunicazioni elettroniche, dal punto di vista degli operatori e delle strutture tecniche, con il fine di assicurare il rispetto dei diritti fondamentali della

---

nel co. 2 e nell'art. 80, co. 2, lett. *e*), LDA agli artisti interpreti ed esecutori, quali individuati nel co. 2, spetta un compenso adeguato e proporzionato a carico di coloro che esercitano i diritti di sfruttamento per ogni distinta utilizzazione economica. Il compenso previsto dai co. 2 e 3 dell'art. 84 LDA non è rinunciabile e, in difetto di accordo da concludersi tra i soggetti interessati, è stabilito dall'Autorità per le garanzie nelle comunicazioni secondo le procedure previste da apposito regolamento.

[5] Si tratta dell'art. 180-*ter* LDA. Per inciso si ricorda che ulteriori funzioni in materia di collecting sono state assegnate ad AGCOM anche a seguito del d.lgs. 181/2021, di attuazione della Direttiva (UE) 2019/789 del Parlamento europeo e del Consiglio, del 17 aprile 2019, che stabilisce norme relative all'esercizio del diritto d'autore e dei diritti connessi applicabili a talune trasmissioni online degli organismi di diffusione radiotelevisiva e ritrasmissioni di programmi televisivi e radiofonici e che modifica la Direttiva 93/83/CEE del Consiglio. In questo senso va in particolare ricordata l'attribuzione ad AGCOM del potere di individuare i criteri per determinare la rappresentatività degli organismi rappresentativi dei titolari dei diritti con riferimento all'autorizzazione per la ritrasmissione (art. 16-*ter* LDA). Il Regolamento relativo all'art. 180-*ter* LDA dovrà essere emanato a conclusione della consultazione pubblica di cui alla nota 3.

persona e la tutela della concorrenza nel settore in questione. Successivamente, ad AGCOM sono state attribuite funzioni anche in materia di diritto d'autore, con la l. 248/2000, che ha introdotto l'art. 182-*bis* LDA, grazie al quale AGCOM – insieme a SIAE – è stata dotata di poteri di vigilanza e ispettivi, con particolare riguardo alle attività di riproduzione, diffusione, proiezione, distribuzione, vendita e noleggio di opere dell'ingegno, nonché al controllo di centri di riproduzione pubblici e privati, case d'asta, gallerie e più in generale soggetti che esercitano professionalmente il commercio di opere d'arte o di manoscritti. Le competenze *de qua* non sono strettamente limitate allo sfruttamento online dei diritti d'autore, secondo la lettera della legge; tuttavia nella propria interpretazione AGCOM ha sempre ritenuto che tale fosse l'ambito di elezione dei propri poteri di sorveglianza.

L'art. 182-*bis* LDA ora citato, letto in combinato disposto con la l. 249/1997, è stato successivamente utilizzato al fine di individuare in AGCOM l'autorità amministrativa di vigilanza nel settore del diritto d'autore con riferimento alle comunicazioni elettroniche, in modo da qualificare AGCOM quale autorità amministrativa competente, ai sensi del d.lgs. 70/2003 (sul commercio elettronico), ad intervenire, anche in via d'urgenza, nei confronti degli Internet Service Provider, per ottenere che un eventuale comportamento illecito venga cessato o impedito. Con l'art. 6 del d.lgs. 15 marzo 2010, n. 44 (c.d. decreto "Romani") e l'introduzione dell'art. 32-*bis* nel d.lgs. 31 luglio 2005, n. 177 ("Testo unico della radiotelevisione"), è inoltre stato attribuito ad AGCOM il potere di emanare le disposizioni regolamentari necessarie per rendere effettiva l'osservanza dei limiti e divieti previsti con riferimento ai servizi di media audiovisivi, anche sulla rete Internet, quando tali servizi siano svolti da soggetti che professionalmente perseguano l'obiettivo di informare, intrattenere o istruire il grande pubblico.

Sulla scorta delle disposizioni che precedono nel 2013 AGCOM – considerato il fallimento dei tentativi pregressi finalizzati ad implementare codici di condotta condivisi fra titolari dei diritti e Internet Service Provider per contrastare le violazioni del diritto d'autore online – ha ritenuto di intervenire nella materia, emanando un proprio regolamento per la tutela del diritto d'autore sulle reti di comunicazione elettronica[6], il quale stabilisce delle procedure affinché i titolari dei diritti che si ritengano lesi in ambiente online possano ricorrere ad AGCOM per ottenere la rimozione o il blocco dei contenuti che violano i loro diritti d'autore. Il regolamento in questione è stato oggetto di numerose critiche e controversie, sia da

---

[6] Delibera 680/13/CONS. Sul Regolamento v. AA.VV., *Il Regolamento AGCOM sul diritto d'autore*, a cura di L.C. UBERTAZZI, Giappichelli, Torino, 2014; A. STAZI, *Il Regolamento di cui alla delibera n. 680/13/CONS dell'AGCOM per la tutela del diritto d'autore in rete*, in *Riv. dir. ind.* 2014, 2, 13 ss.; F. GOISIS, *Profili di legittimità nazionale e convenzionale europea della repressione in via amministrativa delle violazioni del diritto d'autore sulle reti di comunicazione elettronica: il problema dell'enforcement*, in *AIDA* 2014, 180 ss.

parte degli operatori del settore che da parte delle associazioni dei consumatori e degli utenti, e conseguentemente impugnato nelle immediatezze stesse della sua emanazione [7]. I ricorrenti hanno fatto leva soprattutto sulla asserita mancata osservanza dei principi di legalità e di riserva di legge, sul presupposto che la normativa primaria non attribuisse all'Autorità, in materia di tutela del diritto d'autore online, alcuna chiara potestà di regolazione, né tanto meno specifici poteri inibitori e sanzionatori.

Nell'ambito delle impugnazioni in questione il TAR Lazio ha rimesso alla Corte costituzionale [8] una questione di legittimità costituzionale, con riferimento agli artt. 5, co. 1, 14, co. 3, 15, co. 2, e 16, co. 3 del d.lgs. 70/2003, e all'art. 32-*bis*, co. 3, d.lgs. 177/2005. Secondo il TAR Lazio le norme indicate – che attribuirebbero ad AGCOM i poteri di emanare il regolamento – avrebbero infatti potuto violare i canoni di ragionevolezza e proporzionalità dell'attività legislativa, dal momento che il "doppio binario" della tutela amministrativa e giudiziaria accorderebbe alle manifestazioni del pensiero via Internet garanzie minori rispetto a quelle già previste per la stampa dai co. 2 ss. dell'art. 21 Cost.; e dall'altro lato ciò potrebbe implicare anche la violazione degli artt. 24 e 25 Cost. [9]. Con la sentenza del 3 dicembre 2015, n. 247 la Corte Costituzionale ha dichiarato l'inammissibilità della questione proposta dal TAR Lazio, "in quanto entrambe (le ordinanze) presenta(va)no molteplici profili di contraddittorietà, ambiguità e oscurità nella formulazione della motivazione e del petitum". La Corte Costituzionale ha tuttavia anche osservato che "nessuna delle disposizioni impugnate, in sé considerata, dispone specificamente l'attribuzione all'autorità di vigilanza di un potere regolamentare qual è quello esercitato con l'approvazione del regolamento impugnato dinanzi al TAR. Esso è desunto dal giudice a quo, in forza di una lettura congiunta delle previsioni sopra esaminate, che non risulta coerentemente o comunque adeguatamente argomentata".

---

[7] V. L. DE LUCIA, F. GUZZI, *L'incerta natura giuridica dei procedimenti amministrativi a tutela del diritto d'autore online (Regolamento dell'AGCOM n. 680/13/CONS)*, in *AIDA* 2014, 136 ss. ove si ricorda che "il regolamento, prima ancora di entrare in vigore, è stato impugnato innanzi al giudice amministrativo da alcune associazioni a tutela della libertà di espressione su internet (Associazione Nazionale Stampa Online, Federazione Media Digitali Indipendenti, Altroconsumo, Movimento Difesa del Cittadino, Assoprovider, Assintel, Confcommercio)".

[8] V. ordinanze del 26 settembre 2014, nn. 10016 e 10020. La prima ordinanza è pubblicata in *AIDA* 2015, 866 ss. V. inoltre gli interventi di V. ZENO-ZENCOVICH, A. MORRONE, O. POLLICINO, A.M. GAMBINO e G.M. SALERNO al Seminario sul Regolamento AGCOM in materia di tutela del diritto d'autore, tenutosi a Roma il 13 ottobre 2014, tutti pubblicati in *www.federalismi.it*, 2014, n. 3.

[9] V. A. GIANNELLI, *La tutela amministrativa del diritto d'autore on line. Commento a Corte cost., 3 dicembre 2015, n. 247*, in *Giorn. dir. amm.*, 3, 2016, 345. Secondo M. RENNA, *Le questioni di legittimità del regolamento dell'AGCOM sulla tutela del diritto d'autore online*, in *AIDA* 2014, 111, il TAR ha omesso di rimettere alla Corte Costituzionale la questione più pregnante di incostituzionalità del Regolamento 680/23, che riguarderebbe la violazione del principio di legalità di cui all'art. 23 Cost.

A valle della decisione ora riportata la sentenza n. 4101 del 30 marzo 2017 del TAR Lazio[10] confermava la legittimità del Regolamento 680/13/CONS di AGCOM, ritenendo che "Per fondare il potere regolamentare dell'AGCOM occorre muovere dalle disposizioni normative, quali l'art. 1 della l. 249/1997 che oltre ad attribuirle competenze regolamentari, affida all'Autorità stessa i compiti di vigilanza attribuiti dall'art. 182-*bis* LDA per prevenire ed accertare le violazioni della legge sul diritto di autore e la circostanza che tali compiti si estendano anche al settore delle comunicazioni elettroniche si ricava da una lettura coordinata del citato art. 182-*bis* con le disposizioni normative del d.lgs. 70/2003, segnatamente gli artt. 14, 15, 16 e 17. Queste ultime disposizioni prevedono che il prestatore dei servizi sia tenuto a collaborare con l'autorità giudiziaria o quella amministrativa avente funzione di vigilanza nel caso in cui venga a conoscenza di presunte attività o informazioni illecite riguardanti un destinatario dei suoi servizi"[11]. La decisione quindi sostanzialmente confermava l'impianto giuridico sostenuto da AGCOM a supporto del Regolamento 680/13/CONS. Anche questa decisione veniva tuttavia impugnata avanti al Consiglio di Stato, rinnovandosi le critiche secondo cui sarebbe mancata una adeguata base giuridica al Regolamento stesso.

Nel frattempo interveniva la l. 20 novembre 2017, n. 167, relativa a "Disposizioni per l'adempimento degli obblighi derivanti dall'appartenenza dell'Italia all'Unione europea – Legge europea 2017", la quale all'art. 2 conferiva espressamente ad AGCOM il potere di ordinare, su istanza dei titolari dei diritti d'autore e connessi ed in via cautelare, ai prestatori di servizi della società dell'informazione di porre fine immediatamente alle violazioni del diritto d'autore e dei diritti connessi, qualora le violazioni medesime risultassero manifeste sulla base di un sommario apprezzamento dei fatti e sussistesse la minaccia di un pregiudizio imminente ed irreparabile per i titolari dei diritti. Secondo la stessa norma AGCOM avrebbe dovuto determinare con proprio regolamento le modalità con le quali il provvedimento cautelare doveva essere adottato e comunicato ai soggetti interes-

---

[10] Tar Lazio, Roma, sez. I, 30 marzo 2017, nn. 4100 e 4101, su cui le note critiche di P. Pantalone, *L'arbitro delle controversie sul diritto d'autore online supera il vaglio del giudice amministrativo.* Nota a Tar Lazio, sez. I, 30 marzo 2017, n. 4101, in *www.medialaws.eu.*

[11] P. Sammarco, *Brevi note critiche sul fondamento del potere normativo dell'AGCOM nel procedimento di notice and take down*, in *Dir. inf.* 2017, 335 ss., secondo il quale la decisione del TAR non tiene conto delle osservazioni della Corte Costituzionale e si limita sbrigativamente a riproporre la medesima ricostruzione normativa (che dalla Corte Costituzionale era stata definita poco coerente), finendo tuttavia per fallire nella ricerca di un effettivo fondamento normativo al potere in questione. Nello stesso senso anche M. Ramajoli, *L'attuale configurazione delle Autorità indipendenti di regolazione dei mercati: la natura giuridica delle funzioni e la tipologia degli atti / M.M. Ramajoli. ((Intervento presentato al convegno Autorità indipendenti di regolazione dei mercati e tutela giurisdizionale amministrativa tenutosi a Milano nel 2019)*, reperibile presso *https://www.sipotra.it/wp-content/uploads/2019/03/L%E2%80%99attuale-configurazione-delle-Autorit%C3%A0-indipendenti-di-regolazione-dei-mercati-la-natura-giuridica-delle-funzioni-e-la-tipologia-degli-atti.pdf.*

sati, nonché i soggetti legittimati a proporre reclamo avverso il provvedimento medesimo, i termini entro cui il reclamo doveva essere proposto e la procedura attraverso la quale doveva essere adottata la decisione definitiva dell'Autorità. Inoltre, con lo stesso regolamento AGCOM avrebbe dovuto individuare le misure idonee volte ad impedire la reiterazione di violazioni già accertate dalla stessa Autorità. Interveniva così la prima delle quattro modifiche che il Regolamento 680/13/CONS ha finora subito (delibera 490/2018). Poco dopo il Consiglio di Stato decideva sull'impugnazione proposta avverso la sentenza 4101/2017 del TAR Lazio (tramite la sentenza 4993/2019), ritenendo compatibile con il principio di legalità la funzione para-normativa esercitata da AGCOM, giudicando tuttavia illegittima la previsione regolamentare di sanzioni pecuniarie in quanto priva di una circostanziata base legislativa. Il problema veniva risolto con una nuova decretazione d'urgenza (il d.l. 34/2020 convertito con l. 77/2020), la quale introduceva espressamente la previsione di un potere sanzionatorio in capo all'Autorità, oltre ad operare una estensione della platea dei soggetti passivamente legittimati (che oggi sono tutti i "fornitori di servizi della società dell'informazione che utilizzano, a tale fine, anche indirettamente, risorse nazionali di numerazione"). Da qui la terza modifica del Regolamento (delibera 233/21/CONS) [12].

3. Considerazioni conclusive

Sembra evidente che quanto sopra descritto abbia indotto il legislatore nazionale a valutare positivamente il ruolo assunto da AGCOM nel diritto d'autore online. In questo senso depone lo stesso percorso del Regolamento 680/13/CONS che, seppur travagliato, si è concluso con la creazione di una base normativa a sostegno delle competenze esercitate da AGCOM, in tal modo eliminando in radice la fonte di alcune delle critiche sollevate al Regolamento stesso al momento della sua emanazione. Inoltre, l'esperienza di attuazione del Regolamento ha dimostrato che gli ordini di AGCOM vengono recepiti senza particolari difficoltà dagli Internet Service Provider (perlomeno sinora) e sono in generale valutati positivamente dai titolari dei diritti d'autore e connessi. In questo contesto sembra dunque essere maturata la decisione del legislatore italiano di conferire ad AGCOM ulteriori poteri in materia di diritto d'autore, ossia quelli elencati al par. 1, con riferimento alle principali novità introdotte dalla Direttiva 2021/790. Non va neppure dimenticato che con il recentissimo decreto legge c.d. "Caivano" (art. 15 del d.l.

[12] La seconda modifica del Regolamento è stata attuata con la delibera 295/20/CONS del 7 luglio 2020, ed ha avuto riguardo alcune questioni procedurali e di adeguamento alla normativa ed alla giurisprudenza eurounitaria. La quarta modifica è intervenuta con la delibera 189/23/CONS, che introduce modifiche al Regolamento dirette a incidere sulla pirateria online degli eventi sportivi in diretta.

123/2023 [13]) AGCOM è anche stata designata quale Coordinatore dei Servizi Digitali ai sensi dell'art. 49, co. 2, del Regolamento (UE) 2022/2065 del Parlamento europeo e del Consiglio del 19 ottobre 2022, relativo a un mercato unico dei servizi digitali, con funzioni di vigilanza anche con riguardo alla protezione dei minori in relazione ai contenuti pornografici disponibili on line, nonché agli altri contenuti illegali o comunque vietati, veicolati da piattaforme on line o altri gestori di servizi intermediari, e con la finalità di contribuire alla definizione di un ambiente digitale sicuro. Si tratta insomma della formale investitura di AGCOM quale Autorità di riferimento per il settore dell'online, con poteri regolatori ampi sia con riguardo ai servizi di trasmissione dei segnali, sia con riguardo ai contenuti editoriali che questi possono veicolare, e dunque anche in materia di diritto d'autore.

Per rimanere nell'ambito delle funzioni relative a quest'ultimo ambito, che sono l'oggetto di questo contributo, quanto precede rende anche evidente che il legislatore abbia ritenuto il settore in questione bisognoso di una regolamentazione pubblica, e per tali ragioni abbia esteso i poteri di AGCOM, che diventano non solo di vigilanza (come già previsto nel 2000 con l'introduzione dell'art. 182-*bis* LDA) ovvero normativi e para-giudiziali per la sola emanazione di inibitorie nei confronti dei prestatori di servizi della rete per il blocco di contenuti in palese violazione dei diritti (come avvenuto a seguito del Regolamento 680/13/CONS), ma anche aggiudicativi, con riferimento – *inter alia* – ad un contesto spiccatamente privatistico come quello dei potenziali conflitti in tema di compensi e remunerazioni.

In relazione a questi nuovi poteri non sembra più porsi un problema di assenza di base normativa (come era avvenuto per il Regolamento 680/13/CONS), dal momento che molti dei nuovi poteri sono previsti *ex lege* dal d.lgs. 177/2021. Restano tuttavia alcuni dubbi per quanto concerne l'opportunità di conferire poteri di questo genere ad una autorità amministrativa indipendente.

Per quanto in particolare riguarda le funzioni para-giurisdizionali, AGCOM è pur sempre un ente appartenente all'amministrazione pubblica, e quindi come tale non assimilabile agli organi che svolgono funzioni giurisdizionali vere e proprie. Questo approdo appare ora scontato alla luce della decisione del 2019 della Corte Costituzionale con riferimento allo *status* di AGCM (Autorità per la concorrenza e per il mercato) [14]. Nel caso di specie la Corte Costituzionale ha escluso che AGCM potesse sollevare una questione di legittimità costituzionale, proprio per l'impossibilità di assimilare l'Autorità stessa agli organi giudicanti. In particolare, secondo la Corte Costituzionale la posizione di terzietà dell'autorità amministrativa indipendente sarebbe esclusa anzitutto perché la struttura dell'AGCM non assicurereb-

[13] Convertito con L. 13 novembre 2023, n. 159.

[14] Corte cost. sentenza n. 13 del 2019, reperibile presso https://www.cortecostituzionale.it/action SchedaPronuncia.do?anno=2019&numero=13.

be la separazione fra le funzioni inquirenti (attribuite gli uffici amministrativi alle dipendenze del Segretario generale) e le funzioni decisorie (attribuite al Collegio dei componenti guidato dal Presidente dell'Autorità). Inoltre, AGCM partecipa come parte processuale al giudizio di impugnativa davanti ad un giudice avverso i propri provvedimenti, facendo valere l'interesse di cui si occupa, e ciò determinerebbe una ontologica incompatibilità con la posizione di giudice. La decisione ora riportata della Corte Costituzionale solleva una serie di quesiti con riguardo alle attività para-giudiziali di tutte le attività indipendenti, e quindi anche quelle di AGCOM, con particolare riguardo alla nozione di giusto processo, ed alla garanzia della cd. *full jurisdiction*. In questo senso dovrà quindi valutarsi più attentamente quantomeno il rapporto fra procedimento e decisione dell'AGCOM, e relative modalità di impugnazione. È vero infatti che recentemente la Corte Europea per i Diritti dell'Uomo [15] ha ritenuto che il procedimento sanzionatorio azionato dall'AGCOM per omessa comunicazione di un rapporto di controllo societario, prevista per le società che chiedano finanziamenti pubblici all'editoria, non violava, nel caso concreto, l'art. 6, par. 1, della CEDU poiché esso, pur essendosi svolto essenzialmente per iscritto ed essendo stata offerta solo in parte ai soggetti interessati la possibilità di interloquire sugli elementi di prova raccolti dall'Autorità, aveva trovato nella successiva sede giurisdizionale (avanti al giudice amministrativo) un sindacato pieno. La decisione non ha fugato tuttavia tutte le perplessità, dal momento che la stessa Corte Europea ha ritenuto di qualificare le sanzioni irrogate da AGCOM come sanzioni penali, e ha anche espressamente affermato che il procedimento avanti all'AGCOM è risultato afflitto da vizi e carenze del contraddittorio. Si è osservato quindi che le lacune della fase procedimentale avanti ad AGCOM non potevano essere effettivamente del tutto sanabili per il solo fatto che il provvedimento fosse impugnabile secondo le regole del giusto processo, poiché significative lesioni dei diritti possono già verificarsi nella fase antecedente, che è quella procedimentale davanti all'Autorità. Peraltro, non sembra che si possa risolvere il dilemma insito nella scelta di attribuire ad una autorità indipendente un potere para-giurisdizionale, dal momento che da un lato il risultato dell'esercizio del potere in questione appare del tutto assimilabile a quello di un organo giurisdizionale nell'ambito di un vero e proprio processo, e dall'altro lato l'autorità indipendente non è terza, e gode di particolari poteri nell'acquisizione dei documenti e delle informazioni (secondo regole di tipo più "inquisitorio" che "accusatorio") [16]. In alcu-

---

[15] Sentenza della Corte Europea dei Diritti dell'Uomo del 10 dicembre 2020 – Ricorsi n. 68954/13 e 70495/13 – Causa Edizioni del Roma società cooperativa a r.l. e Edizioni del Roma s.r.l. c. Italia, reperibile presso https://www.giustizia.it/giustizia/it/mg_1_20_1.page?facetNode_1=1_2%282020%29&facetNode_2=0_8_1_11&contentId=SDU318896&previsiousPage=mg_1_20#.

[16] In questo senso v. G. QUAGLIARELLO, *Le sanzioni sostanzialmente penali dell'AGCOM e il sindacato di piena giurisdizione*, in *https://www.avvocaturastato.it/files/file/Rassegna/2021/Quagliarello%202_2021_Layout%201.pdf.*

ne recenti decisioni del Consiglio di Stato sembra che l'(eventuale) sacrificio del contraddittorio determinato dalle specifiche esigenze di celerità nell'emanazione di un ordine inibitorio nel settore online sia giustificato dal fine di proteggere l'interesse pubblico ad inibire l'ulteriore reiterazione delle violazioni, interesse che quindi viene considerato prevalente [17]. Si tratta di vedere se questo tipo di bilanciamento – indubbiamente efficace sotto il profilo degli ordini inibitori diretti a bloccare violazioni manifeste e massive dei diritti – possa essere idoneo a proteggere adeguatamente tutti gli interessi in campo, anche in contesti diversi, come quelli esaminati al par. 1.

---

[17] Consiglio di stato, ordinanza 9 ottobre 2023, n. 4160.

Capitolo II
(dagli artt. 3-4 CDSM all'art. 70-*ter* LDA[1])

Le eccezioni per scopo di ricerca: il mondo guarda all'UE

di *Deborah De Angelis*

SOMMARIO: 1. La trasposizione in Italia degli artt. 3 e 4 della Direttiva Copyright. – 2. Estrazione di testo e di dati per finalità di ricerca scientifica: ambito applicativo. – 3. Eccezioni e limitazioni ai fini dell'estrazione di testo e di dati per finalità commerciali: ambito applicativo. – 3.1. Le misure tecnologiche di protezione. – 4. Profili critici, scenari applicativi, processi di IA.

1. La trasposizione in Italia degli artt. 3 e 4 della Direttiva Copyright[2]

Con lo sviluppo delle tecnologie emergenti, le opere dell'ingegno, i materiali protetti dai diritti connessi e le banche dati non originali, in formato digitale[3] sono sottoposti ad un processo di analisi computazionale, di aggregazione e rielaborazione, unitamente ad una grande quantità di dati, sia grezzi che strutturati. Tale processo mira all'estrazione di informazioni, all'identificazione di modelli e alla scoperta di nuove tendenze e intuizioni, generando correlazioni "non espressive"[4]. La man-

---

[1] Legge 22 aprile 1941, n. 633.

[2] Direttiva 2019/790/UE del Parlamento europeo e del Consiglio del 17 aprile 2019 sul diritto d'autore e sui diritti connessi nel mercato unico digitale e che modifica le direttive 96/9/CE e 2001/29/CE.

[3] F. BENATTI, *Le "nuove" eccezioni e limitazioni al diritto d'autore introdotte dal d.lgs. n. 177/2021*, in *Giurisprudenza commerciale*, n. 4, 2023, che interpreta la locuzione "in formato digitale" come una limitazione all'applicazione delle eccezioni per TDM a testi e dati che si trovino già in formato digitale (in cui, quindi, sono ricompresi sia i contenuti oggetto di digitalizzazione, sia i contenuti nativi digitali, ndr).

[4] A. OTTOLIA, *L'utilizzo computazionale dell'opera dell'ingegno in internet*, in *AIDA*, fasc. 1, 2014, p. 386, secondo cui l'analisi computazionale si distingue dalla tradizionale fruizione dell'opera dell'ingegno, perché la capacità di estrarre correlazioni ed elaborare conoscenze dai dati dipende dall'estensione e completezza dei dati disponibili e dal fatto che il valore dei dati ricavati dall'opera dipende dalle correlazioni tra questi ed altre moltitudini di dati e dall'efficacia degli algoritmi di calcolo utilizzati.

canza di un uso espressivo delle opere dell'ingegno durante l'attività di estrazione di testo e di dati ha sollevato dubbi[5] sulla necessità di introdurre un'eccezione obbligatoria, in assenza di una violazione. Questa tesi, seppur condivisibile, presenta dei limiti soprattutto riguardo alla particolare protezione riconosciuta dalla legislazione sul diritto d'autore alle banche di dati e al software[6], considerando anche il successivo sviluppo dei sistemi di machine learning o di intelligenza artificiale generativa dei quali le attività di *Text and Data Mining* (TDM) rappresentano una componente essenziale.

L'Unione europea ha scelto di prevedere queste nuove eccezioni obbligatorie per armonizzare e garantire la certezza del diritto all'interno del mercato unico digitale, lasciando spazio alla flessibilità dei legislatori nazionali tramite lo strumento normativo della direttiva. Le eccezioni per il TDM rendono libere le forme di utilizzazione di opere, materiali protetti e banche dati non originali, quando le tecnologie di analisi computazionale automatizzata possono violare i diritti d'autore, i diritti connessi e il diritto *sui generis* e, quando, le eccezioni già previste dalla legislazione sul diritto d'autore non sono applicabili. Nel caso, ad esempio, dell'eccezione per copia tecnica[7] o per finalità illustrativa, ad uso didattico o di ricerca scientifica[8]. Le eccezioni non si applicano, altresì, quando i contenuti sono liberamente utilizzabili poiché in pubblico dominio o rilasciati tramite una

---

[5] G. Ghidini, F. Banterle, *A critical view on the European Commission's Proposal for a Directive on copyright in the Digital Single Market*, in *Giurisprudenza commerciale*, 2018, p. 923.

[6] R. Ducato, A. Strowel, *Ensuring Text and Data Mining: remaining issues with EU copyright exceptions and possible ways out*, in *CRIDES Working Paper Series* no. 1/202, https://papers.ssrn.com/sol3/papers.cfm?abstract_id=3829858, 2021.

[7] Il riferimento è all'art. 5 (1) della Direttiva 29/2001/CE sul diritto d'autore e i diritti connessi nella società dell'informazione che esenta, in modo obbligatorio, dal diritto di riproduzione, gli atti di riproduzione temporanea di cui all'art. 2, privi di rilievo economico proprio perché transitori o accessori, e parte integrante ed essenziale di un procedimento tecnologico, eseguiti all'unico scopo di consentire: a) la trasmissione in rete tra terzi con l'intervento di un intermediario o b) un utilizzo legittimo di un'opera o di altri materiali; recepita in Italia dall'art. 68-*bis* LDA. Tale fattispecie non è applicabile se nell'attività di TDM viene creata una copia permanente. Inoltre, l'interpretazione restrittiva fornita dalla Corte europea di giustizia, ne limita ancora più l'ambito di applicazione, M. Montagnani, G. Aime, *Il* text and data mining *e il diritto d'autore*, in *AIDA*, 2017, p. 376.

[8] Il riferimento qui, da una parte, all'art. 5, par. 3, lett. *a*) della Direttiva 29/2001/CE sul diritto d'autore e i diritti connessi nella società dell'informazione, che disciplina l'eccezione facoltativa allorché l'utilizzo ha esclusivamente finalità illustrativa per uso didattico o di ricerca scientifica, sempreché, salvo in caso di impossibilità, si indichi la fonte, compreso il nome dell'autore, nei limiti di quanto giustificato dallo scopo non commerciale perseguito; recepita in Italia nell'art. 70 LDA. Dall'altra, all'art. 6 (2) della Direttiva 96/9/CE sulla tutela delle banche di dati; recepito in Italia dall'art. 64-*sexies* LDA per le banche dati originali. L'art. 102-*ter*, co. 3, LDA, per le banche dati non originali, esonera dalla richiesta di autorizzazione del costitutore della banca dati messa a disposizione del pubblico per qualsiasi motivo per le attività di estrazione o reimpiego di parti non sostanziali, valutate in termini qualitativi e quantitativi, del contenuto della banca dati per qualsiasi fine effettuate dall'utente legittimo.

licenza aperta che ne consente l'uso a tali fini. L'eccezione, inoltre, non si applica quando l'estrazione di testo e di dati riguarda semplici fatti o contenuti non tutelati dal diritto d'autore [9].

Le tecnologie di estrazione di testo e di dati si sono diffuse nell'economia digitale come strumento di supporto alla ricerca, all'innovazione e al progresso. I ricercatori che utilizzano tali tecnologie devono avere accesso ai materiali oggetto di analisi, estrarre e riprodurre i materiali in un *corpus* dedicato alla ricerca, condurre l'analisi tramite computer e algoritmi, effettuare processi di verifica e di validazione interni ed esterni, nonché diffondere i risultati della ricerca. Questo coinvolge la divulgazione a terzi delle fonti sottostanti a scopo illustrativo e di convalida, spesso in collaborazione con altri ricercatori in progetti transfrontalieri.

Le attività di TDM comprendono una vasta gamma di tecniche (come *il web scraping* [10]), che consentono di interpretare contenuti di qualsiasi tipo.

Quando le attività di TDM sono svolte con l'ausilio di sistemi di intelligenza artificiale generativa [11] e di algoritmi addestrati, possono estrarre grandi quantità di dati in formato digitale (contenuti culturali, social network, contenuti generati dagli utenti e condivisi online, tabelle, mappe, diagrammi, formule e strutture chimiche) ai fini della generazione di *output* che hanno la veste di contenuti artistici e che possono violare i diritti d'autore dei titolari delle opere protette utilizzate nell'addestramento [12].

Grazie alla capacità di recuperare e analizzare enormi quantità di dati, il TDM rappresenta uno dei principali strumenti per la ricerca e per le applicazioni di intelligenza artificiale [13]. Modelli e algoritmi innovativi alimentano l'intelligenza

---

[9] Cfr. considerando n. 9 della Direttiva Copyright.

[10] Per un approfondimento sulla natura tecnica e il valore economico del *web scraping*, M.W. MONTEROSSI, *Estrazione e (ri)utilizzo di informazioni digitali all'interno della rete internet. Il fenomeno del c.d.* web scraping, in *Diritto dell'informatica*, 2020, p. 329.

[11] Tipo di architettura di rete neurale artificiale utilizzata per generare dati nuovi, solitamente in forma di immagini, suoni, testo o altri tipi di contenuti multimediali. Nella Proposta di regolamento del Parlamento europeo e del Consiglio che stabilisce regole armonizzate sull'intelligenza artificiale (Legge sull'intelligenza artificiale) e modifica alcuni atti legislativi dell'Unione si definisce un "sistema di intelligenza artificiale (sistema di IA): un software sviluppato con una o più delle tecniche e degli approcci elencati nell'allegato I, che può, per una determinata serie di obiettivi definiti dall'uomo, generare output quali contenuti, previsioni, raccomandazioni o decisioni che influenzano gli ambienti con cui interagiscono", reperibile su: https://eur-lex.europa.eu/legal-content/IT/TXT/?uri=celex%3A52021PC0206.

[12] J.P. QUINTAIS, *Generative AI, Copyright and the AI Act*, reperibile su: https://copyrightblog.kluweriplaw.com/2023/05/09/generative-ai-copyright-and-the-ai-act/, 2023.

[13] La definizione di TDM è sufficientemente ampia da comprendere molti processi di apprendimento automatico, come riferito dalla Commissione europea, nella propria risposta ad una interrogazione parlamentare. La Commissione ritiene che la creazione di opere d'arte da parte dell'IA non meriti un intervento legislativo specifico, rientrando tale disciplina nel quadro della Direttiva Copyright, Interrogazione parlamentare – E-000479/2023(ASW), https://www.europarl.europa.eu/doceo/document/E-9-2023-000479-ASW_EN.html.

artificiale che, oltre alla capacità computazionale, sviluppa un maggiore grado di comprensione, attraverso l'elaborazione delle informazioni che acquisisce e dalle quali trae nuove informazioni per emulare il comportamento umano, ma senza sviluppare, sinora, proprie capacità cognitive (c.d. sistemi di *Machine Learning,* nel prosieguo anche "ML").

I nuovi artt. 70-*ter* e 70-*quater* LDA [14], hanno introdotto le eccezioni obbligatorie di *Text and Data Mining* per consentire l'analisi automatizzata di contenuti protetti in formato digitale [15]. Queste eccezioni sono disciplinate rispettivamente dall'art. 3 (Estrazione di testo e di dati per scopi di ricerca scientifica) e dall'art. 4 (Eccezioni o limitazioni ai fini dell'estrazione del testo e di dati) della Direttiva 2019/790/EU, sul diritto d'autore e i diritti connessi nel mercato unico digitale.

Secondo la definizione fornita dall'art. 2 (2) della Direttiva Copyright "per estrazione di testo e di dati" si intende "qualsiasi tecnica di analisi automatizzata volta ad analizzare testi e dati in formato digitale avente lo scopo di generare informazioni inclusi, a titolo non esaustivo, modelli, tendenze e correlazioni".

La definizione fornita dal legislatore italiano all'art. 70-*ter*, co. 2, LDA, si discosta in parte da quella europea. L'estrazione di testo e di dati consiste "in qualsiasi tecnica automatizzata volta ad analizzare *grandi* quantità, di *testi*, *suoni*, *immagini*, dati o *metadati* in formato digitale con lo scopo di generare informazioni, inclusi modelli, tendenze e correlazioni". L'implementazione nazionale ha inserito nella definizione le suddette parole in corsivo, commutando in parte il considerando n. 8 della Direttiva Copyright; ad eccezione del riferimento espresso ai "*metadati*", con cui il legislatore italiano ha ampliato l'ambito applicativo dell'eccezione anche alle informazioni sui dati organizzate in modo strutturato o semistrutturato [16].

Le due eccezioni obbligatorie per il TDM differiscono per lo scopo perseguito dall'attività di ricerca computazionale e, pertanto, ricevono una differente disciplina. Entrambe, tuttavia, presuppongono che il beneficiario dell'eccezione abbia accesso legale alle opere e ai materiali oggetto di estrazione di testo e di dati [17]. La nozione di accesso legale ricomprende i casi in cui i contenuti sono rilasciati sulla

---

[14] D.lgs. 8 novembre 2021, n. 177, Attuazione della Direttiva (UE) 2019/790 del Parlamento europeo e del Consiglio, del 17 aprile 2019, sul diritto d'autore e sui diritti connessi nel mercato unico digitale e che modifica le Direttive 96/9/CE e 2001/29/CE. (GU n. 283 del 27 novembre 2021).

[15] Il considerando n. 8 della Dir. Copyright fa riferimento a tali tipologie di informazioni in formato digitale che sono oggetto dell'analisi computazionale automatizzata con la quale si esegue l'elaborazione di un gran numero di informazioni ai fini dell'acquisizione di nuove conoscenze e della rilevazione di nuove tendenze, quali testi, dati, suoni e immagini.

[16] M. CASPER, L. GUIBALT, *Baseline report of policies and barriers of TDM in Europe*, 2016. Per una definizione di dato strutturato, semi-strutturato e non strutturato, si veda, B. MARR, *What's The Difference Between Structured, Semi-Structured And Unstructured Data?*, in *Forbes*. 2019.

[17] Art. 3(1) e art. 4(1) Direttiva Copyright.

base di politiche di accesso aperto o attraverso accordi contrattuali tra i titolari dei diritti e i beneficiari dell'eccezione come, ad esempio, tramite abbonamenti. Analogamente, la nozione si applica ai contenuti messi a disposizione del pubblico online, come chiarito dai considerando nn. 14 e 18 della Direttiva Copyright.

Solo nella trasposizione dell'art. 70-*ter* LDA, il legislatore italiano, diversamente da quanto indicato dal testo letterale della Direttiva, ha sostituito la locuzione di "accesso legale", con quella di "accesso lecito", seppure il concetto di legalità e liceità hanno un diverso significato. La legalità è un termine più ristretto rispetto a quello di liceità che ricomprende in sé anche profili etici e morali, oltre che contrari alla legge. L'illiceità rappresenta, difatti, l'inopportunità morale di un'azione o di un contratto e deriva da contrarietà a norme imperative, ordine pubblico o buon costume [18].

2. Estrazione di testo e di dati per finalità di ricerca scientifica: ambito applicativo

Le tecniche di estrazione di testo e di dati sono utilizzate nelle università, nell'ambiente accademico e negli istituti di tutela del patrimonio culturale come parte delle loro attività principali per scopi di ricerca scientifica.

L'eccezione per "Estrazione di testo e di dati per finalità di ricerca scientifica" [19], introdotta dall'art. 70-*ter* LDA, mira a consentire il libero utilizzo dei seguenti diritti esclusivi, senza necessità di richiedere preventivamente l'autorizzazione ai titolari dei diritti [art. 3 (1) Direttiva Copyright]: il diritto esclusivo di riproduzione temporanea o permanente con qualsiasi mezzo e in qualsiasi forma, in tutto o in parte, nel caso di banche dati protette dal diritto d'autore [art. 5(a)]; il diritto esclusivo di impedire l'estrazione e/o il riutilizzo di tutto o di una parte sostanziale, valutata qualitativamente e/o quantitativamente, del contenuto di banche dati protette dal diritto *sui generis* [art. 7 (1) della Direttiva 1996/9/EC sulla protezione legale delle banche di dati]; il diritto di riproduzione relativo alle opere dell'ingegno e ai materiali protetti dai diritti connessi (art. 2 della Direttiva 2001/29/CE sul diritto d'autore e i diritti connessi nella società dell'informazione); il diritto esclusivo di riprodurre in modo permanente o temporaneo un programma per elaboratore con qualsiasi mezzo e in qualsiasi forma, in tutto o in parte; nella misura in cui il caricamento, la visualizzazione, l'esecuzione, la trasmissione o la

---

[18] L'art. 1346 c.c. richiama la liceità tra i requisiti dell'oggetto del contratto. L'art. 1345, invece, stabilisce l'illiceità del contratto quando entrambe le parti si sono determinate a concluderlo per un motivo illecito comune ad entrambe.

[19] Nell'espressione ricerca scientifica si intende comprendere sia le scienze naturali, sia le scienze umane (considerando n. 12 Dir. Copyright).

memorizzazione del programma per elaboratore richiedano tale riproduzione, tali atti sono soggetti all'autorizzazione del titolare del diritto [art. 4 (1) (a) della Direttiva 2009/24/EC sulla protezione dei programmi per elaboratore]; la traduzione, l'adattamento, l'arrangiamento e qualsiasi altra alterazione di un programma per elaboratore e la riproduzione dei relativi risultati, fatti salvi i diritti della persona che ha alterato il programma [art. 4 (1) (b)] della Direttiva 2009/24/EC sulla protezione dei programmi per elaboratore]. E, infine, il diritto esclusivo di riproduzione e di comunicazione al pubblico dell'editore per l'utilizzo online delle pubblicazioni di carattere giornalistico da parte di prestatori di servizi della società dell'informazione [art. 15 (1) della stessa Direttiva Copyright].

In sintesi, per le opere dell'ingegno, per i materiali protetti dal diritto d'autore e per le banche dati non originali, il diritto di utilizzazione economica, che espressamente rientra nell'ambito applicativo dell'eccezione, è il diritto di riproduzione; per le pubblicazioni di carattere giornalistico, oltre al diritto di riproduzione, l'eccezione ricomprende il diritto di comunicazione al pubblico. Solo per il software, invece, la previsione si estende, oltre al diritto di riproduzione, a tutte le forme di modificazione previste dalla Direttiva in materia, inclusa la riproduzione dei relativi risultati. Per quanto riguarda, infine, la disciplina delle banche dati non originali protette dal diritto *sui generis*, il riferimento è al diritto di impedire l'estrazione e/o il riutilizzo di tutto o di una parte sostanziale.

Il legislatore europeo ha, inoltre, concesso uno spazio di manovra ai legislatori nazionali in relazione alle eccezioni e limitazioni individuate già dalle altre direttive, prevedendo che "Gli Stati membri possano adottare o mantenere in vigore disposizioni più ampie, compatibili con le eccezioni e limitazioni di cui alle Direttive 96/9/CE e 2001/29/CE, per gli utilizzi o gli ambiti oggetto delle eccezioni o delle limitazioni di cui alla presente Direttiva" (art. 25). Come vedremo, tale strumento è stato utilizzato dal legislatore italiano per estendere l'ambito di applicazione dell'eccezione non solo al diritto di riproduzione dell'*input* (ossia, il testo o i dati oggetto di estrazione), ma anche al diritto di comunicazione al pubblico dell'*output* (ossia, il risultato della ricerca), qualora lo stesso sia tutelabile in quanto espresso in una nuova opera originale. In altre parole, è consentita la comunicazione di materiali protetti derivanti da processi di ricerca computazionale, a condizione che tali risultati siano inclusi in una pubblicazione originale, in una raccolta di dati o in un'altra opera originale.

Il legislatore nazionale ha adottato, in tal senso, una disposizione più ampia, compatibile con le eccezioni e le limitazioni previste dalle Direttive InfoSoc [20] e Database [21]. Tale specificazione non è di poco conto, in quanto fornisce certezza

---

[20] Direttiva 2001/29/CE del Parlamento europeo e del Consiglio, del 22 maggio 2001, sull'armonizzazione di taluni aspetti del diritto d'autore e dei diritti connessi nella società dell'informazione.

[21] Direttiva 96/9/CE del Parlamento europeo e del Consiglio, dell'11 marzo 1996, relativa alla tutela giuridica delle banche di dati.

al diritto e consente di comunicare al pubblico il risultato stesso della ricerca[22]. Nel mondo, oltre all'Italia, hanno adottato nella propria legislazione una simile previsione la Germania, la Francia e Singapore[23]. Nel recepimento italiano, l'indicazione del diritto di comunicazione al pubblico quale oggetto dell'eccezione per estrazione di testo e di dati per fini di ricerca scientifica è stato oggetto di osservazioni da parte delle Commissioni riunite della Camera[24] e delle Commissioni riunite del Senato[25]. La Camera ha suggerito di riformulare il riferimento alla comunicazione al pubblico, al fine di chiarire che la norma non consente agli organismi di ricerca e agli istituti di tutela del patrimonio culturale di far venire di fatto meno la protezione del diritto d'autore e, al contempo, salvaguardare il diritto alla divulgazione degli esiti della ricerca. Ha, altresì, richiesto che fosse chiarito che eventuali soggetti terzi coinvolti dagli organismi di ricerca e dagli istituti di tutela del patrimonio culturale in operazioni di riproduzione, ai fini di estrazione di testo e dati, non acquisiscano diritti di sfruttamento sui testi e dati trattati, oltre quanto strettamente necessario ai fini della collaborazione con gli organismi e gli istituti stessi. Il Senato ha chiesto al Governo di valutare l'opportunità di eliminare dal nuovo art. 70-*ter* LDA le parole "e la loro comunicazione al pubblico da parte degli stessi istituti" oppure di limitarne l'ambito di applicazione specificando che il diritto di comunicazione al pubblico si riferisce esclusivamente ai risul-

---

[22] In senso critico, Giorgio Spedicato, nella sua relazione al webinar organizzato da ALAI Italia il 10 gennaio 2023, ritiene che al soggetto che ha lecitamente effettuato il procedimento di *Text and Data Mining* non possa essere impedito di comunicare al pubblico gli esiti della ricerca, ove espressi in nuove opere originali. Ciò perché le opere originali sono nella titolarità del soggetto che ha effettuato l'attività di *Text and Data Mining*, o comunque non appartengono al titolare dei diritti sulla fonte dei dati. Egli ritiene, inoltre, che qui si possa applicare il principio generale dell'art. 70 LDA relativo all'eccezione per citazione, che consente di utilizzare l'opera altrui per commentare per finalità illustrative; anche se c'è chi ritiene che l'art. 70 LDA sia norma di strettissima interpretazione. A parere di chi scrive, il ricercatore che ha effettuato l'attività di *Text and Data Mining* e ne ha utilizzato i risultati per la creazione di una nuova opera creativa, se contrattualmente legato ad un editore per le stampe, potrebbe avere una limitata la facoltà di comunicazione al pubblico dell'opera originale quale risultato della ricerca. L'atto di comunicazione al pubblico, espressamente previsto come parte dell'eccezione, è così salvaguardato dall'obbligo di non apposizione di clausole contrattuali contrarie all'eccezione, ai sensi dell'art. 70-*ter*, co. 9, LDA.

[23] In quasi tutti i Paesi del mondo, la legislazione sul diritto d'autore prevede almeno un'eccezione per promuovere gli usi ai fini di ricerca delle opere protette, ma tali disposizioni variano da un Paese all'altro. Per una disamina comparativa internazionale, si rimanda a S. FLYNN, L. SCHIRRU, M. PALMEDO, A. IZQUIERDO, *Research exceptions in comparative law*, in *PIJIP/TLS Research Paper Series 10/2022*, 2022.

[24] Seduta della Camera del 20 ottobre 2021, Commissioni riunite VII e IX; https://www.camera.it/leg18/824?tipo=A&anno=2021&mese=10&giorno=20&view=&commissione=0709#data.20211020.com0709.allegati.all00020.

[25] Seduta del Senato 20 ottobre 2021, in Commissioni riunite 2a Giustizia e 8a Lavori pubblici, comunicazioni; https://www.senato.it/japp/bgt/showdoc/frame.jsp?tipodoc=SommComm&leg=18&id=1315684&part=doc_dc-allegato_a.

tati delle ricerche espressi in nuove opere originali. L'opzione scelta dal legislatore nazionale è stata quest'ultima menzionata. La trasposizione italiana ha stabilito che: "Sono consentite le riproduzioni compiute da organismi di ricerca e da istituti di tutela del patrimonio culturale, per scopi di ricerca scientifica, ai fini dell'estrazione di testo e di dati da opere o da altri materiali disponibili in reti o banche di dati cui essi hanno lecitamente accesso, nonché la comunicazione al pubblico degli esiti della ricerca ove espressi in nuove opere originali" (art. 70-*ter*, co. 1, LDA). Si noti che è stato probabilmente commesso un errore lessicale nel recepimento dell'art. 3 della Direttiva in commento, indicando come uso consentito dall'eccezione TDM per scopi di ricerca scientifica "la riproduzione ai fini dell'estrazione", anziché "la riproduzione e l'estrazione"[26], come stabilito dal legislatore europeo e coerentemente previsto all'art. 70-*quater* LDA per la ricezione dell'art. 4 per l'eccezione di estrazione di testo e di dati per usi commerciali. Questi aspetti, così come la previsione della limitazione all'applicabilità dell'eccezione alle opere e ai materiali protetti presenti su reti o banche dati, sembrano essere formulazioni legislative incompatibili con la Direttiva.

I beneficiari della nuova eccezione introdotta dall'art. 70-*ter* LDA sono esclusivamente gli organismi di ricerca e gli istituti culturali. L'art. 70-*ter*, co. 3, LDA fornisce una definizione aperta, in via interpretativa, di istituti di tutela del patrimonio culturale, rispetto a quella fornita dall'art. 2 (3) della Direttiva Copyright[27], qualificandoli come biblioteche, musei, archivi, purché aperti al pubblico o accessibili al pubblico. Inoltre, essi includono anche quelli legati agli istituti di istruzione, agli organismi di ricerca e agli organismi di radiodiffusione pubblici, nonché gli istituti per la tutela del patrimonio cinematografico e sonoro e gli organismi di radiodiffusione pubblici. Al successivo co. 4 dell'art. 70-*ter* LDA si definiscono, invece, gli organismi di ricerca, conformemente a quanto stabilito dall'art. 2 (1) della Direttiva Copyright[28]. Essi includono le università, comprese le relative biblioteche, gli istituti di ricerca o qualsiasi altra entità il cui obiettivo è condurre attività di ricerca scientifica o svolgere attività didattiche che comprendono la ricerca scientifica. Questi organismi devono alternativamente: a) operare senza scopo di lucro o avere uno statuto che preveda il reinvestimento degli utili

---

[26] Art. 3 e art. 4 e considerando n. 11 della Direttiva Copyright.

[27] L'art. 2(3) della Direttiva Copyright definisce istituto di tutela del patrimonio culturale: una biblioteca accessibile al pubblico, un museo, un archivio o un istituto per il patrimonio cinematografico o sonoro.

[28] L'art. 2 (1) della Direttiva Copyright definisce organismo di ricerca: un'università, comprese le relative biblioteche, un istituto di ricerca o qualsiasi altra entità il cui obiettivo primario sia condurre attività di ricerca scientifica oppure condurre attività didattiche che includano altresì attività di ricerca scientifica: a) senza scopo di lucro o reinvestendo tutti gli utili nella propria attività di ricerca scientifica, o b) con una finalità di interesse pubblico riconosciuta da uno Stato membro, in modo che non sia possibile l'accesso su base preferenziale ai risultati generati da detta ricerca scientifica da parte di un'impresa che esercita un'influenza determinante su tale organismo.

nelle attività di ricerca scientifica[29], anche sotto forma di partenariati pubblico-privato; b) perseguire una finalità di interesse pubblico riconosciuta da uno Stato membro dell'Unione europea. D'altro canto, sono esclusi gli organismi di ricerca su cui le imprese commerciali esercitano un'influenza determinante tale da consentire un accesso preferenziale ai risultati generati dalle attività di ricerca scientifica. Secondo il considerando n. 12 della Direttiva Copyright, l'esclusione dal beneficio dell'applicabilità dell'eccezione dovrebbe applicarsi agli organismi di ricerca sui cui le imprese commerciali abbiano un'influenza così determinante, per ragioni strutturali, come la loro veste di azionisti o soci, da consentire loro di esercitare un controllo da cui potrebbe derivare un accesso preferenziale ai risultati della ricerca. L'effetto di escludere l'organismo di ricerca come beneficiario dell'eccezione non dovrebbe, invece, essere causato dalla presenza di accordi contrattuali. In linea con la politica di ricerca dell'Unione, le università e gli istituti di ricerca sono incoraggiati a collaborare con il settore privato. Pertanto, si ritiene che gli organismi di ricerca dovrebbero beneficiare dell'eccezione anche nel caso in cui le loro attività di ricerca siano svolte nel quadro di partenariati pubblico-privato[30]. Di conseguenza, sia gli organismi di ricerca, sia gli istituti di tutela del patrimonio culturale dovrebbero continuare ad essere beneficiari dell'eccezione ma, allo stesso tempo, dovrebbero anche poter fare affidamento sui loro partner privati per effettuare l'estrazione di testo e di dati, anche utilizzando i loro strumenti tecnologici. Questa circostanza non è stata specificata nell'art. 70-*ter*, co. 5, LDA, ma un'interpretazione conforme del diritto interno rispetto al diritto dell'Unione europea dovrebbe condurre alla conclusione che gli organismi di ricerca non considerati ai fini dell'applicazione dell'eccezione siano solo quelli su cui le imprese commerciali esercitano un'influenza determinante per ragioni strutturali[31] e non quelli legati da accordi contrattuali[32]. L'art. 70-*ter*, co. 6, LDA di-

[29] A. MUSSO, *Eccezioni e limitazioni ai diritti d'autore nella Direttiva UE N. 790/2019*, in *Diritto dell'Informatica*, 3/2020, p. 420, nota 16, ove fa riferimento agli enti di ricerca, partecipati dallo Stato o da altri enti pubblici, costituiti in forma di società per azioni o società consortili, il cui statuto prevede il reinvestimento degli utili nelle attività di ricerca scientifica per evitare che la forma di società commerciale prevalga rispetto alle finalità istituzionali e statutarie dell'ente stesso.

[30] Cfr. considerando n. 11 della Direttiva Copyright.

[31] In senso critico, Giorgio Spedicato che, sempre in occasione del webinar ALAI (nota 13), fa notare come in relazione all'eccezione e limitazione per estrazione di testo e di dati per fini diversi dalla ricerca scientifica, il soggetto commerciale che vorrebbe beneficiare dell'eccezione più ampia, potrebbe fare un accordo con l'ente di ricerca e, in tale ipotesi, far giovare l'organismo stesso dell'eccezione per TDM. In termini funzionali, un accordo contrattuale di lunga durata è parente stretto di un'influenza strutturale.

[32] C. SGANGA, *Dall'armonizzazione alla frammentazione: obiettivi e fallimenti della Direttiva Copyright (2019/790/UE), in materia di ricerca, educazione e accesso al patrimonio culturale*, in *Rivista italiana di Informatica e diritto*, anno 5, fasc. 1/2023, reperibile su http://eulero.ittig.cnr.it/www.rivistaitalianadiinformaticaediritto.it/index.php/RIID/article/view/140. L'autore sottolinea la mancanza di una previsione speciale per le PMI e il fatto che non si sia tenuto conto delle differenze

sciplina le modalità di memorizzazione e conservazione delle copie di opere e di materiali protetti oggetto di analisi computazionale attraverso il sistema di TDM, discostandosi in parte dal disposto dell'art. 3 (2) della Direttiva Copyright. Le copie di opere o di altri materiali sono memorizzate con adeguato livello di sicurezza e possono essere conservate e utilizzate unicamente per scopi di ricerca scientifica, inclusa la verifica dei risultati della ricerca. La specificazione, di conio nazionale, relativa alla possibilità di utilizzo dei dati conservati, è intrinseca all'obiettivo dell'attività di analisi stessa. I titolari dei diritti hanno la facoltà di applicare misure tecnologiche di protezione idonee a garantire la sicurezza e l'integrità delle reti e delle banche dati in cui sono ospitate le opere e gli altri materiali [art. 70-*ter*, co. 7, LDA che recepisce integralmente l'art. 3 (3) della Direttiva Copyright]. La *ratio* della norma è fornire uno strumento ai titolari dei diritti per contrastare un numero potenzialmente elevato di richieste di accesso e di scaricamento online delle loro opere o altri materiali, che possano mettere a rischio la sicurezza e l'integrità dei loro sistemi o delle loro banche dati[33]. Tali misure devono essere proporzionate ai rischi e non dovrebbero andare oltre quanto necessario per perseguire l'obiettivo di garantire la sicurezza e l'integrità del sistema, né dovrebbero compromettere l'efficace applicazione dell'eccezione. Il legislatore italiano prevede solo come una possibilità che le misure di cui ai co. 6 e 7 dell'art. 70-*ter* LDA siano definite anche sulla base di accordi tra le associazioni dei titolari dei diritti, gli istituti di tutela del patrimonio culturale e gli organismi di ricerca (art. 70-*ter*, co. 8, LDA). Il legislatore europeo [art. 3 (2) Dir. Copyright] intende, invece, spronare gli Stati membri ad incoraggiare i soggetti interessati a definire concordemente le migliori prassi per l'applicazione dell'obbligo di conservazione delle copie e delle misure di sicurezza suddette.

In applicazione del principio sancito all'art. 7 (1) della Direttiva Copyright, le disposizioni di cui all'art. 70-*ter*, co. 1, 6 e 7 sono inderogabili e, pertanto, ogni pattuizione contraria è nulla (art. 70-*ter*, co. 8, LDA).

---

sostanziali degli ecosistemi di ricerca degli Stati membri; E. ROSATI, *An EU text and data mining exception for the few: would it make sense?*, in *JIPLP*, vol. 13(6), 2019, p. 429 ss. Si veda sul punto, anche, C. GEIGER, G. FROSIO, O. BULAYENKO (), *Text and Data Mining in the Proposed Copyright Reform: Making the EU Ready for an Age of Big Data?*, 49, IIC, 2018, reperibile su https://papers.ssrn.com/sol3/papers.cfm?abstract_id=3160586.

[33] Tali misure di protezione possono essere adottate per garantire l'accesso alle sole persone che hanno legalmente accesso ai dati, attraverso la convalida dell'indirizzo IP o l'autenticazione di utente (considerando n. 16 della Direttiva Copyright).

3. Eccezioni e limitazioni ai fini dell'estrazione di testo e di dati per finalità commerciali: ambito applicativo

Le tecniche di estrazione di testo e di dati sono, altresì, utilizzate sia dalle amministrazioni pubbliche sia dai privati nell'ambito dell'esercizio di attività commerciale. Lo scopo è creare statistiche, adottare decisioni aziendali e sviluppare nuove applicazioni e tecnologie[34]. Nel 2018, il Giappone ha adottato una riforma del diritto d'autore volta a garantire una strategia di sostegno per la ricerca, promuovendo così i servizi innovativi digitali e l'intelligenza artificiale. L'obiettivo principale di tale modifica legislativa è stato eliminare l'ambiguità nell'utilizzo di opere protette dal diritto d'autore per le attività di TDM, introducendo un'ampia eccezione obbligatoria che consente anche gli usi commerciali, qualora lo sfruttamento non abbia lo scopo di godimento dell'opera[35].

Diversamente, l'Europa ha scelto di prevedere un'eccezione obbligatoria per l'estrazione di testo e di dati per finalità diverse dalla ricerca scientifica che, allo stesso tempo, consente ai titolari dei diritti di esercitare un'opzione di riserva sull'utilizzo delle opere e degli altri materiali protetti che, di fatto, può neutralizzare l'applicazione dell'eccezione stessa. Gli Stati membri devono recepire un'eccezione o una limitazione per la riproduzione e l'estrazione di opere e altri materiali lecitamente accessibili per fini diversi dalla ricerca scientifica, applicabile alla stessa tipologia di diritti esclusivi indicati per l'eccezione di TDM per fini di ricerca scientifica, ossia all'art. 5, lett. *a*), e all'art. 7, par. 1, della Direttiva 96/9/CE, all'art. 2 della Direttiva 2001/29/CE, all'art. 4, par. 1, lett. *a*) e *b*), della Direttiva 2009/24/CE e all'art. 15, par. 1, della Direttiva Copyright.

L'art. 70-*quater* LDA (in attuazione dell'art. 4 della Direttiva Copyright) autorizza le riproduzioni e le estrazioni da opere o altri materiali disponibili online o da banche dati a cui si ha legittimo accesso solo se i titolari dei diritti non abbiano espressamente riservato l'uso di tali materiali. È beneficiario dell'eccezione chiunque effettui l'attività di estrazione di testo e di dati da opere o altri materiali di cui ha legittimamente accesso.

Nel caso in cui le opere e i materiali protetti oggetto dell'eccezione siano messi a disposizione online, è necessario che la riserva da parte dei titolari dei diritti sia effettuata in modo appropriato, attraverso l'uso di strumenti che consentano una lettura automatizzata, come i metadati, i termini e le condizioni d'uso di un

[34] Cfr. considerando nn. 8, 9 e 18 della Direttiva Copyright.

[35] L'art. 30-4 della legge sul diritto d'autore del Giappone, titolato: "Sfruttamento senza scopo di godimento dei pensieri o dei sentimenti espressi in un'opera" consente in modo esaustivo lo sfruttamento di un'opera non finalizzato a godere o a far godere la stessa a terzi. In particolare, lo sfruttamento per il *Text and Data Mining* (TDM) è ampiamente consentito con qualsiasi mezzo anche a fini commerciali. 30-4. https://www.cric.or.jp/english/clj/cl2.html.

sito web o di un servizio [36]. La riserva di *opt-out* ha lo scopo di derogare gli effetti dell'eccezione e riattribuire il diritto esclusivo in capo al titolare che avrà, quindi, il potere economico di negoziare una licenza per gli utilizzi di TDM ad uso commerciale [37].

La legge italiana non chiarisce come tale riserva debba essere effettuata dai titolari dei diritti, né menziona la necessità di esprimere tale riserva in modo appropriato come, invece, previsto dall'art. 4 (3) della Direttiva in recepimento, "ad esempio, attraverso strumenti che consentano la lettura automatizzata in caso di contenuti resi pubblicamente disponibili online". È essenziale adottare uno standard o un protocollo universale per sviluppare soluzioni tecniche idonee a garantire che la riserva dei diritti sia effettiva e rispettata. Questo è particolarmente rilevante in un contesto in cui i contenuti sono diffusi online, poiché è necessario garantire che la riserva dei diritti sia visibile, leggibile dalle macchine e applicabile anche in ambiente digitale. Ma soprattutto, tale forma di controllo e tutela dei contenuti protetti ha assunto un ruolo determinante nell'addestramento dei sistemi di intelligenza artificiale generativa che, al momento dell'adozione della Direttiva europea in commento, non avevano ancora avuto un ingresso massivo nel mercato B2C (*Business to Consumer*).

È, inoltre, da considerare che l'adozione di migliori pratiche universalmente riconosciute per escludere le opere protette dal diritto d'autore dall'addestramento dei sistemi di *Machine Learning* si rifletterebbe nei modelli addestrati con ritardo. Tale sfasamento temporale tra l'*opt-out* e il suo effetto pratico ha sollevato ulteriori preoccupazioni da parte dei titolari dei diritti, soprattutto nella consapevolezza che i modelli ML, una volta addestrati, non possano facilmente "disapprendere" le informazioni estratte dai contenuti presenti nei dati di addestramento [38].

---

[36] Cfr. considerando n. 18, par. 2, della Direttiva Copyright.

[37] Il 12 ottobre 2023, la società di gestione collettiva del diritto d'autore francese, Sacem ha annunciato di aver esercitato l'*opt-out* automatico delle opere musicali dei propri membri per lo sviluppo di strumenti di intelligenza artificiale. Il *data mining* delle opere del repertorio Sacem da parte di soggetti che sviluppano strumenti di intelligenza artificiale richiederà l'autorizzazione preventiva di Sacem, al fine di garantire un'equa remunerazione agli autori, compositori ed editori musicali che rappresenta. Reperibile su, https://deadline.com/2023/10/french-rights-body-sacem-ai-opt-out-members-1235571293/#!. La Sacem ha anche un altro primato in tema di disciplina dell'*out-put* dell'IA, quando nel 2017, ha iscritto come proprio membro, nella categoria compositori, il sistema di intelligenza artificiale denominato AIVA (Artificial Intelligence Virtual Artist); https://repertoire.sacem.fr/en/results?filters=parties&query=AIVA#searchBtn.

[38] P. KELLER, S. WARSO, *Designing best practices for opting out of ML training*, 2023, reperibile su https://openfuture.eu/publication/defining-best-practices-for-opting-out-of-ml-training/, secondo gli autori è auspicabile che la Commissione europea, seppure ciò non sia espressamente richiesto dalla Direttiva Copyright, non tardi a pubblicare delle linee guida che possano orientare i rispettivi *stakeholder* e il mercato nell'adozione condivisa di uno standard o protocollo universale per rendere effettiva e puntale la riserva di *opt-out* da parte dei titolari dei diritti. Seppure al momento non vi è uno standard o protocollo universalmente adottato per esercitare l'*opt-out* dai sistemi di ML a scopo

L'altro aspetto che mina l'assetto normativo dell'eccezione riguarda la trasparenza dei sistemi di ML generativa in relazione ai contenuti oggetto di addestramento. Nella revisionata proposta di Regolamento UE sull'intelligenza artificiale, oltre all'obbligo di rivelare che i contenuti sono generati ricorrendo a mezzi automatizzati, nel caso in cui un sistema di IA sia utilizzato per generare o manipolare immagini o contenuti audio o video che assomigliano notevolmente a contenuti autentici, fatte salve le eccezioni per finalità legittime, quali la libertà di espressione (art. 52, par. 1), in relazione alle opere protette dal diritto d'autore, è stata inserita la regola secondo cui i fornitori di modelli generativi di IA devono "documentare e rendere disponibile al pubblico una sintesi dell'uso dei dati di addestramento protetti dalla legge sul diritto d'autore" (art. 28b-5a), al fine di consentire l'*opt-out* ai sensi dell'art. 4 della Direttiva Copyright. I fornitori di IA generativa non hanno la possibilità di identificare in modo dettagliato tutto o parte del materiale protetto[39] che includono nei loro set di dati di addestramento, con una chiara indicazione delle rivendicazioni sulla titolarità dei diritti. Ciò che è, invece, necessario indicare è il protocollo o lo standard di *opt-out* rispettato e la condizione dell'accesso legale ai dati[40].

Infine, a differenza di quanto stabilito per l'eccezione di TDM per fini di ricerca scientifica, le riproduzioni e le estrazioni possono essere conservate solo per il tempo necessario all'attività di estrazione di testo e di dati (art. 70-*quater*, co. 2, LDA), imponendo in tal modo un limite temporale oltre il quale la conservazione non è più legale. I livelli di sicurezza garantiti non sono inferiori a quelli definiti per lo svolgimento delle attività di cui all'art. 70-*ter* (art. 70-*quater*, co. 3, LDA).

---

commerciale, che sia interpretabile dalle macchine (*machine readable*) per i contenuti disponibili online, diversi commentatori hanno indicato il protocollo robots.txt come possibile strumento o come esempio per la creazione di un nuovo standard. Si veda sul punto, B. HUGENHOLTZ, *The New Copyright Directive: Text and Data Mining (Articles 3 and 4)*, 2019, reperibile su https://copyrightblog.kluweriplaw.com/2019/07/24/the-new-copyright-directive-text-and-data-mining-articles-3-and-4/ e le Linee guida per l'implementazione della Direttiva Copyright di Communia, con traduzione in italiano disponibile su https://meta.wikimedia.org/wiki/EU_policy/Implementation/Guidelines/All/it#Richiedere_l'adozione_di_robot.txt_per_segnalare_quando_un_sito_web_non_dovrebbe_soggetto_all'estrazione_di_dati.

[39] D. DE ANGELIS, *La prova dell'esistenza dell'opera, authorship e catena dei diritti*, in *La tecnologia blockchain e il diritto d'autore: miraggio o realtà*, Atti del convegno in Roma, 19 giugno 2019, Aracne Edizioni, 2020. Nel paragrafo dedicato a "Prospettive nazionali e europee per la realizzazione di un libro mastro digitale generale per le informazioni sul regime dei diritti d'autore e dei diritti connessi", si ricorda come l'idea di un'infrastruttura digitale che contenga i metadati standardizzati delle informazioni sul regime dei diritti del diritto d'autore e dei diritti connessi non è nuova nel settore delle opere musicali ed è noto che i progetti sinora intrapresi in tal senso non abbiano ancora raggiunto una dimensione generalizzata. Nella tutela delle opere dell'ingegno e dei materiali potetti online rimane il problema dell'assenza di un registro generale delle opere e dei materiali protetti condivisibile e interoperabile online.

[40] Statement on Transparency in the AI Act, 23 ottobre 2023, Communia and Creative Commons, reperibile su https://communia-association.org/2023/10/23/statement-on-transparency-in-the-ai-act/.

3.1. Le misure tecnologiche di protezione

Come specificato nei paragrafi precedenti, i titolari dei diritti sono autorizzati ad applicare misure tecnologiche di protezione per garantire la sicurezza e l'integrità delle reti e delle banche dati in cui sono ospitate le opere o altri materiali oggetto di attività di TDM (art. 70-*ter*, co. 7, e art. 70-*quater*, co. 3, LDA).

L'art. 70-*sexies* LDA contempla l'ipotesi in cui siano state applicate dai creatori o dai titolari dei diritti le misure tecnologiche di protezione di cui all'art. 102-*quater* LDA [41], anche in base ad accordi o a provvedimenti dell'autorità amministrativa o giudiziaria, al fine di trovare un bilanciamento con gli interessi dei beneficiari dell'eccezione per l'utilizzo di opere e altri materiali in attività didattiche digitali e transfrontaliere (art. 70-*bis* LDA) e per le attività di estrazione di testo e dati per finalità di ricerca scientifica (art. 70-*ter* LDA).

Pertanto, gli istituti di istruzione (art. 70-*bis*, co. 1), gli istituti di tutela del patrimonio culturale (art. 70-*ter*, co. 3) e gli organismi di ricerca (art. 70-*ter*, co. 4), che hanno acquisito il possesso legittimo di esemplari dell'opera o del materiale protetto, oppure vi hanno avuto accesso legittimo, hanno diritto di estrarne una copia, con i limiti e le finalità previste dalla legge, purché l'estrazione di tale copia non sia in contrasto con lo sfruttamento normale dell'opera o degli altri materiali, e a condizione che non arrechi un ingiustificato pregiudizio ai titolari dei diritti (secondo il principio del *three step test*, richiamato dall'art. 7 (2) della Direttiva Copyright per la sua applicazione alle eccezioni incluse nel Titolo II). Il legislatore italiano ha perso l'opportunità di aggiornare le controverse e raramente applicate procedure di negoziazione e mediazione già previste dall'art. 71-*quinquies* (2) LDA [42] alle reali esigenze dei beneficiari delle eccezioni al diritto d'autore. La legge non prevede espressamente alcuna procedura specifica e rapida per i casi in cui le misure di protezione tecnologica impediscano a un beneficiario di compiere le attività consentite da entrambe le eccezioni per TDM.

Tuttavia, seppure ai sensi dell'art. 70-*sexies*, LDA, i beneficiari dell'eccezione per TDM per scopi di ricerca scientifica (così come i beneficiari dell'eccezione per le attività didattiche digitali e transfrontaliere) hanno il diritto di estrarre una copia del materiale protetto, anche quando le misure tecnologiche

---

[41] L'art. 102-*quater* LDA, introdotto a seguito della recezione della Direttiva 2001/29/CE, riconosce ai i titolari di diritti d'autore e diritti connessi, nonché ai titolari del diritto riconosciuto dall'art. 102-*bis*, co. 3, LDA al costitutore di una banca dati, di poter vietare le operazioni di estrazione ovvero di reimpiego della totalità o di una parte sostanziale della stessa, apponendo sulle opere o sui materiali protetti misure tecnologiche di protezione efficaci. Esse comprendono tutte le tecnologie, i dispositivi o i componenti che, nel normale corso del loro funzionamento, sono destinati a impedire o limitare atti non autorizzati dai titolari dei diritti.

[42] L'art. 71-*quinquies* LDA ha recepito l'art. 6 (4) della Direttiva Infosoc (di cui l'art. 7, par. 2, della Direttiva Copyright prescrive l'applicabilità dei parr. 1, 3 e 5 alle eccezioni obbligatorie previste dagli articoli da 3 a 6).

sono applicate in base ad accordi o procedure amministrative o decisioni giudiziarie, l'esercizio di tale diritto non appare di agevole soluzione. In termini di applicabilità effettiva, vi è il dubbio che il diritto di estrarre una copia del materiale protetto da misure tecnologiche di protezione sia esercitabile solo attraverso la rimozione forzata delle stesse (qualora il beneficiario dell'eccezione abbia la capacità tecnica), in mancanza di un pronto e volontario intervento da parte del titolare dei diritti. Sorgono, quindi, dubbi sulla natura obbligatoria dell'eccezione per estrazione di testo e di dati per fini di ricerca scientifica, la quale può essere derogata mediante l'apposizione di misure di protezione sulle opere e i materiali protetti, senza che il beneficiario abbia la possibilità di rimuoverle in tempo utile per condurre la ricerca[43].

4. Profili critici, scenari applicativi, processi di IA

Il dibattito internazionale[44] tra la tutela dei titolari dei diritti e l'interesse all'accesso aperto ai dati per la ricerca e l'innovazione continua a evolversi[45]. Anche se la legislazione europea offre una certezza giuridica e promuove l'addestramento dei sistemi di apprendimento automatico nel campo del *Text and Data Mining*, le sfide e i dilemmi derivanti dall'uso di opere protette tramite sistemi di TDM e di intelligenza artificiale generativa richiedono una soluzione tempestiva[46]. È essenziale mantenere un dialogo costante tra legislatori, titolari dei diritti,

---

[43] In questo senso, Giorgio Spedicato, *ut cit.*

[44] WIPO SCCR/42: Limitations and exceptions discussions advance (2022), https://www.ifla.org/news/wipo-sccr-42-limitations-and-exceptions-discussions-advance/; T. NOBRE, *COMMUNIA Statement to the 42nd WIPO SCCR on Limitations and Exceptions for Education and Research*, reperibile su https://infojustice.org/archives/44677; D. DE ANGELIS, *Verso una regolamentazione sovranazionale dei diritti fondamentali alla ricerca, educazione e accesso alla cultura*, in *Rivista italiana di informatica e diritto*, n. 1/2023 (https://www.rivistaitalianadiinformaticaediritto.it/index.php/RIID/issue/view/10).

[45] Nei Paesi di common law, ove si applica la dottrina del fair use o fair dealing, sono in corso delle cause giudiziarie contro i sistemi di IA generativa (come, ad esempio, Midjourney, Stability AI, Open AI, Meta) accusati di aver utilizzato contenuti protetti per l'addestramento degli algoritmi senza aver ottenuto una licenza e senza riconoscere i crediti. Per una panoramica completa, Lawsuit Vs AI, The Trial of AI, Master List of lawsuits v. AI, ChatGPT, OpenAI, Microsoft, Meta, Midjourney & other AI cos, 19 ottobre 2023, reperibile su https://chatgptiseatingtheworld.com/2023/10/19/master-list-of-lawsuits-v-ai-chatgpt-openai-microsoft-meta-midjourney-other-ai-cos/.

[46] Un'ultima questione rilevante, seppure al di fuori dal perimetro della presente analisi riguarda il tema della proteggibilità dell'*output* generato dalla macchina come bene giuridico. Esclusa la possibilità di basarsi sulla legislazione sul diritto d'autore, che per la tutela richiede la creazione intellettuale umana, si sono avanzate proposte con riferimento alla protezione fornita dall'impianto dei diritti connessi o vicini a diritto d'autore, al fine del riconoscimento di un diritto patrimoniale. Tuttavia, si discute ancora a chi dovrebbe essere riconosciuto tale diritto connesso o vicino (se allo svi-

organismi di ricerca e istituti di tutela del patrimonio culturale al fine di applicare in modo equo il quadro normativo esistente. Questo dovrebbe essere in grado di sostenere sia il progresso scientifico e tecnologico [47], sia la tutela degli interessi dei titolari dei diritti.

Come evidenziato nei paragrafi precedenti, alcuni aspetti relativi alle eccezioni per TDM a scopo commerciale, come l'effettiva possibilità di esercitare il diritto di *opt-out*, la trasparenza dei sistemi di *Machine Learning* e la protezione dalle misure tecnologiche di protezione per l'esercizio legittimo dell'eccezione (anche con riferimento all'eccezione di cui all'art. 70-*ter* LDA), rappresentano sfide significative per il funzionamento dell'impianto legislativo oggetto di recepimento.

Secondo alcuni commentatori, per affrontare le difficoltà relative all'esercizio della facoltà di *opt-out*, un'alternativa potrebbe essere la revisione dell'impianto normativo dell'eccezione per estrazione di testo e di dati per fini diversi dalla ricerca scientifica, trasformandola in una limitazione obbligatoria. Tale revisione potrebbe prevedere un prelievo a titolo di compenso, gestito in modo collettivo, a carico dei produttori/sviluppatori [48]. Tale compenso ricadrebbe poi sugli utilizza-

---

luppatore o all'utilizzatore, seppure l'ultima soluzione sia quella adottata dal 2021 dalla giurisprudenza cinese del Tribunale di Pechino).

[47] Nella Risoluzione del Parlamento europeo del 20 ottobre 2020 sui diritti di proprietà intellettuale per lo sviluppo di tecnologie di intelligenza artificiale, 2020/2015(INI) ribadisce che, per evitare la frammentazione del mercato unico e la presenza di disposizioni e orientamenti diversi a livello nazionale, è necessario che la regolamentazione nel settore delle tecnologie di IA avvenga in un quadro normativo armonizzato a livello di Unione, per diventare un riferimento legislativo a livello internazionale. Il quadro normativo deve essere accompagnato da valutazioni d'impatto approfondite; favorire il progresso tecnologico e la fiducia dei cittadini nelle nuove tecnologie per lo sviluppo competitivo del settore.

[48] C. Geiger, V. Iaia, *Generative AI, Digital Constitutionalism and Copyright: Towards a Statutory Remuneration Right grounded in Fundamental Rights – Part 2*, reperibile su: https://copyrightblog.kluweriplaw.com/2023/10/19/generative-ai-digital-constitutionalism-and-copyright-towards-a-statutory-remuneration-right-grounded-in-fundamental-rights-part-2/#_ftn. Analogamente, L. Chimenti, *Diritto d'autore 4.0. La Intelligenza Artificiale crea?*, Pacini, 2020. Secondo l'autrice, nell'addestramento dell'IA a fini generativi è richiesta la tutela delle opere preesistenti, sia protette sia in pubblico dominio (per quanto attiene la tutela del diritto morale, negli ordinamenti come quello nazionale, in cui è inalienabile, irrinunciabile e imprescrittibile). L'IA nell'acquisizione delle banche dati e nell'elaborazione dei dati acquisiti, entra nelle opere e nei materiali e li decompone e ricompone a suo piacimento. Lo sfruttamento delle opere, seppure in una nuova forma, costituisce, da una parte, un vantaggio per i sistemi di AI, perché grazie all'apprendimento generano nuovi prodotti e, dall'altra, è eseguito senza autorizzazione o il pagamento di un compenso. La massa di dati oggetto di utilizzazione per TDM di IA generativa non consentirà mai la trasparenza necessaria per individuare tutte le opere che sono state utilizzate per la produzione di un prodotto generato dall'IA. Propone, pertanto, la revisione dell'eccezione in una libera utilizzazione a compenso. Un'altra questione riguarda la citazione della fonte e, quindi, la tutela del diritto di attribuzione della paternità dell'opera, cioè l'indicazione delle informazioni sul regime dei diritti che risulta di complicata applicazione nei sistemi di IA generativa, in quanto non sarebbe possibile conoscere quali contenuti sono stati la fonte del database creato nell'addestramento.

tori finali dei sistemi di IA, in modo simile a quanto avviene nell'ipotesi dell'eccezione di copia privata ad uso personale [49].

Tuttavia, è importante notare che l'accoglimento di tale orientamento rappresenterebbe un potenziale fallimento della Direttiva Copyright, che, al momento in cui si scrive, è ancora in fase di implementazione in alcuni Stati membri [50].

Inoltre, la proposta di una limitazione obbligatoria con pagamento di un compenso solleva problematiche legate alla distribuzione equa dei compensi, in assenza di procedure di liquidazione analitica che garantiscano una corrispondenza tra il titolare dei diritti dell'opera utilizzata e il compenso derivante dall'utilizzo, così come tra il numero di utilizzi e l'importo pagato. Tale soluzione potrebbe non essere praticabile nell'ambito del sistema di uso delle opere e dei materiali protetti nella fase di addestramento degli algoritmi, dato che i sistemi di IA generativa non utilizzano necessariamente tutti i dati contenuti in un set di dati per addestrare un modello o generare un contenuto [51]. Un'alternativa all'imposizione di pagamento di un compenso nella fase di addestramento della IA, potrebbe essere la previsione di un obbligo legale di pagamento di un compenso incentrato sull'offerta di prodotti e servizi di IA generativa sul mercato, quale contributo a carico del sistema di IA finale in grado di produrre contenuti letterari e artistici. Tale contributo potrebbe essere utilizzato per offrire supporto finanziario, opportunità di formazione e nuovi progetti creativi per autori umani [52].

Infine, con riguardo all'obbligo di trasparenza [53], che richiede ai fornitori di modelli generativi di IA di documentare e condividere un riepilogo "sufficientemente dettagliato" dell'uso dei dati di addestramento protetti dalla legge sul copyright, esso sembra essere un requisito difficile da mettere in pratica. Ciò in quan-

---

[49] Ai sensi dell'art. 71-*sexies*, co. 3, LDA, il compenso per copia privata è dovuto da chi fabbrica o importa nel territorio dello Stato, allo scopo di trarne profitto, gli apparecchi destinati alla registrazione analogica o digitale di fonogrammi e videogrammi, il cui compenso è costituito da una quota del prezzo pagato dall'acquirente finale al rivenditore. Per i supporti di registrazione audio e video, il compenso è costituito, invece, da una somma commisurata alla capacità di registrazione dei medesimi supporti.

[50] Polonia, Slovenia e Lettonia, https://eurovision.communia-association.org/detail/italy/.

[51] Copyright in Real Life is Messy and AI Discussions Are Not Helping, *Coalition for Creativity*, 28 settembre 2023, ove si chiarisce che l'apprendimento automatico consiste nel raccogliere enormi insiemi di dati, ripulirli, dividerli in piccole parti, dette *token*, suddividerli in dati di addestramento e dati di prova e consentirne l'estrazione in risposta a una richiesta. A seconda della richiesta, diversi *token* possono essere rilevanti, mentre altri possono essere completamente ignorati, reperibile su: https://www.linkedin.com/pulse/copyright-real-life-messy-ai-discussions-helping%3FtrackingId=XW7xEJxCan%252FTUFmElxABbA%253D%253D/?trackingId=XW7xEJxCan%2FTUFmElxABbA%3D%3D.

[52] M. SENFTLEBEN, *Generative AI and Author Remuneration*, in *International Review of Intellectual Property and Competition Law* (IIC) 54 (2023), Forthcoming, Available at SSRN: https://ssrn.com/abstract=4478370 or http://dx.doi.org/10.2139/ssrn.4478370.

[53] Proposta di regolamento IA (art. 28b-5a).

to, al di là del funzionamento dei sistemi di ML, in assenza di un registro generale delle opere e dei materiali protetti, non è possibile fornire un elenco degli elementi del data-set protetti dal diritto d'autore. La trasparenza funzionale e necessaria, infatti, dovrebbe essere quella che consente ai titolari dei diritti d'autore di accedere alle serie di dati per esercitare l'opzione di *opt-out*.

In conclusione, nonostante la previsione di un quadro normativo europeo e l'attuazione a livello nazionale, da parte degli Stati membri, delle eccezioni per TDM, a scopo diverso dalla ricerca scientifica, è essenziale stabilire protocolli e standard tecnologici che agevolino l'applicazione effettiva della normativa. Solo attraverso un adeguato bilanciamento degli interessi dei titolari dei diritti e della collettività all'accesso ai dati a fini di ricerca sarà possibile creare un ecosistema a sostegno dell'innovazione e del progresso scientifico.

Capitolo III
(dall'art. 5 CDSM all'art. 70-*bis* LDA)

L'Insegnamento a distanza: l'accademia italiana può essere competitiva?

di *Fabiola Massa*

SOMMARIO: 1. La *ratio* dell'art. 5 della Direttiva (UE) 2019/790. – 2. La trasposizione in Italia dell'art. 5 della Direttiva 790. – 3. Le modifiche al previgente assetto dell'eccezione ad uso didattico.

1. La *ratio* dell'art. 5 della Direttiva (UE) 2019/790

Da anni il legislatore euro-unitario ha attenzionato il settore dell'istruzione, ed in particolar modo dell'istruzione a distanza, giungendo alla conclusione che le eccezioni e le limitazioni previste a questo proposito dalle Direttive 96/9/CE [1], 2001/29/CE [2] e 2009/24/CE [3], non consentono di fatto agli operatori del comparto dell'istruzione di potersi muovere in uno scenario di certezza del diritto. Un'anticipazione, seppur *in nuce*, di questa conclusione è tra l'altro rinvenibile nel *Green Paper* sul *Copyright in the Knowledge Economy* del 2008 [4] e nella Comunicazione della Commissione Europea dal titolo "Il diritto d'autore nell'economia della conoscenza" COM(2009) 532 def. [5].

La ragione di tutto questo risiederebbe precipuamente nella libertà lasciata agli Stati membri dalle tre direttive sopramenzionate di introdurre delle eccezioni fa-

---

[1] Concernente la tutela giuridica delle banche dati.

[2] Sull'armonizzazione di taluni aspetti del diritto d'autore e dei diritti connessi nella società dell'informazione, detta anche Direttiva InfoSoc.

[3] Relativa alla tutela giuridica dei programmi per elaboratore (versione codificata).

[4] Disponibile al seguente indirizzo: https://op.europa.eu/en/publication-detail/-/publication/47dec4c0-34ca-421d-b1c3-e01f96669340/language-en.

[5] Reperibile all'indirizzo: https://eur-lex.europa.eu/legal-content/IT/TXT/PDF/?uri=CELEX:52009DC0532.

coltative rispetto ai diritti di proprietà intellettuale riconosciuti a protezione delle opere creative. Tale che ne sarebbe derivato, all'interno dell'UE, un quadro normativo composto da un caleidoscopio di disposizioni nazionali tra loro più o meno marcatamente difformi in merito a: *i*) l'individuazione dei soggetti e delle situazioni rientranti nel perimetro dell'eccezione; *ii*) la tipologia di opere interessate; *iii*) la definizione spazio-temporale in cui gli atti ammessi debbono essere compiuti per essere considerati legittimi; ecc. ...

La disarmonia regolatoria avrebbe costituito, inoltre, un ostacolo allo sviluppo dell'istruzione e specie di quella impartita per mezzo di strumenti digitali e fuori dei locali fisici degli istituti, siano essi, come recita il considerando n. 20 della Direttiva (UE) 2019/790, di istruzione primaria, secondaria, professionale o superiore riconosciuti dai singoli Stati membri. L'istruzione transfrontaliera – che tanto sta a cuore alla Commissione Europea – ne avrebbe fatto le spese, rimanendo spesso lettera morta, in quanto impedita o scoraggiata dall'eterogeneità dei trattamenti normativi riservati dai singoli Stati.

Ecco dunque che il legislatore euro-unitario si è deciso ad innovare la disciplina delle eccezioni e delle limitazioni al diritto di autore già riconosciute dal diritto cogente, ed ha optato per l'inserimento nella Direttiva (UE) 2019/790 di un art. 5 appositamente deputato a sancire l'obbligatorietà delle eccezioni e delle limitazioni riguardanti il fenomeno dell'*e-learning*. In pratica non si è fatto altro che innestare all'interno del più ampio alveo delle eccezioni e limitazioni per finalità illustrative ad uso didattico, già codificato da due delle tre direttive, una spècies particolare di eccezione, riservata all'istruzione a distanza. E al contempo si è introdotta *ex novo* una simile eccezione anche per i diritti sul *software*. Già, perché mentre le Direttive 96/9/CE e 2001/29/CE contemplano da sempre agli artt. 6, par. 2, lett. *b*) e 9, lett. *b*), della prima e all'art. 5, par. 2, lett. *c*), nonché par. 3, lett. *a*), della seconda, delle eccezioni per finalità esclusivamente illustrative per uso didattico, la Direttiva 2009/24/CE in tema di programmi per elaboratore nulla dice invece a questo proposito, e né tanto meno all'art. 5 rubricato «Deroghe relative alle attività riservate».

Deve notarsi però che l'estensore del testo della Direttiva (UE) 2019/790, dopo aver dichiarato esplicitamente all'art. 5 di questa che la nuova eccezione per la didattica digitale deve trovare applicazione rispetto a specifici diritti disciplinati da altrettanti specifici articoli delle tre direttive, si è dimenticato poi di integrare opportunamente il dettato normativo della Direttiva 2009/24/CE.

Basti osservare a questo proposito che l'art. 24 della Direttiva (UE) 2019/790 si limita ad aggiungere l'espressione «fatte salve le eccezioni e le limitazioni previste dalla Direttiva (UE) 2019/790 del Parlamento europeo e del Consiglio» alle sole Direttive 96/9/CE e 2001/29/CE, e non anche alla Direttiva sulla tutela giuridica dei programmi per elaboratore.

Né tanto meno questa distrazione appare recuperabile in via interpretativa alla luce dell'ampia portata della Direttiva 2001/29/CE, in quanto l'art. 1, par. 2, di questa recita che «salvo i casi di cui all'art. 11, la presente Direttiva *non modifica* e non pregiudica le vigenti disposizioni comunitarie in materia di: *a*) tutela giuridica dei programmi per elaboratore» (corsivo mio).

Sicché, mentre il dettato normativo delle Direttive 96/9/CE e 2001/29/CE è stato adeguato alle novità introdotte con la Direttiva (UE) 2019/790, ed il lettore è stato chiaramente avvisato che per alcune eccezioni ivi disciplinate deve guardarsi anche alla Direttiva sul diritto d'autore e sui diritti connessi nel mercato unico digitale; quello della Direttiva 2009/24/CE in tema di programmi per elaboratore non ha subito aggiornamenti. Ciò non significa tuttavia che l'interprete sia esonerato dal prendere in considerazione la Direttiva 790 in sede di applicazione della Direttiva sui programmi per elaboratore elettronico, stante la carenza in quest'ultima di un puntuale richiamo in questo senso, dato che la Direttiva 790 deve pur sempre considerarsi *ius superveniens*.

Al di là di questa imprecisione, rafforzata peraltro dallo stesso titolo della Direttiva (UE) 2019/790, là dove esso termina con l'espressione «e che modifica le direttive 96/9/CE e 2001/29/CE», senza dunque menzionare anche la Direttiva 2009/24/CE; un'altra disposizione merita attenzione a giudizio di chi scrive. Ci si riferisce all'art. 25 della Direttiva 790, secondo il quale è riconosciuta agli Stati membri la facoltà di adottare o mantenere in vigore disposizioni più ampie, compatibili con le eccezioni e limitazioni di cui alle Direttive 96/9/CE e 2001/29/CE, per gli utilizzi o gli ambiti oggetto delle eccezioni o delle limitazioni previste dalla Direttiva 790. Ciò significa che i singoli legislatori nazionali potranno derogare *in melius* quanto stabilito in sede di Direttiva 790, ma al contempo così facendo vanificheranno l'armonizzazione tanto anelata dal legislatore euro-unitario e perseguita con la trasformazione delle eccezioni, di cui si è riferito in questo paragrafo, da facoltative ad obbligatorie.

Va sottolineato, infine, che per espressa previsione normativa le deroghe che potranno essere decise dagli Stati membri dovranno essere compatibili con le eccezioni e limitazioni, comprese quelle relative all'*e-learning*, contenute nelle Direttive 96/9/CE e 2001//29/CE. Per il *software*, invece, i singoli Stati membri non potranno in alcun modo distanziarsi da quanto stabilito nella Direttiva (UE) 2019/790. Ciò a causa dell'assenza del richiamo dell'art. 25 della Direttiva 790 da parte della Direttiva 2009/24/CE.

2. La trasposizione in Italia dell'art. 5 della Direttiva 790

Contrariamente da quanto effettuato abitualmente dal legislatore italiano, là dove questo è uso limitarsi a ricalcare più o meno pedissequamente il dettato normativo europeo, in questa sede il legislatore domestico ha preferito recepire le disposizioni dell'art. 5 della Direttiva (UE) 2019/790 riformulandole.

Ne è nato così il nuovo art. 70-*bis* LDA, il cui testo, forse per ragioni di carattere sistematico, riprende consistentemente il dettato dell'art. 70 della stessa legge, quasi a voler rimarcare il collegamento stretto tra i due. In fin dei conti l'art. 70 statuisce la libertà per i terzi di utilizzare le opere altrui protette dal diritto di autore per finalità illustrative nell'ambito dell'attività di insegnamento e senza finalità commerciali; mentre l'art. 70-*bis* riconosce una pari libertà là dove questa attività d'insegnamento venga effettuata con mezzi digitali, sotto la responsabilità di un istituto di istruzione, sia all'interno dei suoi locali che in un ambiente elettronico protetto [6].

Dal punto di vista pratico, non v'è dubbio che tra le due fattispecie qui normate sussista un'assonanza, il che rafforza ancor più il *modus operandi* adottato dal nostro legislatore. Tuttavia non può tacersi che nel procedere alla trasposizione della norma nel modo qui riferito, l'art. 70-*bis* LDA ha finito per non essere perfettamente in linea con quanto stabilito dall'art. 5 della Direttiva 790.

Ci si riferisce in particolare al fatto che mentre l'art. 70-*bis* LDA esplicita letteralmente le varie facoltà rese disponibili ai terzi, quali il riassunto, la citazione, la riproduzione, *la traduzione e l'adattamento* (corsivo mio), ed infine la comunicazione al pubblico, consentendole indistintamente per qualsiasi genere di brano, parte di opera od altri materiali; l'art. 5 della Direttiva riserva invece la libertà per i terzi di effettuare la traduzione e l'adattamento delle opere solo nel caso del *software* e delle banche dati [7].

In altre parole, il nostro ordinamento allo stato attuale sembra aver optato per l'applicazione dell'art. 25 della Direttiva 790 al caso che qui occupa, ed aver riconosciuto a chiunque di poter effettuare la traduzione e l'adattamento delle opere intellettuali di terzi, tutelate dal diritto di autore, per le finalità di cui all'art. 70-*bis* LDA ben oltre i limiti fissati dall'art. 5 della Direttiva (UE) 2019/790.

Occorre però domandarsi se il paracadute costituito dall'art. 25 abbia consenti-

---

[6] Che vi sia un legame tra queste due tipologie di libertà è testimoniato ancor più dalle modifiche recate dall'art. 24 della Direttiva (UE) 2019/790 all'art. 5, par. 1, lett. *a*), della Direttiva InfoSoc, il quale ora recita «allorché l'utilizzo ha esclusivamente finalità illustrativa per uso didattico o di ricerca scientifica, sempreché, salvo in caso di impossibilità, si indichi la fonte, compreso il nome dell'autore, nei limiti di quanto giustificato dallo scopo non commerciale perseguito, *fatte salve le eccezioni e le limitazioni previste dalla Direttiva (UE) 2019/790*» (modifiche evidenziate in corsivo).

[7] Si noti infatti che mentre gli articoli delle Direttive 96/9/CE e 2009/24/CE, richiamati dall'art. 5 della Direttiva (UE) 2019/790, comprendono anche la traduzione e l'adattamento di un particolare tipo di opere, quali rispettivamente le banche dati e il *software*, gli altri, pure menzionati nell'art. 5, e riferiti alla Direttiva 2001/29/CE, non contemplano affatto tali facoltà. Questa notazione si è avuto modo di anticiparla già in occasione della relazione tenutasi all'interno del *webinar* del 13 dicembre 2022, organizzato dal Gruppo ALAI Italia, e di recente è stata condivisa anche da P. ATTANASIO, R. PELLEGRINO, *L'impatto del recepimento della Direttiva 2019/790/UE sulla gestione collettiva dei diritti nel settore librario*, in *Sistema Editoria*, 2023, n. 1, pp. 38-39 (disponibile all'indirizzo: https://www.ledijournals.com/ojs/index.php/sistemaeditoria/article/view/2113).

to effettivamente al nostro legislatore di poter innovare sino a questo punto. Ovvero se questo abbia permesso di introdurre delle eccezioni su delle facoltà ulteriori e diverse rispetto a quelle contemplate, non nelle direttive in materia di *software* e di banche dati, ma nella più generale Direttiva InfoSoc.

Quest'ultima prevede sì delle eccezioni, ma solo ed esclusivamente sul diritto di comunicazione e di distribuzione delle opere, e non anche di traduzione o di adattamento delle medesime, sicché non sembra potersi sostenere che queste ultime eccezioni siano compatibili con quanto stabilito dal nostro legislatore all'art. 70-*bis* LDA, così come richiesto tra l'altro dallo stesso art. 25.

Né tanto meno questa conclusione sembra essere confutata dal dato letterale dell'enunciato normativo, là dove l'art. 25 della Direttiva circoscrive la facoltà del singolo Stato membro di adottare o mantenere in vigore disposizioni più ampie, limitandole agli «ambiti oggetto delle eccezioni o delle limitazioni di cui alla stessa Direttiva (UE) 2019/790». Ma come ricordato sopra, la Direttiva (UE) 2019/790 non introduce, con il suo art. 5, la facoltà di tradurre o di adattare opere diverse dal *software* e dalle banche dati.

Infine, va detto che secondo un'opinione prevalente della dottrina [8], le norme sulle libere utilizzazioni devono essere interpretate in maniera restrittiva, in quanto di natura eccezionale e derogatorie del principio generale che riserva all'autore ogni diritto di utilizzazione delle proprie opere [9]. Di questo stesso avviso è oltretutto la Corte di Giustizia UE, tanto che nella sentenza del 29 luglio 2019, resa nella causa C-516/17, questa ha dichiarato a proposito dell'applicazione dell'art. 5 della Direttiva InfoSoc, che «gli Stati membri sono tenuti ad applicare in modo coerente tali eccezioni e limitazioni. Orbene, l'esigenza di coerenza nell'attuazione di tali eccezioni e limitazioni non potrebbe essere garantita se gli Stati membri fossero liberi di introdurre eccezioni e limitazioni del genere al di fuori di

---

[8] Per un elenco dei sostenitori di questo orientamento dottrinale si rinvia a L.C. UBERTAZZI (a cura di), *Commentario breve alle leggi su proprietà intellettuale e concorrenza*, 7ª ed., Wolters Kluwer-Cedam, Milano-Padova, 2019, p. 1882.

[9] Un'altra parte della dottrina distingue, invece, all'interno del novero delle disposizioni sulle libere utilizzazioni in tema di diritto d'autore, quelle disciplinanti i limiti da quelle riferite alle limitazioni al diritto d'autore. Le prime, come quelle ad esempio contenute all'art. 70, co. 1, LDA, sarebbero pertanto coessenziali all'oggetto ed al contenuto del diritto, ed in quanto tali sarebbero suscettibili di interpretazione estensiva e persino analogica in presenza di *eaden ratio*; le seconde, come ad esempio quella dettata dall'art. 70, co. 2, LDA, sarebbero poste a salvaguardia di interessi antagonistici al diritto d'autore, e avrebbero natura eccezionale, così da essere interpretabili in maniera estensiva, ma non analogica (sul punto, vedi ancora L.C. UBERTAZZI, *op. cit.*, 1882). Per un altro autore infine, la questione della natura eccezionale o meno delle norme sulle libere utilizzazioni non avrebbe un grande rilievo dal punto di vista pratico, specie in quegli ordinamenti, come il nostro, in cui si «tipizza il contenuto dei diritti patrimoniali d'autore a mezzo di una clausola generale estesa ad ogni utilizzazione economica dell'opera» (M. BERTANI, *Diritti d'autore e connessi*, in AA.VV., *La proprietà intellettuale*, nel *Trattato di diritto privato dell'Unione Europea* diretto da Ajani-Benacchio, vol. XII, Giappichelli, Torino, 2011, p. 344).

quelle espressamente previste dalla Direttiva 2001/29. [...] la Corte, del resto, ha già sottolineato che nessuna disposizione della Direttiva 2001/29 contempla la possibilità per gli Stati membri di ampliare la portata di dette eccezioni o limitazioni (v., sent. 10 aprile 2014, ACI Adam e a., C-435/12, punto 27)» [10].

Alla luce dei rilievi qui esposti, non resta che concludere che il richiamo indeterminato e non limitato al *software* ed alle banche dati per le facoltà di traduzione e di adattamento, ricomprese nell'art. 70-*bis* LDA, sia in contrasto con le disposizioni della Direttiva (UE) 2019/790, ed è auspicabile che questo contrasto venga sanato quanto prima per mezzo di un intervento correttivo, salvo altrimenti comportare delle conseguenze di cui si dirà *infra* al § 3.

A ben vedere poi le difformità tra il testo dell'art. 5 della Direttiva 790 e l'omologo art. 70-*bis* LDA non si esauriscono qui. Anzi queste investono anche il profilo dell'oggetto su cui insistono le eccezioni o limitazioni codificate dai due articoli. L'art. 5 prevede infatti che sia consentito l'utilizzo digitale di "opere" e altri materiali, mentre l'art. 70-*bis* autorizza l'utilizzo di "brani o parti di opere" oltre che degli altri materiali.

Il cambiamento può essere dovuto, da un lato, alla circostanza che nell'art. 70 LDA, di cui il 70-*bis* ne costituirebbe una sorta di specificazione, vi è il riferimento — sin dalla versione originaria della l. 633/1941 — ai brani e alle parti di opere, anziché alle opere nella loro interezza, e, dall'altro lato, alle conclusioni a cui è approdata da tempo la giurisprudenza italiana. Questa infatti è ormai concorde nel ritenere che «l'art. 70 LDA è inapplicabile in tutti quei casi in cui la citazione a fini di critica, discussione o insegnamento comporti necessariamente la riproduzione integrale dell'opera» [11]. Per cui un docente che dovesse riprodurre nel corso della propria lezione l'intero testo di una poesia piccolissima, non ricadrebbe nell'alveo dell'art. 70 LDA e sarebbe passibile di azione legale da parte del titolare dei diritti d'autore sull'opera, mentre se dovesse riprodurre un estratto anche molto ampio di un'opera estremamente lunga, nulla potrebbe eccepire il titolare dei diritti contro tale condotta.

Il fatto che il legislatore italiano abbia questa volta ridotto l'ambito di applicazione dell'art. 5 della Direttiva ai brani e alle parti di opere impone di approfondire se tale discostamento dal testo della Direttiva gli sia stato in qualche modo permesso.

Per orientarsi su questo punto torna utile riscontrare che il legislatore euro-

---

[10] Per un commento di questa sentenza si veda la nota di B. TRERÈ, *Eccezioni al diritto d'autore in materia di citazioni e resoconti di attualità*, in *Giur. comm.*, 2021, pp. 724-739.

[11] Così la Corte di Cassazione in più riprese, tra cui in Cassazione civ., sez. I, 19 dicembre 1996, n. 11343, in *Foro it.*, 1997, I, c. 2555; Cassazione civ., sez. I, 15 gennaio 1992, in *Dir. inf.*, 1993, p. 97, nonché la giurisprudenza di merito, per i cui riferimenti si rimanda a G. MAZZIOTTI, *Report scientifico di analisi e comparazione delle eccezioni al diritto d'autore per usi didattici e dei principali modelli di licenze e accordi tra titolari dei diritti e istituti d'istruzione. La situazione italiana a confronto con le esperienze di alcuni Paesi dell'Unione Europea e degli Stati Uniti d'America*, in *https://core.ac.uk/download/pdf/11691853.pdf*, pp. 10-11.

unitario ha di fatto concesso ai singoli Stati la possibilità di restringere la portata della norma per mezzo dell'espressione "nei limiti di quanto giustificato dallo scopo non commerciale". Inoltre, *a fortiori*, va rilevato che il considerando n. 21 della Direttiva (UE) 2019/790 precisa che la nozione stessa di finalità illustrativa implica il solo uso di parti o brani di opere, e che «gli Stati membri dovrebbero rimanere liberi di specificare in modo equilibrato, per le diverse tipologie di opere o altri materiali, la proporzione di un'opera o di altri materiali che può essere utilizzata con finalità esclusivamente illustrative ad uso didattico».

Ecco quindi che il legislatore italiano ha potuto legittimamente sostituire il termine "opere", con le parole "brani e parti di opere", e pertanto si può concludere che la discrepanza su questo punto degli enunciati deve considerarsi prettamente apparente e non anche sostanziale.

3. Le modifiche al previgente assetto dell'eccezione ad uso didattico

Come si è accennato sopra, un'eccezione ai diritti d'autore per uso didattico era già contenuta nell'art. 70 LDA, così come originariamente emanato [12]. Questo articolo, e soprattutto il suo primo comma, ha subìto in seconda battuta una completa riscrittura ad opera dell'art. 9, co. 1, del d.lgs. n. 68/2003, con cui l'Italia ha recepito la Direttiva 2001/29/CE [13]. L'avvicendamento delle due versioni della stessa norma ha portato con sé, al di là di alcune modifiche prettamente lessicali e del tutto marginali, un'unica grande novità, ovvero l'introduzione di un ulteriore limite all'operatività dell'eccezione, consistente nell'assenza di fini commerciali nell'utilizzo della porzione di opera [14].

Va detto subito che la nuova versione del primo comma dell'art. 70 LDA è tuttora in vigore, e prevede che là dove si voglia utilizzare un brano o una parte di

---

[12] In particolare, per quanto qui d'interesse, il primo comma dell'art. 70 recitava: «Il riassunto, la citazione o la riproduzione di brani o di parti di opera, per scopi di critica, di discussione ed anche di insegnamento, sono liberi nei limiti giustificati da tali finalità e purché non costituiscano concorrenza all'utilizzazione economica dell'opera».

[13] Il risultato è stato un art. 70, co. 1, LDA, con il seguente tenore letterale: «Il riassunto, la citazione o la riproduzione di brani o di parti di opera e la loro comunicazione al pubblico sono liberi se effettuati per uso di critica o di discussione, nei limiti giustificati da tali fini e purché non costituiscano concorrenza all'utilizzazione economica dell'opera; se effettuati a fini di insegnamento o di ricerca scientifica l'utilizzo deve inoltre avvenire per finalità illustrative e *per fini non commerciali*» (corsivo ed enfasi mia).

[14] Ciò ha determinato, a detta della dottrina (v. G. Mazziotti, *op. cit.*, 12), un irrigidimento del regime di applicazione dell'art. 70 LDA, del tutto antitetico rispetto alla maggiore flessibilità recata alla attività didattica dalle nuove tecnologie, grazie alle quali ora si può condividere facilmente e velocemente con i discenti qualsiasi genere di opera, ricorrendo all'impiego di apposite piattaforme o più semplicemente ad Internet.

un'opera protetta da diritti d'autore di terzi lo si possa fare, purché per finalità illustrative destinate all'insegnamento e senza fini commerciali. Inoltre il riassunto, la citazione o la riproduzione del brano o della parte di opera così realizzati non debbono costituire concorrenza all'utilizzazione economica dell'opera.

Ciò vuol dire che l'eccezione *ex* art. 70 LDA può trovare applicazione solo se sia soddisfatto il c.d. *three-step test*. Ossia, lo *standard* internazionale introdotto per la prima volta in assoluto, ancorché con riferimento al solo diritto di riproduzione delle opere, dalla Convenzione di Berna per la protezione delle opere letterarie e artistiche, nella versione modificata nel 1967 [15], e mutuato in seguito, estendendone la portata, dapprima dagli Accordi TRIPs del 1994 [16] e dal WIPO Copyright Treaty del 1996 [17], e successivamente dalle direttive InfoSoc [18] e 790 del 2019 [19].

Tale *test* prevede che le eccezioni e limitazioni al diritto d'autore debbano trovare applicazione solo al ricorrere di tre condizioni cumulative: 1) essere circoscritte solamente a determinati casi speciali; 2) non essere in contrasto con il normale sfruttamento dell'opera; 3) non arrecare un ingiustificato pregiudizio ai titolari dei diritti.

Ecco dunque che per soddisfare la prima condizione, l'art. 70 LDA trattiene molteplici riferimenti ai fini a cui deve essere orientata l'attività strumentale del riassunto, della citazione o della riproduzione della parte di opera, quali quello di critica o di discussione, e se poi la critica o la discussione sono svolte in un contesto di insegnamento o di ricerca, allora occorre rispettare anche un terzo fine, ossia quello illustrativo [20]. Inoltre le attività appena menzionate non debbono investire tutta l'opera, ma solo una sua frazione.

La seconda condizione del *three-step test*, come pure la terza, non trovano un riscontro diretto nella lettera dell'art. 70 LDA, così la dottrina che si è occupata

---

[15] V. l'art. 9, par. 2, della Convenzione.

[16] V. l'art. 13 degli Accordi.

[17] V. l'art. 10, par. 1, del Trattato.

[18] V. l'art. 5, par. 5, della Direttiva 2001/29/CE.

[19] V. il considerando n. 6 della Direttiva.

[20] In giurisprudenza, per la Cassazione civ., sez. I, sent. 8 febbraio 2022, n. 4038, «il riassunto, la citazione o la riproduzione di brani o di parti di opera e la loro comunicazione al pubblico devono essere strumentali agli scopi di critica o discussione dell'utilizzatore. Il punto emerge dalla richiamata disposizione (*rectius*: art. 70 LDA), oltre che dalla corrispondente norma di diritto internazionale, e cioè dall'art. 10 della Convenzione di Unione di Berna, resa esecutiva con l. n. 399 del 1978, secondo cui sono lecite le citazioni tratte da un'opera già resa lecitamente accessibile al pubblico, nonché le citazioni di articoli di giornali e riviste periodiche nella forma di rassegne di stampe, "a condizione che dette citazioni siano fatte conformemente ai buoni usi e nella misura giustificata dallo scopo" (paragrafo 1 dell'articolo): condizione, questa, operante anche per l'utilizzazione delle opere letterarie ed artistiche a titolo illustrativo o nell'insegnamento (paragrafo 2 cit. articolo)». Pertanto secondo la massima giurisprudenza di legittimità, alla base della libertà di riproduzione di un'opera intellettuale altrui vi è una sorta di vincolo funzionale, ragion per cui la riproduzione può aversi solo per scopo illustrativo.

della materia è giunta alla convinzione che la seconda condizione è intesa ad «evitare che le utilizzazioni libere di un'opera protetta possano entrare in un rapporto di concorrenza economica con le maggiori fonti di sfruttamento commerciale dell'opera» [21]. Quindi non si debbono prendere in considerazioni, nell'applicazione del criterio dello "sfruttamento normale", tutte le possibili forme di messa a profitto dell'opera, siano esse presenti o future, ma solo quelle che abbiano, o è probabile che abbiano, un'importanza pratica o economica rilevante. Il che è ovviamente condizionato anche dal genere di opera presa in considerazione. Da questo punto di vista, un'opera ideata per essere impiegata nella didattica, quale ad esempio un manuale universitario, non può essere equiparata ad un romanzo, e di rimando le possibili forme di sfruttamento dei due non possono ontologicamente coincidere [22].

Quanto alla terza condizione, questa impone che gli interessi dei titolari dei diritti di autore non siano pregiudicati in maniera irragionevole dalle eccezioni, così che taluna dottrina ha finito per asserire che tutte le volte in cui è riconosciuto al titolare dei diritti un compenso, a fronte della libera utilizzazione da parte dei terzi dell'opera, tale irragionevolezza non troverà luogo [23].

Con l'entrata in vigore del d.lgs. n. 177/2021 di attuazione della Direttiva (UE) 2019/790, il quadro normativo appena delineato a proposito delle eccezioni per uso didattico ha subìto un profondo cambiamento, dovuto proprio all'innesto nella legge sul diritto d'autore dell'art. 70-*bis* di cui si è già detto *supra* al par. 2. Con questo articolo si è disciplinata, in forza dell'art. 5 della Direttiva 790, la speciale eccezione per l'uso a fini didattici di materiale protetto dal diritto d'autore in un ambito estremamente ristretto, qual è quello dell'insegnamento con l'ausilio di mezzi digitali da parte degli istituti di istruzione. Questi ultimi tra l'altro intesi, in forza del considerando n. 20 della Direttiva, in maniera assai dilatata e comprensivi di tutte le diverse tipologie di istituti riconosciuti da ciascun Stato membro, a prescindere persino dalla loro struttura organizzativa e dai mezzi di finanziamento pubblici o privati adoperati.

Beneficiari di questa nuova eccezione vengono ad esserlo sia i docenti, che po-

---

[21] Così, G. MAZZIOTTI, *op. cit.*, 7.

[22] Ciò significa che quanto riferito nelle proprie motivazioni dalla Cassazione nella sentenza 7 marzo 1997, n. 2089, secondo cui «la libertà di utilizzazione si giustifica essenzialmente con la circostanza che l'opera di critica, di discussione, di insegnamento ha fini del tutto autonomi e distinti da quelli dell'opera citata, i cui frammenti riprodotti perciò stesso, non creano una neppur potenziale concorrenza con i diritti di utilizzazione economica spettanti all'autore», può ritenersi valido solo, e solo se, anche l'opera stessa non abbia a sua volta già finalità di insegnamento. Diversamente anche un uso solo parziale dell'opera verrebbe altrimenti a ricadere nella sfera dello *ius excludendi alios* del titolare dei diritti d'autore.

[23] P. MARZANO, *Diritto d'autore e digital technologies. Il Digital Copyright nei trattati OMPI, nel DMCA e nella normativa comunitaria*, Giuffrè, Milano, 2005, p. 264 e H. COHEN JEHORAM, *Restriction on Copyright and their Abuse*, in *EIPR*, 2005, p. 361.

tranno così liberamente riassumere, citare, riprodurre e, se non si provvede alla correzione sollecitata al paragrafo precedente, finanche tradurre ed adattare, le opere altrui tutelate dal diritto d'autore, sia i discenti di questi. Ma, in ultima istanza, a beneficiare di questa nuova eccezione saranno anche gli stessi istituti di istruzione che potranno così sfruttare gratuitamente il patrimonio culturale purché assicurino che i *fair uses* qui concessi siano realizzati all'interno degli ambienti fisici delle loro strutture o delle piattaforme digitali ad accesso riservato ai soli soggetti legittimati dalla norma. Ovviamente coloro che dovessero avvalersi di questa nuova eccezione dovranno comunque salvaguardare i diritti morali degli autori dei materiali utilizzati e quindi menzionare la paternità di ciascuna opera, così come stabilito dal co. 2 dell'art. 70-*bis*. Dal raffronto di questo comma con quello immediatamente precedente emerge, però, che il legislatore nazionale non è stato qui particolarmente attento e finanche coerente con le proprie scelte. Ciò a causa dell'assenza nel co. 2 del riferimento alla traduzione e all'adattamento, che proprio il nostro legislatore ha voluto richiamare in maniera generalizzata nel co. 1, anziché limitarsi ai soli programmi per elaboratore elettronico e alle banche dati, così come fatto dal legislatore euro-unitario.

È chiaro quindi che con l'inserimento dell'art. 70-*bis* nella legge sul diritto d'autore l'assetto normativo in materia di eccezione per uso didattico si è ulteriormente arricchito e per alcuni versi complicato. E questo a motivo sì della previsione di cui al co. 1 dell'art. 70-*bis*, ma soprattutto di quanto statuito al co. 3 dello stesso articolo. Qui infatti si stabilisce che la nuova eccezione per l'uso didattico da parte degli istituti di istruzione non troverà applicazione con riferimento ai "materiali destinati principalmente al mercato dell'istruzione e agli spartiti e alle partiture musicali", tutte le volte in cui siano disponibili sul mercato opportune licenze volontarie in grado di soddisfare le necessità degli istituti, e queste licenze siano facilmente conoscibili dai loro potenziali destinatari.

In altre parole, è data la possibilità ai titolari dei diritti di autore di sterilizzare completamente la nuova eccezione per uso didattico, andando ad offrire agli istituti d'istruzione delle specifiche licenze. Se quindi i titolari predisporranno delle licenze-tipo e le pubblicizzeranno opportunamente, gli istituti non potranno avvalersi dell'eccezione, ancorché con riferimento esclusivamente ad alcune particolari categorie di opere, quali quelle destinate principalmente al mercato dell'istruzione, agli spartiti e alle partiture musicali. Questa previsione riflette in sintesi quanto autorizzato dal legislatore euro-unitario con l'art. 5, par. 2, della Direttiva 790.

L'intenzione, dichiarata, è quella di conferire, per usare le parole del legislatore comunitario, «piena certezza giuridica» agli istituti di istruzione «nel momento in cui utilizzano opere o altri materiali in attività didattiche digitali, incluse quelle online e transfrontaliere» [24]. Tuttavia non si dimentichi che si sta pur sempre parlando di opere destinate principalmente al mercato dell'istruzione, ossia di quelle

[24] Così il considerando n. 19 della Direttiva (UE) 2019/790.

opere per cui in virtù del *three-step test* non si può mai invocare la salvaguardia dell'eccezione per uso didattico di cui all'art. 70 LDA.

Pertanto l'art. 70-*bis* LDA scompiglia completamente il vecchio regime dell'eccezione per uso didattico e rimette ai titolari dei diritti d'autore la decisione se consentire agli istituti di istruzione l'uso dei materiali detti sopra per mezzo di licenza contrattuale, od altrimenti, ed è qui la maggiore novità, subire l'imposizione della nuova eccezione di cui al co. 1 dell'art. 70-*bis*. Quest'ultima, poi, in base ad una serie di argomenti ermeneutici, quali quello apagogico, teleologico ed economico (anche detto del legislatore non ridondante) [25], non può considerarsi assorbita da quella più ampia dell'art. 70 LDA, ma la si deve riconoscere inevitabilmente dotata di una sua propria autonomia.

Di guisa che in assenza di offerta di una licenza facoltativa contrattuale da parte dei titolari dei diritti di autore per l'uso dei materiali destinati principalmente al mercato dell'istruzione, degli spartiti e delle partiture musicali, gli istituti di istruzione potranno liberamente e gratuitamente utilizzare brani o parti di detti materiali per svolgere le proprie attività di insegnamento con l'impiego di mezzi digitali.

Dunque, quale che sia la scelta effettuata dai titolari dei diritti d'autore, gli istituti di istruzione potranno comunque erogare la propria attività didattica in un ambiente elettronico sicuro e riservato, e reso possibile attraverso l'impiego di mezzi digitali, vuoi per via contrattuale, vuoi per mezzo d'eccezione. E ciò a prescindere anche, a mio avviso, dalla sussistenza di un pagamento di un corrispettivo per la frequenza dei corsi da parte degli iscritti. Depone a favore di questa ricostruzione non solo il considerando n. 20 della Direttiva (UE) 2019/790, a mente del quale «la struttura organizzativa e i mezzi di finanziamento di un istituto di istruzione non dovrebbero essere fattori decisivi per stabilire la natura non commerciale dell'attività svolta», ma anche la circostanza per cui gli usi dei materiali effettuati dagli istituti rientrano in via di principio tra le facoltà del titolare dei diritti d'autore che necessitano di *autorizzazione* (corsivo mio), così come si evince dal co. 3 dell'art. 70-*bis* LDA [26].

Il che vuol dire che, quanto meno nel caso che qui occupa, il significato tradizionalmente attribuito all'espressione «per fini non commerciali» contenuta nel-

---

[25] Cfr. G. TARELLO, *L'interpretazione della legge*, in *Trattato di diritto civile e commerciale*, diretto da A. CICU-F. MESSINEO e continuato da L. MENGONI, I, t. 2, Giuffrè, Milano, 1980, pp. 369-372, secondo cui nell'interpretare un enunciato normativo deve escludersi quel significato che dia luogo ad una norma «assurda» (argomento apagogico), mentre secondo l'argomento teleologico, tale significato deve corrispondere anche al fine perseguito dal legislatore con la legge, di cui l'enunciato è documento. Infine, in base all'argomento economico, si debbono evitare tutti quei significati che siano già attribuiti ad un altro enunciato normativo, preesistente e semmai anche più generale di quello oggetto di interpretazione.

[26] Torna conto inoltre segnalare, seppur incidentalmente, che un ulteriore indizio, a supporto di questa ricostruzione, può essere rinvenuto nell'uso da parte del legislatore delle parole «destinato principalmente al mercato dell'istruzione» per definire la categoria di materiali su cui i titolari dei diritti d'autore possono rendere inefficace la nuova eccezione. Non vi è dubbio infatti che queste parole evochino una logica mercantilistica, e quindi rafforzino ancor più la convinzione che gli istituti di istruzione nell'utilizzare proprio questo genere di materiali possano perseguire di fatto anche uno scopo commerciale.

l'art. 70 LDA, e ripresa anche dall'art. 70-*bis*, co. 1, nel passaggio in cui si recita: «nei limiti di quanto giustificato dallo scopo non commerciale perseguito», debba essere necessariamente ridimensionato, se non del tutto depotenziato.

Queste conclusioni portano a comprendere che se i titolari dei diritti d'autore su materiali destinati principalmente al mercato dell'istruzione, degli spartiti e delle partiture musicali, siano essi autori, editori, eredi od imprenditori vari, non daranno il giusto peso alle novità recate dall'art. 70-*bis* LDA e non si affretteranno a formulare ed offrire opportune licenze di tali materiali agli istituti di istruzione, dovranno subire loro malgrado lo sfruttamento gratuito di questi materiali da parte di terzi. Inoltre avendo il nostro legislatore specificato nella norma che si può effettuare anche la traduzione e l'adattamento delle opere, gli istituti di istruzione stranieri con sede in Italia ed erogazione dell'insegnamento nel nostro paese, potranno, nel silenzio dei detentori dei diritti d'autore, tradurre liberamente ad esempio le opere edite originariamente in lingua italiana per utilizzare tali traduzioni nell'attività didattica. Se invece l'istituto risiede in un altro Stato membro e magari eroga la formazione a distanza in Italia, troverà applicazione esclusiva, a detta dell'art. 70-*bis*, co. 4, LDA, la normativa di tale Stato, che, se si è attenuto nel recepire l'art. 5 della Direttiva (UE) 2019/790 al dato letterale di questa, non consentirà alcuna traduzione da parte dell'istituto di istruzione.

In conclusione, il disallineamento tra l'art. 70-*bis* LDA e il dettato dell'art. 5 della Direttiva 790, più volte rimarcato nel corso di questo scritto, rischia di generare degli effetti indesiderati e soprattutto di esporre l'Italia al deferimento della questione alla Corte di Giustizia UE, se non da parte degli operatori nazionali, quanto meno da parte di quelli stranieri.

Inoltre, la presenza ad oggi all'interno dell'art. 70-*bis* LDA dell'indicazione delle facoltà di traduzione e di adattamento rischia di indurre i titolari dei diritti d'autore, specie quelli meno esperti, quali sono gli autori o i loro eredi, e semmai anche i piccoli editori, ad offrire agli istituti di istruzione licenze di sfruttamento comprensive di queste facoltà, malgrado non fosse questa la volontà del legislatore euro-unitario.

Resta infine da capire cosa potranno fare gli istituti di istruzione con le altre opere intellettuali comunque menzionate nel co. 1 dell'art. 70-*bis* LDA e diverse dai materiali destinati principalmente al mercato dell'istruzione, degli spartiti e delle partiture musicali. Per queste difficilmente si può sostenere che sussista un profilo di concorrenzialità tra l'uso di loro parti per finalità illustrative nel corso di un'attività didattica erogata attraverso strumenti digitali e riservata esclusivamente ad un preciso numero di soggetti, costituiti da docenti e discenti destinatari delle lezioni, e gli interessi vantati dai titolari dei diritti di autore su tali opere. Ragion per cui il *three-step test* deve ritenersi qui ampiamente soddisfatto, e di conseguenza la nuova eccezione per l'uso didattico in ambiente digitale o con strumentazione digitale non può che considerarsi ammessa e non superabile neanche in via contrattuale [27].

---

[27] Si ricorda, a questo proposito, che l'ultimo comma dell'art. 70-*bis* LDA vieta ai soggetti di poter introdurre nei propri contratti pattuizioni contrarie a quanto stabilito nello stesso articolo.

Capitolo IV
(dall'art. 6 CDSM all'art. 68, co. 2-*bis* LDA)

Qualche spunto sull'eccezione per la conservazione del patrimonio culturale

di *Rosa Maiello, Giuseppe Mazziotti, Cristiana Sappa* *

SOMMARIO: 1. Introduzione. – 2. Il contesto: l'evoluzione delle norme con impatto sul patrimonio culturale. – 3. Cosa dice la norma e quali vasi di Pandora apre? – 4. Possibile applicazione della norma e sviluppi futuri. – 5. Una prima conclusione.

1. Introduzione

Al fine di comprendere appieno l'art. 6 della Direttiva sul Diritto d'autore nel mercato unico digitale (di seguito dir. 790/2019) è importante studiarne il contesto diacronico e sistematico; così facendo ci si accorge che si tratta di una norma che, se a prima vista pare semplice, in realtà apre alcuni vasi di Pandora. Per questa ragione il presente lavoro prova prima a dare un inquadramento generale sul posizionamento dell'eccezione nell'attuale quadro normativo, anche in una prospettiva storica (I). Poi, il discorso volge a spiegare cosa propone la norma e quali quesiti solleva (II); e infine si domanda quali siano le possibili applicazioni e implicazioni di tale eccezione (III).

2. Il contesto: l'evoluzione delle norme con impatto sul patrimonio culturale

Nell'impostare il discorso, è importante condividere una premessa di fatto, che

* Rosa Maiello è direttore delle Biblioteche dell'Università di Napoli Parthenope e dal 2007 a giugno 2023 ha rappresentato l'Associazione italiana biblioteche sui temi del diritto d'autore; Giuseppe Mazziotti è Abreu Professor in Law and Innovation alla Catolica Global School of Law, Universidade Católica Portuguesa di Lisbona; Cristiana Sappa è Professor in Business Law alla IESEG School of Management.

poi si riflette anche nel diritto. La conservazione non è mai fine a se stessa, ma è sempre funzionale a un altro scopo. Le norme relative, siano esse ricavabili dal diritto d'autore o da altre fonti, quali per esempio il codice dei beni culturali e del paesaggio [1], fanno infatti riferimento alla conservazione di tali beni come attività ancillare alla loro fruizione ed eventuale riutilizzo.

Tipicamente, le disposizioni sulla conservazione e l'accesso alla cultura, e non solo al patrimonio culturale, esistono nell'impianto normativo sul diritto d'autore, e quindi si ritrovano nelle norme generali in questo ambito. Questo lavoro fa riferimento esclusivamente al diritto d'autore, benché le disposizioni pertinenti al tema possano essere trovate anche in altre fonti e, come appena accennato, in particolare nel codice dei beni culturali e del paesaggio, ma non solo [2]. E solo una lettura complementare e sistematica di queste norme permette di comprendere appieno i problemi, i quesiti, ed anche le possibili interpretazioni coerenti con la ratio legis storica relativa alla questione qui studiata.

Già negli anni '90 vi sono norme che fanno riferimento alle edizioni critiche, all'editio princeps [3] (e cioè alla prima pubblicazione di opere non divulgate precedentemente sulle quali i diritti patrimoniali dell'autore siano scaduti), ed anche alle banche dati [4]. Queste disposizioni sono introdotte per favorire l'accesso alla cultura in generale, e al patrimonio culturale in particolare. A seguire, nel 2001, la Direttiva InfoSoc contiene l'art. 5, che si declina anche facendo riferimento al patrimonio culturale. In particolare, rilevano in questo ambito l'art. 5.2 c) e 5.3 n) [5], e cioè eccezioni che permettono, in assenza del consenso del titolare dei diritti, solo alcuni atti specifici, e soprattutto, sono facoltative perché gli stati membri possono scegliere con discrezione se recepirle o meno e, qualora le recepiscano, possono riservarsi di introdurre ulteriori condizioni che ne restringano le maglie. Nella seconda decade del 2000 l'attenzione nei confronti del patrimonio culturale esplode, forse in modo tardivo. La ragione principale è probabilmente da riscontrarsi nei progetti di digitalizzazione di massa che coinvolgono sempre più anche il patrimonio culturale. Questa attenzione crescente si riflette in particolare nell'introduzione della Direttiva sulle opere orfane del 2012, giunta a seguito di

---

[1] V. artt. 29 ss. del Codice dei beni culturali e del paesaggio, introdotto con decreto legislativo 42/2004.

[2] Tra le disposizioni di rilievo rientrano sistematicamente quelle contrattuali.

[3] V. gli artt. 4 e 5 della Direttiva 93/98/CEE, testo poi codificato con la Direttiva 2006/116/CE.

[4] V. la Direttiva 96/9/CE, che introduce il diritto sui generis sulle banche dati. In merito, v. la dottrina che indica che le collezioni museali sono qualificabili come banche dati: P. GALLI, *Museums and database*, *IIC*, 2006, p. 452 ss.

[5] «2. Gli Stati membri hanno la facoltà di disporre eccezioni o limitazioni al diritto di riproduzione di cui all'articolo 2 per quanto riguarda: ... c) gli atti di riproduzione specifici effettuati da biblioteche accessibili al pubblico, istituti di istruzione, musei o archivi che non tendono ad alcun vantaggio economico o commerciale, diretto o indiretto». In Italia in particolare, un'interpretazione restrittiva dell'art. 5.2 c) creava una disfunzionalità nell'interfaccia con l'art. 5.2 n).

un decennio di sostanziale inazione nel campo del diritto d'autore europeo, dovuto alla complessità e ai ritardi della trasposizione della Direttiva InfoSoc nelle legislazioni nazionali [6], anche con riguardo alle eccezioni, e ai gravi dissidi insorti in seno alle istituzioni europee sull'applicazione dei diritti d'autore nel mondo digitale [7]. La Direttiva sulle opere orfane del 2012 costituisce un primo tentativo, molto rilevante, di ridare piena legittimità politica alla disciplina del diritto d'autore digitale, incoraggiando l'accessibilità delle opere. La Direttiva contiene in particolare una disposizione, quella dell'art. 6, che fa nuovamente riferimento ai concetti di riproduzione e messa a disposizione delle immagini di opere collezionate da istituti di tutela del patrimonio [8]. Tale disposizione si è rivelata sostanzialmente inadeguata a favorire progetti di digitalizzazione di massa, perché circoscritta a una tipologia di opere riconoscibili eventualmente solo a valle di un costoso procedimento di ricerca che la maggioranza delle biblioteche, in assenza di garanzie sull'esito, può affrontare solo in casi specifici. A questa norma si sono aggiunte, ben sette anni più tardi, certe disposizioni della dir. 790/2019 [9] che fanno riferimento ancora una volta al patrimonio culturale, negli artt. 3, 4, 8 e 14 (oltre che nell'art. 6, qui studiato). Tutte queste disposizioni sono in qualche modo correlate all'eccezione sulla conservazione del patrimonio.

In questo contesto, occorre forse chiedersi perché il legislatore UE abbia sentito il bisogno di introdurre l'art. 6 nella dir. 790/2019. È possibile riscontrare varie ragioni. In primo luogo, nell'ottica di limitare sempre più l'incertezza giuridica, gli stessi istituti beneficiari dell'eccezione chiedevano da tempo una norma che superasse la facoltatività prevista dalla Direttiva InfoSoc e non offrisse il fianco a particolari divergenze sulla sua interpretazione. In questo senso, la riforma consente una maggiore armonizzazione, obiettivo primo delle istituzioni europee. In secondo luogo, questa disposizione si pone come finalità la conservazione, il cui scopo è quello di permettere alle generazioni presenti e future di ricostruire e conoscere il passato, per affrontare meglio il futuro; e in questo senso essa ben si allinea ai principi che fondano la strategia dell'Unione Europea sulla conservazione (ma anche sulla diffusione e il riutilizzo) del patrimonio culturale tramite stru-

---

[6] V. per esempio la Francia, che ha recepito la Direttiva InfoSoc tramite la legge n. 961 del 1 agosto 2006.

[7] Si pensi al rifiuto definitivo da parte del Parlamento europeo del trattato ACTA, nel 2012.

[8] L'art. 6 della Direttiva rinvia all'art. 1.1 del medesimo testo, che elenca, quali beneficiari dell'eccezione: "biblioteche, istituti di istruzione e musei accessibili al pubblico, nonché archivi, istituti per il patrimonio cinematografico o sonoro ed emittenti di servizio pubblico".

[9] Scherzandoci un po' su, si potrebbe riflettere sul fatto che l'acronimo in italiano di mercato unico digitale, e cioè 'MUD' è parola che in inglese significa 'fango'. Nonostante le sue nobili intenzioni, infatti, non è da escludere che le norme contenute nella Direttiva del 2019, vista la loro eterogeneità e complessità, possano far impantanare il diritto d'autore europeo, tra interpretazioni e applicazioni nazionali ancor più divergenti delle attuali in materia di eccezioni destinate al patrimonio culturale e non solo.

menti digitali [10]. In terzo e ultimo luogo, in soluzione di continuità con quanto appena detto, la norma si giustifica in ragione di motivi economici, anzitutto perché, come evidenziato nel considerando n. 6 della dir. 790/2019, gli impedimenti alla condivisione dei mezzi di conservazione e alla creazione di reti transfrontaliere per la conservazione nel mercato interno da parte dei suddetti istituti si traduce in un uso inefficiente delle risorse; forse anche per considerazioni che la norma stessa non tocca direttamente, ma che in qualche modo sono ad essa connesse. È infatti sulle riproduzioni digitali che si possono compiere, e si compiono sempre più, anche da parte di tecnologie basate sull'intelligenza artificiale, analisi computazionali; e in questo senso tali riproduzioni si rivelano un postulato imprescindibile per l'attività di molti operatori del mercato che, date queste condizioni, potrebbero sviluppare un certo interesse nel negoziare la realizzazione delle copie medesime con l'ente che tutela le opere appartenenti al patrimonio culturale. Più in generale, ragioni economiche non possono prescindere dalla logica della Direttiva, che è in fin dei conti un testo che vuole favorire la creazione e il buon funzionamento di un mercato unico digitale.

3. Cosa dice la norma e quali vasi di Pandora apre?

L'art. 6 della dir. 790/2019 indica che: «Gli Stati membri dispongono un'eccezione ai diritti di cui all'articolo 5, lettera a), e all'articolo 7, paragrafo 1, della Direttiva 96/9/CE, all'articolo 2 della Direttiva 2001/29/CE, all'articolo 4, paragrafo 1, lettera a), della Direttiva 2009/24/CE e all'articolo 15, paragrafo 1, della presente Direttiva per consentire agli istituti di tutela del patrimonio culturale di realizzare copie di qualunque opera o altri materiali presenti permanentemente nelle loro raccolte, in qualsiasi formato o su qualsiasi supporto, ai fini di conservazione di detta opera o altri materiali e nella misura necessaria a tale conservazione».

Anzitutto, la norma introduce un'eccezione al contenuto del diritto di riproduzione, ai sensi di più disposizioni di testi diversi. Più precisamente, oltre alla nozione generale di riproduzione, contenuta nella Direttiva InfoSoc [11], il riferimento va anche al caricamento, la visualizzazione, l'esecuzione, la trasmissione o la memorizzazione di un programma per elaboratore con qualsivoglia mezzo e for-

---

[10] Commissione Europea, Raccomandazione 2011/711/EU del 27 ottobre 2011 sulla digitalizzazione e l'accessibilità in rete dei materiali culturali e sulla conservazione digitale; Commissione Europea, Raccomandazione 2021/7953/UE relativa a uno spazio comune europeo di dati per il patrimonio culturale; Comunicazione COM/2021/118 Final, *Bussola per il digitale 2030: il modello europeo per il decennio digitale*, nella quale si indicano gli obiettivi di digitalizzazione con priorità nei prossimi anni, ed entro il 2030.

[11] Art. 2 Direttiva 2001/29.

ma, ai sensi della Direttiva sulla tutela dei programmi per elaboratore [12]; e questo perché nell'ambito di un processo di digitalizzazione è necessario usare strumenti software. Inoltre, il riferimento va alla norma della stessa dir. 790/2019 che riconosce agli editori di giornali un'esclusiva per l'utilizzo online delle loro pubblicazioni di carattere giornalistico da parte di prestatori di servizi della società dell'informazione [13]; e questo riferimento è necessario per le attività di digitalizzazione di archivi e biblioteche che devono riprodurre per esempio i contenuti di testate giornalistiche. Poi, la norma rinvia a due disposizioni diverse della Direttiva Banche Dati, e cioè a quelle sull'esclusiva autoriale e sul diritto sui generis di estrazione o reimpiego del contenuto di una banca dati [14]. Con riferimento a quest'ultimo rinvio, sembra necessario proporre una lettura sistematica anche con l'art. 1.6 della Direttiva 2019/1024 sui dati aperti (open data) e il riutilizzo dell'informazione del settore pubblico. Secondo quest'ultima clausola il diritto del costitutore di una banca dati di controllare l'estrazione o il reimpiego del contenuto della banca dati medesima non può esercitarsi quando le istituzioni a tutela del patrimonio compiono queste attività al fine di impedire il riutilizzo di documenti o di limitare il riutilizzo di contenuti propri *oltre* i limiti stabiliti dalla presente Direttiva. Questa disposizione indica quindi un limite all'esercizio del diritto sui generis [15]. Vi è da aggiungere che il patrimonio non è necessariamente gestito da enti pubblici, ma anche enti privati, quali associazioni e fondazioni che possono essere titolari o affidatari di patrimonio culturale [16]; in questo caso, pertanto, l'art. 1.6 della Direttiva Open Data non avrebbe ragione di applicarsi.

I beneficiari della norma sono gli istituti di tutela del patrimonio culturale. Questa nozione inclusiva è stata introdotta per la prima volta dalla dir. 790/2019, per andare a coprire, con un solo termine, quegli enti inclusi nella lista dell'art. 1.1 della Direttiva sulle Opere orfane, e cioè le c.d. GLAM – Galleries, libraries, archives and museums, o anche biblioteche e musei aperti al pubblico [17], gli archivi e anche altri soggetti, come per esempio emittenti di servizio pubblico, oppure istituti per il patrimonio cinematografico o sonoro (come, per esempio, l'Institut National de l'Audiovisuel, l'INA francese).

L'oggetto dell'eccezione sono «opere o altri materiali presenti permanentemente nelle loro raccolte». In primo luogo, oggetto della norma sono le opere o

---

[12] Art. 4.1 a) Direttiva 2009/24.

[13] Art. 15.1 Direttiva 2019/790.

[14] Art. 5 a) e 7.1 Direttiva 96/9.

[15] E così implicitamente conferma l'esistenza di un diritto sui generis sulle collezioni del patrimonio culturale. V. P. GALLI, *Museums and Databases*, cit.

[16] *Ex multis* v. Fondazione Torino Musei.

[17] La definizione di istituti di tutela del patrimonio fa riferimento unicamente alle biblioteche aperte al pubblico; l'estensione di questa condizione ai musei è frutto di un'interpretazione estensiva.

altri materiali in qualsiasi formato o supporto che rientrino nella nozione di patrimonio culturale. Queste opere o materiali possono essere qualificabili a loro volta come beni culturali, in particolare quando appartenenti a collezioni museali, bibliotecarie, archivistiche; anche qualora così non fosse, le collezioni (museali, bibliotecarie, archivistiche) nella loro interezza sono qualificabili come beni culturali; e così, in questo contesto, è possibile percepire un'ulteriore interferenza con la disciplina dei beni culturali sulle condizioni limitative o liberalizzanti della digitalizzazione dei beni in discussione. In secondo luogo, l'estensione dell'applicazione dell'eccezione dipende da un fatto, quello della permanenza del bene in una collezione, indipendentemente dal titolo per il quale questo fatto si verifica. Sono quindi escluse dall'ambito di applicazione tutte le opere che, a vario titolo, transitano in via temporanea in una collezione di beni. Ancora una volta, è possibile evincere l'obiettivo della certezza giuridica nell'impostazione scelta dal legislatore europeo, ma sempre senza trovare un rimedio di fronte al rischio di perdita di (tanta) documentazione oggi accessibile sul sito di un fornitore solo per la durata dell'abbonamento sottoscritto da una biblioteca. In proposito, è bene ricordare che l'art. 3 della Direttiva InfoSoc legittima tale messa disposizione di contenuti protetti in maniera temporanea attribuendo al titolare dei diritti ampia facoltà di scegliere se e con che tipo di licenza comunicare al pubblico i propri contenuti e quindi anche di rifiutare di concederli in licenza permanente a una biblioteca.

Da ultimo, alcuni quesiti sorgono in relazione alle modalità di conservazione che possono essere messe in atto. E più precisamente ci si chiede se le copie a fini di conservazione riguardino solo il patrimonio a rischio, e pertanto si rivelino un'attività necessaria al fine di prevenire tale rischio; o se invece non sia necessario adottare un'interpretazione estensiva e realizzare copie digitali ogni qualvolta vi sia una strategia di conservazione in via preventiva. Secondo una lettura sistematica della disciplina sui beni culturali, la conservazione del bene deve essere assicurata mediante una coerente, coordinata e programmata attività di studio e prevenzione al fine di limitare situazioni di rischio [18]. In questo contesto ci si chiede quante copie debbano o possano essere realizzate; e ci si chiede altresì in quale formato o supporto, visto che è vero che la norma lascia ampia discrezionalità in merito, ma questo non riduce i quesiti sulla loro eventuale migrazione, o meglio circa la durabilità e l'accessibilità di tali riproduzioni nel medio e lungo periodo. La risposta non può che risiedere nella solidità metodologica di un piano di conservazione digitale a lungo termine, che risponda agli standard internazionali e nazionali di settore. E di nuovo, qui è importante mantenere una coerenza di obiettivi con quelli perseguiti dalle norme sui beni culturali, che mirano al mantenimento delle informazioni sui beni, e in particolare alla loro integrità, efficienza

[18] Artt. 29 e 30 del codice dei beni culturali e del paesaggio.

funzionale, e all'identità del bene e delle sue parti [19]. Infine, è importante sapere chi si occupa della riproduzione a fini conservazione, e cioè se gli istituti a tutela del patrimonio sono in grado di realizzare queste iniziative con risorse interne (*in-house*) oppure se non sia necessario esternalizzare l'operazione. Nella seconda e più verosimile ipotesi, contemplata espressamente dal considerando n. 28 della Direttiva MUD, due sembrano le principali implicazioni. La prima è l'impostazione e conseguente gestione contrattuale di questa collaborazione, per la quale l'istituto dovrà vigilare, tra le altre cose, affinché l'attribuzione dei diritti a terzi avvenga in modo da non penalizzare il committente. La seconda riguarda l'interesse della terza parte, che si presenta per offrire la prestazione, a effettuare analisi computazionali o usi commerciali delle copie realizzate che possano eventualmente rimanere a sua disposizione.

4. Possibile applicazione della norma e sviluppi futuri

L'art. 6 della Direttiva è recepito in Italia con l'introduzione di un comma nell'art. 68 l.a. [20], eccezione che storicamente liberalizzava le fotocopie nei musei, biblioteche e archivi, in assenza di un vantaggio commerciale diretto o indiretto [21]. A noi pare chiaro che la norma novellata dell'art. 68 LDA, co. 2-*bis* [22], chiarisca ciò che, ai sensi di una lettura estensiva, poteva già ritenersi consentito ad alcune delle istituzioni beneficiarie dell'eccezione che ci occupa [23]. Un chiarimento di tale portata, messo per iscritto con grande semplicità, è tuttavia un bene perché spazza via dubbi e possibili controversie, consentendo sempre, alle istituzioni in questione, il diritto di riprodurre e realizzare copie di opere presenti in modo permanente nelle proprie collezioni e raccolte, in qualsiasi formato e su qualsiasi supporto. Essendo l'Italia un Paese con una fortissima vocazione alla tutela del patrimonio culturale, il nostro legislatore ha giustamente applicato e trasposto

---

[19] Id. In questo senso possono essere incentivate anche iniziative di restauro.

[20] Il recepimento della dir. 790/2019 avviene in Italia tramite il d.lgs. 8 novembre 2021, n. 177.

[21] V. ZUDDAS, *sub art. 68 LDA*, in L.C. UBERTAZZI, *Commentario breve alle leggi su proprietà intellettuale e concorrenza*, 7ª ed., Cedam, Padova, 2019.

[22] L'art. 68, co. 2-*bis*, LDA statuisce che: "Gli istituti di tutela del patrimonio culturale di cui all'articolo 70-ter, comma 3, per finalità di conservazione e nella misura a tal fine necessaria, hanno sempre il diritto di riprodurre e realizzare copie di opere o di altri materiali protetti, presenti in modo permanente nelle loro raccolte, in qualsiasi formato e su qualsiasi supporto. È nulla qualsiasi pattuizione avente ad oggetto limitazioni o esclusioni di tale diritto".

[23] Vi è infatti una discrepanza tra i beneficiari elencati al co. 2, le GLAM, e quelli del co. 2-*bis*, gli istituti a tutela del patrimonio. Anche qui, solo un'interpretazione estensiva permette una soluzione coerente con il contesto normativo nella sua interezza.

questa disposizione in maniera coerente e protettiva delle prerogative e degli interessi degli istituti beneficiari.

La trasposizione italiana dell'art. 6 è quindi sufficientemente ampia da poter essere collegata alle altre disposizioni che servono a sostenere il ruolo che compete alle istituzioni beneficiarie dell'eccezione a tutela del patrimonio culturale, già messe in evidenza nelle linee che precedono. Il riferimento va soprattutto alle regole in materia di riuso delle informazioni del settore pubblico, riformata per effetto della c.d. Direttiva Open Data, e cioè la Direttiva 2019/1024 [24].

Così come recepita dalla legislazione italiana, la disposizione è dunque un ottimo passo in avanti. Occorre però chiedersi in che modo possa utilizzarsi, in concreto, nel prossimo futuro e se mai la sua applicazione possa provocare contenziosi che possano finire davanti alla Corte di Giustizia Europea, che più volte ha dimostrato di avere il coraggio e la libertà di sancire ciò che il legislatore europeo non ha voluto e potuto fare, soprattutto in tema di mercati e libertà digitali. Come già accennato nella parte introduttiva di questo testo, visto il titolo e gli obiettivi della Direttiva 790/2019, non si può escludere che le eccezioni in essa contenute, e pensate soprattutto per usi non commerciali, possano arrivare ad avere una dimensione anche mercantile e funzionale all'innovazione e alla moltiplicazione dei canali e degli strumenti di accesso al patrimonio culturale. È espressamente previsto, sia per l'eccezione di cui all'art. 6 sia per quelle sul c.d. *text and data mining* della Direttiva 790/2019, che le imprese commerciali possano avvalersi delle eccezioni stesse solo in quanto partner dei diretti beneficiari. In questa prospettiva, non dobbiamo dimenticare il precedente più rilevante in Italia, non particolarmente felice e riuscito dell'accordo, inizialmente segreto, concluso dal MIBACT con Google nel 2010 [25]. Fu un accordo scritto male, per molti versi, in cui si corse il rischio – tra gli altri – di privatizzare anche l'accesso alle informazioni e alle opere risultanti dall'attività di digitalizzazione *ad libitum* che il contratto concedeva a Google, scelto sulla base dell'eccezionalità dei suoi mezzi e della sua posizione sui mercati digitali. Simili accordi sono stati conclusi con ministeri di altri stati.

Da un punto di vista prettamente gestionale poi, una domanda si pone circa il modo in cui le amministrazioni dei beneficiari italiani pianificheranno, in concreto, le attività di conservazione del proprio patrimonio. Altri paesi europei quali la Spagna, la Germania e il Regno Unito paiono muoversi in modo assai chiaro e dinamico. L'Italia invece ha ancora pochi bibliotecari e ciò rende le biblioteche fisicamente spopolate, e quindi prive di quei mezzi per potersi avvalere anche delle eccezioni a tutela del patrimonio culturale. Questo problema s'era già posto, già prima dell'adozione della Direttiva MUD, per la digitalizzazione delle opere fuori

[24] Il testo è il risultato della seconda revisione della Direttiva 2003/98/EC sul riutilizzo dei dati pubblici, già modificata con la Direttiva 2013/37/EU.

[25] Sul tema, ci si permetta di rinviare a SAPPA, *Actions and reactions in commodifying cultural heritage hosted in museums*, *JIPITEC*, 2023, p. 160 ss.

commercio e per lo stesso *data mining* necessario a indicizzare i contenuti delle varie collezioni; attività, queste, che avvenivano nelle biblioteche col timore che le riproduzioni digitali di opere protette non rientrassero tra gli atti consentiti dalla legge. Ora che la riforma della legge sul diritto d'autore spazza via i dubbi interpretativi si potrebbe procedere in altro modo, coerentemente con lo spirito della disposizione europea; ma ciò implica il dotarsi delle risorse necessarie allo scopo.

I problemi però sono i soliti, verrebbe da dire. Sebbene non manchino in Italia competenze anche molto avanzate, come quelle che hanno dato vita a 'Magazzini digitali', il sistema del deposito legale digitale gestito dalle Biblioteche nazionali centrali di Firenze e di Roma, nonché dalla Biblioteca nazionale Marciana di Venezia in funzione di *dark archive*[26], in Italia le biblioteche possono intraprendere e sperimentare ben poco, viste le dotazioni di fondi e il personale esistente. Inoltre, in queste condizioni si lavora poco per affrontare le criticità. Aiuteranno a migliorare la situazione gli investimenti straordinari previsti dal Piano nazionale di digitalizzazione del patrimonio culturale, varato per il quinquennio 2022-2026 dal Ministero della Cultura – Istituto centrale per la digitalizzazione del patrimonio culturale, nell'ambito del Piano Nazionale di Ripresa e Resilienza (PNRR)[27]? Sicuramente il Piano costituisce un'opportunità che ai vari livelli istituzionali dovrebbe essere sfruttata per coordinarsi e fare sistema.

Nel frattempo, gli USA mantengono saldamente la *leadership* internazionale anche riguardo ai progetti di digitalizzazione e conservazione digitale del patrimonio culturale. Infatti, non solo l'influenza della Library of Congress sulla definizione degli standard del settore è decisiva, ma va sottolineato che i principali progetti in quest'ambito sono stati realizzati lì: si pensi a Internet Archive[28], biblioteca multimediale digitale collaborativa, gestita da un'organizzazione senza scopo di lucro, con sede centrale a San Francisco, in California, e alimentata da documenti digitali e digitalizzati provenienti da biblioteche, università, privati cittadini, organizzazioni commerciali e non commerciali, pubbliche e private di tutto il mondo, che ad oggi conta miliardi di documenti, tra cui circa 38 milioni di libri. Oppure si pensi a JStor[29] e Portico[30], grandi progetti accessibili a pagamento e quindi al limite tra attività commerciale e attività non commerciale realizzati dalla fondazione Ithaca, le cui sedi principali sono a New York e ad Ann Arbor, Michigan. In particolare, JStor è nata come grande collezione di riviste scientifiche digitalizzate fin dal primo numero, conferite dai rispettivi editori, ma anche da biblioteche. In un momento successivo, questa collezione si è estesa ai libri digita-

---

[26] La descrizione del sistema è qui: https://www.bncf.firenze.sbn.it/biblioteca/magazzini-digitali/.

[27] https://digitallibrary.cultura.gov.it/il-piano/.

[28] https://archive.org/about/.

[29] https://about.jstor.org/.

[30] https://www.portico.org/.

lizzati e, oggi, alcune case editrici universitarie vi effettuano la prima pubblicazione dei loro contenuti. Portico invece è il servizio di conservazione digitale cui numerosi editori aderiscono ma a cui le biblioteche abbonate possono accedere solo in caso di disastri che rendano impossibile l'accesso ai siti degli editori e con limitata possibilità di utilizzo. Con tutta evidenza, il modello JStor dovrebbe introdurre anche al di fuori degli USA a un discorso sul ruolo assunto dai grandi aggregatori di contenuti nei confronti degli editori e delle biblioteche. In questa sede, però, il modello in questione ci interessa perché si tratta di una iniziativa teoricamente senza scopo di lucro, ma per la quale sono necessari investimenti cospicui provenienti da un'intesa tra titolari dei diritti, gestore della piattaforma e utilizzatori non commerciali. Vista l'onerosità delle condizioni di licenza dei contenuti, in questo come in altri casi di piattaforme di intermediazione, sono soprattutto alcuni editori internazionali, interessati alla conservazione delle loro opere, a prender parte al progetto, più che i piccoli editori; mentre, dal lato degli acquirenti, solo alcune biblioteche possono sottoscrivere il servizio.

Il settore più dinamico per quanto riguarda il digitale è sempre stato quello delle biblioteche delle università, da molto tempo impegnate nella negoziazione di licenze commerciali e oggi attive nella gestione di archivi (*repositories*) istituzionali e di contratti trasformativi che favoriscano la transizione verso l'accesso pieno e aperto alla letteratura scientifica e ai dati di ricerca. In Italia l'organismo nazionale di riferimento per queste attività è la CRUI, Conferenza dei Rettori delle Università Italiane. Anche le biblioteche universitarie si pongono l'obiettivo di una conservazione a lungo termine efficace e sostenibile dei contenuti digitali acquisiti con licenza permanente e delle risorse digitali o digitalizzate prodotte al loro interno. Anche nel loro caso, però, quest'obiettivo finisce per passare in secondo piano rispetto alle priorità della gestione corrente, che include il dare accesso nel più breve tempo possibile a quante più risorse è possibile. Per dare corpo a piani di conservazione a lungo termine del patrimonio digitale e digitalizzato delle biblioteche di università italiane, come delle altre biblioteche italiane, occorrerebbe un investimento progettuale e politico, prima ancora che finanziario, tale da porre in essere strutture e risorse dedicate e un forte coordinamento con le biblioteche nazionali centrali del Ministero della Cultura.

Come spesso accade all'Italia, a un'infrastruttura legale non molto diversa da quella di Paesi europei più attenti e coerenti con gli obiettivi della propria legislazione a tutela del patrimonio culturale, non corrisponde la realtà dei fatti e delle dotazioni di organico specializzato e di fondi. Né si comprende se e in che modo a tale cronica inadeguatezza di risorse possano porre rimedio le intese con il settore privato per la digitalizzazione di varie categorie di opere protette: dalle opere in pubblico dominio a quelle fuori commercio e, per i fini di conservazione, quelle protette e all'interno dei cataloghi delle biblioteche. È noto che le imprese tecnologiche abbiano tutto da guadagnare dall'acquisizione di grandi quantità di dati, inclusi quelli contenuti nelle opere. In questo contesto, solo una solida regia pubblica e la chiara definizione di obiettivi e priorità permetterebbe di delineare modelli *win-win* per tutti gli *stakeholder* e con il loro apporto.

Ritornando all'esempio dell'accordo MIBACT-Google del 2010, in quel caso potevano notarsi benefici effettivi anche e soprattutto per la conservazione: un'impresa privata avrebbe digitalizzato il patrimonio di pubblico dominio, acquisendo diritti sulla sua utilizzazione e fornendo alle biblioteche copia dei documenti ottenuti dalla digitalizzazione e utilizzabili per le loro finalità di servizio pubblico, inclusa la possibilità di metterle a disposizione del pubblico con licenza aperta dopo un certo termine di durata dell'esclusiva. Nessuno aveva considerato, però, che prima di fornire a Google il materiale da digitalizzare, per poterlo contestualizzare e identificare, quel materiale doveva essere catalogato, se necessario restaurato, e fornito a Google con i relativi metadati descrittivi. Ragion per cui furono le biblioteche ad accollarsi la maggior parte del lavoro. L'accordo può costituire un precedente utile per evitare quegli errori, dettati soprattutto da dilettantismo, che furono commessi dalla parte pubblica nel negoziarlo, concluderlo e nel metterlo in atto.

5. Una prima conclusione

Se possiamo convenire che la conservazione digitale a lungo termine del patrimonio culturale è un servizio pubblico necessario, molto costoso e complesso, non è pensabile che questo servizio sia demandato prevalentemente al mercato. Non è neppure ipotizzabile che tale servizio sia gestito in regime di autarchia, mentre la maggior parte degli ambienti digitali che frequentiamo e delle tecnologie che usiamo sono prodotti e messi a disposizione a livello internazionale da attori privati, il principale dei quali è Amazon, che offre la più potente piattaforma internazionale di *cloud computing*, anche per la conservazione dei dati, oltre a servizi avanzati di *machine learning*, *data analysis* e altro [31], utilizzata anche da molte pubbliche amministrazioni. È legittimo sottolineare con una certa apprensione come, nei confronti di tali attori commerciali e delle relative piattaforme il cliente (pubblico o privato) non è tutelato adeguatamente dal rischio di controllo generalizzato delle proprie informazioni ivi conservate e comunque ha pochi mezzi per rilevare e ponderare questo rischio.

È dunque il settore pubblico a dover fare, se possibile, il suo mestiere e porsi delle domande sui correttivi da apportare, anche a livello europeo, laddove l'impegno degli Stati Membri si è rivelato molto diseguale e assai poco coerente con le parole spese dalla Commissione Europea e altre istituzioni comunitarie in

---

[31] https://aws.amazon.com/.

documenti e 'manifesti' molto ambiziosi [32]. Pensiamo, anche solo per un attimo, all'esempio non positivo nella sua interezza, del portale Europeana. Tale iniziativa non doveva solo pensare alla conservazione, ma anche alla divulgazione mediante la messa in rete dei patrimoni nazionali conferiti dai singoli Paesi, anche se mantenuti fedelmente su server locali. In tutta sincerità, l'iniziativa non ha funzionato granché ed è obiettivamente difficile da paragonare ai portali e servizi che i privati, invece, sono stati in grado di sviluppare [33].

Riteniamo dunque che occorra ripartire dalle riflessioni dei considerando 27 e 28 della Direttiva 790/2019, che ben descrivono la nostra preoccupazione. In Italia, qualcosa si muove anche per merito di iniziative come quelle di AIB [34] che ha proposto la creazione di una società pubblico-privata (a prevalente partecipazione pubblica) che si faccia carico delle finalità di conservazione. Il presupposto di tale iniziativa è che non si può pretendere che i privati investano in iniziative meramente conservative del patrimonio senza incorrere nelle pericolose e potenzialmente illegittime speculazioni contrarie a queste (e altre) politiche pubbliche. Per amor di chiarezza, il governo italiano, e il Ministero della Cultura in particolare, dovrebbero finalmente dirci qual è il modello ordinario di organizzazione e di finanziamento idoneo allo scopo della conservazione nei termini dell'art. 6 della Direttiva 790/2019, in un Paese così ricco di patrimonio e risorse culturali, e iniziare a creare o potenziare un'infrastruttura adeguata alle sfide della contemporaneità.

---

[32] Per es. *The New Renaissance. Report of the 'Comité des Sages' on bringing Europe's cultural heritage online.* Brussels: European Commission, 2011. Il documento non è più reperibile sul sito della Commissione Europea.

[33] È forse per questo che l'ambizione attuale è di passare dal portale Europeana allo Spazio Comune Europeo per il Patrimonio Culturale, secondo un'organizzazione dei dati a disposizione decentralizzata. V. https://digital-strategy.ec.europa.eu/it/funding/deployment-common-european-data-space-cultural-heritage-cnectlux2021op0070.

[34] Associazione italiana biblioteche, Gruppo di lavoro sulle biblioteche digitali, *Piano d'azione per l'infrastruttura nazionale della conoscenza*, AIB, Roma, 2023, https://www.aib.it/negozio-aib/novita/piano-dazione-per-linfrastruttura-nazionale-della-conoscenza/. La proposta di una società pubblico-privato appare già nella prima bozza del 22 giugno 2022, diffusa in rete per raccogliere i commenti di quanti interessati, https://www.aib.it/struttura/commissioni-e-gruppi/gruppo-di-lavoro-biblioteche-digitali/2022/99786-piano-azione-infrastruttura-nazionale-conoscenza/.

Capitolo V
(dagli artt. 8-10 CDSM agli artt. 102-*undecies* e ss. LDA)

L'utilizzo delle opere fuori commercio da parte degli istituti di tutela del patrimonio e l'innesto delle licenze collettive

Parte I

La nuova disciplina per le opere fuori commercio un progetto di apparente continuità

di *Maria Letizia Bixio*

SOMMARIO: 1. La trasposizione in Italia degli artt. 8-10 della Direttiva: l'utilizzo delle opere fuori commercio. – 2. Per un parallelismo sistematico tra opere orfane e fuori commercio. – 3. Una prima conclusione.

1. La trasposizione in Italia degli artt. 8-10 della Direttiva: l'utilizzo delle opere fuori commercio

Il Capo 1 del Titolo III della Direttiva Copyright affonda le proprie radici in un lungo e complesso *iter* di documenti e atti della Commissione che si sono susseguiti con l'intento di individuare le migliori prassi per consentire l'utilizzo digitale di talune tipologie di opere. Il Capo è rubricato le "Misure volte a migliorare le procedure di concessione delle licenze e a garantire un più ampio accesso ai contenuti" [1], e dedica la trattazione all'utilizzo di opere fuori commercio e di altri ma-

[1] L'origine della direttiva si può ricondurre a due documenti non vincolanti emanati dalla Commissione nel 2011: la Raccomandazione sulla digitalizzazione dei materiali culturali e il Memorandum d'intesta siglato dalle associazioni di categoria. In particolare, proprio il memorandum riguardava la digitalizzazione di libri e periodici fuori commercio da parte delle biblioteche. In concreto, si individuava nella libera negoziazione di accordi di licenza tra OGC (Organismi di gestione collettiva) e biblioteche il meccanismo più appropriato e flessibile per consentire l'utilizzo digitale e la

teriali da parte degli istituti di tutela del patrimonio culturale (art. 8).

A ben vedere la formulazione ampia indica l'intento di un approccio globale alle opere fuori commercio, che pare definitivamente superare le normative nazionali settoriali che in passato, si pensi alla normativa francese[2], erano state previste per materiali specifici quali i "libri fuori commercio".

La Direttiva introduce dunque una certa inclusività all'interno della materia menzionando espressamente varie tipologie di opere e materiali quali a titolo esemplificativo: "fotografie, software, fonogrammi, opere audiovisive e opere d'arte uniche (...)" (considerando n. 37).

Per ragioni "di cortesia internazionale", spiega il considerano n. 39, il legislatore europeo ha deciso di non applicare i meccanismi di concessione delle licenze e l'eccezione o limitazione prevista per la digitalizzazione e la diffusione di opere fuori commercio, quando sussistano prove che inducano a presumere[3] che si tratti prevalentemente di opere o altri materiali di paesi terzi.

Sono quindi escluse le opere diverse da quelle cinematografiche pubblicate o trasmesse per la prima volta in un Paese terzo (art. 8.7.a), le opere cinematografiche il cui produttore ha sede in un Paese terzo (art. 8.7.b) e le opere di cittadini di Paesi terzi il cui luogo di prima pubblicazione non può essere determinato (art. 8.7.c). Quest'ultima ipotesi riduce il perimetro di opere ricomprendibili nella categoria rispetto alla bozza iniziale della Commissione, dove si prevedeva che se il

---

diffusione delle opere non più disponibili sul mercato. Nel 2015 sono iniziati i lavori di preparazione della Direttiva sul diritto d'autore nel mercato unico digitale nel contesto della strategia della Commissione per il digital single market e nel 2016, nella proposta di direttiva del 14 settembre, compare per la prima volta la disciplina delle opere fuori commercio. Il meccanismo che veniva individuato era sostanzialmente quello delle licenze collettive estese, lasciando però flessibilità agli Stati membri di adattare tali meccanismi alle rispettive prassi o situazioni giuridiche. Tale impianto è poi ulteriormente rafforzato con l'introduzione della c.d. *backstop exception*, introdotta su proposta del parlamento europeo, con cui si prevede un'eccezione attivabile nei casi in cui non esistano organismi di gestione in grado di soddisfare i requisiti di rappresentanza. Per un primo commento si vedano L. GUJBAULT, S. SCHROFF, *Extended Collective Licensing for the Use of Out-of-Commerce Works in Europe: A Matter of Legitimacy Vis-à-Vis Rights Holders*, in *IIC - Int. Rev. of I.P. and Comp. Law*, 49(3) 2018; G. CARRARO, *Le eccezioni per le opere fuori commercio*, in *AIDA* 2019, 22; R. SERVANZI, *Il patrimonio culturale e le opere fuori commercio nella direttiva digital copyright*, in *Il nuovo dir. delle soc.*, 5/2019, 657.

[2] Legge n. 2012-287, 1 marzo 2012 *relative à l'exploitation numérique des livres indisponibles du XXe siècle*. Cfr. E. ZOLA-PLACE, *L'exploitation numérique des livres indisponibles du xxe siècle : une gestion d'un genre nouveau*, Légipresse, n° 295, 2012, 355; J.-M. BRUGUIERE, *Propriétés intellectuelles*, 2012, n. 45, 411; F. M. PIRIOU, *Un régime spécifique en faveur des livres indisponibles du xxe siècle*, Legicom n. 3, 2013, Paris, 23 e ss.

[3] Il meccanismo proposto al fine di operare l'esclusione comporta una valutazione sul grado di rappresentatività dell'organismo di gestione collettiva per il paese terzo in questione. Il passaggio è critico laddove di norma gli accordi di rappresentanza reciproca tra organismi di gestione collettiva non sono pubblicati nel segno della trasparenza, ma spesso pubblicati parzialmente o in maniera meramente esemplificativa.

luogo del produttore non poteva essere determinato "dopo ragionevoli sforzi", si doveva prendere in considerazione il luogo dell'istituzione che gestisce il patrimonio culturale[4].

Come si è detto, il regime specifico riguarda le opere o gli altri materiali[5] fuori commercio che si trovano permanentemente nella raccolta di un istituto di tutela del patrimonio culturale, indipendentemente dal fatto che tutti i titolari dei diritti oggetto della licenza abbiano o meno conferito un mandato ad un organismo di gestione collettiva.

Proseguendo nella disposizione della Direttiva la definizione di opera fuori commercio viene proposta solo al quinto comma dell'art. 8 e indica un'opera o altri materiali da considerarsi fuori commercio "quando si può supporre in buona fede che l'intera opera o altri materiali non siano disponibile al pubblico attraverso i consueti canali commerciali dopo aver effettuato uno sforzo ragionevole per determinare se sia disponibile al pubblico".

Se per un verso si riscontra grande coincidenza tra il testo della Direttiva e il recepimento interno, (si pensi alla definizione di opera fuori commercio, alle preclusioni (102-*undecies* c.1-6 LDA), e alle modalità di rilascio della licenza all'organismo di gestione collettiva rappresentativo, 102-*duodecies* c.1-2 LDA), dall'altro, l'ordinamento mostra dei limiti di coerenza tutt'altro che trascurabili nell'implementazione del modello proposto dal legislatore europeo, in particolare con riguardo alle licenze collettive. Peculiarità dell'art. 8 della Direttiva era stata, infatti, quella di prevedere un regime alternativo per l'utilizzo delle opere fuori commercio da parte degli istituti di tutela del patrimonio.

Con il primo meccanismo, veniva previsto che "un organismo di gestione collettiva, conformemente ai mandati ad esso conferiti dai titolari di diritti, possa concludere un contratto di licenza non esclusiva a fini non commerciali con un istituto di tutela del patrimonio culturale per la riproduzione, la distribuzione, la comunicazione al pubblico o la messa a disposizione del pubblico di opere o altri materiali fuori commercio presenti in modo permanente nella raccolta di detto istituto, indipendentemente dal fatto che tutti i titolari dei diritti oggetto della licenza abbiano o meno conferito un mandato all'organismo di gestione collettiva", tale ipotesi veniva subordinata alla sussistenza di due condizioni: a) una rappresentanza sufficiente dell'organismo di gestione collettiva, sulla base dei suoi

---

[4] Più diffusamente si veda il commento di F. MACREZ, *Directive sur le droit d'auteur et les droits voisins dans le marché unique numérique: les mesures en faveur de l'octroi de licences et de l'accès plus large aux contenus*, Lexbase Hebdo – Édition Affaires, Paris, 2019, 601.

[5] La nozione di "materiale" è spuria nella materia del diritto d'autore, dove notoriamente la previsione di un'eccezione all'utilizzo non può che riguardare opere creative protette, tuttavia, la Direttiva risente dell'impianto anglofono della stesura in sede di Commissione europea e ha mantenuto molteplici riferimenti ai c.d. "materiali protetti". Non è chiaro se essi rappresentino parte delle medesime opere protette o altri materiali suscettibili di tutela sotto l'egida altre normative quali ad esempio il diritto di riproduzione dei beni culturali.

mandati, in base al tipo di opera e al tipo di diritti oggetto della licenza; b) una garanzia di parità di trattamento a tutti i titolari di diritti con riferimento alle condizioni della licenza.

L'apertura lasciata dal legislatore europeo ha dato agli Stati membri la possibilità di optare per un sistema di licenze collettive estese [6] o per un meccanismo di presunzione di rappresentanza. La scelta è divenuta più formale che sostanziale essendo il risultato il medesimo: anche i titolari dei diritti, che non sono membri dell'organismo di gestione collettiva, vedranno applicato il meccanismo e saranno, in applicazione della legge, creditori nei confronti dell'organismo di gestione anche in assenza di un mandato diretto [7].

L'Italia pur mantenendo all'art. 102-*duodecies* c.1-2 della LDA le modalità di rilascio delle licenze collettive estese in modo coerente con quanto proposto dalla Direttiva, al comma terzo ha ipotizzato una fattispecie che va in antagonismo diretto con la *ratio* funzionalistica delle licenze collettive estese prevedendo un affidamento tripartito: "Nel caso di pluralità di organismi di gestione collettiva, il rilascio della licenza compete ai tre organismi maggiormente rappresentativi per ciascuna categoria di titolari". La formulazione pare insidiare tanto la certezza del diritto quanto l'efficienza e l'economicità del nuovo sistema.

Altra rilevantissima discrepanza tra il sistema nazionale e quello proposto dalla Direttiva, impatta sul recepimento della seconda misura. Infatti, con l'intento di porre rimedio alle situazioni in cui non esiste una gestione collettiva per il tipo di opera in questione, ovvero nei casi in cui l'organizzazione di gestione collettiva non è sufficientemente rappresentativa del tipo di opera o del tipo di diritto, la Direttiva aveva proposto, in subordine, un secondo meccanismo. Si tratta dell'introduzione di un'eccezione al diritto d'autore (ma anche al diritto *sui generis* sulle banche dati, al diritto d'autore specifico applicabile al software e al nuovo diritto affine degli editori di pubblicazioni giornalistiche) per consentire alle istituzioni culturali di "mettere a disposizione, per scopi non commerciali" opere fuori commercio purché sia indi-

---

[6] *Extended collective licensing* o licenze collettive ad effetto esteso. Cfr. S. ERCOLANI, *Eccezioni e licenze collettive estese nella direttiva diritto d'autore nel mercato unico europeo*, in *AIDA*, 2019 339. Si tratta di licenze su intere tipologie di opere rilasciate da organismi di gestione collettiva rappresentativi di una vasta maggioranza di titolari di diritti, i cui effetti si estendono per legge anche alle opere di autori non aderenti all'OGC ma appartenenti alla medesima categoria, a cui è comunque garantita la facoltà di escludere le proprie opere dalla licenza. Si veda più diffusamente la letteratura straniera dei paesi dove il modello si è maggiormente radicato, *inter alias* H. LUND CHRISTIANSEN, *The Nordic licensing systems – extended collective agreement licensing*, in *E.I.P.R.* 1991, 1 3(9), 346; I.C. GRNSHURG, *Extended Collective Licenses in International Treaty Perspective: Issues and Statutory Implementation*, in *Columbia Public Law Research*, Paper n. 14-564, 2017.

[7] Cfr. S. NÉRISSON, *La gestion collective des droits des auteurs en France et en Allemagne: quelle légitimité?*, IRJS Éditions, 2013. La Germania aveva già introdotto un meccanismo analogo nel 2015 per le opere letterarie pubblicate prima del 1966 più diffusamente si veda S. VON LEWINSKI, *Chronique d'Allemagne (première partie): évolutions législatives en Allemagne entre 2011 et fin 2017*, in *RIDA*, n. 255, 4/2018.

cato il nome dell'autore o di qualsiasi altro titolare di diritti individuabile, consentendo che tali opere o altri materiali vengano messi a disposizione su siti web non commerciali. Il legislatore italiano ha inteso disapplicare parzialmente la portata del secondo meccanismo, riducendo l'applicazione dell'eccezione a sole due categorie di opere: "banche dati e programmi per elaboratore". La scelta italiana pare quantomai miope, infatti, dalla lettura della direttiva si evince chiaramente il tentativo operato dal legislatore europeo di fornire soluzioni graduali a seconda della reale efficacia dei singoli strumenti. In buona sostanza si arriva all'eccezione [8], solo quando le licenze collettive di opere fuori commercio non costituiscono una soluzione risolutiva; ad esempio si pensi ai casi in cui gli istituti di tutela del patrimonio culturale incontrano difficoltà nell'ottenere le autorizzazioni necessarie in quanto non esistono prassi di gestione collettiva dei diritti per un dato tipo di opera o altri materiali, ovvero quando il pertinente organismo di gestione non sia sufficientemente rappresentativo per la categoria di titolari e relativi diritti. In questi particolari casi, se non si prevede un'eccezione armonizzata al diritto d'autore e ai diritti connessi, gli Istituti culturali non potranno rendere disponibili sul proprio portale tante tipologie di opere fuori commercio, lasciandole dimentiche e sepolte nelle sole collezioni permanenti fisiche. La scelta di ammettere all'eccezione le sole banche dati e i *software* (ammesso che di questi ultimi ve ne siano nei repertori di dette istituzioni) pare dunque arbitraria e in contrasto con l'esigenza armonizzatrice che anima l'intera Direttiva.

2. Per un parallelismo sistematico tra opere orfane e fuori commercio

Lasciando da parte le suddette "personalizzazioni" italiane, si può di contro rilevare come nell'ambito del complesso paradigma degli utilizzi riservati emerge ormai con chiarezza l'intento generale europeo di voler favorire talune attività delle istituzioni culturali, al fine del raggiungimento di obiettivi quali la miglior tutela, conservazione e valorizzazione dei patrimoni culturali nazionali. Per far questo attraverso lo strumento della direttiva sono state categorizzate nel tempo due tipologie di opere c.d. "orfane" e "fuori commercio" per le quali sono state introdotte nuove eccezioni al diritto d'autore o favoriti meccanismi di licenza ad effetto esteso.

La prima categoria nasce con la Direttiva 2012/28/UE su taluni utilizzi consentiti di opere orfane [9], tempestivamente attuata nell'ordinamento interno con il

---

[8] E sul punto a buona memoria, vale la pena rileggere la *ratio* del test a tre fasi alla base del sistema delle eccezioni e limitazioni nelle pagine di C. GEIGER, D. GERVAIS, M. SENFTLEBEN, *Understanding the "Three-Step Test"*, in D. Gervais (a cura di*) International Intellectual Property – A Handbook of Contemporary Research*, Edward Elgar, 2015, 167 e ss.

[9] Si rimanda ai primi commenti al testo della direttiva, *inter alias* M.A. PALLANTE, *Orphan*

d.lgs. 10 novembre 2014, n. 163 (che ha introdotto nella LDA gli artt. da 69-*bis* a 69-*septies*), e ha stabilito una nuova eccezione a favore di determinati istituzioni aventi finalità di interesse pubblico culturale: biblioteche, istituti di istruzione, musei, archivi, istituti per il patrimonio cinematografico o sonoro, emittenti di servizio pubblico (c.d. "Istituzioni Beneficiarie"); tale eccezione si concretizza nella facoltà di riproduzione, digitalizzazione e messa a disposizione del pubblico di determinate categorie di opere contenute nelle proprie collezioni definite "orfane" [10]. Con tale espressione si intendono quelle opere o quei fonogrammi protetti dal diritto d'autore dei quali il potenziale utilizzatore, nonostante l'espletamento di una ricerca "diligente", non riesce a individuare il titolare dei relativi diritti, ovvero, pur avendolo individuato, non riesce a rintracciarlo [11]. La "ricerca diligente" è quella svolta dalle istituzioni o da soggetti da loro incaricati anteriormente all'utilizzo dell'opera o del fonogramma, secondo i principi di buona fede e correttezza professionale, consultando fonti di informazione (registri, banche dati, etc.) appropriate per ciascuna categoria di opere e comunque, perlomeno, quelle previste a livello comunitario nell'allegato alla Direttiva e quelle previste a livello nazionale dall'art. 69-*septies* del d.lgs. 163/2014.

Ora, il sistema della Direttiva prevede l'istituzione, presso l'EUIPO, di una banca dati europea, consultabile pubblicamente, nella quale siano registrati i risultati di tutte le ricerche diligenti il cui esito sia stato di quello di qualificare un'opera come totalmente o parzialmente orfana [12].

Materialmente, sono le singole Istituzioni Beneficiarie, che hanno svolto la ricerca diligente, a caricare queste informazioni sulla Banca Dati UE, informazioni che però diventano pubbliche solo dopo essere state inoltrate – sempre sul sito della Banca Dati UE – dall'Autorità nazionale competente, senza che questo inoltro, tuttavia, assuma i contorni di una, seppur indiretta, validazione di ciascuna ricerca

---

Works & Mass Digitization: Obstacles & Opportunities, in 27 *Berkeley Tech. L.J.*, 2012, 1251; A. KATZ, *The Orphans, the Market, and the Copyright Dogma: A Modest Solution for a Grand Problem*, in 27 *Berkeley Tech. L.J.*, 2012, 1285; D.R. HANSEN, *Orphan Works: Mapping the Possible Solution Spaces*, in *Berkeley Digital Library Copyright Project*, White Paper No. 2, 2012.

[10] Le categorie di opere dell'ingegno qualificabili, ricorrendone i presupposti, come "orfane" sono tassativamente soltanto le seguenti: *a*) libri, riviste, quotidiani, rotocalchi o altre pubblicazioni conservate nelle collezioni delle Istituzioni Beneficiarie; *b*) opere cinematografiche o audiovisive e fonogrammi conservati nelle collezioni delle Istituzioni Beneficiarie; *c*) opere cinematografiche o audiovisive o fonogrammi prodotti da emittenti di servizio pubblico fino al 31 dicembre 2002 e che siano conservati nei loro archivi. Sono quindi escluse dall'applicazione della Direttiva, ad esempio, le fotografie e le opere delle arti visive, ad eccezione di quelle contenute all'interno delle opere di cui alla lett. *a*).

[11] In caso di più titolari dei diritti, non ne individua o rintraccia nessuno o comunque non tutti, e in quest'ultimo caso l'opera si considera *parzialmente* orfana.

[12] Più diffusamente si rimanda agli spunti critici di R. ROMANO, *Attribuzione e revoca dello status di opera orfana ovvero nemesi dell'iperprotezionismo*, in *AIDA*, 2013, 146 e ss.

diligente [13]. In Italia l'autorità designata come competente è il Ministero della Cultura ed in particolare dalla Direzione generale biblioteche e diritto d'autore.

Relativamente allo svolgimento delle ricerche diligenti è utile evidenziare come la formulazione della direttiva escluda qualsiasi potere di controllo a priori e di approvazione delle stesse ricerche da parte dell'autorità nazionale competente. Tuttavia, l'assenza di specifici meccanismi di controllo sulle ricerche diligenti non implica necessariamente che le istituzioni beneficiarie possano effettuare ricerche insufficienti, sfuggendo facilmente al principio della buona fede e correttezza professionale. Infatti, una ricerca effettuata in modo superficiale espone maggiormente l'istituzione che l'ha svolta alla possibilità che i titolari dei diritti chiedano di porre fine allo status di opera orfana, con conseguente pagamento dell'equo compenso [14].

Con la Direttiva Copyright viene introdotta la seconda categoria, ovvero quella delle opere fuori commercio, tale definizione, come esaminata nel paragrafo precedente, assorbe *de facto* quella di opera orfana, laddove non è ipotizzabile un'opera in commercio dai titolari sconosciuti, in tal senso l'art. 69-*quater* LDA afferma che "non possono esser considerate orfane le opere in commercio" [15].

Ciò malgrado, il disposto dell'art. 102-*sexdecies* prevede che in caso di un'opera al contempo fuori commercio e orfana si debba applicare per il suo utilizzo la disciplina prevista per le opere fuori commercio. L'impostazione proposta pare comportare la stratificazione degli sforzi, laddove solo dopo aver compiuto le più farraginose ricerche diligenti previste per addivenire allo *status* di orfana, si dovrà comunque seguire l'*iter* "ragionevole" delle fuori commercio; *iter* che per altro mantiene alcune lacune, ad esempio, si richiede che vengano compiuti "sforzi ragionevoli", senza che si comprenda da chi, per determinare se un'opera è di-

---

[13] Sia le Istituzioni Beneficiarie che l'Autorità Nazionale Competente devono previamente registrarsi sul sistema della Banca Dati UE per poter accedere alle predette funzionalità di registrazione e inoltro degli esiti delle ricerche diligenti (e a quelle ulteriori: ad esempio, i cambiamenti di status dell'opera in caso di successiva rivendicazione da parte dei titolari dei diritti sull'opera dichiarata orfana). La finalità principale della Banca Dati UE è quella di fornire un punto di accesso e consultazione unico all'interno dell'UE alle informazioni sulle opere orfane, disponibile a tutti i soggetti interessati: le Istituzioni Beneficiarie (le quali, se vogliono utilizzare un'opera già dichiarata orfana, possono così evitare di dover ripetere la ricerca diligente. Alla base vi è un principio di reciprocità per cui l'opera individuata come orfana in un paese UE, e come tale registrata sulla Banca Dati UE, viene riconosciuta automaticamente come orfana nell'ambito dell'intera Unione Europea.

[14] L'Italia, come detto, ha recepito al suo interno questo sistema di *pubblicità* delle opere orfane, prevedendo in particolare all'art. 69-*quinquies*, co. 15, della LDA, che il Ministero della cultura trasmetta senza indugi all'EUIPO, per la registrazione nella banca dati online pubblicamente accessibile, *a*) gli esiti delle ricerche diligenti che hanno permesso di concludere che un'opera o un fonogramma sono considerati un'opera orfana; *b*) l'utilizzo che le Istituzioni Beneficiarie fanno delle opere orfane; *c*) qualsiasi modifica dello status delle opere orfane; *d*) le pertinenti informazioni di contatto delle organizzazioni interessate.

[15] Si veda M. BORGHI, *L'utilizzo delle opere fuori commercio*, in *AIDA*, 2022, 63.

sponibile, in caso contrario si può applicare il regime specifico. Questo requisito è meno stringente di quello della legislazione sulle opere orfane, che richiede la "ricerca diligente" da parte dei titolari dei diritti. Va precisato come seppur il regime delle orfane sia attratto da quello per le fuori commercio, l'art. 102-*sexdecies* fa salvo il diritto all'equo compenso, prevedendo che qualora prima di essere dichiarata fuori commercio l'opera sia stata utilizzata quale opera orfana, il titolare dei diritti può chiedere l'equo compenso ai soggetti di cui all'art. 69-*bis* relativamente a tale periodo di utilizzazione. Essenziale, in tal senso, diverrà quanto meno la piena applicazione delle disposizioni della Direttiva 2014/26/UE circa la buona governance e la trasparenza sulle informazioni inerenti la ripartizione delle somme dovute agli autori [16].

3. Una prima conclusione

Gli artt. 8-11 della Direttiva hanno introdotto, dunque, una disciplina speciale per gli istituti di tutela del patrimonio che intendano rendere disponibili online le opere fuori commercio presenti nelle loro collezioni; queste ultime, senza dubbio, rappresentano una parte cospicua del patrimonio culturale conservato in archivi e biblioteche degli Stati membri. L'architettura del sistema, come si è visto, favorisce la scelta delle licenze collettive estese e sovrappone in via residuale un'eccezione non remunerata che si attiva nei soli casi in cui la licenza non sia disponibile. Seppur con qualche ridondanza si può dire che la disciplina pare in continuità, quanto meno di intenti e obiettivi, con quella introdotta nel 2012 per le opere orfane.

Certamente tanto l'ampiezza della deroga ai diritti esclusivi a monte, quanto la parzialità del recepimento nazionale con riguardo alla riduzione dell'ampiezza dell'eccezione, destano perplessità, al punto da far sorgere dubbi di illegittimità, che troverebbero conforto alla luce alla luce della sentenza della Corte di giustizia europea nel caso Soulier e Doke del 2016 [17].

Con la suddetta sentenza, la Corte europea si è pronunciata sulla compatibilità della legge francese sui libri indisponibili del XX secolo con il diritto dell'Unione. In particolare, è stato osservato che la normativa nazionale operava un'indebita sostituzione del principio del consenso preventivo ed esplicito dell'autore con una

---

[16] Sul punto si rimanda al commento di M.L. Bixio, *Modelli di gestione collettiva a tutela dei diritti d'autore*, Torino, 2020, 127 ss.

[17] CGUE, 16 nov. 2016, C-301/15, Soulier e Doke c/ min. Culture: JurisData n. 2016-027633; Cfr. anche J.M. Bruguière, *Propr. intell.*, 2017, n. 62, 30; C. Caron, M. Guillemain, *Le consentement de l'auteur dans l'exploitation numérique des livres indisponibles*: JCP G 2017, 1128; C. Sganga, *The Eloquent Silence of Soulier and Doke and its Critical Implications for EU Copyright Law*, J.I.P.L.P., 2017, 12(4), 321.

presunzione di consenso che privava gli autori e gli altri titolari di diritti di una prerogativa riconosciuta dal diritto dell'UE. Proprio per le analogie tra la legge francese e la direttiva in esame, si è tentato di estendere tale rilievo anche a quest'ultima. Tuttavia, i profili critici della sentenza discendevano dalla premessa che a uno Stato membro non fosse consentito introdurre nuove deroghe ai diritti esclusivi riconosciuti dall'*aquis* oltre a quelle già previste dall'*aquis* stesso. Da qui la necessità di passare al vaglio la normativa sotto il profilo del consenso implicito o presunto. Ma, ora che la deroga è stata introdotta dal diritto dell'Unione, la ricerca di una base giuridica nella teoria del consenso implicito diventa irrilevante, poiché la base giuridica discende direttamente dalle disposizioni della legge.

Sebbene l'obiettivo prefissato dal legislatore europeo fosse quello di temperare il diritto di esclusiva da esercitarsi tramite previo consenso, per agevolare usi socialmente produttivi dell'opera, pare che la portata della trasposizione italiana abbia fortemente edulcorato la possibilità di raggiungere gli interessi, specie di natura pubblicistica, prefissati. Come in una sequenza di scatole cinesi, si involve rapidamente in una cascata di vicoli ciechi. In *primis*, la pressoché certa mancanza di rappresentatività degli organismi di gestione presenti indurrà gli istituti culturali a optare per la via dell'eccezione che però si trova a coprire solo opere (banche dati e software!) piuttosto desuete nelle collezioni degli istituti e per altro dallo scarsissimo *appeal* culturale. Da ultimo, ormai del tutto tronco diviene il ricorso alle disposizioni sulle opere orfane che, come si è detto, è stata assorbita da quella per le opere fuori commercio.

Parte II

Le licenze collettive estese per le opere fuori commercio

di *Piero Attanasio* e *Raffaella Pellegrino* *

SOMMARIO: 1. Le licenze collettive estese nel contesto dei programmi di digitalizzazione delle biblioteche. – 2. Attività propedeutiche al rilascio della licenza. – 3. Aspetti tecnici dell'identificazione dello status di "fuori commercio". – 4. Rappresentatività degli organismi di gestione collettiva. – 5. L'eccezione al diritto d'autore in assenza di licenze. – 6. *Iter* per il rilascio della licenza ed altri aspetti attuativi. – 7. Conclusioni.

1. Le licenze collettive estese nel contesto dei programmi di digitalizzazione delle biblioteche

Una delle numerose novità introdotte dal recepimento della Direttiva sul diritto d'autore e sui diritti connessi nel mercato unico digitale (Direttiva DSM) è la disciplina dell'utilizzo di opere e di altri materiali fuori commercio da parte degli istituti di tutela del patrimonio culturale, previo rilascio di una licenza collettiva al termine di una procedura prevista dalla legge (artt. 102-*unidecies*-102-*septiesdecies* LDA).

Nel settore librario la disciplina mira a garantire alle biblioteche un quadro giuridico chiaro per la digitalizzazione di opere fuori commercio presenti nelle loro raccolte. La norma guarda a progetti di digitalizzazione su larga scala in cui è difficile negoziare individualmente i diritti con i singoli titolari, in ragione dell'età delle opere e del loro basso valore commerciale, e si applica anche alle opere che non sono mai state destinate a un uso commerciale (es. manifesti, volantini, opere audiovisive amatoriali), purché, va precisato, siano state comunque rese pubbliche secondo altre modalità. Non è infatti possibile ampliare l'ambito di applicazione al punto da comprendere opere che l'autore non ha voluto pubblicare, come precisato dal considerando n. 37 che sottolinea che l'utilizzazione deve avvenire «*senza pregiudizio degli altri vincoli giuridici applicabili, come le disposizioni nazionali in materia di diritti morali*».

* L'articolo è estratto da P. ATTANASIO, R. PELLEGRINO, *L'impatto del recepimento della Direttiva 2019/790/UE sulla gestione collettiva dei diritti nel settore librario*, in *Sistema editoria. Rivista internazionale di studi sulla contemporaneità*, n. 1/2023, pp.31-61, DOI: 10.14672/se.v1i1.2113, cui si rinvia per approfondimenti. La versione qui pubblicata riproduce un paragrafo, modificato e integrato in alcune parti per renderne autonoma la lettura.

In tale contesto, per agevolare la digitalizzazione di patrimoni culturali che altrimenti resterebbero congelati, la Direttiva ha scelto la strada delle licenze collettive con effetto esteso. La norma giunge al termine di un percorso molto lungo, che può esser fatto risalire al primo decennio del secolo [18], e che ha avuto un'accelerazione all'annuncio nel 2008 dell'accordo di transazione (*settlement*) tra Google e le associazioni di autori ed editori statunitensi volto a chiudere una *class action* intentata da questi ultimi, seguita dalla reazione europea che ha portato alla creazione di Europeana [19] e alla ricerca di strumenti legislativi idonei a regolare la materia. La norma della Direttiva ricalca il contenuto del *Memorandum of Understanding on out-of-print works* firmato nel settembre 2011 dai rappresentanti di autori ed editori librari europei da un lato e delle biblioteche dall'altro, al termine di uno *stakeholders dialogue* promosso dalla Commissione europea [20]. Gli otto anni trascorsi prima di giungere alla definizione della norma sono stati necessari perché questa doveva avere un carattere generale, che comprendesse tutti i tipi di opere, mentre il *memorandum* era limitato al settore librario.

Viene così consegnato agli istituti di tutela del patrimonio cultuale uno strumento utile per dare attuazione alle politiche strategiche europee, che considerano la digitalizzazione e la conservazione del patrimonio culturale un importante ambito di azione.

2. Attività propedeutiche al rilascio della licenza

La norma prevede una serie di adempimenti posti a carico di diversi soggetti, al fine di contemperare il legittimo sfruttamento dei beni e i diritti d'autore sulle opere oggetto di digitalizzazione. Tale procedimento presenta, da una parte, elementi tipici delle forme di gestione collettiva (presenza di un istituto/licenziatario e di un organismo di gestione collettiva/licenziante), e dall'altra elementi più tipici delle procedure di acquisto di alcuni titoli di proprietà industriale (pubblicazio-

---

[18] I programmi di digitalizzazione del patrimonio culturale sono stati oggetto di raccomandazioni della Commissione fin dal 2006. Si vedano, in particolare, le raccomandazioni 2006/585/UE sulla digitalizzazione e l'accessibilità on line del materiale culturale e sulla conservazione digitale, 2011/71/UE sul medesimo tema e 2021/1970 sullo spazio comune europeo di dati per il patrimonio culturale.

[19] Per un confronto tra il *Google Settlement* e il contesto europeo cfr.: R. MATULIONYTE, *10 Years for Google Books and Europeana: Copyright Law Lessons that EU Could Learn from the USA*, in *International Journal of Law and Information Technology*, 24 (2016), 1, 44-71.

[20] https://ec.europa.eu/commission/presscorner/detail/en/MEMO_11_619 (ultima consultazione: 3 feb. 2023). È significativo che il dialogo sia citato nell'*Explanatory memorandum* della Commissione alla proposta di Direttiva e trovi poi un riflesso nell'art. 11 che invita gli stati membri ad incoraggiare il dialogo tra gli *stakeholders*.

ne della domanda, opposizione da parte dei titolari, pubblicazione della licenza in banche dati).

I soggetti che possono chiedere il rilascio di tali licenze sono gli istituti di tutela del patrimonio culturale, definiti come «*le biblioteche* [su cui concentriamo la nostra attenzione]*, i musei, gli archivi, purché aperti al pubblico o accessibili al pubblico, inclusi quelli afferenti agli istituti di istruzione, agli organismi di ricerca e agli organismi di radiodiffusione pubblici, nonché gli istituti per la tutela del patrimonio cinematografico e sonoro e gli organismi di radiodiffusione pubblici*» (art. 70-*ter*, co. 3, LDA).

Le opere e i materiali che possono formare oggetto di una licenza collettiva sono soltanto quelli presenti in modo permanente nelle raccolte delle biblioteche, da intendersi come gli esemplari delle opere di loro proprietà o stabilmente in loro possesso anche per effetto di accordo di licenza, deposito legale o accordi di custodia permanente (v. considerando n. 29 della Direttiva DSM).

Individuata la raccolta e prima di chiedere il rilascio della licenza, l'istituto deve verificare che si tratti di opere fuori commercio. Nel farlo, gli istituti devono compiere «*un ragionevole sforzo secondo i principi di buona fede e correttezza professionale mediante la consultazione delle fonti d'informazione appropriate, e tenendo conto delle caratteristiche dell'opera o degli altri materiali e di elementi sufficienti facilmente accessibili sulla loro futura disponibilità nei canali commerciali abituali*» (art. 102-*undecies*, co. 2, LDA). Tale previsione, che non prescrive specifici obblighi ma richiama i canoni generali «*di buona fede e correttezza professionale*», può essere considerata una clausola generale[21] giacché indica un criterio di giustizia e delega al giudice la funzione di elaborare la regola con riferimento al caso concreto.

La verifica dello status commerciale deve essere svolta all'interno dell'Unione Europea e, in presenza di elementi che lo suggeriscano, anche in paesi terzi.

La documentazione relativa alla verifica effettuata deve essere allegata alla richiesta di licenza. Eventuali errori di valutazione comportano la violazione di diritti d'autore solo se dovuti a scarsa diligenza da parte dell'istituto, con conseguenze sanzionatorie secondo quanto previsto dalla legge. Si tratta di verifiche che potrebbero richiedere investimenti in termini di tempo e lavoro, e pertanto finanziari, da svolgere sulla base di adeguate competenze da parte dei professionisti del mondo editoriale o del patrimonio culturale. L'importanza di questo aspetto è affermata dalla stessa Commissione europea che, al fine di agevolare la trasformazione digitale, raccomanda di sostenere gli operatori nell'acquisizione di competenze su diritti d'autore e concessione di licenze (Racc. (UE) 2021/1970 punto 12, lett. *c*).

Secondo l'art. 102-*undecises*, co. 2, LDA le opere sono da considerare fuori commercio «*quando si può presumere in buona fede che l'intera opera o gli altri*

[21] Cfr. L. NIVARRA, *Clausole e principi generali nel diritto della proprietà intellettuale*, in *AIDA*, XXX, 2021, 3-15.

materiali non sono disponibili al pubblico tramite i consueti canali commerciali all'interno dell'Unione europea, in qualsiasi versione o supporto di memorizzazione», con la precisazione che «*si presumono fuori commercio le opere non disponibili nei canali commerciali da almeno dieci anni*». Con decreto del Ministero della cultura, previa consultazione con i soggetti interessati (es. titolari dei diritti e utilizzatori), è possibile individuare ulteriori requisiti specifici. Al momento della redazione di questo articolo non è stato emanato alcun decreto sul tema ma, trattandosi di criteri solo eventuali, ciò non blocca l'attuazione della norma.

3. Aspetti tecnici dell'identificazione dello status di "fuori commercio"

Nel settore librario la procedura può trovare applicazioni pratiche puntuali grazie all'esistenza di banche dati delle opere in commercio (nel gergo editoriale: *BIP* – Books in Print) in grado di fornire l'informazione se una certa opera è in commercio e – laddove ritirata dal commercio – la data in cui questo è avvenuto. La presenza di un certo titolo in un BIP fornisce in modo certo la corretta determinazione del suo status commerciale (in commercio / fuori commercio e, in questo secondo caso, da quanti anni). La sua assenza può essere utilizzata come un significativo segnale del suo status di fuori commercio. Tuttavia, quando la quantità di libri da analizzare implica la necessità di affidarsi a sistemi automatici o, quanto meno, semiautomatici, devono essere tenuti nella dovuta considerazione altri fattori che possono rendere la ricerca più complessa:

a) l'identificazione dell'opera parte, per i libri, da un record bibliografico presente nel catalogo della biblioteca. L'identificazione di *una edizione dell'opera* può dirsi certa quando il record contiene l'ISBN, che è un identificatore univoco del prodotto libro. Va tuttavia ricordato che l'ISBN è stato introdotto negli anni '70 ed è possibile che anche in anni successivi non sia stato registrato nei cataloghi della biblioteca;

b) in assenza di un ISBN, l'identificazione di un'edizione avviene tramite *matching* tra i record bibliografici della biblioteca e del BIP, per il quale occorre tener conto – oltre a possibili errori presenti nelle due banche dati – di modalità diverse di espressione dei dati (il software deve essere istruito a riconoscere, ad esempio, che «U. Eco, Il nome della rosa» è la stessa opera di «Eco, Umberto; Nome della rosa, Il»), anche in ragione dell'uso di standard diversi nelle biblioteche (MARC) e nelle catene commerciali del libro (ONIX);

c) l'ISBN, o un record di metadati che dia un risultato certo sul BIP, è un identificatore di una edizione di un'opera, non dell'opera in sé, che è quanto rileva ai fini della norma[22]. Un'edizione può essere fuori commercio ma possono esisterne

[22] Occorre, infatti, che tutte le edizioni dell'opera, in tutti i formati, siano fuori commercio. In tal senso il considerando n. 37 della Direttiva chiarisce che «quando un'opera [...] è disponibile in una

altre in commercio, il che è molto frequente per i *long-sellers*, quei titoli divenuti classici del '900, ma non può escludersi a priori per qualsiasi opera. Occorre quindi individuare le altre edizioni della stessa opera per verificare che nessuna di queste sia in commercio, il che sconta ulteriori difficoltà (es.: modifiche nel titolo, specie nei testi tradotti)[23];

d) nel settore librario capita non di rado che un'opera non più in commercio singolarmente sia inserita in volumi di opere complete del suo autore. In questo caso il *matching* sui record bibliografici diviene inutile, ed è quindi necessario che il software utilizzato sia in grado di individuare i casi in cui per quel determinato autore possano esservi edizioni comprensive di più opere. La soluzione di tali casi dubbi dovrà essere affidata a un operatore umano, a meno che non sia accessibile nel BIP anche l'indice del volume di opere complete.

L'insieme di queste problematiche è stato analizzato all'interno dei progetti ARROW e ARROW-Plus che hanno sviluppato software che, nati per affrontare il problema delle opere orfane, si sono rivelati più utili nel gestire i programmi di digitalizzazione delle opere fuori commercio. Difatti, l'applicazione di più larga scala dei software ARROW è avvenuta nel programma di digitalizzazione RELIRE (*REgistre des LIvres Indisponible en Réédition Électronique*) della biblioteca nazionale francese (https://relire.bnf.fr), progetto poi fermato dalla decisione della Corte di giustizia europea, che ha ritenuto il sistema non conforme alla normativa europea, in quanto eccedente il sistema di eccezioni e limitazioni esistente[24].

Oggi il sistema ARROW non è «in produzione». La sua nascita troppo anticipata rispetto all'emergere di un'effettiva domanda da parte delle biblioteche ha determinato tale scelta. Il software sviluppato ad inizio degli anni '10 richiede oggi un aggiornamento; TEL (The European Library), il database collettivo delle biblioteche nazionali UE, al quale il sistema era connesso, è stato a sua volta dismesso. Tuttavia, l'esperienza del progetto rimane una dimostrazione pratica che nel settore librario è possibile costruire un sistema funzionante, con margini di errore minimi[25], che può dar vita a nuove attività commerciali legate all'attività di

---

delle sue diverse versioni, quali edizioni successive di opere letterarie [...] o in una delle sue diverse manifestazioni, quali il formato digitale e il formato stampato della stessa opera, [queste] non dovrebbero essere considerate fuori commercio».

[23] AIE ha analizzato la determinazione delle opere fuori commercio di venti autori italiani di long-sellers da parte di Google Books in occasione del citato *Google Settlement* trovando che per l'81% delle 274 opere analizzate esisteva almeno un'edizione identificata erroneamente come fuori commercio. Cfr. *Declaration of P. Attanasio to US District Court Southern District of New York*, Case No. 05 CV 8136-DC, 2010, scaricabile da https://cutt.ly/E2ejZif (ultima consultazione: 3 feb. 2023).

[24] Corte di Giustizia UE, sent. 16 novembre 2016, Solier e Doke, C-301/15; cfr. G. Carraro, *Libri «indisponibili» e violazione dell'esclusiva*, in *AIDA*, XXVI, 2017, 754-769.

[25] Nel caso di RELIRE erano analizzati blocchi di circa 500 mila record bibliografici e i casi di contestazione della determinazione dello stato commerciale sono stati di poche unità.

ricerca e verifica dello status commerciale delle opere [26]. Ci sembra che questo sia uno dei numerosi casi in cui la Direttiva facilita l'evoluzione della gestione collettiva dei diritti verso lo sviluppo di nuovi servizi associati alle attività più tradizionali di intermediazione.

4. Rappresentatività degli organismi di gestione collettiva

Un punto centrale del meccanismo introdotto dalle nuove norme è la corretta individuazione del soggetto al quale chiedere la licenza, cioè dell'organismo di gestione collettiva di cui al d.lgs. 35/2017 [27]. Il legislatore europeo ha riservato questa attività, così come il rilascio delle licenze collettive con effetto esteso (*extended collective licenses*, ECL), ai soli organismi di gestione collettiva (OGC) che, rispetto alle entità di gestione indipendente (EGI), sono vincolati al rispetto di norme più rigorose a tutela dei titolari dei diritti.

Qualora il titolare dei diritti abbia affidato il mandato a un determinato OGC, il rilascio della licenza sarà gestito da questo. In presenza di più autori che abbiano conferito il mandato a organismi diversi, la licenza dovrà essere rilasciata da ciascuno di essi, previa comunicazione agli altri (art. 102-*duodecies* LDA). È da ritenersi implicito, per i principi generali, che nel caso in cui il titolare gestisca i diritti in proprio, anche in assenza di opt-out (pur raccomandabile, v. *infra*), la biblioteca acquisirebbe legittimamente i diritti di digitalizzazione tramite una licenza diretta. In particolare, laddove un'opera sia associata a una licenza *creative commons*, la biblioteca ben potrebbe digitalizzarla senza utilizzare il meccanismo introdotto dalle nuove norme, nel rispetto dei termini e delle condizioni stabilite dalla licenza scelta. Sempre in tema di nuovi servizi, si può ipotizzare che numerosi autori siano disponibili ad offrire con licenze *creative commons* (che in genere sono associate a edizioni native digitali) opere pubblicate in edizione a stampa ma non più in commercio. Un OGC potrebbe offrire a tali autori un servizio di mera gestione dell'informazione, di cui beneficerebbero le biblioteche che potrebbero digitalizzare a titolo gratuito tali opere. La funzione di intermediazione tipica degli OGC si esplicherebbe su un piano diverso, ma nel pieno rispetto delle decisioni del titolare sulle modalità di gestione dei propri diritti, che è un principio cardine del diritto d'autore, e quindi della sua gestione collettiva.

Per i titolari di diritti che non abbiano conferito mandato ad alcun organismo di gestione opera un meccanismo di estensione della rappresentanza che fa ricade-

[26] In modo analogo si vedano i servizi di ricerca di anteriorità su marchi, titoli di opere dell'ingegno ed altro, offerti da società di servizi specializzate.

[27] La normativa di riferimento in materia di gestione collettiva dei diritti d'autore e connessi è data dalla Direttiva 2014/26/UE, attuata in Italia dal d.lgs. 35/2017.

re la licenza nell'ambito delle ECL[28]. In particolare, il rilascio della licenza compete all'OGC che, a livello nazionale, (*a*) sulla base dei mandati ricevuti, è sufficientemente rappresentativo dei titolari di diritti (*b*) nel pertinente tipo di opere e (*c*) nella tipologia di diritti oggetto della licenza. Da sottolineare come il criterio principale sia relativo ai mandati ricevuti e come questi siano in relazione non solo al tipo di opere (essere rappresentativo di titolari di diritti su opere letterarie non ha effetti nella gestione di opere musicali) ma anche al tipo di diritti, per cui la gestione di altri diritti su opere letterarie non ha effetti nella rappresentatività in tema di fuori commercio.

Stabiliti i criteri per l'individuazione dell'OGC rappresentativo, la norma sulle opere fuori commercio non definisce quale ,sia l'autorità che dovrà verificare la rappresentatività né la procedura per giungere in modo trasparente a tale decisione. Una lacuna che accomuna questa norma a quella attuativa delle ECL in generale e che, per queste ultime ma auspicabilmente anche per le opere fuori commercio, potrebbe essere colmata da un provvedimento dell'AGCOM che attribuisca a sé tale funzione, considerate le diverse funzioni esecutive in materia che la norma di recepimento italiana le attribuisce. Tale soluzione sarebbe altresì in linea con le attività che l'AGCOM svolge *ex lege* in materia di gestione collettiva e, in particolare: l'accertamento del possesso dei requisiti da parte di OGC ed EGI e la tenuta del relativo elenco, i poteri di vigilanza sul rispetto delle disposizioni del d.lgs. 35/2017.

L'organismo rappresentativo dovrà garantire parità di trattamento a tutti i titolari dei diritti – siano essi associati, solo mandanti o non mandanti – in riferimento alle condizioni di licenza. Sotto questo punto di vista, la norma estende anche a favore dei titolari non mandanti un obbligo già previsto dal d.lgs. 35/2017 a carico degli organismi nel rapporto con i titolari non membri ma mandanti.

L'art. 102-*duodecies*, co. 2, LDA si chiude con un periodo che sembrerebbe in contrasto con i principi fissati dalla Direttiva e dallo stesso comma nel periodo precedente. In particolare: se – in coerenza con la Direttiva – il primo periodo, come sopra illustrato, prevede che «quando il titolare dei diritti non ha conferito il mandato ad alcun OGC, il rilascio della licenza di cui al comma 1 compete *all'OGC* che a livello nazionale, sulla base dei mandati ricevuti, è sufficientemente rappresentativo dei titolari di diritti», dove l'uso del singolare suggerisce l'opportunità di individuare un singolo organismo; il secondo periodo recita «nel caso di pluralità di organismi di gestione collettiva, il rilascio della licenza compete *ai tre organismi maggiormente rappresentativi* per ciascuna categoria di titolari», riprendendo una possibilità citata nel considerando n. 33 della Direttiva pur solo per raccomandare di porre rimedio alle difficoltà derivante da tale compresenza («imponendo, ad esempio, licenze comuni o un accordo tra gli organismi interessati»).

---

[28] Cfr. D. SARTI, *Il licensing collettivo*, in *AIDA*, XXVIII, 2019, 148-178.

Questa impostazione parrebbe contraddire l'impianto generale della norma europea, in cui l'agevole e pacifica individuazione dell'organismo legittimato a rilasciare la licenza, con il repertorio di opere e diritti gestiti, è un punto nodale. Il recepimento italiano sembra infatti prevedere la coesistenza di:

a) casi in cui la licenza viene concessa (o negata) direttamente dal titolare del diritto, eventualmente tramite un agente o altro intermediario;

b) gestioni affidate a OGC che – non raggiungendo una «sufficiente rappresentatività» – operano solo sulla base di mandati;

c) fino a tre organismi di gestione «rappresentativi» che agiscono sia sulla base di mandati sia a favore di titolari non mandanti, tra i quali gli istituti culturali dovrebbero scegliere su criteri indefiniti.

Sembrerebbe di poter dire che l'obiettivo di semplificare i meccanismi di concessione delle licenze sia lontano dall'essere raggiunto.

Va per altro notato come la «maggiore rappresentatività», nel testo di recepimento, non si sostituisce ma si somma alla «sufficiente rappresentatività». Sul piano pratico, è difficile immaginare situazioni in cui vi sia più di un OGC «sufficientemente rappresentativo», giacché la gestione delle opere fuori commercio appare come il più classico caso in cui il mercato spinge verso il monopolio naturale per dinamiche sia della domanda (gli utilizzatori hanno necessità di avere un unico interlocutore) sia dell'offerta (per il valore totale delle transazioni attese e per le economie di scala proprie della gestione di repertori ampi). D'altro canto, nei paesi del Nord Europa, dove l'istituto è nato e si è sviluppato, e in altri che lo hanno adottato in seguito, nel settore librario non esistono casi di ECL con più di un OGC che gode dell'estensione di rappresentanza.

5. L'eccezione al diritto d'autore in assenza di licenze

Un ulteriore aspetto critico è relativo all'introduzione di un'eccezione[29] applicabile solo alle banche dati e ai programmi per elaboratore, qualora non esistano organismi sufficientemente rappresentativi con cui stipulare accordi di licenza: in tali casi gli istituti hanno la facoltà di riprodurre e comunicare al pubblico, nonché estrarre, tradurre, adattare, adeguare e modificare opere o altri materiali fuori commercio in regime di eccezione al diritto d'autore, entro gli stessi limiti posti per le licenze prima descritte (art. 102-*duodecies*, co. 4, LDA).

---

[29] Il fatto che la Direttiva preveda, a certe condizioni e in determinati casi, un'eccezione (art. 8, par. 2, e considerando n. 37 e 39) indica che le licenze sopra descritte non costituiscono un'eccezione al diritto d'autore, ma una forma di gestione collettiva a certe condizioni, come confermato dal fatto che l'art. 8 non è stato inserito nel Titolo II della Direttiva dedicato alle eccezioni e limitazioni. Cfr. C. MEO, *Operatori digitali e licenze collettive nella Direttiva 2019/790/UE: le licenze ad effetto esteso*, in *AIDA*, XXVIII, 2019, 257-281.

Va tuttavia notato come questa previsione contrasti con la lettera della Direttiva, secondo cui l'eccezione dovrebbe applicarsi in tutti i casi in cui non sia possibile individuare un OGC rappresentativo. La norma europea, proposta nel corso dell'*iter* legislativo dai rappresentanti di Europeana e da altre associazioni di istituti culturali[30], nasceva in tutt'altri ambiti, quali la digitalizzazione di collezioni di manifesti politici o pubblicitari, o di cartoline, opuscoli o in genere di opere di nessun valore commerciale, singolarmente prese, le cui raccolte, tuttavia, possono avere un elevato valore storico-culturale. Si tratta spesso di opere mai poste in commercio in quanto tali ma ampiamente diffuse. È pertanto auspicabile che questo aspetto della norma sia corretto per renderla coerente con il dettato della Direttiva.

6. *Iter* per il rilascio della licenza ed altri aspetti attuativi

Una volta che la licenza è richiesta a un OGC, si instaura un procedimento in cui l'organismo che la riceve assume una serie di obblighi, in primo luogo informativi. In conseguenza di ciò, si instaura un complesso flusso di dati sui diritti che coinvolge il Ministero della cultura (MIC) e l'Ufficio dell'Unione Europea per la Proprietà Intellettuale (EUIPO). In particolare, secondo l'art. 102-*terdecies* LDA:

(i) l'organismo deve informare i titolari e accertare l'adeguatezza della valutazione sullo stato commerciale fatta dall'istituto e, se tale verifica non è considerata adeguata, la richiesta di licenza viene rigettata;

(ii) se la verifica è considerata adeguata, la richiesta di licenza viene comunicata al MIC che la pubblica sul proprio sito istituzionale;

(iii) i titolari hanno poi la possibilità di opporsi entro 30 giorni;

(iv) in assenza di opposizioni l'OGC rilascia la licenza e ne dà comunicazione all'EUIPO che la pubblica sul suo portale;

(v) l'utilizzazione potrà essere effettuata solo decorsi sei mesi dalla data di pubblicazione sul portale EUIPO;

(vi) i titolari possono esercitare l'opt-out dal meccanismo in qualsiasi momento.

L'effettivo utilizzo delle opere avviene pertanto solo al termine di un articolato *iter* che si sviluppa per fasi successive, con il coinvolgimento di diversi attori. Il fine ultimo è garantire un livello di protezione elevato ai titolari, attraverso un'accurata pubblicità delle informazioni sui loro diritti, attraverso metodologic di gestione dei relativi dati rese ancor più complesse dalla natura trans-nazionale dei potenziali utilizzi.

---

[30] Si veda, in particolare, il documento *Transposing the Directive on Copyright in the Digital Single Market*, consultabile al link https://zenodo.org/record/3552203#.Y53YQnbMLIX. Redatto nel novembre 2019, dopo l'approvazione della Direttiva e ai fini della sua migliore attuazione, ricalca le posizioni espresse nel corso dell'*iter* parlamentare.

Ne consegue altresì che l'utilizzo di tale strumento da parte degli istituti necessita di una opportuna programmazione dei tempi di realizzazione dei progetti, giacché il rilascio della licenza e l'utilizzazione delle opere può avvenire solo al termine di un percorso che dura alcuni mesi.

Come accennato, è sempre prevista la misura di salvaguardia dell'opt-out[31], con la conseguenza che i titolari dei diritti possono in qualunque momento chiedere all'OGC che ha rilasciato la licenza di escludere le opere o gli altri materiali dall'autorizzazione concessa (art. 102-*quaterdecies* LDA). Se la richiesta di esclusione interviene dopo il rilascio della licenza, l'organismo revoca la licenza stessa e ne dà comunicazione all'istituto e al MIC. L'opt-out dà inizio a un flusso di comunicazioni e pubblicazioni identico al precedente.

La revoca non pregiudica il legittimo utilizzo effettuato dalla biblioteca fino alla ricezione della sua comunicazione, salva la possibilità da parte del titolare di chiedere un indennizzo.

Un altro aspetto da esaminare con attenzione è quello degli utilizzi transfrontalieri e dell'efficacia territoriale della licenza. La norma italiana, a nostro avviso opportunamente, prescrive una verifica della disponibilità commerciale a livello dell'Unione Europea e, quando appaia necessario, presso paesi terzi (art. 102-*undecies*, co. 3, LDA). La Direttiva, nel limitare la verifica al territorio dello stato membro ove è basato l'istituto, estendendola a livello transfrontaliero solo se opportuno («*ad esempio in presenza di informazioni facilmente accessibili quanto al fatto che un'opera letteraria è stata pubblicata per la prima volta in una determinata versione linguistica in un altro Stato membro*»: considerando n. 38), sembra in aperta contraddizione con l'idea di «mercato unico» richiamata dal titolo stesso della Direttiva, oltre che con l'utilizzo autorizzato che è invece esteso all'intera Unione.

Sul piano pratico, almeno nel settore librario, è difficile che ciò comporti differenze. Considerata la rilevanza che, in tutta Europa, ha il commercio elettronico, e la crescente diffusione delle edizioni digitali, non si vede come possa esservi differenza tra la presenza in commercio in un paese dell'Unione e quella a livello dell'intera Unione. Sarebbe come ritenere che un libro in commercio in Sicilia possa non esserlo in Lombardia. La formulazione italiana rende esplicito questo concetto e sembra fornire maggiore chiarezza a tutte le parti.

In caso di opera tradotta in più lingue, la valutazione della disponibilità dovrà essere fatta solo in relazione alla lingua o alle lingue dell'edizione che si intende digitalizzare. Dal punto di vista del titolare di diritti che voglia esercitare l'opt-out sulla propria opera, ciò obbliga a farlo per ciascuna lingua in cui l'opera è stata tradotta.

La richiesta di licenza va presentata a un OGC dello stato dove ha sede l'isti-

---

[31] Sulla compatibilità del sistema di opt-out alla normativa in materia di diritto d'autore, ove vige il divieto di formalità costitutive, cfr.: D. SARTI, *Il licensing collettivo*, in *AIDA*, XXVIII, 2019, 148-168.

tuto, seguendo le regole di quel paese, ma la licenza potrà consentire l'utilizzo in qualsiasi stato membro, a meno che non siano posti limiti territoriali convenzionalmente pattuiti. Ciò può determinare criticità sul piano della gestione transnazionale dei diritti e delle licenze. Si consideri, per esempio, il caso di una biblioteca italiana che voglia digitalizzare un libro di un autore francese ma edito da un editore belga: la richiesta della licenza deve essere fatta a un OGC italiano e, se il titolare non ha conferito mandato ad alcun organismo italiano, la licenza potrà essere rilasciata da un OGC sufficientemente rappresentativo dei titolari dei diritti italiani, che può non avere alcun rapporto diretto con autori francesi o editori belgi, e seguendo la normativa italiana. Sembra che il legislatore europeo non abbia tenuto conto dell'esperienza del *Google Settlement*, che in principio estendeva gli effetti di un accordo siglato dalle associazioni di autori ed editori USA anche ai titolari del resto del mondo. A seguito di vigorose proteste di autori ed editori europei, questo aspetto della transazione è stato bocciato dalla Corte di New York per mancanza di rappresentatività, restando valido per i soli titolari statunitensi[32].

Emerge dunque che il buon funzionamento del meccanismo necessita di un dialogo tra gli operatori a livello europeo. In primo luogo, è auspicabile che gli OGC licenzino opere di titolari stranieri solo a seguito di accordi di rappresentanza con organismi di altri paesi. Allo stesso tempo torna l'esigenza della creazione di banche dati condivise e aperte ove confluiscano dati e informazioni sui diritti quanto meno relativi all'intero territorio UE.

Analoghe difficoltà potrebbero aversi rispetto all'esercizio dell'opt-out, qualora gli stati membri in sede di recepimento della norma stabiliscano condizioni particolari per il suo esercizio, che ha poi efficacia sull'intero territorio dell'Unione.

In questo contesto sarà decisivo il ruolo svolto dall'EUIPO e dal portale unico da questi allestito e gestito, tramite il quale saranno rese accessibili in modo «*permanente, semplice ed efficace*» una pluralità di informazioni sulle opere e sui titolari. In particolare, ai sensi dell'art. 10 della Direttiva, tramite il portale saranno rese accessibili, almeno sei mesi prima dell'utilizzazione, le informazioni provenienti da tutti gli Stati membri sugli istituti richiedenti le licenze e gli OGC che le hanno concesse, nonché sugli *opt-out* da parte dei titolari, il tutto a livello di singolo titolo. Sono dunque poste le condizioni affinché l'EUIPO faccia da catalizzatore di dati e informazioni sui diritti e diventi il creatore o il costitutore di una banca dati centralizzata e accessibile per l'utilizzazione delle opere fuori commercio.

Per inciso, la banca dati EUIPO, nella parte in cui dà pubblicità agli *opt-out* ricevuti, è da considerarsi come una delle fonti di informazioni che le biblioteche dovranno consultare nella prima fase della loro ricerca: è infatti evidente che il

---

[32] Il citato *Memorandum of Understanding* del 2011, per evitare questi effetti, prevedeva licenze negoziate nel paese di prima pubblicazione dell'opera, che doveva anche stabilire i criteri per decidere lo status di fuori commercio.

meccanismo si applica a opere fuori commercio per cui il titolare non abbia esercitato il suo diritto di *opt-out*.

La gestione dei dati sulle opere oggetto di licenza, le determinazioni dello status commerciale e le dichiarazioni di *opt-out* è operazione complessa che richiede competenze e – in assenza di procedure automatizzate – costi elevati. Anche in questo caso un OGC che aiuti a gestire questa complessità attraverso servizi avanzati potrà avere un ruolo di rilievo, per esempio nel monitoraggio per conto dei titolari, di eventuali richieste di licenza da parte di biblioteche europee, di esercizio dell'opt-out, di correzioni di (sempre possibili) erronee determinazioni dello status commerciale di opere.

7. Conclusioni

I tre fondamentali criteri per la definizione della rappresentatività di un OGC – (1) sulla base dei mandati, (2) per tipo di opera e (3) per tipologia di diritti – previsti dalla Direttiva per le opere fuori commercio e correttamente ripresi dal Decreto di recepimento, sono identiche a quelle previste dall'art. 12 della Direttiva DSM per le ECL. Tuttavia, nel recepimento della norma generale su queste il legislatore italiano si è mosso in direzioni diverse. L'art. 180-*ter* LDA, infatti, attribuisce la legittimazione a negoziare le ECL ai «*tre organismi di gestione collettiva maggiormente rappresentativi per ciascuna categoria di titolari*»[33], a prescindere dal tipo di opere e di diritti in concreto gestiti. Le licenze hanno poi effetto anche «nei confronti di altri titolari di diritti *non associati*», venendo così meno il riferimento al conferimento del mandato. Se, come visto, per le opere fuori commercio la scelta dei tre organismi *maggiormente* rappresentativi, si somma al requisito della «*sufficiente* rappresentatività», per le ECL in generale sembra che anche un OGC con una insufficiente rappresentatività ma maggiore di quella di altri OGC possa concedere licenze senza un mandato esplicito dagli aventi diritto. Il tutto in netto contrasto con la Direttiva.

L'art. 180-*ter* LDA sembra reiterare gli effetti di una diffusa malintesa idea di «liberalizzazione» della gestione collettiva come una mera moltiplicazione di soggetti operanti sui medesimi mercati, trascurando sia le esigenze degli utilizzatori – in alcuni casi speciali – di avere uno «sportello unico» cui rivolgersi, sia la possibilità di avere più OGC operanti su mercati affini. La ratio economica delle ECL è fondata sul fatto che la compresenza di una pluralità di OGC per le stesse opere,

---

[33] Il co. 4 dell'art. 180-*ter* LDA affida ad un regolamento dell'AGCOM la definizione, fra le altre, dei criteri per determinare la maggiore rappresentatività. Al momento della stesura del presente contributo, conclusa la fase di consultazione pubblica avviata con delibera n. 44/23/CONS, si è in attesa dell'adozione del regolamento AGCOM.

ciascuna in monopolio per una tipologia di diritti, genera una maggiore contendibilità dei diversi monopoli, giacché è più facile per i titolari ritirare i mandati concessi a un OGC che si riveli inefficiente per affidarli a un altro che ha già sufficienti competenze e capacità tecnico-finanziarie, sviluppate in un ambito affine.

Dal punto di vista dell'analisi economica, il rischio di inefficienza sui mercati del modello previsto dall'art. 180-*ter* ci sembra immediato. Dal punto di vista giuridico, la violazione dell'art. 12 della Direttiva è resa ancor più palese dal fatto che due norme europee pressoché identiche, in una stessa Direttiva, siano recepite in modo inspiegabilmente diverso. La necessità di un nuovo intervento normativo, per correggere questa contraddizione interna al nostro ordinamento e di uniformare alla norma europea tutti i casi di ECL nel nostro paese, appare evidente dalla nostra analisi.

Capitolo VI
(dall'art. 12 CDSM all'art. 180-*ter* LDA)

Licenze collettive estese e concorrenza nell'art. 180-*ter* LDA: complementarità o conflitto?

Parte I

Le licenze collettive estese e il modello concorrenziale adottato dal legislatore italiano

di *Paolo Cuomo*

SOMMARIO: 1. Introduzione. – 2. I settori ammessi. – 3. Le *collecting* legittimate. – 4. Gli effetti della licenza collettiva estesa per gli apolidi: le tutele. – 4.1. La portata dell'effetto esteso.

1. Introduzione

Con la Direttiva Collecting (dir. 26/2014) il diritto eurounitario ha optato per il modello concorrenziale nel mercato delle *collecting*. Semplificando all'estremo un dibattito assai complesso, può dirsi che in questo modo:

– viene promossa la concorrenza tra le *collecting* sul piano della qualità dei servizi e dei costi nei confronti degli aventi diritto, nonché una maggiore varietà e innovazione dei repertori a beneficio degli utilizzatori;

– non viene promossa, invece, la concorrenza sul prezzo praticato agli utilizzatori, prezzo che anzi rischia di crescere (insieme ai costi di transazione) perché i repertori offerti dalle diverse *collecting* presenti sullo stesso mercato sono differenti e complementari [1];

---

[1] Pertanto, gli utilizzatori si trovano tipicamente in una situazione di «dipendenza da assortimento» da tutte le *collecting*.

– la disciplina europea si limita a imporre che le tariffe praticate dalle *collecting* restino proporzionate all'utilizzo effettivo del repertorio e al suo valore per l'utilizzatore.

Ciò posto, è interessante chiedersi come si coordini con questo modello il meccanismo delle licenze collettive con effetto esteso ("ECL") previsto e disciplinato dall'art. 12 della Direttiva Copyright (dir. 790/2019).

Le ECL sono una versione «potenziata» di licenza collettiva, in quanto i relativi effetti vengono estesi alle opere e materiali protetti di aventi diritto non associati o mandanti della *collecting*, al fine di abbattere i costi di transazione e favorire una maggiore varietà (e innovatività) del repertorio (art. 12, par. 2; considerando nn. 44-47 Direttiva Copyright)[2].

Dal punto di vista della libertà di scelta degli aventi diritto e della concorrenza, le ECL si presentano come un fenomeno "a doppia faccia". Da un lato, la ECL può essere un utile complemento, volto a rimediare ai problemi di incompletezza del repertorio; problemi che esistono anche nei mercati monopolistici, ma sono accentuati dal modello concorrenziale. Dall'altro, però, la ECL sacrifica la libertà di scelta dell'avente diritto, ed è riservata alle *collecting* maggiormente rappresentative, per cui presuppone (e contribuisce ad aumentare) un rilevante potere di mercato in capo alla *collecting*, potenzialmente dannoso per gli utilizzatori e per le *collecting* minori.

Il concreto punto di equilibrio fra tali contrapposti valori e interessi dipende da come la ECL viene disciplinata. Gli aspetti critici più rilevanti a tal fine possono così essere individuati:

i) i settori ammessi;

ii) i criteri di scelta delle *collecting* legittimate;

iii) gli effetti della ECL per gli apolidi.

La Direttiva Copyright non dà indicazioni né precise né vincolanti su questi profili (salva la menzione della possibilità che più *collecting* siano legittimate al rilascio di ECL, e la necessità di alcune tutele per gli apolidi a cominciare dal diritto di *opt out*).

Dal canto suo il decreto di attuazione della Direttiva Copyright (d.lgs. 177/2021)

---

[2] La formazione del repertorio delle società di gestione collettiva si basa in linea di principio sul conferimento volontario dell'incarico di gestire i diritti da parte del titolare e, di fatto, nessuna *collecting* può disporre di repertori completi. Pertanto, la possibilità di stipulare licenze collettive con effetto esteso assolve la funzione di ridurre i costi di transazione connessi allo sfruttamento dei diritti, permettendo al licenziatario di utilizzare lecitamente anche le opere, i prodotti e i diritti di coloro che non li abbiano affidati ad alcuna *collecting*, e che, in considerazione della loro numerosità e/o della natura degli utilizzi programmati, non sarebbe possibile o economicamente fattibile ottenere in licenza mediante contrattazioni individuali. Al contempo l'estensione degli effetti della licenza contribuisce a incrementare la varietà dei contenuti legittimamente a disposizione dell'utilizzatore e a incentivare l'innovazione culturale, garantendo una opportunità di remunerazione anche per quelle opere o prodotti che, altrimenti, non avrebbero accesso al mercato.

adotta soluzioni originali e si orienta chiaramente nella direzione pro-concorrenziale (attribuendosi espressamente il potere di concedere ECL ai tre OGC più rappresentativi). La scelta pro-concorrenziale è ulteriormente enfatizzata, come si vedrà, dallo schema di regolamento attuativo posto in consultazione da AGCOM ("Allegato A" alla delibera 44/23/CONS).

2. I settori ammessi

L'art. 180-*ter* LDA, nell'ammettere il ricorso alle licenze collettive con effetto esteso, indica in modo puntuale le categorie di opere, prodotti e diritti per cui tale strumento è fruibile.

Si tratta dei diritti a compenso:

– di produttori fonografici e artisti per la comunicazione al pubblico dei fonogrammi (artt. 73 s. LDA);

– di autori e artisti (primari e comprimari) dell'opera cinematografica (e assimilata) per gli atti di comunicazione al pubblico diversi dalla proiezione nelle sale cinematografiche (artt. 46-*bis*, co. 1 e 2, e 84, co. 2, 3 e 4 LDA);

– di autori e artisti per il noleggio e prestito di fonogrammi e videogrammi (artt. 18-*bis*, co. 5 e 80, co. 2, lett. *f*), LDA); nonché

– degli artisti per la messa a disposizione del pubblico dei fonogrammi (art. 80, co. 2, lett. *d*), LDA);

– diritti a compenso previsti (tutti tranne quello *ex* artt. 73 s. LDA) per il caso di cessione del corrispondente diritto di esclusiva al produttore.

Non appare problematico l'abbinamento in sé tra licenza collettiva estesa e *diritti a compenso*. L'esigenza di definire i rapporti tra utilizzatori e titolari mediante un accordo unico stipulato da una *collecting*, e il più possibile esteso quanto agli aventi diritto coinvolti, si pone infatti non solo in relazione ai diritti esclusivi, ma anche, per l'appunto, rispetto ai diritti a compenso.

Un primo tema è che la norma introduce la possibilità delle licenze collettive estese rispetto a fattispecie per cui non è pacifico che vengano in gioco diritti a compenso *assoluti*. Poiché l'importanza delle *collecting* emerge proprio nel campo dei diritti a compenso *erga omnes* (specie di autori e artisti, tanto più se irrinunciabili), può dubitarsi, allora, per (alcuni de)i settori menzionati nell'art. 180-*ter* LDA della correttezza del ricorso alla stessa gestione collettiva, prim'ancora che dell'utilizzo della licenza ad effetto esteso. Il riferimento è soprattutto ai diritti ad equa remunerazione per il noleggio e, in misura minore, ai diritti di comunicazione al pubblico di opere cinematografiche. In questi casi, infatti, è escluso dai più (così per gli artt. 18-*bis*, co. 5 e 80, co. 2, lett. *f*), LDA), o comunque non è del tutto pacifico (così per gli artt. 46-*bis*, co. 1 e 2, e 84, co. 2 e 3, LDA), che il diritto di credito di autori e artisti valga *erga omnes* e non già nei confronti della sola controparte diretta.

Altro tema degno di nota, al fine di definire il grado di apertura concorrenziale del mercato delle *collecting*, è la disciplina del c.d. equo compenso cinema *ex* art. 46 *bis*, co. 1 e 2 LDA

La gestione di tale compenso è stata tradizionalmente ritenuta da SIAE di proprio appannaggio esclusivo: ciò sia quanto a negoziazione dell'importo dell'equo compenso, sia quanto alle attività di incasso e ripartizione dei relativi importi. Tale interpretazione era già stata parzialmente contraddetta dalla importante pronuncia del Tribunale di Milano nel caso Sky/SIAE, che, a valle della liberalizzazione del mercato dell'intermediazione dei diritti d'autore, aveva statuito che l'art. 46-*bis* LDA prevedesse una riserva di attività in favore di SIAE limitatamente alla negoziazione dell'importo dell'equo compenso, dovendosi invece applicare il principio generale della libera concorrenza quanto alle attività di incasso e ripartizione. La sentenza aveva inoltre escluso che, per le attività di incasso e ripartizione, SIAE potesse vantare un potere di rappresentanza *ex lege* esteso agli aventi diritto non associati o mandanti. Il nuovo art. 180-*ter* LDA interviene su tale materia, consolidando l'interpretazione giurisprudenziale appena richiamata, e anzi ampliandone la portata quanto al grado di apertura alla concorrenza nella gestione dell'equo compenso.

Posto che la norma qui commentata ammette alla licenza collettiva estesa non solo l'organismo di gestione collettiva maggiormente rappresentativo, ma i primi tre organismi che soddisfino tale requisito, in tutti i settori dove la norma ammette il ricorso alla licenza collettiva estesa (ivi incluso, quindi, quello dell'equo compenso *ex* art. 46-*bis* LDA), deve ritenersi ammessa la concorrenza tra più *collecting*. Considerato, inoltre, che la funzione delle licenze collettive è, innanzitutto, quella di regolare le condizioni economiche di utilizzo del materiale protetto, (anche) nel campo dei diritti *ex* art. 46-*bis* LDA gli eventuali organismi di gestione collettiva diversi da SIAE potranno non solo operare per l'incasso e la ripartizione dell'equo compenso, ma anche e prima ancora per la negoziazione del relativo importo con gli utilizzatori. Può inoltre aggiungersi che tale legittimazione deve riconoscersi a tutti gli organismi di gestione collettiva, e non solo a quelli che soddisfino il requisito di maggiore rappresentatività: il quale condiziona esclusivamente la capacità dell'OGC di rilasciare licenze collettive estese, e non anche quella di svolgere attività di *collecting* nei settori non soggetti a riserva legale.

È opportuno rilevare peraltro, che, mentre il Tribunale di Milano, una volta esclusa la esclusiva SIAE nel campo (dell'incasso e ripartizione) dell'equo compenso cinema, era stato in sostanza costretto ad escludere che SIAE vantasse una "rappresentatività" estesa agli apolidi, la nuova disciplina ha potuto farsi carico dei problemi che la scelta pro-concorrenziale avrebbe potuto comportare sul piano della efficiente intermediazione dei diritti *ex* art. 46-*bis* LDA; problemi tanto più gravi in un contesto in cui il principio di libera concorrenza veniva esteso all'attività di negoziazione dell'equo compenso. In quest'ottica, si lascia apprezzare la scelta di introdurre, per l'appunto, la possibilità per gli OGC maggiormente rappresentativi (e quindi innanzitutto, presumibilmente, per la SIAE, che allo stato sembra l'unica *collecting* attiva nel settore) di ricorrere alla licenza estesa.

3. Le *collecting* legittimate

L'art. 180-*ter* LDA conferisce il potere di stipulare licenze estese alle sole *collecting* che soddisfino un duplice requisito: i) siano strutturate come organismi di gestione collettiva; ii) siano maggiormente rappresentative.

La scelta di riservare le licenze estese alle *collecting* strutturate come OGC, e la correlativa esclusione da tale possibilità delle EGI, è da ricondursi dal diritto eurounitario. Dal punto di vista degli obiettivi di riduzione dei costi di transazione connessi agli utilizzi massivi del repertorio, e dell'esigenza di concorrenzialità nel mercato delle *collecting*, potrebbe apparire *prima facie* poco coerente escludere dallo strumento in esame le EGI. La riserva in favore degli OGC appare tuttavia comprensibile valorizzando gli obiettivi di incentivazione della varietà dell'offerta e dell'innovazione in campo culturale, che pure sono alla base dell'istituto delle licenze estese. Da questo punto di vista, infatti, OGC ed EGI non possono essere considerati equivalenti. Gli OGC sono tipologicamente caratterizzati dalla assenza di scopo di lucro e/o dal controllo degli aventi diritto, e hanno l'obbligo di accettare le richieste di gestione degli aventi diritto a condizioni eque e non discriminatorie, senza poter rifiutare – secondo l'interpretazione preferibile – la gestione di nuove opere per il semplice fatto che queste comporterebbero delle diseconomie di scala: l'OGC è pertanto strutturalmente vocato alla costruzione e alla valorizzazione di un repertorio il più ampio e variegato possibile, comprensivo anche di opere e prodotti di autori, artisti, editori e produttori meno affermati. Al contrario, le EGI – normativamente orientate ad uno scopo di lucro, non sottoposte al controllo degli aventi diritto né ad obblighi di contrarre – puntano naturalmente alla costruzione e alla gestione di repertori il più possibile omogenei e composti da opere e contenuti di successo, nella prospettiva di ridurre al minimo di costi di gestione e di massimizzare i ricavi. Stando così le cose, appare ragionevole riservare il potere di concedere licenze collettive estese ai soli OGC: i quali in questo modo possono ulteriormente ampliare il proprio repertorio, includendovi i materiali appartenenti agli apolidi[3].

---

[3] La ragionevolezza della diversità di trattamento delle due forme organizzative si rafforza ulteriormente considerando anche il principio della libertà di scelta dell'avente diritto. L'avente diritto che si associ o conferisca mandato ad un OGC lo fa nella consapevolezza che il repertorio sarà costruito e gestito nell'ottica di ampliare il più possibile la varietà d'offerta e la platea degli aventi diritto coinvolti ammessi al mercato dello sfruttamento dei prodotti culturali, anche a discapito dell'interesse alla massima valorizzazione delle economie di scala nella gestione del repertorio; e, in quest'ottica, la possibilità di estendere la gestione agli aventi diritto "esterni" non appare problema-

La ulteriore scelta di riservare le licenze estese ai soli OGC che soddisfino il requisito della maggiore rappresentatività, è anch'essa da ricondursi ai precetti della Direttiva Copyright e si giustifica alla luce della duplice preoccupazione di tutelare gli aventi diritto "esterni" riservando il potere di estensione degli effetti della licenza a quelle *collecting* che, per l'elevato numero di adesioni volontarie raccolte all'interno della categoria (ma non solo), siano presumibilmente in grado di soddisfare in modo adeguato gli interessi di tutti gli aventi diritto, compresi gli apolidi; e, al contempo, di garantire l'efficienza del sistema delle licenze collettive estese, scongiurando il rischio di fughe di massa degli aventi diritto esterni tramite l'esercizio dell'*opt out*.

La maggiore rappresentatività non richiede che la *collecting* abbia una posizione monopolistica nel settore. Leggere in questo senso il requisito sarebbe in contrasto con la chiara opzione della disciplina italiana per il riconoscimento del potere di stipulare licenze estese in capo alle *tre collecting* maggiormente rappresentative. L'impostazione legislativa sembra riflettere la volontà di favorire l'apertura concorrenziale del mercato delle licenze collettive estese, consentendo che la rappresentatività sia riconosciuta non solo in capo all'*incumbent* ma anche a eventuali *newcomer*, che pur non detenendo la maggioranza dei mandati raggiungano la soglia minima prescritta [4].

Un secondo punto appare sicuro: e cioè che il numero di *collecting* indicato dalla legge non debba intendersi come un *minimo* da assicurare ad ogni costo. Non avrebbe senso, infatti, ammettere al rilascio delle licenze estese *collecting* che raccolgono un numero esiguo di mandati all'interno di un determinato settore, al solo fine di assicurare la presenza sul mercato del numero di OGC prefigurato *ex ante* dal legislatore [5]. Il riferimento alle tre *collecting* maggiormente rappresentative sembra doversi più ragionevolmente intendere come indicazione del numero *massimo* di *collecting* rappresentative: coerentemente con l'obiettivo di garantire che ciascuna delle *collecting* abilitate al rilascio di licenze estese possieda un

---

tica. Al contrario, l'avente diritto che si affidi ad una EGI muove da un convincimento diametralmente opposto, per cui ammettere la *collecting* al potere di estendere l'effetto della licenza agli apolidi (con conseguenti possibili diseconomie di scala) equivarrebbe a tradire la fiducia degli aventi diritto "interni".

[4] La impostazione pro-concorrenziale trova conferma e ulteriore sviluppo nello schema di regolamento AGCOM, in particolare nella disciplina dei criteri di misurazione della rappresentatività: là dove, proprio al fine di favorire la concorrenza tra le *collecting*, si fa riferimento, ove possibile, a parametri ancorati alla concreta incidenza dei repertori degli OGC all'interno delle utilizzazioni effettuate dal singolo licenziatario; e, in mancanza, alle quote di mercato degli OGC, da calcolarsi tuttavia tenendo conto, anche, del numero dei mandati (v. art. 8, co. 2 e 3, schema di regolamento; nonché p. 16, penultimo trattino, e 17, ultimo trattino, delibera 44/23/CONS).

[5] In caso contrario, infatti, gli aventi diritto "esterni" sarebbero esposti al rischio di vedere trascinati i propri diritti all'interno di repertori gestiti da *collecting* che non hanno dato alcuna prova di effettiva capacità gestoria; il che finirebbe per ritorcersi contro la efficienza della licenza estesa, provocando fughe in massa degli aventi diritto esterni mediante esercizio del diritto di *opt out*.

livello *minimo* di rappresentatività, nell'interesse degli aventi diritto, e degli utilizzatori.

Lo scenario in cui gli OGC rappresentativi per la stessa categoria siano più di uno solleva comunque il quesito se l'estensione degli effetti della licenza debba essere concordata fra tutte le *collecting* titolate al rilascio di licenze estese oppure se ciascuna *collecting* possa disporre un simile effetto in modo autonomo. In mancanza di una previsione espressa sul punto, la soluzione preferibile appare la seconda, perché più in linea con l'impostazione pro-concorrenziale della disciplina italiana, nonché con l'esigenza di risparmio dei costi di transazione; mentre una regola di legittimazione congiunta dovrebbe ammettersi per le sole licenze estese rilasciate da *collecting* che raggiungano la soglia minima di rappresentatività sommando i rispettivi repertori.

Non agevole è, poi, stabilire come debba essere misurata la rappresentatività.

Le maggiori difficoltà riguardano la valutazione della rappresentatività sotto un profilo *quantitativo*. Qui il primo problema è se debba farsi riferimento al numero di mandanti o al numero di opere (o prodotti) conferiti a repertorio. In proposito, la Direttiva Copyright sembra orientata nella direzione di valorizzare il numero degli aventi diritto che abbiano conferito mandato alla *collecting* (art. 12, co. 3, lett. *a*); v., altresì, il considerando n. 48): e tale ipotesi appare in linea di principio condivisibile, considerato che un maggior numero di mandati sta ad indicare una maggiore capacità del repertorio e della *collecting* di valorizzare un'offerta culturale variegata e innovativa, e al contempo una maggiore aderenza agli interessi degli aventi diritto anche meno affermati, quali sono, presumibilmente, gli apolidi. Una conferma della correttezza di tale ipotesi si può ricavare dalla disciplina delle licenze estese sulle opere fuori commercio, per le quali si stabilisce espressamente che la rappresentatività debba valutarsi "*sulla base dei mandati ricevuti*" (art. 102-*duodecies*, co. 3, LDA).

Peraltro, la rappresentatività della *collecting* non deve valutarsi necessariamente *solo* sulla base del numero dei mandati raccolti, o comunque di altri parametri quantitativi come il numero delle opere e contenuti protetti o il relativo successo commerciale. L'esperienza comparatistica insegna che possono assumere rilievo a tal fine, anche, criteri di natura *qualitativa*, come ad esempio l'adozione di soluzioni organizzative che riflettano in modo equilibrato le varie tipologie di aventi diritto, requisiti di qualificazione professionale dei *manager* o l'entità degli investimenti effettuati per assicurare un'efficiente gestione dei diritti anche nell'interesse degli apolidi. Del resto, la Direttiva Copyright prevede espressamente la possibilità di attribuire rilievo a fattori di questo tipo (v., considerando n. 48)[6].

---

[6] Sul punto lo schema di regolamento AGCOM prevede che "*Al fine di poter accedere alla valutazione di cui al comma 1* [i.e., quella della maggiore rappresentatività], *gli organismi di gestione collettiva dispongono di strumenti tecnico-operativi adeguati, che assicurano una capacità di ripartizione puntuale ed analitica, anche nei confronti dei titolari dei diritti non associati, nonché una*

4. Gli effetti della licenza collettiva estesa per gli apolidi: le tutele

L'art. 180-*ter* LDA accompagna la previsione della possibilità di estendere gli effetti della licenza collettiva agli aventi diritto esterni con una serie di misure di tutela degli interessi di questi ultimi.

In particolare, il legislatore (come già la Direttiva Copyright) prevede delle misure di tutela degli apolidi, tanto "interne" al sistema della licenza estesa (tutele *nella* licenza estesa), quanto "esterne" allo stesso (tutele *dalla* licenza estesa). Misure che vengono completate da un principio di trasparenza finalizzato a mettere in condizione gli aventi diritto esterni di avvalersi delle tutele di legge.

Sul fronte delle tutele "interne" al sistema, viene in rilievo il principio di parità di trattamento degli apolidi rispetto agli aventi diritto associati o mandanti dell'OGC. Sotto questo profilo, la legge italiana si limita a sancire l'importanza del principio quale condizione per il legittimo funzionamento della licenza estesa, ribadendo quanto già statuito dalla dir. 790/2019, senza fornire ulteriori indicazioni quanto al suo contenuto precettivo concreto, che allora deve essere ricostruito in sede interpretativa.

Quanto alle tutele "esterne" al sistema della licenza estesa, viene in gioco il c.d. diritto di *opt out*, previsto dall'art. 180-*ter* LDA, che sul punto attua quanto stabilito dalla Direttiva.

La norma dispone che "*i titolari dei diritti di cui al comma 1 possono escludere le loro opere o gli altri materiali, in qualunque momento e in modo semplice ed efficace, dal meccanismo di concessione di licenze di cui al comma 1*" (in tal senso, il co. 2, disp. cit.), rinviando poi al regolamento AGCOM per la definizione della "*procedura con cui può essere esercitata la facoltà prevista al comma 2*" (così, il co. 4, disp. cit.).

La logica che presiede al riconoscimento del diritto di *opt out* è, nella Direttiva come nella norma interna, quella di consentire all'apolide di recuperare, qualora lo voglia, il pieno controllo del proprio diritto, così da poterlo gestire in proprio o, più verosimilmente, in modo da affidarlo ad una *collecting* diversa. Al contempo, la possibilità che gli apolidi esercitino l'*opt out* funge da incentivo per l'OGC ad operare in modo efficiente ed equo (anche) nei confronti degli aventi diritto esterni, al fine di non ridurre l'appetibilità delle proprie licenze estese per gli utilizzatori.

La legge rinvia al regolamento AGCOM per quel che riguarda la "procedura" attraverso la quale l'*opt out* deve essere esercitato, ed è da ritenere che l'autorità goda sul punto di una certa discrezionalità, a condizione che la procedura delineata nel regolamento consenta un esercizio "*in qualunque momento*" e "*in modo semplice ed efficace*" del diritto.

---

effettiva capacità di adeguarsi alle disposizioni dell'articolo 19 del Decreto [vale a dire, ragionevolmente, gli obblighi di identificazione e localizzazione degli aventi diritto previsti dall'art. 18 d.lgs. 35/2017, e richiamati dall'art. 19].

L'art. 180-*ter* LDA prevede, poi, l'istituzione di un regime di pubblicità delle licenze collettive estese. Lo scopo della previsione è quello di rendere le misure di tutela dell'avente diritto esterno (parità di trattamento; diritto di *opt out*) effettivamente fruibili dagli interessati: il che presuppone che costoro siano messi a conoscenza della legittimazione dell'OGC a concedere licenze collettive i cui effetti possono essere estesi alle loro opere o materiali protetti, nonché dei diritti loro spettanti in base alla legge.

A tal fine il co. 4 dell'art. 180-*ter* LDA stabilisce che "*[c]on regolamento dell'Autorità per le garanzie nelle comunicazioni [...] sono definit[e] le misure di pubblicità volte ad informare della possibilità di concedere le licenze*".

Quanto ai tempi degli adempimenti pubblicitari, è da ritenere che le informazioni pertinenti debbano essere messe a disposizione del pubblico in via preventiva rispetto alla concessione della licenza con effetto esteso: concedendo quindi un congruo termine di preavviso agli aventi diritto esterni per avvalersi dell'*opt out*. Solo l'*opt out* esercitato prima della stipula della licenza (o comunque dell'inizio dei relativi effetti giuridici) consente all'apolide di impedire il "trascinamento" dei propri diritti all'interno della licenza estesa. Pertanto, l'informativa preventiva appare necessaria per consentire un esercizio "*efficace*" del diritto. La stessa Direttiva, del resto, prevede che la pubblicità debba essere realizzata a decorrere da un lasso di tempo ragionevole prima che le opere o gli altri materiali siano utilizzati (art. 12, par. 3, lett. *d*)): sicché l'interpretazione qui proposta si impone anche per il principio di preminenza del diritto UE. Sul piano del diritto interno, una conferma sistematica si ricava poi dalla disciplina delle opere fuori commercio, la quale subordina gli effetti della licenza estesa al decorso di sei mesi dalla pubblicazione delle informazioni pertinenti sul portale unico gestito dall'EUIPO (art. 102-*terdecies*, co. 3, LDA). Fermo restando il vincolo di garanzia della "efficacia" dell'esercizio del diritto e di "ragionevolezza" del termine, la esatta definizione della durata del preavviso è rimessa alla competenza dell'AGCOM. Pare inoltre ragionevole che l'informativa prosegua anche dopo la cessazione della licenza, fino a che non sia maturato il termine di prescrizione del diritto dell'apolide alla pretesa dei proventi incassati.

4.1. La portata dell'effetto esteso

Ricostruiti i *presupposti* legittimanti la stipula di licenze collettive estese, occorre soffermarsi brevemente sugli *effetti* della licenza estesa, concentrandosi in particolare sulla portata soggettiva del c.d. effetto esteso.

L'art. 180-*ter* LDA prevede testualmente che la licenza collettiva abbia effetto "*anche nei confronti di altri titolari di diritti non associati ad essi o ad altri organismi di gestione collettiva di settore*".

Il riferimento espresso ai soli titolari di diritti "*non associati*" all'OGC che stipula la licenza esteso potrebbe far dubitare che tra gli aventi diritto esterni soggetti alla disciplina della licenza estesa rientrino non solo i titolari di diritti che non abbiano in alcun modo aderito volontariamente alla *collecting*, ma anche coloro che le abbiano conferito un semplice mandato, essendo anche questi ultimi riconducibili all'ipotesi dei titolari "*non associati*". Poiché i mandanti sono di per sé soggetti agli effetti della licenza collettiva, la conseguenza concreta della loro apparente assimilazione agli aventi diritto esterni consisterebbe nell'attribuzione della possibilità di esercitare l'*opt out*, la cui disciplina potrebbe non coincidere con quella prevista per la revoca del mandato. Il carattere potenzialmente discriminatorio di un simile esito induce, allora, a ritenere che il riferimento ai soli "*non associati*" sia frutto di un errore di redazione della disposizione, la quale pertanto deve essere interpretata in via estensiva, includendo nel concetto di "*non associati*" tutti i titolari che non abbiano in alcun modo volontariamente conferito i propri diritti a repertorio.

Problematico appare, altresì, il riferimento ai titolari non associati (nel senso appena ricostruito) ad "*altri organismi di gestione collettiva di settore*". La questione che si pone è se in questo modo la norma intenda consentire l'estensione degli effetti della licenza ai titolari che siano associati o abbiano conferito mandato per la gestione dei diritti rientranti nel "settore" a *collecting* diverse dagli OGC: vale a dire ad entità di gestione indipendente (come nell'ordinamento italiano è possibile, almeno per i diritti connessi). Questa interpretazione potrebbe a prima vista giustificarsi alla luce del risparmio di costi transattivi consentito dalla possibilità di includere nel repertorio oggetto di licenza non solo i diritti degli apolidi, ma anche quelli dei diritti di coloro che si siano affidati a *collecting* diverse. Ad una più attenta riflessione, tuttavia, tale interpretazione deve essere respinta, poiché comporterebbe un sacrificio ingiustificato alla libertà dell'avente diritto di scegliere la *collecting* cui affidare la gestione dei propri diritti. D'altro canto, se è vero che in questo modo si aumentano i costi di transazione a carico degli utilizzatori, onerandoli di procurarsi una o più licenze parallele presso le EGI competenti a gestire i diritti non inclusi nella licenza estesa; è altrettanto vero che un simile esito è del tutto normale nel mercato delle licenze *blanket*, e che il rischio di dover pagare importi eccessivi a titolo di *royalties* può essere scongiurato invocando l'applicazione degli obblighi di corretta determinazione delle strutture tariffarie imposti alle *collecting* dal relativo statuto speciale (art. 22 d.lgs. 35/2017)[7].

---

[7] Si riportano di seguito dei cenni bibliografici essenziali sul tema del presente contributo: P. Cuomo, *Le licenze collettive con effetto esteso nell'art. 180-ter LDA*, in *NLCC*, 2023; C. Meo, *Operatori digitali e licenze collettive nella Direttiva 2019/790/UE: le licenze ad effetto esteso*, in *AIDA*, 2019; D. Sarti, *Il licensing collettivo*, in *AIDA*, 2019; Id., *La gestione collettiva estesa dei diritti a compenso*, in *AIDA*, 2022; F. Trumpke, *Exklusivität und Kollektivierung. Das skandinavische Modell der Erweiterten Kollektiven Lizenz* (Extended Collective Licence).

Parte II

Spunti critici in tema di apolidi

di *Andrea Micciché*

SOMMARIO: 1. Il titolare del diritto apolide. – 2. L'imputazione del compenso. – 3. Quali criteri per calcolare il diritto dell'apolide che ha svolto le proprie esecuzioni o interpretazioni. – 4. Sul regime degli apolidi e sull'intermediazione necessaria. – 5. Conclusioni.

1. Il titolare del diritto apolide

L'art. 180-*ter* LDA costituisce l'ennesimo generoso (e mal riuscito) tentativo del legislatore nazionale di offrire uno "scenario possibile" agli operatori del mercato "liberalizzato" della intermediazione dei diritti di autore e dei diritti connessi: un mercato, come noto, dal "nostro" stesso legislatore a suo tempo liberalizzato superficialmente e senza alcun disegno organico. Uno dei tanti temi lasciati in sospeso dall'intervento "liberalizzatore" (fors'anche uno dei meno rilevanti), su cui anche AGCM – Autorità Garante della concorrenza e del Mercato aveva acceso, più volte, la propria lente di ingrandimento, era proprio la disciplina dei compensi spettanti ai "titolari dei diritti" cosiddetti "apolidi": cioè, coloro che non hanno conferito mandato ad alcun organismo di gestione collettiva. Il dubbio, infatti, era se i compensi spettanti a tali titolari dei diritti dovessero o meno essere versati agli organismi di gestione collettiva, ovvero dovessero essere trattenuti dall'utilizzatore e messi a disposizione dell'avente diritto nel momento in cui dallo stesso fossero stati rivendicati.

La questione era ed è una delle tante (si ripete: probabilmente una di quelle di minor rilievo) lasciate irrisolte e che, appunto, con un certo ottimismo il legislatore spera di incanalare verso una possibile disciplina con la norma in commento.

Come si vedrà nelle pagine che seguono, la disciplina "possibile" prevista dall'art. 180-*ter* LDA ben lungi dal risolvere la questione: non tanto perché essa non abbia un suo fondamento, quanto piuttosto perché la fattispecie si cala in uno scenario normativo che presenta questioni giuridiche irrisolte di gran lunga superiori e che quindi, proprio in quanto tali, finiscono col travolgere la regolamentazione (anche) dei diritti degli apolidi. Nelle pagine che seguono, ci soffermeremo principalmente sulle problematiche inerenti la gestione degli artisti interpreti o esecutori, posto che le questioni relative agli "autori" delle opere audiovisive (artt. 18-*bis* e 46-*bis* LDA) e quelle dei produttori dei fonogrammi (artt. 73 e 73-*bis* LDA) non si rilevano così particolarmente complesse, in quanto l'individuazione degli aventi diritto (autori e produttori) è senz'altro meno complicata: gli autori sono esattamente definiti all'art. 44 LDA ed il produttore di fonogrammi o il titolare del diritto sono facilmente individuabili, al contrario di come accade per la individuazione degli artisti primari e comprimari, la cui identificazione implica necessariamente una valutazione soggettiva (possibilmente diversa da interprete ad interprete, quindi), considerata la "evanescenza" della indicazione di cui all'art. 82 LDA.

2. L'imputazione del compenso

Due sono le caratteristiche fondamentali del cosiddetto "titolare del diritto apolide", una positiva ed una negativa. La prima (quella positiva) è essere "titolare" di uno dei diritti a compenso di cui agli artt. 18-*bis*, 46-*bis*, 73, 73-*bis*, 80 e 84 LDA. La seconda (quella negativa) è non aver conferito mandato ad alcun organismo di gestione collettiva. Come meglio si vedrà, entrambe le caratteristiche pongono un problema applicativo dell'art. 180-*ter* LDA, posto che la norma non risolve questioni preliminari fondamentali per l'applicazione della medesima disposizione.

Ma procediamo con ordine. La qualifica di "artista titolare del diritto" non è legata alla persona ma, rispettivamente, al "personaggio" che l'artista interpreta nell'opera cinematografia o assimilata o al ruolo da egli coperto nella esecuzione dell'opera musicale fissata su fonogramma. Da qui ne consegue che, prima ancora di individuare chi siano gli artisti titolari del diritto apolidi (cui l'art. 180-*ter* si riferisce), è imprescindibile individuare chi siano i titolari del diritto, in relazione a ciascuna opera cinematografica o assimilata o a ciascun fonogramma la cui utilizzazione fa sorgere in capo il diritto di cui trattasi. Ed è qui che nasce un primo problema. Il perimetro degli aventi diritto relativi a ciascun fonogramma o ciascuna opera cinematografica o assimilata è assai fluttuante. In relazione ad un determinato fonogramma o ad una determinata opera audiovisiva, un organismo di gestione collettiva può individuare artisti titolari del diritto diversi da quelli individuati da un altro organismo di gestione collettiva: poiché in totale buona fede ha valutato differentemente la esecuzione o la interpretazione resa da un artista in relazione ad una certa opera o ad un certo fonogramma, qualificando l'artista come "primario" o "comprimario" o non avente diritto *ex* art. 82 LDA. Che vuol dire questo? Vuol dire che essendo variabile il numero degli artisti titolari del diritto in relazione ad una determinata opera audiovisiva o ad un certo fonogramma, è conseguentemente variabile (o possibilmente variabile) il numero degli artisti apolidi. La variabilità e comunque la non certezza nell'individuare il perimetro dei titolari del diritto, determina una analoga incertezza nell'individuare il perimetro degli artisti apolidi, ragion per cui nell'accordo tra l'utilizzatore e l'organismo di gestione collettiva insiste un grado di altrettanta incertezza nella determinazione del compenso attribuito o attribuibile a questo gruppo indeterminato di aventi diritto. Questo grado di incertezza che si delinea nel rapporto negoziale tra utilizzatore ed uno degli organismi di gestione collettiva si presenta, pari pari, in tutti gli accordi negoziali che, ai sensi dell'art. 180-*ter* LDA, l'utilizzatore dovrebbe perfezionare con gli organismi di gestione collettiva.

Ma non basta. In relazione alla seconda delle due caratteristiche sopra delineate insiste un secondo problema. L'organismo di gestione collettiva – che dovrebbe negoziare con l'utilizzatore la questione degli artisti apolidi – si trova anche nella difficile situazione di non aver alcuna certezza di chi siano gli artisti mandanti di organismi di gestione collettiva operanti in Italia: in poche parole, non sussiste solo una difficoltà nell'individuare il numero completo ed esauriente dei titolari del diritto, ma anche l'individuazione, da utilizzare per sottrazione, dei titolari del diritto mandanti degli organismi di gestione collettiva. Non tutti gli organismi di gestione collettiva pubblicano, infatti, l'elenco dei propri mandanti, ancor di più considerando che alcuni di essi sono residenti all'estero o sono rappresentati nel nostro paese in forza di accordi bilaterali intrattenuti dall'organismo di gestione collettiva con la consorella estera: consorella che, a sua volta, comunica l'elenco dei propri mandanti nei tempi previsti dall'accordo di rappresentanza (verosimilmente, una volta l'anno).

Indipendente dunque da ciò che verrà previsto nel pubblicando regolamento AGCOM, un dato è certo: non essendoci alcuna certezza nella individuazione dei titolari del diritto e non essendo affatto pacifico chi, tra essi, abbia conferito mandato agli organismi di gestione collettiva operanti in Italia, è letteralmente impossibile determinare con certezza chi siano gli artisti apolidi.

A questo punto si impone una domanda: la questione è irrisolvibile oppure si potrebbe ipotizzare un rimedio alle sopra delineate incongruenze?

La risposta, in verità, è sotto gli occhi di tutti. Ed è la tanto vituperata costituzione di una Banca Dati Unica: che dovrebbe essere costituita dall'insieme delle banche dati esistenti distintamente utilizzate da tutti gli organismi di gestione collettiva operanti nel territorio nazionale, possibilmente costituita in seno alla Autorità, con capacità di essere continuamente alimentata e revisionata, con la costituzione di una commissione ad hoc, costituita e partecipata dagli organismi di gestione collettiva e dagli utilizzatori. In tale Banca Dati Unica dovrebbero essere puntualmente individuati, per ciascuna opera audiovisiva e per ciascun fonogramma, gli artisti titolari del diritto con la loro attribuzione (artista primario o comprimario) e con l'indicazione per ciascuno di essi, se mandante ovvero apolide, con la specifica del periodo di competenza. La costituzione di una Banca Dati Unica si pone naturalmente in perfetta linea con lo spirito "liberalizzatore" che tanto ha caratterizzato gli interventi del nostro legislatore, proprio perché essa garantirebbe il miglior funzionamento del mercato liberalizzato e, al contempo, tutelerebbe nel migliore dei modi colui che, esercitando il proprio diritto inviolabile, ha deciso di non conferire mandato ad alcun organismo di gestione collettiva così rimanendo, appunto, "apolide".

3. Quali criteri per calcolare il diritto dell'apolide che ha svolto le proprie esecuzioni o interpretazioni

Alla incertezza sopra rappresentata circa l'individuazione del complesso dei titolari del diritto e, quindi, anche degli artisti apolidi, si aggiunge anche una perlomeno non chiarezza in ordine alla fissazione del complessivo ammontare ad essi riservato. L'art. 180-*ter* LDA (e probabilmente neanche il pubblicando regolamento AGCOM) non risolve il tema. Ed il motivo è molto semplice. Ciascun organismo di gestione collettiva, nell'avviare negoziati con gli utilizzatori e poi, conseguentemente, perfezionare accordi, agisce e calcola il dovuto sulla scorta di una propria Tariffa e di un proprio Regolamento di Ripartizione: tariffa e regolamento di ripartizione necessariamente diversi rispetto a quelli degli organismi concorrenti. Ciò comporta, inevitabilmente, che alla incertezza nella individuazione del nominativo degli artisti apolidi, si aggiunge anche una diversa imputazione, da organismo di gestione collettiva ad organismo di gestione collettiva (e quindi da contratto a contratto, con i singoli utilizzatori), del complessivo compenso attribuito alla voce "artisti apolidi". La incertezza nella determinazione del compenso dovuto agli apolidi rende, con ogni probabilità, assai complicata la conclusione di accordi con gli utilizzatori con la sola eccezione di quell'utilizzatore che fintamente intavolando distinti tavoli di trattative con altrettanti organismi di gestione collettiva, sul punto relativo alla fissazione del compenso dovuto agli artisti apolidi trovi un'intesa contestuale con tutti gli organismi di gestione collettiva interessati: evenienza questa che probabilmente l'AGCM non vedrebbe di buon occhio. Insomma, ciò che appare plausibile è che l'ambizioso progetto del nostro legislatore di gestione collettiva dei compensi degli apolidi non possa trovare sbocco anche per le ragioni espresse nel presente paragrafo. Sembrerebbe quasi, infatti, che il legislatore abbia immaginato che l'utilizzatore perfezioni accordi con i vari organismi di gestione collettiva sostanzialmente in modo contestuale, così pacificamente individuando una somma (condivisa da tutti gli organismi di gestione collettiva) destinata agli artisti apolidi, che poi avrebbe una destinazione a vantaggio degli stessi, nei modi e termini previsti dall'art. 180-*ter* LDA. Ma questo non è uno scenario reale. E men che meno uno scenario compatibile con il presupposto competitivo posto a fondamento dell'intervento del nostro legislatore. Sarebbe tuttavia plausibile solo ad una condizione: condizione, peraltro, da anni auspicata dai principali organismi di gestione collettiva e dalla quasi totalità degli utilizzatori. E cioè, se fosse prevista una Tariffa Unica, perlomeno per singoli comparti commerciali, frutto del negoziato intavolato su un "tavolo di trattative" ove si contrappongano i rappresentanti dei settori industriali o commerciali coinvolti, con i rappresentanti degli organismi di gestione collettiva. Un tavolo di trattative previsto *ex lege*, sulla scorta del modello francese (pertanto, presieduto da un rappresentante delle istituzioni). In tale frangente, con l'applicazione della Tariffa Unica e con la disciplina dell'accordo che il singolo organismo di gestione collettiva perfeziona con l'utilizzatore, richiamata la Banca Dati Unica ed in applicazione di un Regolamento di Ripartizione Primario valido per tutti (lasciando il regolamento di ripartizione della singola organizzazione di gestione collettiva a valle, per la "ripartizione secondaria" ai propri mandanti) ben sarebbe possibile determinare contrattualmente la "fetta" di compensi spettanti agli artisti apolidi.

4. Sul regime degli apolidi e sull'intermediazione necessaria

Quanto sin qui argomentato, dovrebbe indurre il lettore a ritenere che ci sia un solo metodo per individuare in modo "universalmente" accettabile l'importo complessivamente dovuto alla "massa" di artisti apolidi: avere come punto di riferimento una Banca Dati Unica (in cui appaia anche il ruolo ricoperto dall'artista apolide), applicare una Tariffa Unica e, infine, un Regolamento di Ripartizione Primario, che "a monte", in forza di regole valide per tutti, indichi il "dovuto" spettante a ciascun artista (anche agli apolidi); lasciando, quindi, a "valle" il Regolamento di Ripartizione domestico applicato dal singolo organismo di gestione collettiva, sulla scorta (anche) del quale si è operata la dinamica competitiva. Insomma, ciò che si auspica è un sistema che avvicini il nostro paese al modello francese, laddove sussistono (nel settore musicale) due organismi di gestione collettiva, che operano in un mercato che prevede un unico modello tariffario (frutto della concertazione in seno ad un comitato ove si fronteggiano interesse contrapposti) ed un criterio di ripartizione a "monte" tra i due organismi di gestione collettiva, con libertà, a valle, di applicare criteri di ripartizione domestici.

Venendo infine al merito della disposizione normativa in commento, appare rilevante formulare due osservazioni. La prima è che non si comprendono le ragioni sottese alla scelta di "tre" (e non più o non meno) organismi di gestione collettiva individuati per la "gestione" dei compensi degli artisti non rappresentati. Scelta apparentemente incomprensibile e che curiosamente evoca la soluzione politica all'epoca adottata nel 1990, per tutt'altra questione, con la cosiddetta "legge Mammì": si fotografa l'esistente e su questo si crea il tessuto normativo (tre sono, attualmente, gli organismi che operano nel settore audiovisivo e musicale del diritto connesso degli artisti, così come all'epoca tre erano le emittenti private appartenenti al principale gruppo competitor della RAI). Ad avviso di chi scrive avrebbe avuto più senso, alternativamente, prevedere un “minimo di rappresentatività” cui l’organismo è gravato al fine di accedere alla gestione degli apolidi o prevedere che tutti gli organismi possano accedere, indipendentemente dal numero. La scelta di tre (non uno, non due, non quattro, non di più) appare arbitraria ed immotivata, e priva di ratio.

La seconda considerazione è che la scelta operata dal legislatore con la norma in commento si pone in linea con la tesi di coloro che sostengono che i diritti al compenso cui la norma si riferisce siano soggetti alla cosiddetta “intermediazione necessaria”: non sarebbe consentito, cioè, secondo tale tesi, al singolo titolare del diritto negoziare singolarmente ed autonomamente il proprio compenso con l’utilizzatore, dovendo “necessariamente” affidare la intermediazione (negoziazione, incasso e ripartizione) ad un organismo di gestione collettiva. A tali conclusioni si giunge tenendo conto che sono proprio questi ultimi deputati alla gestione dei compensi spettanti agli artisti apolidi: il che dovrebbe indurre a ritenere che tale facoltà sia loro sottratta.

5. Conclusioni

Siamo alle conclusioni. Gli operatori del settore guardano con ottimismo il futuro, nella mai sopita speranza che il legislatore intervenga nel settore della intermediazione dei diritti con la volontà di concepire un disegno organico del settore. Sino ad ora tale speranza è stata delusa. Il settore della intermediazione dei diritti è disciplinato nel nostro paese in modo bizzarro ed unico al mondo: gli interventi del legislatore primario e secondario si sono susseguiti nel tempo ed a far data dal 2012 in un tentativo mal riuscito di rimediare agli errori commessi con l’intervento precedente. La disciplina introdotta per la gestione degli artisti apolidi con la norma in commento non sfugge alla regola. Si tratta di studiare quale soluzione sia stata adottata nei restanti paesi dell’Unione Europea e da essi cercare di prendere il meglio, intervenendo in modo organico. In Francia, in Spagna, in Olanda, in Inghilterra, in Belgio, in Grecia ed in altri paesi dell’Unione sono state adottate soluzioni del tutto in linea con quanto sopra caldeggiato: i risultati sono sotto gli occhi di tutti, sia in termini di complessivo fatturato degli organismi di gestione collettiva (e, quindi, degli artisti, beneficiari finali) sia nella valutazione del tasso di “evasione” all’obbligo di pagamento del compenso gravante sugli utilizzatori. L’auspicio è che il nostro modello continui a restare quello europeo e che l’intento sia quello di valorizzare il nostro immenso patrimonio culturale.

Parte III

Alcune considerazioni sul sistema dei compensi

di *Davide Sarti*

SOMMARIO: 1. Premessa. Il fondamento sistematico dei diritti a compenso e della loro gestione in forma collettiva. – 2. Il parallelismo con il sistema tedesco. – 3. L'auspicata concorrenzialità di tre *collecting* rappresentative ed i conseguenti problemi. – 4. Il "modello" concorrenziale del progetto di regolamento AGCOM e le sue criticità. – 5. In mezzo al guado: fra apprezzabili tentativi di riforma del sistema dei compensi e fragilità del modello di regolamentazione concorrenziale.

1. Premessa. Il fondamento sistematico dei diritti a compenso e della loro gestione in forma collettiva

L'attuazione della Direttiva sul mercato unico digitale (direttiva 2019/790, di seguito Direttiva MUD) ha offerto al legislatore italiano l'occasione per introdurre all'art. 180-*ter* LDA un sistema di licenze collettive estese (da cui l'acronimo ECL, per *extended collective licences*) in un particolare settore di utilizzazioni. La norma si riferisce precisamente alla gestione dei diritti a compenso di autori, artisti e produttori a fronte delle utilizzazioni delle opere cinematografiche, audiovisive e dei fonogrammi realizzati attraverso il loro contributo. La previsione appare a prima vista estranea all'ambito della Direttiva MUD: che da un lato (art. 8) obbliga gli stati membri ad introdurre un sistema di ECL per la gestione dei diritti di utilizzo di opere fuori commercio da parte di istituti di tutela del patrimonio culturale; dall'altro consente agli stati di introdurre una gestione ECL "in settori di utilizzo ben definiti, quando l'ottenimento delle autorizzazioni dai titolari dei diritti su base individuale è generalmente oneroso o poco pratico" (art. 12). Quest'ultimo riferimento appare pensato in funzione della gestione dei diritti esclusivi, non a compenso. I diritti a compenso a rigore presuppongono infatti un atto di utilizzazione libero indipendentemente da accordi contrattuali con il titolare del diritto: e perciò indipendentemente da "autorizzazioni" o "licenze" in senso tecnico. Di qui anche l'uso apparentemente improprio del termine "licenza" da parte del legislatore italiano.

Ugualmente ritengo che la norma abbia una propria giustificazione, e che sia dunque fuori luogo discutere su possibili eccessi di delega. È utile piuttosto interrogarsi sulla ragion d'essere della previsione legislativa e sulla sua "sostenibilità" alla prova dei fatti: per valutarne la capacità di realizzare un quadro di gestione dei diritti a compenso complessivamente coerente e ragionevole. Sotto questo profilo a me pare che la previsione contenga spunti di interesse, ma ad un tempo denunci una certa "immaturità" di pensiero del legislatore, con conseguente rischio di fallimento del sistema.

Al riguardo è opportuno anzitutto interrogarsi sul fondamento dei diritti a compenso assoggettati al meccanismo di gestione collettiva estesa. A me pare in via generale assai discutibile ricondurre il sistema dei compensi all'interesse a minimizzare costi di transazione pretesamente derivanti dalla contrattazione dei diritti di tutti i soggetti (autori e artisti) coinvolti nel processo di produzione culturale. L'impresa culturale gode in realtà di una posizione di forza contrattuale che le consente agevolmente di acquisire questi diritti, di concentrali in capo a sé, e di sfruttare con essi l'opera derivante dai contributi dei pur numerosi autori ed artisti che vi hanno partecipato. Credo perciò che il sistema dei diritti a compenso non voglia superare costi di transazione, ma all'opposto li crei: per riconoscere ad alcune particolari categorie di soggetti (tipicamente, autori e artisti) il diritto di partecipare al risultato economico dello sfruttamento delle opere cui hanno contribuito; per definire imperativamente in misura equa e irrinunciabile questa partecipazione, impedendone una contrattazione privata; ed in ultima analisi per sottrarre al mercato la gestione di costi di transazione che il mercato medesimo potrebbe tranquillamente affrontare.

In questa prospettiva la quantificazione dei diritti a compenso si presenta assai problematica proprio per effetto del loro carattere irrinunciabile. La lettera delle norme richiamate dall'art. 180-*ter* fa in effetti pensare che ciascun soggetto coinvolto nel processo di produzione culturale abbia diritto a partecipare al risultato economico di tutte e delle sole opere cui ha contribuito. La possibilità per ciascun titolare di controllare e ottenere il rendiconto di questo risultato su base individuale e per ogni singola opera è tuttavia estremamente problematica. Credo allora che l'art. 180-*ter* si giustifichi sistematicamente proprio in questa prospettiva: in quanto costituisce il primo espresso riconoscimento legislativo generale della possibilità di "trasformare", attraverso l'intervento delle società di gestione collettiva, un diritto individuale (del titolare alla partecipazione del risultato dello sfruttamento di ogni sua opera) in un diritto "di categoria" (dell'insieme dei titolari dei diritti sulle utilizzazioni assoggettate a compenso). Il diritto a compenso è quindi gestito dalle *collecting* in quanto rappresentanti degli interessi delle diverse categorie di soggetti (autori, artisti, produttori) coinvolti nel processo di produzione culturale; ed è quantificato in relazione al risultato economico dell'insieme delle opere che vedono coinvolta la categoria nel suo complesso.

La *collecting* agisce dunque nella sua funzione tipica di gestore dei diritti non sulle singole opere, ma sull'insieme di un repertorio. L'effetto "esteso" della gestione ai diritti dei titolari non associati trova d'altro canto la propria giustificazione "politica" nella capacità della *collecting* di agire quale ente esponenziale della categoria: e perciò rappresentativo degli interessi di chiunque (ancorché terzo) alla categoria medesima appartenga. In questa prospettiva mi pare spiegabile anche il riconoscimento della possibilità di esercizio del diritto di *opt out*. Attraverso questo esercizio il titolare dichiara di volere uscire dalla categoria per riprendere il controllo dei propri diritti nella loro originaria forma individuale: ed è perciò gravato dall'onere di provare analiticamente l'intensità e i risultati dello sfruttamento delle utilizzazioni di ciascuna sua opera, per ottenere così la liquidazione del compenso dovuto da ogni singolo utilizzatore.

2. Il parallelismo con il sistema tedesco

Così sommariamente ricostruito, il sistema predisposto dal legislatore italiano non mi sembra lontano dalle soluzioni accolte nel diritto tedesco. In particolare il par. 49(1) VGG presume la legittimazione delle *collecting* ad agire a tutela dei diritti di tutti i titolari, anche non associati, con soluzione corrispondente a quella introdotta nel nostro ordinamento attraverso le licenze collettive estese. L'ordinamento tedesco si differenzia in effetti da quello italiano in quanto consente all'utilizzatore di dimostrare analiticamente lo sfruttamento di opere di titolari non aderenti alla *collecting*, e di sottrarsi così all'obbligo di pagamento dei relativi compensi. Nel sistema italiano la sottrazione delle opere alla gestione collettiva avviene attraverso un meccanismo tecnicamente diverso: e cioè non su iniziativa dell'utilizzatore, ma del singolo titolare che eserciti l'*opt out*. Anche in quest'ultima ipotesi ritengo comunque che i titolari dei diritti oggetto di *opt out* debbano provare analiticamente le singole utilizzazioni delle loro opere: e siano perciò in altri termini assoggettati ad un onere probatorio corrispondente a quello gravante sugli utilizzatori nel sistema tedesco. D'altro canto anche quest'ultimo sistema prevede espressamente l'eventualità di un'azione individuale del singolo titolare non aderente alla *collecting* nei confronti dell'utilizzatore. Un'azione del genere in effetti in Germania non risulta assoggettata alla formalità di *opt out*. Al di là di questo aspetto formalistico (importante, ma non centrale nella ricostruzione dell'assetto di interessi in gioco) l'esito finale di entrambi i sistemi mi sembra comunque analogo. In entrambi i casi la gestione dei compensi da parte della *collecting* si estende in linea di principio ai diritti di tutti i titolari, ed evita una quantificazione analitica delle singole utilizzazioni di ciascuna opera. Così pure in entrambi i sistemi la sottrazione alla gestione collettiva implica l'onere di provare queste singole utilizzazioni: con la differenza che nel sistema italiano la volontà di uscire dalla gestione collettiva e di assoggettarsi ai conseguenti oneri probatori sulla quantificazione dei compensi può derivare soltanto dall'iniziativa del titolare dei diritti attraverso l'esercizio dell'*opt out*; mentre nel sistema tedesco prescinde da una dichiarazione formale di *opt out* e (soprattutto) può derivare anche da un'iniziativa dell'utilizzatore.

Il sistema tedesco prevede poi espressamente che la *collecting* gestrice deve garantire gli utilizzatori a fronte delle pretese dei terzi che abbiano agito ed ottenuto su base individuale il pagamento dei compensi, con una soluzione non espressamente prevista dal legislatore italiano, ma a mio avviso ricavabile in via interpretativa ed applicabile nell'eventualità di esercizio dell'*opt out*. In questa prospettiva mi sembra precisamente che gli importi liquidati a titolo di compenso a favore dei titolari dei diritti oggetto di *opt out* giustifichino la pretesa dell'utilizzatore di "scontare" le somme corrispondenti dai compensi dovuti a fronte dell'utilizzazione del repertorio della *collecting*.

3. L'auspicata concorrenzialità di tre *collecting* rappresentative ed i conseguenti problemi

L'assetto sin qui ricostruito della gestione dei diritti a compenso può sembrare dunque nel complesso tutto sommato ragionevole, non privo di riscontri comparatistici, e sistematicamente giustificato dall'esigenza di dare a questa gestione un fondamento "solido": che eviti la vera e propria "mina vagante" rappresentata dai tentativi degli utilizzatori di sottrarsi al pagamento delle somme dovute eccependo in giudizio la mancata prova analitica (spesso diabolica) delle utilizzazioni delle singole opere e dell'adesione dei relativi titolari alla gestione accentrata. In questa prospettiva l'introduzione di una norma pur apparentemente estranea alla Direttiva MUD, quale l'art. 180-*ter*, non deve scandalizzare: a maggior ragione in quanto il tema del riconoscimento di remunerazioni adeguate e proporzionate di autori e artisti emerge anche dagli artt. 107, co. 2 e 110-*quinquies* LDA, che trovano riscontro nella Direttiva (artt. 18 ss. Direttiva MUD), e che devono essere in certa misura coordinati con il sistema dei compensi disciplinato proprio dall'art. 180-*ter*.

La vera criticità posta dall'art. 180-*ter* deriva in realtà a ben vedere dalla "ossessione" del legislatore italiano per la realizzazione di un sistema (apparentemente) concorrenziale di gestione collettiva: sino al punto di prevedere che questa gestione debba avvenire da parte dei "tre organismi di gestione collettiva maggiormente rappresentativi". La previsione appare per più versi infelice. Già non è chiaro se nell'intenzione del legislatore la rappresentatività debba necessariamente essere riconosciuta in capo a tre organismi, o possa essere stabilita in base a criteri che portino a individuare un numero minore di *collecting* (e al limite, una sola) legittimate alla gestione collettiva. Inspiegabile (e probabilmente incostituzionale) è poi la determinazione di un numero rigido di *collecting* rappresentative, in un contesto in cui non si può escludere che la concorrenza porti anche all'affermazione di un maggior numero di organismi, di dimensioni analoghe e magari continuamente mutevoli: con l'assurda, possibile conseguenza di un corrispondente mutamento degli organismi legittimati alla concessione di licenze collettive estese, e con buona pace dell'affidamento degli utilizzatori, che non troverebbero stabili interlocutori dotati di questa legittimazione.

In presenza di più *collecting* rappresentative, resta poi oscuro il criterio di reciproca ripartizione dei compensi dovuti dagli utilizzatori. Proporzionare questa ripartizione alle utilizzazioni delle opere a repertorio, e di qui ripartire nella medesima proporzione i compensi dovuti per le opere degli autori non aderenti ad alcuna *collecting* (come sembra prevedere il progetto di regolamento AGCOM, su cui avrò modo di ritornare) renderebbe necessario quantificare le singole utilizzazioni di ciascuna di queste opere. Ciò contraddirebbe la stessa ragion d'essere delle *collecting*, che si propongono all'opposto di proporzionare i compensi in relazione al risultato economico dello sfruttamento dell'insieme delle opere a repertorio, senza quantificare le dimensioni di utilizzazione dell'una e dell'altra. Né varrebbe qui replicare che un problema analogo si pone in caso di gestione dei diritti esclusivi da parte di più *collecting* in concorrenza: secondo il modello in generale favorito dal legislatore. Le utilizzazioni assoggettate a diritto esclusivo presuppongono il consenso dei relativi titolari, eventualmente espresso attraverso le *collecting*, e in assenza di questo consenso possono essere assoggettate a inibitoria. L'accordo con il titolare dei diritti o con la sua *collecting* è quindi titolo di utilizzazione legittima: ed è un titolo che può perfezionarsi solo con il consenso sul livello dei compensi dovuti. In presenza di più *collecting*, il mancato accordo sul livello dei compensi dovuti a ciascuna di esse preclude l'utilizzazione del repertorio, e non pone alcun problema di quantificazione di questa utilizzazione: che può comunque essere inibita, e non deve essere misurata in funzione della determinazione delle *royalties* dovute al gestore. All'opposto nel sistema dei compensi l'utilizzazione è consentita indipendentemente da ogni accordo con il titolare o con la sua *collecting*: ed è essa stessa titolo del diritto al pagamento di un compenso da quantificare proporzionalmente.

Proprio sotto questo profilo torna nuovamente utile il confronto con il sistema tedesco, che se da un lato appare in via generale improntato ad una visione non dissimile da quella sottostante alla norma nazionale in tema di licenze collettive estese, dall'altro risulta chiaramente orientato a favorire una gestione (non concorrenziale ma) monopolistica dei diritti a compenso. Il par. 49.2 VGG da un alto contempla infatti la pluralità di società di gestione collettiva come mera eventualità: e probabilmente come una eccezione al contesto normale generale da cui prende le mosse il precedente capoverso, che riconosce alla società di gestione collettiva monopolista la legittimazione a fare valere i diritti a compenso spettanti anche ai titolari non aderenti. D'altro canto la norma, in presenza di gestori concorrenti (situazione probabilmente temuta dal legislatore tedesco) consente l'esercizio del diritto a compenso solo congiuntamente da parte di tutte le *collecting*: secondo una regola che mi pare allora l'unica ragionevolmente applicabile anche nel sistema italiano, nonostante la diversa presa di posizione del progetto di regolamento AGCOM, su cui vale la pena svolgere alcune considerazioni.

4. Il "modello" concorrenziale del progetto di regolamento AGCOM e le sue criticità

Le precedenti conclusioni non sono condivise dal progetto di regolamento AGCOM (all. A delibera 44/23/Cons), in particolare agli artt. 7 e (soprattutto) 8 sui criteri di misurazione della rappresentatività delle *collecting* legittimate a concedere licenze collettive estese. Il regolamento anzitutto sembra procedere dalla discutibile idea che debbano essere necessariamente individuate tre *collecting* rappresentative, indipendentemente dall'eventualità che alcune di esse raccolgano l'adesione di un numero limitato di membri. Procede inoltre dall'idea di verificare per quanto possibile la rappresentatività delle *collecting* sulla base "dei dati di effettivo utilizzo delle opere" (art. 8.2), che poi a loro volta dovrebbero costituire il parametro per una suddivisione proporzionale fra i gestori dei proventi destinati ai titolari non aderenti (art. 8.5). Qui il regolamentatore assume la possibilità di accertare analiticamente su base individuale le utilizzazioni delle singole opere. Per parte mia non so se questa misurazione venga di fatto praticata o sia comunque praticabile dalle *collecting*. Certo comunque in tal caso la *collecting* cesserebbe di operare quale gestore collettivo, per divenire mandatario individuale di ciascun titolare, e tenere una contabilità separata degli atti compiuti per suo conto. Nello svolgimento di questa attività la *collecting* perderebbe quindi la sua caratteristica di soggetto esponenziale di interessi di categoria, e l'estensione degli effetti della gestione ai terzi diverrebbe di problematica giustificazione.

Lo stesso regolamento contempla poi l'eventuale indisponibilità di informazioni analitiche sulle utilizzazioni delle singole opere, e propone criteri di forfettizzazione dell'accertamento della rappresentatività basati sul fatturato delle *collecting* e sul numero dei titolari aderenti (art. 8.3), a sua volta ponderato in relazione alla percentuale delle categorie di diritti che ciascun titolare ha deciso di affidare alla gestione accentrata (art. 8.5, si pensi all'eventualità che un titolare aderisca ad una *collecting* per la gestione dei diritti di trasmissione televisiva, ma non per *quelli on line*, affidati ad altra *collecting* o gestiti su base individuale). Non mi sembra tuttavia chiarito come i due criteri (fatturato e numero di titolari) debbano essere "ponderati", e nemmeno è chiaro chi dovrebbe procedere a questa ponderazione: tenuto conto che, stando alla lettera dell'art. 180-*ter*, AGCOM è competente a fissare i criteri di accertamento della rappresentatività, ma non ad applicarli sulla base dell'esercizio di poteri discrezionali.

Il sistema così delineato è profondamente diverso da quello tedesco, che non introduce criteri imperativi di ripartizione delle *royalties* fra le *collecting* concorrenti; lascia loro il compito di definire questi criteri; ed in mancanza le priva del potere di pretendere il pagamento dei compensi. Il rischio di situazioni di "stallo" negli accordi fra più *collecting* è accettato dal legislatore tedesco nel "sottinteso" auspicio che il sistema non si apra in realtà alla concorrenza, ma venga monopolizzato da una sola *collecting*, o comunque gestito da una *collecting* "mandataria comune" (*collecting* ombrello) incaricata dell'incasso e della ripartizione delle *royalties* fra le mandanti. La foga liberalizzatrice del legislatore italiano ha evidentemente suggerito di introdurre un sistema ispirato all'apertura forzata alla concorrenza, assurdamente limitata (o, nella prospettiva del regolamentatore AGCOM, addirittura imposta) fra tre *collecting*; e ha portato AGCOM a scartare forme di coordinamento dei gestori, probabilmente considerate anticompetitive.

La percorribilità pratica di questa scelta resta peraltro da verificare, alla luce delle perplessità sollevate. Mi sembra d'altro canto che il sistema ipotizzato da AGCOM regolamentatore presenti margini di opinabilità anche dal punto di vista della coerenza ai valori concorrenziali apparentemente perseguiti. La possibile convivenza di *collecting* ispirate all'obiettivo di determinazione analitica dell'utilizzazione delle opere, e rispettivamente *collecting* che quantifichino i compensi sulla base di criteri forfettari, si tradurrebbe infatti nella compresenza di soggetti con strutture di costi molto differenziate: e che in ultima analisi potrebbero scaricare questi costi anche su chi non abbia inteso condividerne i relativi modelli gestionali. Le *collecting* che non procedono ad una determinazione analitica delle utilizzazioni evitano in particolare i costi del relativo accertamento. È allora ad esempio immaginabile la compresenza di due *collecting* ispirate ad una politica di determinazione forfettaria delle *royalties*, in concorrenza con una terza *collecting*, ispirata a criteri di quantificazione analitica dell'utilizzazione delle opere e di proporzionale ripartizione dei compensi. Qui i titolari non aderenti a nessuna delle tre *collecting* in competizione dovrebbero comunque accettare di vedere i loro compensi corrisposti pro quota anche dal gestore che procede ad una ripartizione su base analitica: e dovrebbero perciò sopportare i costi corrispondentemente più elevati di questa ripartizione. Una conseguenza del genere appare tuttavia difficilmente giustificabile sul piano concorrenziale: in particolare quando gli importi liquidati a favore dei terzi non aderenti al gestore (e che non ne hanno condiviso il modello gestionale) risultino modesti, e quando la determinazione analitica delle utilizzazioni risulti economicamente sostenibile solo per i titolari di diritti di valore economico maggiore.

5. In mezzo al guado: fra apprezzabili tentativi di riforma del sistema dei compensi e fragilità del modello di regolamentazione concorrenziale

A me pare in sintesi che il sistema di licenze collettive estese configurato dal legislatore italiano per la gestione dei diritti a compenso rappresenti una presa di coscienza importante sulla necessità di ricostruire un quadro complessivamente coerente di questa gestione; e sulla situazione tutt'altro che soddisfacente anteriore all'art. 180-*ter*. Ad un tempo non mi sembra che questo quadro abbia raggiunto un livello sufficiente di "solidità", e credo che i maggiori elementi di fragilità derivino essenzialmente dal tentativo di distaccarsi dal sistema tedesco. Quest'ultimo sistema appare sostanzialmente condiviso dalla norma italiana nell'obiettivo generale di estendere gli effetti della gestione dei compensi ai diritti dei non aderenti alla *collecting* gestrice; ma viene poi riorientato dal legislatore nazionale in funzione di obiettivi concorrenziali, la cui concreta realizzabilità resta da dimostrare, specialmente alla luce di una serie di "criticità" di carattere politico e tecnico.

Incomprensibile sul piano politico è la forzatura della concorrenza verso un modello che deve vedere in campo tre e soltanto tre *collecting*. Inespressi sul piano tecnico, e perciò suscettibili di distorsione in funzione di valutazioni "politiche", sono i criteri di ponderazione della rappresentatività della *collecting* attraverso valutazioni di tipo economico (dimensioni del fatturato) e rispettivamente "partecipativo" (numerosità degli aderenti). Pure inespressi sono i criteri di ponderazione della rappresentatività di soggetti ispirati a obiettivi di determinazione forfettaria o rispettivamente analitica delle utilizzazioni. Tecnicamente incerto risulta il ruolo che in questa ponderazione può essere svolto da AGCOM. Non è in particolare chiaro se AGCOM abbia poteri limitati ad una regolamentazione generale del settore (ad esempio per la definizione dei criteri di rappresentatività) o possa anche esercitare poteri di decisione dei conflitti individuali: ad esempio in sede di applicazione dei requisiti di rappresentatività.

In un simile quadro di incertezza è fra l'altro da chiedersi se non valga la pena attribuire espressamente ad AGCOM proprio questi ultimi poteri: per consentirle di operare in qualità di decisore di ultima istanza (in mancanza di accordi fra le parti) sui conflitti relativi alla determinazione dei compensi (compresi quelli degli artt. 73 e 73-*bis* LDA, da cui allo stato AGCOM parrebbe incomprensibilmente esclusa); nonché sulle controversie fra *collecting* in ordine all'accesso al "podio" dei tre gestori legittimati alla concessione di licenze collettive estese; e così pure in ordine al loro grado di rappresentatività e alla corrispondente proporzionale ripartizione delle somme dovute dagli utilizzatori.

Capitolo VII
(dall'art. 13 CDSM agli artt. 16-*quater* e 110-*ter* LDA)

La conclusione di licenze per i diritti VOD

Parte I

La trasposizione in Italia dell'art. 13 della Direttiva Copyright

di *Chiara Dellacasa*

SOMMARIO: 1. I principi ispiratori dell'art. 13 della Direttiva. – 2. Il d.lgs. 8 novembre 2021, n. 177 e l'audiovisivo. – 2.1. L'art. 110-*ter* nella l. 633/1941.

1. I principi ispiratori dell'art. 13 della Direttiva

La Direttiva (UE) 2019/790 nasce con lo scopo di aggiornare e armonizzare la disciplina sul diritto d'autore degli Stati Membri, in modo da adeguarla all'evoluzione tecnologica e digitale e all'impatto che avrebbe sullo sfruttamento online delle opere protette dal diritto d'autore, implementando le tutele a garanzia di un più elevato livello di protezione dei titolari e un miglioramento della condivisione di contenuti in rete.

Nell'ambito delle disposizioni concernenti le opere audiovisive, all'art. 13 viene introdotto un sistema atto ad agevolare la negoziazione dei diritti di sfruttamento delle opere sui servizi di *video on demand*:

> «*Gli Stati membri provvedono affinché le parti che incontrano difficoltà nella conclusione di una licenza sui diritti nel perseguire un accordo per poter mettere a disposizione opere audiovisive su servizi di video su richiesta possano avvalersi dell'assistenza di un organismo imparziale o di mediatori. L'organismo imparziale istituito o designato dallo Stato membro ai fini del presente articolo e i mediatori prestano assistenza alle parti nei negoziati e le sostengono nella conclusione degli accordi, anche, ove opportuno, presentando proposte alle parti.*

> *Gli Stati membri comunicano alla Commissione il nome dell'organismo o dei mediatori di cui al primo comma entro il 7 giugno 2021. Nei casi in cui gli Stati membri abbiano scelto di ricorrere alla mediazione, la notifica alla Commissione include almeno, se disponibile, la fonte in cui sono reperibili le informazioni pertinenti sui mediatori incaricati.*».

I principi ispiratori dell'art. 13 della Direttiva Copyright si rinvengono essenzialmente nei considerando nn. 51 e 52 – insieme al considerando n. 1, di carattere generale – secondo cui lo scopo dell'armonizzazione della normativa sul diritto d'autore e diritti connessi dovrebbe contribuire ad instaurare un mercato interno ed a creare un sistema che garantisca l'assenza di distorsioni della concorrenza.

Nel considerando n. 51 viene rammentata l'importanza del ruolo che svolgono i servizi di video su richiesta nella diffusione in tutta l'Unione delle opere audiovisive la cui disponibilità, tuttavia, sembrerebbe limitata. La principale causa sarebbe da attribuire alle difficoltà riscontrate in alcuni Paesi nella concessione delle licenze per lo sfruttamento *online*: da una parte, ci sono i limiti imposti dalle finestre di sfruttamento, dall'altra, il basso incentivo economico del titolare dei diritti a sfruttare un'opera *online* per un dato territorio, il quale quindi non concede licenze o trattiene i diritti *online*.

Per far fronte a questo problema, con il considerando n. 52, la Direttiva Copyright pone l'obiettivo in capo agli Stati membri di istituire un meccanismo negoziale che permetta alle parti disposte a concludere i predetti accordi «*di avvalersi dell'assistenza di un organo imparziale o di uno o più mediatori*». La Direttiva Copyright vorrebbe in questo modo stimolare gli Stati membri affinché istituiscano un nuovo organo o ricorrano ad uno già esistente (o eventualmente a mediatori) il quale dovrebbe riunirsi assieme alle parti interessate e assisterli nei negoziati fornendo consulenza professionale esterna ed imparziale.

Nel caso in cui un negoziato coinvolga più parti provenienti da diversi Stati membri, la Direttiva Copyright, nel considerando n. 52, propone che siano le parti stesse a concordare preventivamente lo Stato membro competente qualora decidessero di ricorrere a questo nuovo sostegno negoziale.

Rispetto al meccanismo di funzionamento della procedura, nel considerando n. 52 viene proposto un sistema per cui «*l'organo o i mediatori potrebbero incontrarsi con le parti per agevolare l'avvio dei negoziati o nel corso dei negoziati per facilitare la conclusione di un accordo. La partecipazione al meccanismo negoziale e la successiva conclusione di accordi dovrebbero essere volontarie e non dovrebbero pregiudicare la libertà contrattuale delle parti. Gli Stati membri dovrebbero essere liberi di definire lo specifico funzionamento del meccanismo di negoziazione, compresi i tempi e la durata dell'assistenza per i negoziati e la ripartizione dei costi, e dovrebbero provvedere a che gli oneri amministrativi e finanziari restino proporzionati per garantire l'efficienza del meccanismo negoziale. Senza che ciò costituisca un obbligo per gli Stati membri, essi dovrebbero incoraggiare il dialogo tra gli organismi rappresentativi*».

Nonostante l'importanza di questo meccanismo, la legge di delegazione europea 2019-2020 n. 53 del 22 aprile 2021, all'art. 9 dispone il recepimento della Direttiva Copyright, senza tuttavia richiamare i poteri dell'autorità garante né prevedere alcun criterio direttivo specifico per il recepimento dell'art. 13.

Lo fa invece l'art. 3 che fornisce i criteri per il recepimento della Direttiva (UE) 2018/1808. Tra i vari principi direttivi per la sua attuazione avente ad oggetto il coordinamento di disposizioni legislative, regolamentari e amministrative degli Stati membri concernenti la fornitura di servizi di media audiovisivi, compare quello di aggiornare i compiti dell'Autorità per le garanzie nelle comunicazioni, rafforzandone ulteriormente le prerogative di indipendenza.

2. Il d.lgs. 8 novembre 2021, n. 177 e l'audiovisivo

Il 12 dicembre 2021 è entrato in vigore il d.lgs. 177/2021, norma di carattere generale che recepisce nell'ordinamento italiano la Direttiva Copyright, dando vita all'ultima importante riforma in tema di diritto d'autore e diritti connessi nel mercato unico digitale.

Le principali novità introdotte dal decreto legislativo interessano il settore cinematografico e audiovisivo con attenzione particolare a quattro aspetti cardine: la previsione di specifici criteri per il riconoscimento di un'adeguata remunerazione agli autori, artisti, interpreti, esecutori e traduttori, una nuova disciplina dell'utilizzo di contenuti protetti da parte dei prestatori di servizi di condivisione online, un regime innovato del trasferimento dei diritti di utilizzazione e una maggiore trasparenza tramite la rendicontazione dello sfruttamento delle opere.

Di notevole importanza per gli effetti sui rapporti, è infine, il carattere retroattivo del decreto *de quo*, le cui disposizioni si applicano anche alle opere e agli altri materiali protetti dalla normativa nazionale in materia di diritto d'autore e diritti connessi vigente alla data del 7 giugno 2021, facendo salvi i contratti conclusi e i diritti acquisiti fino al 6 giugno 2021.

2.1. L'art. 110-*ter* nella l. 633/1941

Nell'ambito del recepimento della Direttiva Copyright, la trasposizione in Italia dell'art. 13 trova la sua sede nell'art. 110-*ter* LDA, e dispone:

> «*In caso di difficoltà nel raggiungere un accordo contrattuale per la concessione di una licenza per lo sfruttamento delle opere audiovisive su servizi di video on demand, ciascuna delle parti, ai fini della definizione dell'accordo, può chiedere l'assistenza dell'Autorità per le garanzie nelle comunicazioni, che fornisce indicazioni sulle opportune soluzioni negoziali, anche con riferimento alla determinazione del compenso dovuto.*».

La suddetta norma trova collocazione nel Titolo III (Disposizioni comuni), Capo II (Trasmissione dei diritti di utilizzazione), nel blocco in cui sono state collocate molte delle nuove disposizioni introdotte con il d.lgs. 177/2021 riguardanti principalmente i compensi riconosciuti agli autori, artisti, interpreti, esecutori etc. (i.e. artt. 107, co. 2 e 110-*quinquies*) e i nuovi meccanismi di tutela di cui possono beneficiare (art. 110-*quater*, art. 110-*sexies*, art. 110-*septies*).

Destinatari di questa norma sono, da una parte, le società attive nel settore dell'audiovisivo, quali principalmente produttori, distributori o *sales agent* e, dall'altra, i fornitori di servizi di video *on demand.*

L'obbiettivo primario prefissato dall'Unione Europea con la disposizione in oggetto è quello di agevolare e incrementare la circolazione di opere audiovisive europee grazie agli sfruttamenti sui servizi di video su richiesta che hanno notoriamente assunto un ruolo centrale nella diffusione transfrontaliere delle opere audiovisive.

Parte II

L'attuazione dell'art. 110-*ter* e il ruolo dell'Autorità per le Garanzie nelle Comunicazioni

di *Chiara Marchisotti*

SOMMARIO: 1. La natura, i presupposti e le finalità dell'istituto. – 2. Lo schema di regolamento di cui all'Allegato A alla delibera 44/23/CONS. – 3. Spunti applicativi in tema di meccanismo di assistenza nel raggiungimento di accordi contrattuali per la concessione di licenze per lo sfruttamento di opere audiovisive su servizi di *video on demand*.

1. La natura, i presupposti e le finalità dell'istituto

Il 22 febbraio 2023 l'Autorità per le garanzie nelle comunicazioni ha adottato uno schema di regolamento per dare attuazione a numerose nuove disposizioni della LDA introdotte con il d.lgs. 177/2021, tra cui l'art. 110-*ter* LDA relativo all'assistenza nel raggiungimento di accordi contrattuali per la concessione di una licenza per lo sfruttamento di opere audiovisive su servizi di *video on demand*[1]. Tale intervento, che assumerà contorni definitivi con l'adozione del relativo regolamento (tutt'ora attesa), segnerà un momento decisivo per delineare compiutamente la fisionomia di questo istituto, rimasta finora incerta e in quanto tale dibattuta.

Il tentativo di decodificare la corretta fisionomia del meccanismo di negoziazione, come trasposto nell'ordinamento nazionale, non può che muovere dalla Direttiva Copyright, e in particolare dal considerando n. 51 che lo riguarda. In tal sede il legislatore eurounitario enuncia lo scopo del meccanismo – quello di favorire la "diffusione delle opere audiovisive in tutta l'Unione" – e identifica le ragioni alla base dell'intervento normativo nel fatto che i "servizi di video su richiesta sono potenzialmente in grado di svolgere un ruolo decisivo" in tal senso, ma che ciononostante la "disponibilità di tali opere, in particolare di opere europee, nei servizi di video su richiesta, rimane limitata". Tale carenza sarebbe determinata dalle "difficoltà connesse a problemi relativi alla concessione delle licenze". La *ratio* del meccanismo in commento è allora quella di rimuovere gli ostacoli che in tal senso si

[1] Per brevità, di seguito anche "meccanismo di negoziazione", come rubricato all'art. 13 della Direttiva Copyright, unica disposizione del Capo 3 della medesima dedicato all'"*Accesso e disponibilità di opere audiovisive su piattaforme di video su richiesta*".

frappongono alla negoziazione e alla conclusione delle necessarie licenze tra i titolari dei diritti e i fornitori dei servizi *video on demand* (di seguito anche "VOD").

Quanto alla modalità per perseguire tale obiettivo, è il considerando n. 52 a indicare le direttrici lungo le quali gli Stati membri devono muoversi per istituire meccanismi di negoziazione delle licenze idonei al superamento di detti ostacoli. Anzitutto, il legislatore precisa che il meccanismo ha natura volontaria, e ciò tanto con riferimento alla "*partecipazione* al meccanismo negoziale" quanto alla "successiva *conclusione* di accordi". Sicché, il meccanismo ha operatività alla sola condizione che entrambe le parti ritengano di aderirvi. Questo tratto permette di accedere a una ulteriore caratterizzazione dell'istituto, ovvero il suo essere preordinato a soddisfare un reciproco interesse, come si evince dal fatto che esso deve essere rivolto "alle parti *disposte* a concludere un accordo". D'altro canto, l'istituto riposa sull'ulteriore e più generale presupposto della salvaguardia dell'autonomia negoziale delle parti, dal momento che "la partecipazione al meccanismo negoziale e la successiva conclusione di accordi [...] non dovrebbero pregiudicare la libertà contrattuale delle parti". Infine, l'intervento del terzo (sia esso un organismo imparziale, come nel caso di AGCOM, o un mediatore) si connota per la sua natura consulenziale, come si evince dai numerosi riferimenti al fatto che esso consiste in una "assistenza alle parti nei negoziati" e "soste[gno] nella conclusione degli accordi", come emerge dal testo del considerando n. 52 e dell'art. 13 della Direttiva Copyright.

Le caratteristiche essenziali dell'istituto sin qui tratteggiate risultano sostanzialmente coerenti con il suo recepimento nel diritto interno, vale a dire il nuovo art. 110-*ter* LDA, che pare ricalcare la norma di matrice eurounitaria. Ciò a eccezione di due peculiarità della trasposizione italiana, che pure in ultima istanza non paiono snaturare il meccanismo come definito dalla norma primaria, anche alla luce delle disposizioni di dettaglio proposte dall'Autorità in sede di attuazione di cui si dirà *infra*. In primo luogo, ci si riferisce alla possibilità per "*ciascuna* delle parti" di attivare il meccanismo di negoziazione, dunque anche indipendentemente l'una dall'altra (possibilità temperata, se verranno confermate le previsioni dello schema di regolamento, dalla discrezionalità in capo all'altra di aderirvi e dalla cessazione dell'assistenza in caso di mancata doppia comparizione). In secondo, all'espresso riferimento alla possibilità che AGCOM presenti proposte alle parti anche con riferimento alla determinazione del compenso (riferimento che la stessa Autorità riconosce essere assente nella Direttiva Copyright, e quindi ritiene dotato di mero valore indicativo).

2. Lo schema di regolamento di cui all'Allegato A alla delibera 44/23/CONS

Come anticipato, l'Autorità per le garanzie nelle comunicazioni ha recentemente adottato, con delibera 44/23/CONS, uno schema di regolamento recante attuazione di alcune disposizioni di nuova introduzione nella LDA, tra cui l'art. 110-*ter*. È in particolare l'art. 4 a occuparsi di tratteggiare la normativa di dettaglio in materia di attuazione del meccanismo di negoziazione di licenze VOD. Al comma 1, la disposizione in esame esordisce individuando alcuni attributi peculiari di questo istituto. Si prevede, infatti, che "[f]erma restando la *libertà contrattuale* delle parti, in caso di difficoltà nella conclusione di un accordo per la concessione di una licenza per lo sfruttamento delle opere audiovisive su servizi di video on demand, *ciascuna* delle parti può richiedere l'*assistenza* dell'Autorità". La norma individua il presupposto fondante l'operatività dell'istituto, al contempo delineando la legittimazione ad attivarlo, che è radicata in "ciascuna delle parti", e facendo salva la libertà contrattuale.

La norma riproduce un tratto di peculiarità già insito nel testo dell'art. 110-*ter* LDA al confronto con l'art. 13 della Direttiva Copyright: essa, infatti, attribuisce il diritto ad attivare il meccanismo di negoziazione a "ciascuna delle parti", e non già, come nel testo della Direttiva, a entrambe congiuntamente. Così facendo, lo schema di regolamento, riflettendo la scelta già compiuta dal legislatore italiano, consente di azionare il meccanismo di negoziazione anche indipendentemente dalla volontà dell'altra parte. Tale caratterizzazione appare nondimeno compatibile con il dettato e l'intento del legislatore eurounitario in ragione dell'assenza, rilevata anche da AGCOM, di un corrispondente obbligo in capo all'altra parte di partecipare alla negoziazione così instaurata avanti all'Autorità.

La scelta di rimettere la disponibilità dell'istituto in capo anche a una sola delle parti di una negoziazione porta con sé la conseguenza, evidenziata dall'Autorità, di rendere necessario per la parte istante di corredare la propria richiesta di assistenza con adeguata documentazione, requisito fatto proprio dal co. 3 dell'art. 4 dello schema di regolamento. L'istante deve allora comprovare la effettiva esistenza di una negoziazione, documentandone altresì lo stato di avanzamento e la sopravvenienza di difficoltà ostative al raggiungimento di un accordo. Tale presupposto implicito risponde a una finalità selettiva, tesa a sgravare AGCOM da possibili richieste di assistenza per così dire "esplorative", cioè non suffragate dalla presenza di una reale, anteriore negoziazione. La disposizione di dettaglio così proposta chiarisce, pertanto, che il ricorso al meccanismo non è esperibile dietro istanza di un soggetto particolarmente zelante, "desideroso" di avviare una negoziazione con altra parte, ma richiede una trattativa preesistente connotata da una certa serietà.

L'adozione dello schema di regolamento ha inoltre consentito all'Autorità di specificare l'ambito di applicazione del meccanismo di negoziazione. Infatti, il riferimento, contenuto nell'art. 110-*ter* LDA, alla categoria dei "*servizi di video on demand*" non permetteva una agevole identificazione di tale ambito, in carenza di una precisa nozione in tal senso. Secondo AGCOM, l'ambito va correttamente individuato con la categoria dei servizi di media audiovisivi a richiesta, di cui all'art. 3, co. 1, lett. *q*) del d.lgs. 8 novembre 2021, n. 208, come richiamati alla definizione di cui all'art. 1, lett. *f*) dello schema di regolamento. In tale categoria rientrerebbero peraltro anche i soggetti non stabiliti nel territorio italiano, i quali tuttavia si rivolgono al pubblico italiano: a ciò condurrebbe, infatti, l'applicazione della disciplina in materia di diritto d'autore, per la quale non varrebbe il principio del paese d'origine. Vale la pena sottolineare come l'Autorità abbia riconosciuto che un'interpretazione combinata di matrice letterale della Direttiva Copyright e della Direttiva SMAV, come da ultimo modificata, condurrebbe a escludere dal meccanismo di negoziazione i servizi di piattaforma di condivisione video.

Da ultimo, merita sottolineare la natura della funzione attribuita ad AGCOM, espressamente qualificata in termini di "assistenza". L'Autorità ha precisato, oltre alla novità di tale istituto nel campo del diritto d'autore, come il meccanismo di negoziazione non sia in alcun modo assimilabile ai meccanismi di risoluzione alternativa delle controversie, essendo invero del tutto assenti nella fattispecie in esame vertenze da dirimere. Ciò che infatti caratterizza l'istituto in esame è la libertà contrattuale delle parti, ribadita proprio in esordio dall'art. 4 dello schema di regolamento: libertà che implica la possibilità che non si addivenga affatto alla conclusione di un accordo di licenza, essendo del resto con essa incompatibile qualsivoglia obbligo a contrarre (e finanche a negoziare). Così facendo, AGCOM ha ulteriormente precisato i termini di ingaggio del meccanismo di negoziazione, già indicati dalla Direttiva Copyright al considerando n. 52 nel segno della volontarietà della possibile conclusione di un successivo accordo.

L'assenza di vincolatività nella procedura che consegue alla richiesta di assistenza rivolta da (almeno) una delle parti in costanza di negoziazione è confermata anche dal co. 2 dell'art. 4, il quale precisa che compito dell'Autorità è facilitare (e non certo imporre) la conclusione di un accordo. A tal fine, la Direzione può fornire indirizzi sulle opportune soluzioni negoziali e, laddove opportuno, formulare proposte alle parti, anche con riferimento alla determinazione del compenso dovuto[2]. Poiché tale ultimo riferimento risale a un inciso contenuto nell'art. 110-*ter* LDA, assente nella Direttiva Copyright, l'Autorità ha ritenuto che si tratti di una esplicitazione con carattere indicativo, priva di valore vincolante.

Come anticipato, il co. 3 dell'art. 4 richiede alla parte che formuli richiesta di assistenza all'Autorità di allegare documentazione attestante l'esistenza di una negoziazione. Della richiesta di assistenza l'istante dovrà informare l'altra parte. Sono altresì a carico dell'istante, ai sensi del co. 5, le ulteriori comunicazioni relative al corso del procedimento, tra cui quella relativa alla data fissata per la prima

---

[2] In proposito, si veda anche B. TONOLETTI, *Il ruolo di mediazione dell'Autorità per le garanzie nelle comunicazioni nella tutela dei nuovi diritti d'autore*, in *AIDA*, 2022, 163, p. 165, secondo cui "[è] significativo che in sede di recepimento si sia ritenuto di dover specificare, senza che la Direttiva lo contemplasse espressamente, che l'assistenza dell'Autorità riguardi anche la determinazione del compenso. Infatti, la determinazione del compenso è la costante che accomuna i nuovi compiti dell'Autorità incidenti sugli accordi per lo sfruttamento delle opere protette".

sessione di discussione, che sarà onere dell'istante comunicare all'altra parte. Scopo della prima sessione di discussione, che può tenersi anche per via telematica[3], è anzitutto quello di permettere alla Direzione di verificare l'esistenza della negoziazione. A ulteriore riprova del fatto che, seppur azionabile disgiuntamente, il meccanismo non può prescindere, ai fini della sua prosecuzione, dalla reciproca volontà di coltivare le negoziazioni, al co. 4 è previsto che la mancata comparizione di una parte a due sessioni di discussione consecutive importi la cessazione dell'attività di assistenza alla negoziazione da parte dell'Autorità.

Il co. 5 prevede poi che, a decorrere dal giorno della prima sessione di discussione, le parti hanno a disposizione novanta giorni di tempo per negoziare con l'assistenza dell'Autorità. Decorso infruttuosamente tale termine, l'Autorità cessa il proprio compito, e non è ammessa una nuova richiesta di assistenza relativa al medesimo contratto. Laddove le parti raggiungano un accordo durante il periodo di assistenza sono tenute a darne tempestiva notizia all'Autorità, come richiesto al co. 6.

3. Spunti applicativi in tema di meccanismo di assistenza nel raggiungimento di accordi contrattuali per la concessione di licenze per lo sfruttamento di opere audiovisive su servizi di *video on demand*

Quale allora il funzionamento in pratica che è possibile ipotizzare di questo istituto? Si può assumere che esso sia destinato a trovare applicazione entro lo scenario dato da un rapporto tra parti che incontrano difficoltà nel raggiungimento di un accordo. Proprio in tale contesto di difficoltà è dato a ciascuna delle parti rivolgersi all'Autorità per sollecitare un intervento che favorisca un avvicinamento tra loro, riducendo le distanze. In questa veste, parrebbe ipotizzabile che l'Autorità agisca in una veste prettamente consulenziale, sull'assunto che le parti concordino sull'opportunità di rivolgervisi a fini di assistenza. Non può tacersi che, se questo intendimento del corretto funzionamento dell'istituto si rivelasse esatto, il compito di AGCOM non parrebbe perfettamente aderente al ruolo che tipicamente riveste un'autorità amministrativa indipendente, dovendosi escludere la possibilità di interpretare le competenze dell'Autorità in questa sede in senso au-

---

[3] La soluzione prospettata dall'Autorità pare coerente con la posizione espressa da E. ROSATI, *Copyright in the Digital Single Market*, Oxford University Press, 2021, p. 238, secondo cui "Also considering the advancement of communication technologies and their significant acceleration and widespread implementation during the COVID-19 pandemic, it would be unreasonable to require that meetings take place with parties simultaneously *physically* present at the same location. In any case, when the negotiation at hand involves parties from different Member States, the body or the mediators are not required to meet with the parties, though they are still allowed to do so.".

toritativo e potendosi invero interpretarle soltanto in senso facilitativo di soluzioni condivise[4].

Si pensi a una piattaforma interessata a mettere a disposizione sul proprio servizio VOD un contenuto e a un produttore o distributore interessato a concedere quel contenuto in licenza e che, nonostante il reciproco interesse, le parti incontrino difficoltà nel rapportarsi tra loro: l'istituto potrebbe allora conoscere applicazione in presenza di rapporti caratterizzati da barriere negoziali variamente connotate. Per esempio, ciò potrebbe occorrere quando siano in corso negoziazioni ostacolate da barriere linguistiche tra operatori con Paesi di stabilimento e dimensioni di *business* differenti. Queste difficoltà potrebbero interessare aspetti particolari, come i termini di pagamento o l'applicabilità di elementi estranei alle sensibilità giuridiche di una delle parti. In questo scenario, l'intervento di una figura terza potrebbe agevolare il dialogo tra le parti. La designazione di AGCOM quale organismo imparziale potrebbe allora risultare una scelta inedita, seppur determinata dalla felice opera di composizione di interessi di cui l'Autorità si è resa protagonista nel campo del diritto d'autore negli anni recenti, e portare con sé nuove sfide da affrontare per assolvere efficacemente a questo compito. Tra queste, è ipotizzabile che l'Autorità sia chiamata a dover scongiurare ricorsi abusivi al meccanismo di negoziazione, come potrebbe accadere laddove un operatore, magari di dimensioni limitate, intenda licenziare i propri contenuti a una piattaforma che, però, non è interessata a diffonderli. In questo scenario, il titolare dei diritti potrebbe pensare di ricorrere all'istituto in questione per "costringere" la piattaforma davanti a un tavolo di negoziazione. Non essendo questa la *ratio* dell'istituto, è essenziale che AGCOM agisca allo scopo di evitare la proliferazione di procedimenti aventi scopo meramente speculativo e strumentale. Questa esigenza potrà trovare soddisfazione grazie alla definizione di meccanismi deflattivi attraverso i quali sincerarsi che sia effettivo interesse di entrambe le parti (e non di una soltanto) condurre una negoziazione per la conclusione di un accordo di licenza, nonostante gli eventuali ostacoli incorsi. Sarà allora cruciale che il ruolo svolto da AGCOM sia coerente con la natura dell'istituto in questione[5], scevro dall'esercizio funzioni di carattere autoritativo. Non pare d'altro canto difficile pronosticare l'uso di cautela da parte dell'Autorità, che già nel contesto del regolamento attuativo dell'art. 43-*bis* LDA si è autodefinita un "mero facilitatore". In tale veste, nel fornire le proprie indicazioni AGCOM non potrà in alcun modo sostituirsi alla volontà delle parti, ma semmai limitarsi a individuare i punti di maggiore divergenza tra di esse e tentarne un ravvicinamento mediante proposte formulate all'uopo.

---

[4] In questo senso conclude B. TONOLETTI, *op. cit.*, secondo cui tale "impostazione emerge molto chiaramente dall'art. 110-*ter*, in cui l'Autorità fornisce assistenza in caso di difficoltà a raggiungere accordi di licenza", riflessione a margine del tentativo di "individuare la chiave per interpretare il complessivo ruolo affidato all'AGCOM dal d.lgs. 177/2021".

[5] Pare andare nella direzione corretta l'art. 4, co. 3 dello schema di regolamento nella parte in cui impone alla parte istante di allegare prova della (pre-) esistenza della negoziazione tra le parti.

Capitolo VIII
(dall'art. 14 CDSM all'art. 32-*quater* LDA)

Il patrimonio culturale tra pubblico dominio e riproduzione riservata

di *Stéphanie Rotelli e Costantino Monteleone*

SOMMARIO: 1. Il contesto italiano. – 2. Alcune considerazioni generali sulle nuove norme. – 3. L'impatto delle nuove norme sui documentari di opere delle arti visive e/o beni culturali.

1. Il contesto italiano

L'Italia è il paese con il maggior numero di siti del patrimonio mondiale Unesco [1] e, secondo le stime più ampie, ospita circa il 70% del patrimonio culturale del mondo. Naturalmente, il complesso patrimoniale italiano include, oltre a opere dell'ingegno protette, anche opere dell'ingegno ormai cadute in pubblico dominio e beni culturali, spesso custoditi presso GLAM [2] pubbliche, ecclesiastiche e private. Il settore del patrimonio culturale è dunque un settore di eccellenza e centralità per il paese, che genera esigenze e sfide, anche antagoniste tra loro: da un lato e con il fine di favorire un accesso sempre più libero e aperto alla cultura, quelle di conservazione, digitalizzazione e valorizzazione; d'altro lato e con l'obiettivo di ottimizzarne l'indotto e di minimizzarne utilizzi abusivi o lesivi, quelle di circolazione e utilizzazione economico-commerciali regolamentate.

In un rapporto pubblicato prima della pandemia ma valido ancora oggi, l'Osservatorio Audiovisivo Europeo ha evidenziato che la produzione audiovisiva europea degli ultimi anni è stata caratterizzata da un boom della produzione di do-

[1] I dati relativi ai siti del patrimonio mondiale italiani sono consultabili sul sito di UNESCO https://www.unesco.it/it/patrimoniomondiale/index e sul sito https://www.statista.com/chart/23622/unesco-world-heritage-by-country/.

[2] Acronimo di Galleries, Libraries, Archives and Museums (Gallerie, Biblioteche, Archivi e Musei), da intendersi quali entità o istituti che custodiscono opere dell'ingegno protette o in pubblico dominio e ne regolano l'accesso da parte di utenti, anche a mezzo di mostre o esposizioni.

cumentari, con un incremento produttivo superiore al 200%[3]. Si ricorda che in termini di produzione cinematografica e audiovisiva, l'Italia rientra tra i maggiori produttori europei, insieme a Gran Bretagna, Germania, Francia e Spagna. Il settore audiovisivo italiano e le opere visive e/o audiovisive documentaristiche, anche di beni culturali italiani, rappresentano quindi anch'essi una priorità per l'Italia.

In altre parole, lo sfruttamento ottimale del patrimonio culturale italiano è senza dubbio fondamentale per lo sviluppo socio-economico, locale e regionale, sia in Italia che in Europa, mentre la sua riproduzione visiva e/o audiovisiva, capace di documentarlo fedelmente nel tempo e di consentirne l'esportazione, anche per le generazioni future, è certamente imprescindibile a detto scopo.

Il contesto italiano ora brevemente richiamato aiuta a comprendere l'approccio e il regime protettivi, che alcuni criticano come protezionistici e anacronistici, adottati e mantenuti rispetto al patrimonio culturale dal legislatore nazionale fino all'adozione dell'art. 14 della Direttiva Copyright e dell'art. 32-*quater* della LDA che ne costituisce attuazione in Italia.

Prescindendo dalle regole civilistiche sulla proprietà, atte a regolare l'accesso ai beni culturali da parte del pubblico di loro fruitori, in termini di riproduzione (e successiva disseminazione) tangibile o digitale di beni culturali, detto regime protettivo italiano ha poggiato essenzialmente su tre pilastri:

(i) l'insussistenza di un cd. diritto di panorama ovvero del diritto di riprodurre liberamente opere dell'ingegno protette collocate stabilmente in luoghi pubblici e inevitabilmente esposte a una pubblica visione: l'Italia non ha infatti mai trasposto nella LDA (o in altra legge speciale) l'eccezione facoltativa al diritto di autore prevista dall'art. 5, co. 3, lett. *h*) della Direttiva Infosoc 2001/29/CE[4];

(ii) il sistema di autorizzazioni (e pagamento di corrispettivi) previsto dagli artt. da 107 a 109 del Decreto Legislativo 22 gennaio 2004, n. 42 (il Codice dei Beni Culturali, "CBC") per la riproduzione di beni culturali a scopo di lucro ovvero per fini commerciali;

(iii) secondo il regime dualistico avallato dalla Convenzione di Berna, la protezione mediante diritti connessi delle riproduzioni visive e/o audiovisive fedeli di opere dell'ingegno protette e non, inclusi i beni culturali, ai sensi degli artt. 2, n. 6, 87 e 78-*ter* della LDA. Dette disposizioni sono meglio illustrate al punto 3 della presente relazione.

---

[3] Si vedano il rapporto "*Film production in Europe – Production volume, co-production and worldwide circulation*", pubblicato dall'Osservatorio Audiovisivo Europeo l'11 dicembre 2017 e accessibile sul sito https://www.obs.coe.int/en/web/observatoire/ e i rapporti annuali "*Tutti i numeri del cinema e dell'audiovisivo italiano*", pubblicati dalla Direzione Cinema e Audiovisivo del Ministero della Cultura, accessibili sul sito https://www.beniculturali.it.

[4] La norma citata consente agli Stati Membri di prevedere eccezioni o limitazioni ai diritti di riproduzione e comunicazione al pubblico "*h) quando si utilizzino opere, quali opere di architettura o di scultura, realizzate per essere collocate stabilmente in luoghi pubblici*".

2. Alcune considerazioni generali sulle nuove norme

L'art. 14 della Direttiva Copyright esclude che le riproduzioni di opere dell'ingegno delle arti visive cadute in pubblico dominio siano protette mediante diritti di autore o diritti connessi, a meno che dette riproduzioni siano esse stesse tutelabili in quanto dotate di originalità, nel senso europeo uniforme di costituire una creazione intellettuale propria del loro autore[5]. Il considerando n. 53 della Direttiva citata chiarisce che la norma europea è essenzialmente finalizzata a favorire la circolazione transfrontaliera di riproduzioni fedeli o non creative delle opere delle arti visive in pubblico dominio e, pertanto, un più ampio accesso al patrimonio culturale unionista[6].

L'adozione di detta disposizione europea ha generato un acceso dibattito e opinioni discordanti. Da un lato, è stata celebrata come la tanto attesa codificazione, nell'acquis europeo di diritto di autore, del concetto di pubblico dominio. Al contrario e d'altro lato, è stata ferocemente criticata come norma ridondante e superflua e, al contempo, come risultato di un approccio settoriale.

La norma europea citata è indiscutibilmente settoriale, in quanto concerne esclusivamente le opere delle arti visive cadute in pubblico dominio e non tutte le opere dell'ingegno per le quali sia scaduta la massima durata di protezione. Questa scelta limitativa è stata operata nel corso dei suoi lavori preparatori, restringendo la portata della previsione inizialmente proposta.

Non esiste tuttavia (ancora) una definizione europea autonoma di opere delle arti visive. L'allegato alla Direttiva sulle opere orfane 2012/28/UE contiene infatti soltanto un elenco di opere visive parziale e non esaustivo, comprensivo, tra gli altri, degli oggetti d'arte, della fotografia, del design e dell'architettura[7]. Spetterà

---

[5] Il testo dell'art. 14 della Direttiva Copyright è qui riprodotto per maggiore facilità di reperimento: "*Gli Stati membri provvedono a che, alla scadenza della durata di protezione di un'opera delle arte visive, il materiale derivante da un atto di riproduzione di tale opera non sia soggetto al diritto d'autore o a diritti connessi, a meno che il materiale risultante da tale atto di riproduzione sia originale nel senso che costituisce una creazione intellettuale propria dell'autore*".

[6] Il testo del considerando n. 53 della Direttiva Copyright è qui riprodotto per maggiore facilità di reperimento: "*La scadenza della durata di protezione di un'opera comporta l'entrata di tale opera nel dominio pubblico e la scadenza dei diritti che il diritto d'autore dell'Unione conferisce a tale opera. Nel settore delle arti visive, la circolazione di riproduzioni fedeli di opere di dominio pubblico favorisce l'accesso alla cultura e la sua promozione e l'accesso al patrimonio culturale. Nell'ambiente digitale, la protezione di tali riproduzioni attraverso il diritto d'autore o diritti connessi è incompatibile con la scadenza della protezione del diritto d'autore delle opere. Inoltre, le differenze tra le legislazioni nazionali in materia di diritto d'autore che disciplinano la protezione di tali riproduzioni causano incertezza giuridica e incidono sulla diffusione transfrontaliera delle opere delle arti visive di dominio pubblico. Alcune riproduzioni di opere delle arti visive di dominio pubblico non dovrebbero pertanto essere protette dal diritto d'autore o da diritti connessi. Tutto ciò non dovrebbe impedire agli istituti di tutela del patrimonio culturale di vendere riproduzioni, come ad esempio le cartoline.*".

[7] Nel regolare le fonti che gli Stati Membri devono considerare a fini di consultazione per la ricerca di titolari di opere dell'ingegno, il numero 3 dell'Allegato della Direttiva sulle opere orfane

quindi alla CGUE, su richiesta delle Corti unionali e come ha già fatto in passato, ad esempio in tema di arte appropriativa e citazione, determinare l'esatta portata applicativa dell'art. 14 della Direttiva Copyright, enucleando una definizione europea uniforme di opere delle arti visive. E detta definizione non potrà che essere basata sul significato comune dei termini in questione, che paiono dover includere tutte le opere artistiche che si percepiscono principalmente ed essenzialmente con il senso della vista e quindi, oltre alle tradizionali arti figurative e plastiche, anche l'architettura, le arti decorative e il design, la fotografia, il cinema e l'audiovisivo. In sostanza, parrebbero da escludersi la musica e la letteratura.

Dall'osservazione di settorialità appena illustrata discende, come conseguenza naturale, una seconda considerazione generale: l'art. 14 della Direttiva Copyright apre inevitabilmente la porta a discriminazioni tra opere dell'ingegno e tra riproduzioni fedeli di opere dell'ingegno. Questa considerazione è meglio sviluppata, con specifico riferimento alle opere audiovisive documentaristiche, al punto 3 della presente relazione.

Infine, una terza considerazione generale concerne l'attuazione della norma europea in Italia. L'art. 14 della Direttiva Copyright preclude la protezione mediante diritti di autore o diritti connessi delle riproduzioni fedeli o non creative di opere delle arti visive in pubblico dominio. In prima battuta, ciò parrebbe significare che dette riproduzioni fedeli siano sempre liberamente realizzabili e, soprattutto, comunicabili o altrimenti utilizzabili, anche per fini commerciali. In realtà, la disposizione in parola non esclude, né espressamente né implicitamente, la possibilità che dette riproduzioni fedeli siano assoggettate ad altre forme di riserva o di protezione. E la scelta del legislatore italiano è andata proprio in questa direzione, in quanto l'art. 32-*quater* della LDA riproduce la norma europea con una variante, costituita proprio dalla salvezza del regime autorizzativo delle riproduzioni di opere delle arti visive in pubblico dominio costituenti beni culturali previsto dal CBC [8].

La variante italiana è stata anch'essa molto discussa: ci si è chiesti in particolare se l'Italia abbia correttamente implementato la norma europea oppure abbia invece ecceduto nel continuare a proteggere il patrimonio culturale italiano in pubblico dominio contro riproduzioni, fedeli o meno e a fini commerciali, non autorizzate. In proposito, merita ricordare che le regole civilistiche sulla proprietà o di controllo dell'accesso fisico o digitale al patrimonio culturale non paiono essere da sole sufficienti a garantire che le GLAM possano esercitare un adeguata verifi-

---

2012/28/UE prevede che la categoria di opere visive includa "*gli oggetti d'arte, la fotografia, le illustrazioni, il design, l'architettura, le bozze di tali opere e di altro materiale riprodotto in libri, riviste, quotidiani e rotocalchi o altre opere.*".

[8] L'art. 32-*quater* della LDA è qui riprodotto per maggiore facilità di reperimento: "*Alla scadenza della durata di protezione di un'opera delle arti visive, anche come individuate all'articolo 2, il materiale derivante da un atto di riproduzione di tale opera non è soggetto al diritto d'autore o a diritti connessi, salvo che costituisca un'opera originale. Restano ferme le disposizioni in materia di riproduzione dei beni culturali di cui al decreto legislativo 22 gennaio 2004, n. 42.*".

ca, anche sul piano della corretta valorizzazione dei beni culturali che custodiscono e della loro reputazione, sui progetti di loro riproduzione a fini commerciali di terzi. Il regime autorizzativo previsto dal CBC, ove usato ragionevolmente, rimane in questo senso un notevole strumento di gestione pubblicistica, anche deterrente di utilizzi lesivi, dei beni culturali.

3. L'impatto delle nuove norme sui documentari di opere delle arti visive e/o beni culturali

L'impatto dell'art. 32-*quater* della LDA rispetto alla realizzazione e all'utilizzo di riproduzioni fedeli del patrimonio culturale italiano effettuate sotto forma di documentari è maggiore di quanto non possa apparire a prima vista.

Al fine di comprendere meglio i riflessi della nuova norma italiana, occorre ricordare che relativamente ai documentari è stato da tempo elaborato a livello internazionale e in diversi paesi europei, tra cui l'Italia, un sistema dualistico di protezione che si basa sulla dicotomia tra immagini documentarie creative e immagini documentarie non creative. Tale sistema ha sempre svolto un ruolo portante nella LDA, almeno sino a oggi.

Con riferimento alle opere audiovisive, la citata dicotomia è espressa dall'art. 2, n. 6, LDA, secondo il quale le opere cinematografiche e/o audiovisive sono protette da diritti di autore se e in quanto non si tratti di opere di "*semplice documentazione*", tutelate viceversa da diritti connessi "*ai sensi delle norme del capo quinto del titolo secondo*" (in tema di fotografie). Si ricorda che per opere di semplice documentazione si intendono comunemente quelle che riproducono persone, cose, elementi o fatti della vita naturale o sociale nel tempo e nel modo in cui si presentano e accadono. Tale definizione è speculare a quella che l'art. 87 della LDA fornisce delle fotografie semplici, che peraltro comprendono espressamente le riproduzioni di opere dell'arte figurativa.

La distinzione tra opere dell'arte cinematografica e/o audiovisiva e opere di semplice documentazione non dipende dall'oggetto della rappresentazione, bensì dalla possibilità che possa rinvenirsi nelle prime quel minimo gradiente creativo richiesto dalla LDA ai fini della loro protezione piena tramite diritti di autore, da valutarsi inevitabilmente caso per caso. In particolare, i documentari sono pienamente protetti come opere cinematografiche e/o audiovisive creative se, e solo nella misura in cui, non riproducano fedelmente e semplicemente la realtà così come si svolge naturalmente davanti all'occhio dello spettatore, ma siano piuttosto il risultato di un intervento creativo personale del loro autore sulla realtà rappresentata, in termini di percezione, elaborazione, selezione ed espressione. In questo senso, un carattere creativo si riscontra spesso nei documentari che non siano solo il risultato di un sapiente uso di attrezzature tecniche o di una qualificata capacità tecnica di registrare la realtà, ma siano invece il risultato di una ricostruzione ed esperienza visiva mediata della realtà, derivante da una scelta individuale da parte dell'autore delle informazioni della vita reale da filmare e/o montare, dei punti di osservazione da cui filmare, della composizione, dell'inquadratura, della fotografia, dalla scelta di combinare la realtà rappresentata con contenuti diversi, ad esempio con interviste o commenti che ricostruiscano o rileggano quella realtà rappresentata in chiave originale, di modo che possa emergere la visione personale dell'autore (ossia la personalità dell'autore), che necessariamente si baserà sul suo gusto, la sua sensibilità e la sua cultura.

Con riferimento alla fissazione dell'opera su supporto, tangibile o digitale, occorre poi considerare i diritti connessi riconosciuti al produttore di videogrammi ai sensi dell'art. 78-*ter* della LDA, naturalmente da applicarsi anche ai videogrammi a contenuto documentaristico e a prescindere dal loro carattere creativo, essendo notoriamente sufficiente che gli stessi siano soltanto il risultato di un investimento economico rilevante, ancorché non elevato.

Da questa prospettiva, appare innegabile che il nuovo art. 32-*quater* della LDA determini una drastica limitazione dell'ambito di applicazione dei diritti connessi ai documentari e ai relativi videogrammi. Detta disposizione, infatti, crea una barriera legale a qualsiasi protezione delle riproduzioni che documentino fedelmente e in modo non creativo la realtà delle opere dell'arte visiva cadute in pubblico dominio. Ne consegue che ai documentari d'arte che siano ritenuti privi di carattere creativo, ad esempio perché ritraggano fedelmente e semplicemente la realtà di intere collezioni di GLAM, debba essere oggi negata qualsiasi forma di protezione ai sensi della LDA e, verosimilmente, qualsiasi valore economico, mentre per i documentari non creativi che ritraggano qualsiasi altra realtà esistente permanga il riconoscimento di una protezione mediante diritti connessi.

È vero infatti che attualmente, possono ipotizzarsi i seguenti casi, nei quali la protezione o meno dei documentari non creativi finisce col dipendere anche dall'oggetto della riproduzione:

(i) documentari non creativi aventi ad oggetto opere non rientranti tra le arti visive, che ricevono protezione mediante diritti connessi;

(ii) documentari non creativi aventi ad oggetto opere delle arti visive non cadute in pubblico dominio, che ricevono protezione mediante diritti connessi;

(iii) documentari non creativi aventi ad oggetto opere delle arti visive cadute in pubblico dominio ma non costituenti beni culturali, che non possono beneficiare di protezione alcuna;

(iv) documentari non creativi aventi ad oggetto opere delle arti visive cadute in pubblico dominio ma riconosciute come beni culturali, che non sono tutelabili ai sensi della LDA ma beneficiano del regime autorizzativo di cui al CBC.

Tirando le somme, pare potersi sostenere che l'intero sistema di doppia protezione dei documentari previsto dalla LDA sia oggi in crisi e non più pienamente praticabile.

Sul punto e al fine di superare possibili antinomie e disparità di trattamento, sarebbe stato forse auspicabile un intervento più ragionato, profondo e coordinato da parte del legislatore nazionale nel modo di riflettere all'interno della LDA la nuova norma dell'art. 14 della Direttiva Copyright. Non resta quindi che augurarsi che sia la giurisprudenza della CGUE o quantomeno dei giudici nazionali a fornire un'interpretazione chiara e possibilmente evolutiva, o comunque atta ad ampliare il novero dei parametri di riferimento, al fine di valutare la sussistenza del carattere creativo e agevolare maggiormente il riconoscimento della protezione piena dei documentari mediante diritti di autore.

Capitolo IX
(dall'art. 15 CDSM all'art. 43-*bis* LDA)

La via italiana per i diritti connessi degli editori di pubblicazioni giornalistiche

Parte I

Per una ricognizione della trasposizione italiana

di *Francesca Giordanelli*

SOMMARIO: 1. La trasposizione in Italia dell'art. 15 della Direttiva. – 2. I criteri interpretativi dell'art. 43-*bis* e del Regolamento AGCOM.

1. La trasposizione in Italia dell'art. 15 della Direttiva

L'introduzione di un diritto connesso a favore degli editori di pubblicazioni di carattere giornalistico *online*, a livello europeo, si era resa necessaria, secondo quanto si evince dalla lettura dei considerando nn. 54 e 55 della Direttiva 2019/790, per garantire la certezza del diritto, rafforzare la posizione negoziale degli editori nei confronti dei prestatori di servizi *online* e proteggere i loro investimenti nella creazione di contenuti giornalistici di qualità. In particolare, si voleva, da un lato [1],

[1] La dottrina aveva proposto modelli alternativi rispetto alla costituzione dei nuovi diritti connessi di esclusiva in capo agli editori di pubblicazioni giornalistiche, come l'istituzione di una eccezione con la previsione di un equo compenso (c.d. "dominio pubblico pagante"): A. MUSSO, *L'impatto dell'ambiente digitale su modelli e categorie dei diritti d'autore o connessi*, in *Riv. trim. dir. proc. civ.*, 2, 2018, p. 495; F. BANTERLE, G. GHIDINI, *Sulla proposta di un nuovo diritto cd. "connesso" per gli editori di giornale, ed una rilettura FRAND di alcune esclusive autoriali in ambito digitale*, in *Studi per Luigi Carlo Ubertazzi. Proprietà intellettuale e concorrenza*, Giuffrè, Milano, 2019, p. 77. Altra parte della dottrina ha sostenuto che per raggiungere gli obiettivi della Direttiva, e cioè facilitare la concessione di licenze da parte degli editori di pubblicazioni giornalistiche, fosse sufficiente prevedere una presunzione di titolarità dei diritti sulle pubblicazioni da parte degli

garantire la sostenibilità del settore dell'editoria giornalistica in un'ottica redistributiva [2] e, dall'altro, facilitare la concessione di licenze *online* per le pubblicazioni giornalistiche [3].

La crisi del settore della stampa, che tra il 2010 e il 2014 aveva subito una perdita netta di ricavi pari a 9,47 miliardi di euro [4], era ricondotta al fatto che mentre gli editori di giornali avevano tradizionalmente reso disponibile *online* (gratuitamente) gran parte dei loro contenuti, fin dagli albori di Internet, a tale pratica erano seguiti la diminuzione del consumo di quotidiani cartacei ed il mancato recupero dei ricavi tramite la pubblicità e gli abbonamenti *online* [5]. Al contempo, l'ampia percentuale di contenuti giornalistici disponibili su Internet aveva anche favorito l'emergere di fornitori di servizi *online*, come i *news aggregators*, che basavano in tutto o in parte i loro modelli di *business* sul riuso o sulla fornitura di accesso a tali contenuti [6].

Prima dell'intervento del legislatore europeo, la situazione di difficoltà del settore dell'editoria giornalistica aveva condotto due paesi dell'Unione Europea (Germania e Spagna) ad adottare alcune norme all'interno del loro diritto d'autore nazionale, senza che tali iniziative raggiungessero il successo sperato, mentre, in altri paesi, gli editori avevano tentato di stipulare licenze con i fornitori di servizi *online* per l'uso dei loro contenuti, ancora una volta senza successo [7].

In particolare, in Germania era stato introdotto, nel 2013, un diritto connesso per gli editori di giornali e riviste alla messa a disposizione del pubblico per finalità commerciali di prodotti editoriali o parti di essi (che non fossero singole paro-

---

editori: L. BENTLY, M. KRETSCHMER, T. DUDENBOSTEL, M. DEL CARMEN CALATRAVA MORENO, A. RADAUER, *Strengthening the Position of Press Publishers and Authors and Performers in the Copyright Directive*, Study for the JURI Committee, PE 596.810, Settembre 2017, p. 8 e V. MOSCON, *Use and abuse of neighbouring rights and the growing need for a sound understanding: the case of online news protection in Europe*, in S. FRANKEL (a cura di), *The object and purpose of intellectual property*, Edward Elgar Publishing, Cheltenham, UK, 2019, p. 328.

[2] La dottrina ha sottolineato che uno dei principali obiettivi della Direttiva è quello di creare un mercato per il diritto d'autore che sia prima di tutto equo e, dunque, quello di colmare il cosiddetto "*value gap*" tra attori del mercato: G. PRIORA, *Catching sight of a glimmer of light: Fair remuneration and the emerging distributive rationale in the reform of EU Copyright Law*, in *JIPITEC*, 10, 3, 2019, p. 330 ss.

[3] COMMISSIONE EUROPEA, *Proposta di Direttiva del Parlamento Europeo e del Consiglio sul diritto d'autore nel mercato unico digitale*, 14 settembre 2016, COM(2016) 593 final, p. 3.

[4] COMMISSIONE EUROPEA, *Impact Assessment on the modernisation of EU copyright rules accompanying the document Proposal for a Directive of the European Parliament and of the Council on copyright in the Digital Single Market and Proposal for a Regulation of the European Parliament and of the Council laying down rules on the exercise of copyright and related rights applicable to certain online transmissions of broadcasting organisations and retransmissions of television and radio programmes*, 14 settembre 2016, SWD(2016) 301 final, p. 156.

[5] COMMISSIONE EUROPEA, *Impact Assessment*, cit., pp. 156-157.

[6] Nel 2016, i *social media* (22%), gli aggregatori di notizie (14%) e i motori di ricerca (21%) costituivano la modalità principale di leggere le notizie *online* per il 57% degli utenti nell'UE: COMMISSIONE EUROPEA, *Impact Assessment*, cit., p. 157.

[7] COMMISSIONE EUROPEA, *Impact Assessment*, cit., p. 157.

le o estratti di testo molto brevi). Invece, in Spagna, nel 2014, era stata adottata una eccezione (*recte*: limitazione) al diritto di messa a disposizione del pubblico degli editori delle pubblicazioni giornalistiche che consentiva l'uso – da parte di fornitori di servizi digitali di aggregazione di contenuti – di frammenti non significativi di articoli che avessero una finalità informativa, di creazione di opinione pubblica o di intrattenimento, a condizione che venisse versato un compenso equo ed irrinunciabile, soggetto ad un regime obbligatorio di gestione collettiva [8].

L'art. 15 della Direttiva 2019/790 prevede che gli Stati membri debbano riconoscere agli editori di pubblicazioni giornalistiche, per un periodo di due anni [9], i diritti connessi di riproduzione e messa a disposizione del pubblico di cui agli artt. 2 e 3, par. 2, della Direttiva 2001/29/CE per l'utilizzo *online* delle loro pubblicazioni [10] da parte di prestatori di servizi della società dell'informazione. Il nuovo diritto connesso, secondo la norma europea, non si applica agli utilizzi privati o non commerciali delle pubblicazioni di carattere giornalistico da parte di singoli utilizzatori, ai collegamenti ipertestuali e all'utilizzo di singole parole o di estratti molto brevi di pubblicazioni di carattere giornalistico.

L'art. 43-*bis* LDA, con il quale è stato recepito nell'ordinamento italiano l'art. 15 della dir. 2019/790, stabilisce che agli editori di pubblicazioni di carattere giornalistico – sia in forma singola che associata o consorziata – sono riconosciuti, per l'uso *online* delle loro pubblicazioni da parte di prestatori di servizi della società dell'informazione [11], comprese le imprese di *media monitoring* e rassegne stampa, i

---

[8] La dottrina aveva sollevato alcune perplessità sulla compatibilità dei modelli nazionali tedesco e spagnolo con l'*acquis* europeo del diritto d'autore, in particolare in riferimento al margine di discrezionalità che il diritto europeo lasciava agli Stati Membri: E. ROSATI, *Neighbouring Rights for Publishers: Are National and (Possible) EU Initiatives Lawful?*, in *IIC*, 47, 2016, p. 569 ss.; M. RICOLFI, *La tutela delle pubblicazioni giornalistiche in caso di utilizzo online*, in *Annali it. dir. autore*, 1, 2019, pp. 38-39; C. SGANGA, *Evoluzioni e trasformazioni dei diritti connessi nei percorsi di armonizzazione del diritto d'autore europeo*, in *Riv. dir. ind.*, 3, 2021, p. 158.

[9] Ai sensi del co. 4 dell'art. 15 della dir. 2019/790, il termine di due anni «è calcolato a decorrere dal 1° gennaio dell'anno successivo alla data di pubblicazione di tale pubblicazione di carattere giornalistico».

[10] Le pubblicazioni di carattere giornalistico sono definite all'art. 2 della dir. 2019/790 come un insieme composto principalmente da opere letterarie di carattere giornalistico, ma che può includere anche altre opere (o altri materiali) e che costituisce un singolo elemento all'interno di una pubblicazione periodica o regolarmente aggiornata, recante un unico titolo – quale un quotidiano o una rivista di interesse generale o specifico avente lo scopo di fornire al pubblico informazioni su notizie o altri argomenti – e pubblicata su qualsiasi mezzo di comunicazione ad iniziativa e sotto la responsabilità editoriale o il controllo di un prestatore di servizi. Tale definizione era già stata criticata a partire dalla pubblicazione della Proposta della Direttiva, in quanto pareva troppo vaga e comprendente più soggetti di quanti sarebbe stato in linea con le finalità dell'introduzione del nuovo diritto connesso. Difatti, una definizione tanto ampia rischia di estendere eccessivamente l'ambito di applicazione del nuovo diritto: MOSCON, *op. cit.*, p. 326 e BENTLY, KRETSCHMER e altri, *op. cit.*, p. 21.

[11] Il co. 1 dell'art. 43-*bis* LDA rimanda all'art. 1, co. 1, lett. *b*), del d.lgs. 15 dicembre 2017, n. 223 per la definizione di "servizio della società dell'informazione" che lo definisce come «qualsiasi servizio prestato normalmente dietro retribuzione, a distanza, per via elettronica e a richiesta indivi-

diritti esclusivi di riproduzione e comunicazione di cui agli artt. 13 e 16 LDA.

Un primo elemento da notare è che la norma italiana prevede che il diritto connesso comprenda l'intero diritto di comunicazione al pubblico, e non solo il diritto alla messa a disposizione del pubblico, come invece previsto in sede europea [12].

In linea con quanto previsto nell'art. 15 della Direttiva, tale diritto non è riconosciuto in caso di uso privato o non commerciale delle pubblicazioni di carattere giornalistico da parte di singoli utilizzatori, né in caso di collegamenti ipertestuali o di uso di singole parole o di estratti molto brevi.

Per la corretta delimitazione del concetto di "estratto molto breve" in sede nazionale, la dottrina si era divisa tra chi riteneva che fosse preferibile adottare un criterio quantitativo, tale da indicare il numero massimo di parole che un estratto molto breve potesse contenere, per assicurare minori incertezze interpretative, e chi, invece, sosteneva la necessaria adozione di un criterio qualitativo che avrebbe garantito maggiore flessibilità [13]. Il legislatore italiano, adottando un criterio qualitativo, che non esime da problemi interpretativi, ha specificato che per "estratto molto breve" debba intendersi qualsiasi porzione di pubblicazione che non dispensi dalla necessità di consultazione dell'articolo giornalistico nella sua integrità.

In via innovativa rispetto alla Direttiva, al co. 8 dell'art. 43-*bis* LDA è previsto che i prestatori di servizi della società dell'informazione riconoscono un equo compenso agli editori per l'utilizzo *online* delle pubblicazioni giornalistiche e che spetta all'AGCOM, tramite un regolamento, l'individuazione dei criteri per la determinazione del compenso «tenendo conto, tra l'altro del numero di consultazioni online dell'articolo, degli anni di attività e della rilevanza sul mercato degli editori [...] e del numero di giornalisti impiegati, nonché dei costi sostenuti per investimenti tecnologici e infrastrutturali da entrambe le parti, e dei benefici economici derivanti, ad entrambe le parti, dalla pubblicazione quanto a visibilità e ricavi pubblicitari».

Ai sensi del co. 9, la negoziazione per la stipula del contratto avente ad oggetto l'utilizzo dei suddetti diritti è condotta tenendo conto anche dei criteri definiti dal regolamento sull'equo compenso e nel corso della negoziazione i prestatori di servizi delle società dell'informazione non limitano la visibilità dei contenuti degli editori nei risultati di ricerca.

---

duale di un destinatario di servizi; ai fini della presente definizione si intende per: 1) a distanza: un servizio fornito senza la presenza simultanea delle parti; 2) per via elettronica: un servizio inviato all'origine e ricevuto a destinazione mediante attrezzature elettroniche di trattamento, compresa la compressione digitale, e di memorizzazione di dati, e che è interamente trasmesso, inoltrato e ricevuto mediante fili, radio, mezzi ottici o altri mezzi elettromagnetici; 3) a richiesta individuale di un destinatario di servizi: un servizio fornito mediante trasmissione di dati su richiesta individuale».

[12] G. Rapaccini, *Il nuovo diritto connesso degli editori online*, in S. Lavagnini (a cura di), *Il diritto d'autore nel mercato unico digitale*, Giappichelli, Torino, 2022, p. 199.

[13] Per un'analisi del dibattito: F. Banterle, G. Ghidini, *Copyright, news, and "information products" under the new DSM Copyright Directive*, in A. Mirone, C. Costa, P.M. Sanfilippo, R. Pennisi, R. Vigo (a cura di), *Studi di diritto commerciale per Vincenzo Di Cataldo*, Giappichelli, Torino, 2021, p. 253.

Inoltre, il co. 10 prevede che se entro trenta giorni dalla richiesta di avvio delle negoziazioni non è raggiunto un accordo sull'ammontare del compenso, ciascuna delle parti può rivolgersi all'AGCOM per la determinazione dell'equo compenso, esplicitando nella richiesta la propria proposta economica.

Infine, il co. 12 dell'art. 43-*bis* prevede che i prestatori di servizi della società dell'informazione sono obbligati a mettere a disposizione – su richiesta della parte interessata, anche tramite gli organismi di gestione collettiva o entità di gestione indipendenti di cui al d.lgs. 15 marzo 2017, n. 35, se mandatari, o dell'AGCOM – i dati necessari a determinare la misura dell'equo compenso, prevedendo unicamente che tale obbligo non esonera gli editori dal rispetto della riservatezza delle informazioni di carattere commerciale, industriale e finanziario di cui sono venuti a conoscenza.

2. I criteri interpretativi dell'art. 43-*bis* e del Regolamento AGCOM

La disciplina italiana delinea così un peculiare regime di negoziazione che attribuisce all'AGCOM il ruolo di autorità preposta a determinare i criteri per l'equo compenso e di vigilanza sull'adempimento dell'obbligo di informazione a carico dei prestatori di servizi, ma anche il fondamentale ruolo di arbitratore contrattuale nel caso in cui le parti non addivengano ad un accordo sull'ammontare dell'equo compenso.

Partendo da questo contesto legislativo, è la stessa AGCOM ad affermare che l'art. 43-*bis* LDA, alla luce dello spirito del diritto dell'Unione europea e, in particolare, della *ratio* sottesa alla formulazione dell'art. 15 della Direttiva, deve essere interpretato nel senso di lasciare le parti libere nella negoziazione per addivenire a un accordo che "può" tenere conto "anche" dei criteri indicati dall'Autorità nel Regolamento [14], e che in ragione «della necessità di preservare la libertà negoziale delle parti affinché concludano accordi reciprocamente vantaggiosi, i criteri devono riflettere le differenze strutturali esistenti tra i soggetti [...] nonché considerare le differenze nella distribuzione del potere contrattuale tra le parti» [15].

Mentre nella Direttiva e nell'art. 43-*bis* LDA era stata delineata una disciplina tendenzialmente unitaria per tutti i prestatori, l'Autorità ha ritenuto di distinguere in sede regolamentare tra agenzie di rassegne stampa e *media monitoring* ("IMMRS") e gli altri prestatori: in particolare, la differenza tra i modelli di *business* delle IMMRS, che «forniscono, di regola a titolo oneroso, i propri servizi a clienti che sottoscrivono contratti di fornitura dei relativi servizi personalizzati, di cui beneficia una molteplicità di utenti finali appartenenti all'organizzazione del contraen-

[14] AGCOM, delibera 3/23/CONS, *Regolamento in materia di individuazione dei criteri di riferimento per la determinazione dell'equo compenso per l'utilizzo online di pubblicazioni di carattere giornalistico di cui all'articolo 43-bis della legge 22 aprile 1941, n. 633*, p. 9.

[15] AGCOM, delibera 3/23/CONS, cit., p. 12.

te» e gli altri prestatori, che ricevono i propri ricavi da pubblicità *online* e dalla valorizzazione di *big data*, non avrebbe consentito – secondo l'AGCOM – una determinazione uniforme dei criteri per l'equo compenso [16] e, di conseguenza, neanche un unitario obbligo di informazione.

Per questa differenza di disciplina, nel Regolamento viene quindi delineata una definizione di "imprese di *media monitoring* e rassegne stampa (o IMMRS)", quali imprese che erogano «un servizio della società dell'informazione consistente, tra l'altro, ma non esclusivamente, nella selezione, indicizzazione, organizzazione, collazione, estrazione, trasmissione, messa a disposizione di pubblicazioni di carattere giornalistico, normalmente dietro retribuzione, a distanza, anche mediante attrezzature informatiche di trattamento e memorizzazione di dati ed a richiesta individuale di un contraente anche mediante copia cartacea successivamente digitalizzata» (art. 1 Regolamento AGCOM).

Gli altri prestatori sono identificati "in negativo" rispetto alle IMMRS; infatti, il Capo II del Regolamento è rubricato «Utilizzo *online* di pubblicazioni di carattere giornalistico da parte di prestatori di servizi della società dell'informazione diversi dalle imprese di *media monitoring* e rassegne stampa» e il Capo III, «Utilizzo di pubblicazioni di carattere giornalistico da parte di imprese di *media monitoring* e rassegne stampa».

Dunque, per quanto riguarda i prestatori diversi dalle IMMRS, all'art. 4 del Regolamento AGCOM viene delineato il meccanismo per calcolare l'equo compenso secondo due passaggi: in primo luogo, deve essere determinata la base di calcolo consistente nei ricavi pubblicitari derivanti dall'utilizzo della pubblicazione giornalistica *online* e, in secondo luogo, alla base di calcolo va applicata un'aliquota fino al 70%, che viene parametrata sulla base dei criteri di cui al co. 3 dell'art. 4, considerati cumulativamente e con rilevanza decrescente. Mentre la versione originaria dell'art. 4 dello Schema di Regolamento prevedeva quattro criteri che esulavano da quanto previsto dal co. 8 dell'art. 43-*bis* LDA [17], nella versione definitiva dell'art. 4 l'unico che si aggiunge a quanto previsto dal legislatore è quello di cui alla lett. *f*) che corrisponde all'«adesione e conformità,

---

[16] AGCOM, delibera 3/23/CONS, cit., p. 9.

[17] AGCOM, delibera 195/22/CONS, *Consultazione pubblica sullo schema di regolamento in materia di individuazione dei criteri di riferimento per la determinazione dell'equo compenso per l'utilizzo online di pubblicazioni di carattere giornalistico di cui all'articolo 43-bis della legge 22 aprile 1941, n. 633*, 15 giugno 2022. In particolare, i seguenti criteri esulavano da quanto previsto dall'art. 43-*bis*: la lett. *b*) ricavi generati dal traffico di reindirizzamento delle pubblicazioni di carattere giornalistico sul sito dell'editore e relativa incidenza sui ricavi complessivi; la lett. *e*) numero di pubblicazioni di carattere giornalistico inerenti a tematiche originali pubblicate in anteprima rispetto ad altre testate il cui contenuto è solo successivamente citato o ripreso da altri editori; la lett. *f*) benefici economici quantificabili di cui si avvalga l'editore anche in considerazione del bacino territoriale di diffusione delle corrispondenti pubblicazioni a stampa; e la lett. *i*) adesione di ciascuna delle parti a codici di condotta, codici etici e standard internazionali in materia di qualità dell'informazione e di *fact-checking* maggiormente riconosciuti.

dell'editore e del prestatore, ciascuno per la propria parte, a codici di condotta, ivi inclusi i codici deontologici adottati dal Consiglio nazionale dell'ordine dei giornalisti italiani, codici etici e standard internazionali in materia di qualità dell'informazione e di *fact-checking* maggiormente riconosciuti».

Invece, per le IMMRS, l'Autorità si è discostata da quanto previsto all'art. 43-*bis*, co. 8, LDA, e ha previsto all'art. 6 del Regolamento che il calcolo dell'equo compenso vada basato sul «fatturato rilevante dell'impresa di *media monitoring* e rassegne stampa derivante dalle attività comunque connesse a quelle di *media monitoring* e rassegne stampa». Oltre al fatturato dell'agenzia, l'art. 6 del Regolamento prevede che debbano essere considerati altri cinque criteri con rilevanza cumulativa ma, ancora una volta, decrescente.

Tra questi altri criteri, il numero di articoli riprodotti nella rassegna stampa nell'anno di riferimento (lett. *a*) e i benefici derivanti dalla rilevanza dell'editore sul mercato di riferimento, valutati in relazione agli interessi del contraente (lett. *c*), sono volti a modulare il compenso sulla base dell'effetto sostitutivo della lettura dei giornali che la rassegna stampa opera nei confronti del cliente (solitamente un'impresa), mentre il criterio del numero effettivo degli utenti finali (lett. *b*) si riferisce alla quantità di soggetti a cui viene distribuita la rassegna all'interno dell'impresa-cliente. Vista la difficoltà, per le IMMRS, di determinare l'effettivo numero di utenti finali – oltre che per esigenze di certezza – è previsto che, ai fini del calcolo del compenso, sia considerato il numero di utenti finali stabilito per iscritto nel contratto di fornitura.

Gli ultimi criteri sono il numero dei giornalisti impiegati dall'editore (lett. *d*) e gli anni di attività dell'editore (lett. *e*) [18].

---

[18] *Inter alia*, si riporta la bibliografia essenziale del presente contributo: F. BANTERLE, G. GHIDINI, *Copyright, news, and "information products" under the new DSM Copyright Directive*, in A. MIRONE, C. COSTA, P.M. SANFILIPPO, R. PENNISI, R. VIGO (a cura di), *Studi di diritto commerciale per Vincenzo Di Cataldo*, Giappichelli, Torino, 2021, p. 245 ss.; F. BANTERLE, G. GHIDINI, *Sulla proposta di un nuovo diritto cd. "connesso" per gli editori di giornale, ed una rilettura FRAND di alcune esclusive autoriali in ambito digitale*, in *Studi per Luigi Carlo Ubertazzi. Proprietà intellettuale e concorrenza*, Giuffrè, Milano, 2019, p. 63 ss.; L. BENTLY, M. KRETSCHMER, T. DUDENBOSTEL, M. DEL CARMEN CALATRAVA MORENO, A. RADAUER, *Strengthening the Position of Press Publishers and Authors and Performers in the Copyright Directive*, Study for the JURI Committee, PE 596.810, settembre 2017; V. MOSCON, *Use and abuse of neighbouring rights and the growing need for a sound understanding: the case of online news protection in Europe*, in S. FRANKEL (a cura di), *The object and purpose of intellectual property*, Edward Elgar Publishing, Cheltenham, UK, 2019, p. 308 ss.; A. MUSSO, *L'impatto dell'ambiente digitale su modelli e categorie dei diritti d'autore o connessi*, in *Riv. trim. dir. proc. civ.*, 2, 2018, p. 471 ss.; G. PRIORA, *Catching sight of a glimmer of light: Fair remuneration and the emerging distributive rationale in the reform of EU Copyright Law*, in *JIPITEC*, 10, 3, 2019, p. 330 ss.; G. RAPACCINI, *Il nuovo diritto connesso degli editori online*, in S. LAVAGNINI (a cura di), *Il diritto d'autore nel mercato unico digitale*, Giappichelli, Torino, 2022, p. 164 ss.; M. RICOLFI, *La tutela delle pubblicazioni giornalistiche in caso di utilizzo online*, in *Annali it. dir. autore*, 1, 2019, p. 33 ss.; E. ROSATI, *Neighbouring Rights for Publishers: Are National and (Possible) EU Initiatives Lawful?*, in *IIC*, 47, 2016, p. 569 ss.; C. SGANGA, *Evoluzioni e trasformazioni dei diritti connessi nei percorsi di armonizzazione del diritto d'autore europeo*, in *Riv. dir. ind.*, 3, 2021, p. 146 ss.

Parte II

Applicazione della norma interna e primo vaglio giurisprudenziale

di *Paolo Marzano*

SOMMARIO: 1. Dal dato normativo al contenzioso. – 2. Il 'Contenzioso Promopress'. – 3. La portata 'larga' dell'art. 43-*bis* e del Regolamento AGCOM. – 4. Conclusioni.

1. Dal dato normativo al contenzioso

La norma dell'art. 15 della Direttiva Copyright come si è detto, nasce per semplificare la concessione di licenze di sfruttamento di prodotti editoriali e cosi, da un lato, contribuire a remunerare l'investimento finanziario fatto dagli editori, e, dall'altro, assicurare accesso del pubblico online all'informazione [19]. Tuttavia l'art. 15, è stato concepito per risolvere i difficili rapporti tra editori ed una specifica categoria di fornitori di servizi della società dell'informazione: i *news aggregators*. Ecco il testo del co. 1 dell'art. 15:

> «1. *Gli Stati membri riconoscono agli editori di giornali stabilito in uno Stato membro i diritti di cui all'articolo 2 e all'articolo 3, paragrafo 2, della Direttiva 2001/29/CE per l'utilizzo online delle loro pubblicazioni di carattere giornalistico da parte di prestatori di servizi della società dell'informazione*».

Il Legislatore italiano, con l'art. 43-*bis* va oltre il testo della norma comunitaria ed inserisce un esplicito riferimento alle imprese di *media monitoring* e rassegne stampa. Questo il testo del co. 1 dell'art. 43-*bis*:

> «1. *Agli editori di pubblicazioni di carattere giornalistico, sia in forma singola che associata o consorziata, sono riconosciuti per l'utilizzo online delle loro pubblicazioni di carattere giornalistico da parte di prestatori di servizi della società dell'informazione di cui all'articolo 1, comma 1, lett. b), del decreto legislativo 15*

[19] Si veda G. PRIORA, *Diritto d'autore e accesso all'informazione giornalistica: accanimento o lungimiranza del legislatore comunitario?*, in *Il diritto dell'informazione e dell'informatica*, 4, 2020, p. 833 ss.

dicembre 2017, n. 223, comprese le imprese di media monitoring e rassegne stampa, i diritti esclusivi di riproduzione e comunicazione di cui agli articoli 13 e 16.».

L'inserimento nel testo dell'art. 43-*bis* delle imprese di rassegna stampa o di *media monitoring* (di seguito, per brevità e facendo ampio uso del linguaggio gergale, i "rassegnisti"), pur, come detto, aggiungendo la menzione a queste due classi di imprenditori, non pare in conflitto con la norma della Direttiva Copyright: nel richiamare quest'ultima i prestatori di servizi della società dell'informazione, come vedremo meglio oltre, essa fa riferimento non solo ai citati *news aggregators*, ma anche ai rassegnisti.

Ma perché tanta attenzione alle rassegne stampa, al punto di volere per esse un esplicito richiamo nell'art. 43-*bis*? Converrà qui ricordare il lungo contenzioso che ha contrapposto gli editori di giornali (quasi tutti membri FIEG e, cosi, assistiti dalla relativa *collecting society*, la nota 'Promopress 2000 Srl') ai due principali rassegnisti, Eco della Stampa S.p.A. e Data Stampa S.r.l. Qualche cenno, e senza pretesa di esaustività, a quello che definirò "Contenzioso Promopress" ci permetterà di capire le ragioni della attuale formulazione del 43-*bis* [20].

2. Il 'Contenzioso Promopress'

Il confronto giudiziario inizia davanti al Tribunale di Roma, con atto di citazione notificato nel dicembre del 2017 dai due menzionati rassegnisti alla FIEG, alla Promopress e ad alcuni altri editori. Il contenzioso, com'è agevole immaginare, ruota attorno alle norme di cui agli artt. 65 e 101 LDA. Il giudice di prime cure si concentra soprattutto sulla norma di cui all'art. 65, che così recita:

«*1. Gli articoli di attualità di carattere economico, politico o religioso, pubblicati nelle riviste o nei giornali, oppure radiodiffusi o messi a disposizione del pubblico, e gli altri materiali dello stesso carattere possono essere liberamente riprodotti o comunicati al pubblico in altre riviste o giornali, anche radiotelevisivi, se la riproduzione o l'utilizzazione non è stata espressamente riservata, purché si indichino la fonte da cui sono tratti, la data e il nome dell'autore, se riportato.*

2. La riproduzione o comunicazione al pubblico di opere o materiali protetti utilizzati in occasione di avvenimenti di attualità è consentita ai fini dell'esercizio del diritto di cronaca e nei limiti dello scopo informativo, sempre che si indichi, salvo caso di impossibilità, la fonte, incluso il nome dell'autore, se riportato».

---

[20] Per un approfondimento sull'art. 43-*bis* si veda G. RAPACCINI (a cura di S. LAVAGNINI), *Il diritto nel mercato unico digitale*, Giappichelli, Torino, 2022, p. 198 ss.

Il Tribunale seguiva questa impostazione:

> "*(...) è evidente che l'art. 65 LDA (...) non è estensibile a qualsiasi fattispecie di mezzo informativo diverso dai giornali e dalle riviste, ma riguarda essenzialmente i giornali e le riviste (anche se diffusi in forma diversa radio, web, online, etc.), rispondendo alla ratio di contrastare possibili abusi concorrenziali integrati dalla ripubblicazione dell'articolo e dalla sua diffusione al pubblico; la norma dunque non può che rivolgersi a quelle forme di diffusione e messa a disposizione del pubblico diretta che, ovviamente, finisce per costituire atto di concorrenza sleale, trattandosi dello stesso prodotto che si rivolge allo stesso mercato di fruitori dei prodotti editoriali. (...) Non può comprendersi in tali fattispecie vietate, invece, la rassegna stampa che è senz'altro un mezzo informativo diverso, destinato a soddisfare esigenze diverse e, cioè, non il generale bisogno di informazione soddisfatto attraverso l'acquisto dei giornali, ma uno specifico bisogno individuale, rappresentato dallo svolgimento di una particolare funzione e/o attività per il quale le società operano una selezione di articoli (...)*".

Adottando una chiave interpretativa basata sulla presunta non concorrenzialità tra rassegnisti ed editori, con sentenza n. 816 del 18 gennaio 2017, il Tribunale di Roma, ritenendo non applicabile "il divieto" di cui all'art. 65 LDA, riconosceva la piena liceità della condotta dei rassegnisti.

Il significato della norma viene così tuttavia rovesciato: la norma direbbe, in sostanza: se viene apposta la riserva, certi articoli non possono essere ripubblicati *sui giornali dei concorrenti*. Ogni altra disseminazione degli articoli è comunque lecita. L'articolo in commento dice ben altro: se non c'è la riserva, certi articoli – e solo certi articoli aventi rilevanza sociale particolare – possono essere riprodotti solo su determinati altri media. Se, ovviamente, c'è la riserva, riproduzioni o comunicazioni di qualsiasi tipo, senza uno specifico consenso dell'editore, sono illecite.

Esclusa la presenza di un rapporto di concorrenzialità che sarebbe sotteso all'art. 65, ben facilmente viene dal Tribunale esclusa anche l'illiceità della condotta dei rassegnisti ai sensi dell'art. 101. La rassegna stampa sarebbe infatti un servizio che "*(...) non è teso a soddisfare le stesse esigenze del lettore del quotidiano. (...)*". La norma, poi, fa riferimento all'impiego delle notizie su altre riviste e quotidiani: "*(...) e non di certo alla rassegna stampa, proprio perché evidente la ratio della norma di vietare la concorrenza parassitaria di chi si limita ad una riproduzione sistematica delle informazioni o notizie attraverso mezzi eguali (riviste, giornali). (...)* ".

Leggendo l'art. 101, si tenderebbe a concludere l'esatto opposto:

> "*La riproduzione di informazioni e notizie è lecita purché non sia effettuata con l'impiego di atti contrari agli usi onesti in materia giornalistica e purché se ne citi la fonte. Sono considerati atti illeciti:*

a) la riproduzione o la radiodiffusione, senza autorizzazione, dei bollettini di informazioni distribuiti dalle agenzie giornalistiche o di informazioni, prima che siano trascorse sedici ore dalla diramazione del bollettino stesso e, comunque, prima della loro pubblicazione in un giornale o altro periodico che ne abbia ricevuto la facoltà da parte dell'agenzia. A tale fine, affinché le agenzie suddette abbiano azione contro coloro che li abbiano illecitamente utilizzati, occorre che i bollettini siano muniti dell'esatta indicazione del giorno e dell'ora di diramazione;

b) la riproduzione sistematica di informazioni o notizie, pubblicate o radiodiffuse, a fine di lucro, sia da parte di giornali o altri periodici, sia da parte di imprese di radiodiffusione".

Le lett. *a*) e *b*) sono esemplificative di un principio generale, quello di cui al co. 1 dell'art. 101. E tale principio è volto proprio a proteggere gli investimenti fatti dagli editori per la prima pubblicazione di informazioni che godono di un valore economico destinato a svanire presto nel tempo, sicché qualsiasi re-impiego di tali informazioni fatto in concomitanza, o quasi, con la prima diffusione da parte del giornale, lede gli interessi dell'editore; in questi termini si esprimeva già nel lontano 1941 Eduardo Piola Caselli: "*Inoltre, deve tenersi presente che il loro valore commerciale svanisce in un tempo estremamente variabile, secondo l'importanza e la natura della notizia e dell'informazione, sicché appare assai difficile di coprire queste informazioni o notizie con un diritto di privativa a durata fissa*" [21].

Non del tutto diverso l'approccio adottato dalla Corte d'Appello di Roma con la propria decisione n. 3931 del 12 giugno 2019. Anzitutto, la Corte, pur negando la possibilità di una interpretazione analogica delle norme in materia di eccezioni e limitazioni, ne ammette una interpretazione estensiva [22], così inserendo tra i media su cui è possibile ripubblicare gli articoli anche le rassegne stampa.

Proseguendo poi nel suo ragionamento, la Corte chiarisce: "*(...) Ed invero non pare che la rassegna stampa, per quanto redatta con modalità elettroniche e distribuita a poca distanza di tempo dai giornali, possa costituite un prodotto addirittura succedaneo rispetto ai giornali, tale da sostituire i giornali presso un apprezzabile numero di lettori, non potendo soddisfare con immediatezza il generale bisogno di informazione che spinge il comune lettore di giornali all'acquisto degli stessi. Per ipotizzare ed affermare siffatta succedaneità occorrerebbe, infatti, a tacer d'altro, che la rassegna stampa in modalità elettroniche possa essere letta in modo sequenziale, per così dire "sfogliata", analogamente a quanto si fa con un giornale*".

---

[21] E. PIOLA CASELLI, *Codice del Diritto d'Autore*, Utet, Torino, 1943. Il riferimento al valore commerciale su base temporale che certe notizie hanno richiama alla memoria la "*Hot News Doctine*" statunitense, sviluppata dalle Corti USA sin dal 1918 con il caso *International News Service v. Associated Press, 248 U.S. 215* (1918).

[22] Seguendo un approccio non pacifico; l'orientamento della Corte di Giustizia Europea sembra infatti escluderlo, sostenendo che le norme in materia di eccezioni e limitazioni sono di stretta applicazione; si veda per tutte *Corte di Giustizia CE, Commissione delle Comunità Europee c. Repubblica Portoghese, 6 luglio 2006, C-53/05.*

Nessuna riflessione veniva poi fatta in merito all'art. 101 LDA, limitando il *thema decidendum*, in omaggio alla teoria della ragion più liquida, alla interpretazione dell'art. 65 LDA.

Vista la sostanziale impossibilità di ricevere protezione dinanzi all'autorità giudiziaria ordinaria, Fieg, Promopress e gli altri editori si rivolgevano alla AGCOM, perché questa, applicando il noto "Regolamento anti-pirateria", inibisse l'uso nelle rassegne stampa di articoli "riservati". Questa soluzione risultava vincente e le tesi degli editori venivano accolte dalla AGCOM con le decisioni 16/2020/Pres, 96/20/Csp., poi ancora confermate dal TAR Lazio, con propria sentenza 4263/21, ed infine dal Consiglio di Stato, con sentenza 2586/2022.

Si giungeva così ad un accordo transattivo, cui, ad oggi, non aderisce solo un numero limitato di editori; gli stessi che, a gennaio 2020, ricorrevano in Cassazione impugnando la sentenza della Corte di Appello di Roma. Ed anche qui, ad onor del vero, dubbi e perplessità non mancano. La Suprema Corte, con la propria ordinanza n. 1651 del 19 gennaio 2023, ammessa la tesi della interpretazione estensiva dell'art. 101, affermava, *inter alia*: "*(...). Ed allora, non si scorge alcuna differenza apprezzabile, come correttamente osservato dalla Corte romana, tra i giornali e le riviste, da un lato, e le rassegne stampa, dall'altro (...) non si comprenderebbe quindi per quale ragione l'eccezione avrebbe dovuto valere solo per una pubblicazione come un giornale o una rivista, magari super-specialistica e non già per una rassegna compilativa, altrettanto specialistica o di nicchia (...) la finalità di lucro è ininfluente in quanto non considerata nella disposizione dell'articolo 65 LDA, ma solo nel secondo comma dell'articolo 101 LDA e comune alla diffusione di giornali e riviste*". A tacer d'altro, il giudice di legittimità ometteva di rilevare quanto stabilito dall'art. 71-*nonies*, che recita:

> «*Le eccezioni e limitazioni disciplinate dal presente capo e da ogni altra disposizione della presente legge, quando sono applicate ad opere o ad altri materiali protetti messi a disposizione del pubblico in modo che ciascuno possa avervi accesso dal luogo e nel momento scelto individualmente, non devono essere in contrasto con lo sfruttamento normale delle opere o degli altri materiali, né arrecare un ingiustificato pregiudizio agli interessi dei titolari*».

È evidente che il normale sfruttamento che viene impedito è quello rappresentato dal mercato delle licenze concesse dagli editori ai rassegnisti; un mercato tanto florido quanto l'attività di impresa dei rassegnisti è oggi.

Ma, attenzione, la Cassazione chiarisce per prima cosa che la sua decisione incontra un limite temporale, rappresentato dall'adozione dell'art. 43-*bis*:

> "5. *Appare opportuna una premessa generale per il debito inquadramento, soprattutto temporale, delle questioni trattate con il ricorso.*
>
> *La presente controversia è regolata ratione temporis dall'art. 65 LDA (...). Occorre tuttavia tener presente l'approvazione, successiva ai fatti di causa, della*

Direttiva UE 17.4.2019 n. 790, (...) il cui articolo 15 (...) ha introdotto un nuovo diritto in favore degli editori di pubblicazioni giornalistiche, al fine di ottenere un compenso per l'utilizzo digitale dei pezzi da loro editati. (...). Allo stato attuale, quindi, agli editori di pubblicazioni di carattere giornalistico sono riconosciuti per l'utilizzo online delle loro pubblicazioni da parte di prestatori di servizi della società dell'informazione, comprese le imprese di Media Monitoring e rassegne stampa, i diritti esclusivi di riproduzione e comunicazione e spetta loro un equo compenso all'esito di una leale e controllata negoziazione. (...) La presente fattispecie è tuttavia sottratta ratione temporis alla nuova disciplina, che è scaturita proprio dalla riconosciuta esistenza di un'assenza di regolamentazione a livello europeo, e deve essere decisa alla stregua della normativa anteriore".

Vediamo allora quale sia la situazione a valle dell'adozione dell'art. 43-*bis*.

3. La portata 'larga' dell'art. 43-*bis* e del Regolamento AGCOM

Sembra importante chiarire subito un aspetto. Mentre l'art. 15 della Direttiva Copyright vuole regolare, *rectius*, agevolare, il rapporto tra editori di periodici ed i *news agregators*, dunque un rapporto bilaterale, l'art. 43-*bis*, quando applicato alla fattispecie dei rassegnisti, si colloca in un contesto più complesso: allo stato attuale delle cose, esistono infatti tre rapporti giuridici diversi, seppur collegati, che uniscono editori e rassegnisti, rassegnisti e loro clienti ed, infine, editori e clienti dei rassegnisti. I rassegnisti sottoscrivono un contratto di appalto con i propri clienti (siano questi soggetti pubblici o privati). Tali contratti solitamente chiariscono che la rassegna stampa viene "consegnata" dal rassegnista al cliente ed il cliente, dietro il pagamento del corrispettivo pattuito con il proprio rassegnista, ha diritto di far accedere, online la rassegna stampa commissionata a non più di 10 utenti. Oltre tale numero, il cliente, non il rassegnista, deve contattare editore o Promopress per la clearance dei diritti d'autore sull'uso *intra moenia,* per così dire, fatto dal cliente. Visitando il sito della Promopress, si accede infatti ad un tariffario, che, oltre i 10 utenti, prevede fasce crescenti di utenti e relativi (crescenti) prezzi, fino ad un massimo di 1.000 utenti, oltre il quale si va in negoziazione individuale.

In altre parole, il rassegnista oggi aderisce ad un accordo transattivo con Promopress, elabora la rassegna stampa e la consegna ogni mattina 'sull'uscio della porta' del proprio cliente [23]. Quanto succede oltre quella porta è al di fuori della propria sfera giuridica e, quindi, contrattuale. Questi si limiterà, per contratto, a chiarire che l'accesso fino ad un numero di dieci utenti è lecito, ma oltra tale soglia, spetterà al cliente negoziare con la *collecting* "Promopress" apposita licenza,

---

[23] *Id est*, un indirizzo e-mail del cliente segnalato al rassegnista in sede di sottoscrizione del contratto di appalto.

il cui corrispettivo varia a seconda del numero di utenti finali (dipendenti vari) che lavorano presso il cliente.

Non credo si possa in alcun modo contestare il *business model* sopra descritto, affermando che il 43-*bis* sostituisca, incorporandola, la licenza editore/cliente; questo è ampiamente sottolineato dalla norma comunitaria ed ora nazionale al suo quarto comma: "*Sono fatti salvi in ogni caso i diritti riconosciuti dalla presente legge a favore degli autori e degli altri titolari (...)*".

Penso tuttavia che la presenza di rapporti giuridici diversi ma collegati tra loro possa creare affanni al sistema, non semplificarlo.

Anzitutto, il Regolamento AGCOM di recente adozione chiarisce al suo art. 6 che l'equo compenso dovuto agli editori dai rassegnisti dev'essere stabilito anche tenendo in considerazione il "*numero effettivo degli utenti finali contrattualizzati per iscritto*". Gli utenti di cui alla norma sono quelli indicati nell'accordo rassegnista/cliente, o quelli che, in casa del cliente, effettivamente accedono alla rassegna stampa? Credo che molti contratti di appalto non consentano mai al cliente di andare oltre i 10 utenti autorizzati dalla Promopress, rinviando il tutto, come sopra accennato, ad una trattativa tra *collecting* e cliente; ad ogni modo, il resoconto dato dalla AGCOM sulle posizioni principali tenute dai partecipanti alla discussione sul Regolamento sembra fare riferimento al numero vero, effettivo, con coinvolgimento dei clienti e possibilità di fare consuntivi alla fine del periodo temporale rilevante [24].

Ma, se l'equo compenso pagato dal cliente al rassegnista è anche parametrato su ciò che accade presso il cliente con i suoi utenti finali, è corretto che poi questo stesso consumo di rassegne stampa sia altresì conteggiato ai fini della determinazione del corrispettivo pagato dal cliente con la licenza concessa dalla Promopress? Il 43-*bis* non aiuta a chiarire il punto, perché il business model preso in considerazione dall'art. 15 della Direttiva Copyright è ben diverso, è solo bilaterle, non trilaterale. L'attenzione qui si accentra su, e non va oltre ciò che fa il *news agrregator*, non anche sui suoi 'clienti', posti a valle della sua posizione [25]. È infatti il *value gap* da questi generato con i suoi introiti pubblicitari che va appianato; l'utente finale del *news aggregator* resta fuori al paradigma dell'art. 15. Gli *hyperlinks*, che ben possono far parte del diritto di comunicazione, sono esentati; e poi, in maniera molto interessante, si dice un'altra cosa: "*I diritti di cui al comma 1 non sono riconosciuti in caso di utilizzi privati o non commerciali delle*

---

[24] Cfr. il testo della delibera 19 gennaio 2023, n. 3/23/CONS e l'annesso resoconto a p. 91: "*Per quanto attiene al criterio di cui alla lettera b), ossia il numero effettivo degli utenti finali, inteso come numero di utenti presso il cliente dell'impresa di media monitoring e di rassegna stampa, questo è un indicatore che restituisce informazioni sulla reale circolazione delle opere all'interno dell'organizzazione del contraente che usufruisce dei servizi di rassegna stampa o di media monitoring*". Per un approfondimento in merito ai criteri previsti dall'AGCOM si veda P. NEBBIA, *Il diritto d'autore nel mercato unico digitale*, in *Giur. it.*, 5, 2022, p. 1286 ss.

[25] Cioè, gli utenti online.

pubblicazioni". Orbene, nel suo interessante testo dedicato all'analisi delle norme della Direttiva 790/2019, Eleonora Rosati avverte: "*The notion of private use does not appear to be limited to 'personal'; in other words, use of the press publication by the individual user only. 'Private' is intended as allowing, for example, the transfer or sharing of copies made of press publications to other individual users who act in a private or non-commercial capacity. This is true both for natural and legal persons. A press publication may be used for internal (private) and/or non-commercial purposes, for example by sharing copies of a press publication with employees within the relevant business organization and/or in the context of internal press reviews*" [26].

Anche l'attuale contesto comportamentale di taluni editori non sembra per ora aiutare. Come detto, non tutti gli editori sono in Fieg e non tutti dunque sono in Promopress. Orbene, se un editore non volesse sottoscrivere un accordo con uno o più rassegnisti ed imporre propri rassegnisti ai clienti bisognosi di rassegne, facendo leva sui diritti d'autore, che accadrebbe? Credo che il rassegnista escluso, dopo il rifiuto dell'editore alla propria richiesta di negoziare e dopo aver esperito la procedura dinanzi l'AGCOM, ricorrerebbe al co. 11 del 43-*bis*: "*Quando, a seguito della determinazione dell'equo compenso da parte dell'Autorità per le garanzie nelle comunicazioni, le parti non addivengono alla stipula del contratto, ciascuna parte può adire la sezione del giudice ordinario specializzata in materia di impresa, competente ai sensi dell'articolo 3, comma 1, lettera b), del decreto legislativo 27 giugno 2003, n. 168, anche al fine di esperire l'azione di cui all'articolo 9 della legge 18 giugno 1998, n. 19*". La norma è quella dedicata all'abuso di dipendenza economica, nasce, nell'intenzione del Legislatore italiano, per fronteggiare condotte "riottose" del *news aggregator*, ma dov'è scritto che non sia applicabile all'editore riottoso? Si badi, come anche la AGCOM ha chiarito, il 43-*bis* non comporterà un obbligo di negoziare, ma un risultato certo poi l'Autorità lo pretende in qualche modo.

Ed il cliente del rassegnista? Quale strumento avrebbe? La concessione dei diritti patrimoniali cui all'art. 38 LDA ovviamente non è "assistita/eterodiretta" come lo è il rapporto contrattuale editore/*newsagregator* o rassegnista con il 43-*bis*. Nelle more della definizione della contrapposizione tra editore e rassegnista, può far uso degli articoli dell'editore recalcitrante? L'accesso alla informazione di cui al Preambolo (54) della Direttiva Copyright, fin dove arriva? Questo il primo enunciato ivi fatto: "*Una stampa libera e pluralista è essenziale per garantire un giornalismo di qualità e l'accesso dei cittadini all'informazione e dà un contributo fondamentale al dibattito pubblico e al corretto funzionamento di una società democratica*".

La norma di cui all'ultima parte del co. 9 dell'art-43-*bis* non sembra risolutiva: "*Nel corso della negoziazione, i prestatori di servizi delle società dell'informa-*

---

[26] E. ROSATI, *Copyright in the Digital Single Market*, Oxford Press, 2021.

zione non limitano la visibilità dei contenuti degli editori nei risultati di ricerca. L'ingiustificata limitazione di tali contenuti nella fase delle trattative può essere valutata ai fini della verifica del rispetto dell'obbligo di buona fede di cui all'articolo 1337 del codice civile".

Non credo, ripeto, che queste criticità siano causate da errate scelte operate dal legislatore italiano; credo, come detto sopra, che nella nozione di servizio della società dell'informazione richiamata già dall'art. 15 della Direttiva Copyright ricadano, senza forzatura alcuna, i rassegnisti: ai sensi dell'art. 2, lett. *a*) della Direttiva sul Commercio Elettronico: "I servizi della società dell'informazione indicano quei servizi prestati "*dietro retribuzione a distanza, per via elettronica, mediante apparecchiature elettroniche di elaborazione e di memorizzazione di dati, e a richiesta individuale di un destinatario*"[27]. Ai fini della presente definizione, ci dice l'art. 1 della novellata Direttiva 98/34 si intende:

"a distanza": un servizio fornito senza la presenza simultanea delle parti;

"per via elettronica": un servizio inviato all'origine e ricevuto a destinazione mediante attrezzature elettroniche di trattamento (compresa la compressione digitale) e di memorizzazione di dati, e che è interamente trasmesso, inoltrato e ricevuto mediante fili, radio, mezzi ottici od altri mezzi elettromagnetici;

"a richiesta individuale di un destinatario di servizi": un servizio fornito mediante trasmissione di dati su richiesta individuale.

Mi pare evidente che i rassegnisti, tutti oggi operanti ovviamente on line, rientrino appieno in tale definizione.

4. Conclusioni

La *vexata questio* della regolamentazione delle rassegne stampa in Italia si è dunque risolta con l'adozione dell'art. 43-*bis*? Direi non del tutto. Alcuni tasselli devono forse ancora essere aggiustati prima che si possa comporre un quadro armonico della regolamentazione di questo settore; è forse il caso del citato art. 6 del Regolamento AGCOM. Credo anche che proprio il coinvolgimento dell'AGCOM voluto dall'art. 43-*bis* consentirà comunque di rasserenare i rapporti tra editori, rassegnisti e loro clienti, evitando ulteriori contenziosi il cui esito, come sopra visto, può essere quanto mai imprevedibile. Ove ciò non accadesse, sarà forse il caso di rivedere il testo dello stesso art. 43-*bis*, aggiungendo apposite previsioni volte a prevenire situazioni di conflittualità.

---

[27] Si veda P. NEBBIA, *Il diritto d'autore nel mercato unico digitale*, in *Giur. it.*, 5, 2022, p. 1284 ss.

Parte III

Il recepimento del diritto connesso degli editori di giornali in Italia: il punto di vista degli editori

di *Isabella Splendore*

L'Autorità per le Garanzie nelle comunicazioni (AGCOM), con delibera 3/23/CONS del 19 gennaio 2023, ha approvato il Regolamento in materia di individuazione dei criteri di riferimento per la determinazione dell'equo compenso per l'utilizzo *online* di pubblicazioni di carattere giornalistico di cui all'art. 43-*bis* della LDA.

Con l'approvazione del suddetto Regolamento, si completa il quadro tecnico e sistematico della disciplina di attuazione del c.d. diritto connesso degli editori di giornali, introdotto nel nostro ordinamento dal d.lgs. 8 novembre 2021, n. 177, che ha recepito la Direttiva UE 790/2019 sul diritto d'autore e sui diritti connessi nel mercato unico digitale (Direttiva *Copyright*).

Nello specifico, il decreto di attuazione della Direttiva *Copyright* introduce – tra le altre – norme che riconoscono agli editori di giornali, sia in forma singola che associata, un diritto connesso per l'utilizzo delle loro pubblicazioni di carattere giornalistico da parte dei prestatori di servizi delle società di informazione e delle società di monitoraggio media e rassegne stampa.

Il testo del decreto – frutto di un intenso lavoro di tutte le amministrazioni coinvolte oltre che del costante dialogo con le associazioni e le rappresentanze di categoria del settore – esprime con chiarezza la *ratio* sottesa a tutta la normativa di recepimento, ossia garantire l'effettività dei diritti riconosciuti dalla Direttiva europea, la quale demanda ai singoli Stati membri il compito di assicurarne in concreto l'applicazione; normativa che tiene conto delle esperienze internazionali e dello spirito originario della legislazione comunitaria che è quello di favorire il dialogo e la negoziazione tra le Parti, per giungere a un accordo di effettiva valorizzazione del prodotto editoriale.

Anche le associazioni della stampa europea (ENPA-Associazione europea degli editori di quotidiani ed EMMA-Associazione europea degli editori di periodici) hanno sostenuto la normativa italiana di recepimento, rilevando come essa preveda "*strumenti che rafforzano il diritto connesso degli editori di giornali, tra cui un meccanismo di 'negoziazione assistita', ispirato all'Australian News Media Bargaining Code (...), che mira a garantire l'effettivo esercizio del diritto da parte degli editori.*". Tanto che il decreto italiano di attuazione della Direttiva *Copyright* è stato trasmesso, dalle rispettive associazioni nazionali di editori, ai governi di Belgio, Grecia, Repubblica ceca, Portogallo e Spagna, come "*benchmark di una riforma bilanciata ed efficace, di certo la più avanzata nel quadro degli ordinamenti europei per quel che riguarda la tutela dei diritti degli editori di giornali.*".

Il meccanismo della c.d. "negoziazione assistita" è uno degli aspetti di maggiore rilevanza della normativa italiana di recepimento, di certo quello su cui si è concentrato il più intenso dibattito tra sostenitori e oppositori del nuovo diritto: se, da un lato, questi ultimi registrano la definitiva entrata in vigore di una riforma a tratti anche aspramente contestata, dall'altro gli editori uniscono alla soddisfazione espressa nei comunicati ufficiali l'attesa di capire come queste previsioni possano concretamente tradursi in nuovi accordi di remunerazione o come possano influenzare quelli già in essere.

Una situazione che si rileva in tutti gli Stati membri rispetto a quello che è lo stato del confronto tra titolari dei nuovi diritti e 'piattaforme digitali'. Proprio guardando alle esperienze maturate in altri Paesi, non si può non richiamare – seppur con brevi cenni – il caso emblematico della Francia, dove ci sono voluti quasi due anni dalla legge di recepimento per superare lo stallo determinato dalle lacune della normativa di base e giungere a una disposizione operativa che rendesse effettivamente esercitabile, nei confronti dei prestatori dei servizi, il diritto connesso degli editori di giornali.

La Francia è stato il primo Paese a recepire, nel luglio 2019, l'art. 15 della Direttiva *Copyright*, sul diritto connesso, limitandosi a trasporre i criteri generali nella normativa di attuazione, senza prevedere elementi che ne garantissero in concreto l'esercizio e che, soprattutto, tutelassero adeguatamente la parte più debole del processo di negoziazione, ossia gli editori. Alla luce degli sviluppi successivi, si può dire che il punto debole della normativa francese di recepimento sia stata proprio la mancata previsione di criteri temporali e operativi certi per la procedura di negoziazione, nel caso in cui le Parti non si fossero accordate sul pagamento del diritto connesso: circostanza che si è, di fatto, verificata con il rifiuto delle piattaforme a negoziare e la modifica unilaterale delle condizioni per l'utilizzo dei contenuti sui motori di ricerca. Solo a seguito di un reclamo formale da parte degli editori francesi, l'Autorità garante per la concorrenza ha stabilito, con decisione del 9 aprile 2020, successivamente confermata dalla Corte d'appello di Parigi, l'obbligo per gli aggregatori e i motori di ricerca di avviare entro tre mesi dalla richiesta dell'editore i negoziati per il riconoscimento del diritto connesso. L'istruttoria dell'Antitrust francese è poi proseguita con riferimento ad ulteriori profili (tra cui il rifiuto delle piattaforme di negoziare con editori non appartenenti a determinate categorie e la mancata condivisione dei dati necessari alla misurazione di una equa remunerazione), rispetto ai quali la decisione, intervenuta solo nel luglio 2021, è stata quella di una sanzione pecuniaria esemplare, la più alta mai comminata in Francia dall'Antitrust, e la previsione dell'obbligo di concludere un accordo con tutti gli editori di giornali entro fine anno.

Data questa premessa, si può allora dire che quella che viene definita la "*via italiana*" al recepimento del diritto connesso, tenendo opportunamente conto delle esperienze europee, supera gli ostacoli già noti e le lacune normative attraverso la previsione di una procedura di "negoziazione assistita", vale a dire chiara in tutti i suoi passaggi e dai tempi certi: l'Italia è stato il primo tra gli Stati membri a dotarsi di questo meccanismo, finalizzato a rendere effettivamente esercitabile il diritto connesso, tutelando al contempo la parte più debole del rapporto, ossia le imprese editoriali, e in particolare quelle che incontrano maggiori difficoltà ad intavolare una negoziazione equa con i prestatori di servizi della società dell'informazione, tipicamente piccoli e medi editori, che avranno ora anche la possibilità, ove interessati, di affidarsi ad organismi di gestione collettiva dei diritti, quali loro mandatari.

In generale, il d.lgs. 177/2021 prevede che le negoziazioni si svolgano in maniera trasparente e nel rispetto dell'obbligo di buona fede, nel solco dei criteri per la determinazione dell'equo compenso definiti dall'Autorità di settore (AGCOM) con il citato Regolamento. La stessa Autorità potrebbe essere chiamata a stabilire la misura dell'equo compenso, in caso di mancato accordo fra le Parti, utilizzando come parametri di valutazione gli stessi criteri del Regolamento; è comunque fatta salva in ogni momento e per ciascuna delle Parti la facoltà di ricorrere all'autorità giudiziaria.

Il Regolamento AGCOM è fondamentale per l'avvio e lo sviluppo dei negoziati con i prestatori di servizi della società dell'informazione: esso specifica le regole del gioco ma non impone alle Parti di "giocare necessariamente quella partita" o, proseguendo nella metafora, "di giocarla necessariamente in quel campo di gioco". In altre parole, editori e prestatori di servizi hanno piena libertà negoziale di aprire un confronto e, auspicabilmente, trovare un accordo al di fuori del perimetro definito dalle regole dell'Autorità: e questa opzione, ad oggi, sembrerebbe essere la preferita nei fatti, stante l'assenza di notizie relative all'avvio di istanze *ex* art. 4 del Regolamento AGCOM che vedano contrapposti editori e piattaforme per il riconoscimento dell'equo compenso.

D'altro canto, come visto, la stessa Autorità potrebbe essere chiamata a stabilire la misura dell'equo compenso, in caso di mancato accordo tra le Parti, utilizzando come parametri di valutazione gli stessi criteri del Regolamento. Nel corso delle trattative, i prestatori di servizi della società dell'informazione non devono limitare la visibilità dei contenuti degli editori nei risultati di ricerca. Sono previsti, inoltre, dall'art. 5 del Regolamento, specifici *Obblighi di comunicazione e di informazione* a carico dei prestatori di servizi, tenuti a rendere disponibili – su richiesta dell'interessato, anche per il tramite degli organismi di gestione collettiva o dei soggetti gestori indipendenti, se incaricati, o dell'Autorità – i dati necessari all'applicazione dei criteri di determinazione della misura dell'equo compenso; pena – in caso di mancata comunicazione delle informazioni e fatta salva la possibilità di acquisirle tramite ispezione – l'applicazione da parte dell'AGCOM di una sanzione amministrativa pecuniaria nei confronti del soggetto inadempiente fino all'uno per cento del fatturato realizzato sul mercato nazionale nell'ultimo esercizio chiuso prima della notifica della controversia.

La tempistica della procedura è definita in modo molto dettagliato, con termini prestabiliti per ciascuna Parte per formulare proposte e commenti alle proposte dell'altra Parte: in ogni caso, dal momento in cui una Parte chiede l'intervento dell'Autorità, la procedura deve concludersi entro 60 giorni (al netto di eventuali proroghe di alcuni termini procedurali, puntualmente disciplinate dal Regolamento), e si conclude sempre con la individuazione di un ammontare riconosciuto a titolo di equo compenso. L'AGCOM svolge, dunque, un ruolo di facilitatore e tutto il meccanismo sembra costruito come un incentivo a ricorrere all'Autorità solo come ultima opzione.

Gli stessi parametri per la definizione dell'equo compenso definiti dal Regolamento perseguono il condivisibile obiettivo di valorizzare quelle pubblicazioni che si caratterizzano per la diffusione di una informazione qualificata e attendibile, garantita anche da una presenza adeguata di giornalisti impiegati, e da investimenti e risorse specificamente destinati all'esercizio professionale dell'attività di informazione.

L'obiettivo è di incentivare la concessione delle licenze e la valorizzazione economica delle pubblicazioni di carattere giornalistico nell'ambiente digitale, assicurando ai titolari dei diritti la remunerazione degli investimenti effettuati, al fine di sanare l'enorme squilibrio – rilevato tra gli altri anche dall'AGCOM sin dal 2014 nel *Rapporto sui servizi di Internet e la pubblicità online* – tra il valore che la produzione di contenuti editoriali genera per il sistema di Internet e i ricavi percepiti dai produttori degli stessi: uno squilibrio che, a detta dell'Autorità di Garanzia, provoca "*danni incalcolabili al finanziamento dell'intero sistema dell'informazione e rischia di comprometterne il funzionamento*".

Il tema, tuttavia, non ha solo un rilievo economico e non concerne solo la redditività delle pubblicazioni giornalistiche, come precisato dal considerando n. 54 della Direttiva: "*Una stampa libera e pluralista è essenziale per garantire un giornalismo di qualità e l'accesso dei cittadini all'informazione e dà un contributo fondamentale al dibattito pubblico e al corretto funzionamento di una società democratica. L'ampia disponibilità di pubblicazioni di carattere giornalistico online ha comportato la nascita di nuovi servizi online, come gli aggregatori di notizie o i servizi di monitoraggio dei media, per i quali il riutilizzo di pubblicazioni di carattere giornalistico costituisce una parte importante dei loro modelli di business e una fonte di introiti. Gli editori di giornali incontrano una serie di problemi nel concedere licenze di utilizzo online delle loro pubblicazioni ai prestatori di questo tipo di servizi, rendendo ancora più difficile per loro recuperare gli investimenti effettuati. In assenza del riconoscimento degli editori di giornali quali titolari di diritti, la concessione delle licenze e il rispetto dei diritti nelle pubblicazioni di carattere giornalistico riguardo agli utilizzi online da parte di presta-*

tori di servizi della società dell'informazione nell'ambiente digitale sono spesso complessi e inefficaci.".

In questo quadro si inserisce anche il considerando n. 58, laddove recita che "*Il contributo organizzativo e finanziario degli editori nel produrre pubblicazioni di carattere giornalistico va riconosciuto e ulteriormente incoraggiato per garantire la sostenibilità dell'editoria e favorire in tal modo la disponibilità di informazioni affidabili*".

Oggi più che mai il diritto d'autore è una questione di equilibrio: tra innovazione e produzione; tra diritti degli autori, dei consumatori e dei produttori di contenuti; tra i principi posti a tutela del copyright e diritti fondamentali come la libertà di espressione o quelli legati alle regole del libero mercato e della concorrenza. La tutela del copyright diventa un fattore strategico nella ricerca di un nuovo equilibrio economico per il settore.

Capitolo X
(dall'art. 16 CDSM all'art. 70-*quinquies* LDA)

La partecipazione degli editori e dei cessionari ai compensi per le limitazioni ai diritti

Parte I

Evoluzione storica del quadro normativo di riferimento

di *Gianluca Pojaghi*

SOMMARIO: 1. L'originaria previsione normativa della reprografia. – 2. L'introduzione della normativa sulla copia privata. – 3. Le modifiche apportate dalla Direttiva europea sulla Società dell'Informazione. – 4. La Decisione Reprobel. – 5. Le modifiche apportate dalla Direttiva europea sul Mercato Unico Digitale.

1. L'originaria previsione normativa della reprografia

Nella sua versione originale del 1941, la legge italiana sul diritto d'autore introduce nel nostro ordinamento una disposizione (art. 68), nuova rispetto alla legislazione previgente [1], volta a disciplinare fra le cosiddette "utilizzazioni libere" la reprografia (ovvero la "riproduzione di testi e documenti attraverso duplicazione fotomeccanica" [2]).

Secondo la nuova norma:

«È libera la riproduzione di singole opere o brani di opere per uso personale dei lettori, fatta a mano o con mezzi di riproduzione non idonei a spaccio o diffusione dell'opera nel pubblico.

[1] Punto 53 della Relazione (Piola Caselli) sul progetto di legge.

[2] DEVOTO-OLI, *Dizionario della lingua italiana.*

È libera la fotocopia di opere esistenti nelle biblioteche, fatta per uso personale o per i servizi della biblioteca.

È vietato lo spaccio di dette copie nel pubblico e in genere ogni utilizzazione in concorrenza con i diritti di utilizzazione economica spettanti all'autore.»

Il che secondo Piola Caselli[3] costituiva «una soluzione di compromesso nella (già allora, n.d.r.) vecchia e disputata contesa sulla licenza di riproduzione dell'opera che sia fatta per il così detto *uso personale*».

Uso personale che, nel proprio precedente Trattato del 1927 Piola Caselli (invocando appunto una previsione legislativa che disciplinasse il fenomeno) definiva quale «estrazione di brani per aiuto della memoria», copia di alcune pagine di un libro nella biblioteca da servire per il proprio lavoro" oppure ancora "disegno o dipinto in una galleria d'arte di parti di un'opera per esercizio artistico"; tutte attività che non offendono – o offendono in modo trascurabile – la privativa dell'autore non sostituendone la copia legittima ma soltanto agevolando la conoscenza dell'opera.

La norma sanciva quindi libertà di riproduzione dell'opera protetta (in deroga quindi al principio, altrimenti applicabile, del "monopolio" dell'autore, sempre per citare Piola Caselli), a condizione che detta riproduzione avvenisse (i) per uso personale del lettore e (ii) con mezzi non idonei allo spaccio (dell'esemplare così riprodotto). Da notare che già la definizione di allora, riferendo l'uso personale al "lettore", era ritenuta escludere dall'utilizzazione libera la riproduzione di opere musicali e dell'arte figurativa.

Così facendo, ci riferisce sempre Piola Caselli, si soddisfaceva l'esigenza di agevolare la conoscenza delle opere pur arginando gli eccessi che (già allora) venivano constatati, quali "l'uso dei direttori di collegi o scuole di far copiare estratti e appunti di libri ricavandone molteplici esemplari da servire ai collegiali o scolari", "la consuetudine dei direttori di teatri e di concerti di far copiare la parte del dramma o della composizione musicale ad uso dei singoli attori o musicisti", l'uso delle grandi scuole e università delle così dette *dispense*" ovvero ancora il fenomeno delle "speciali agenzie" incaricate dagli studiosi di fare ricerche nei libri delle biblioteche su particolari materie, fornendo ad essi estratti o sunti ricavati dai libri medesimi.

La soluzione di compromesso non dava però i risultati sperati, se nel 1968 Giorgio Jarach[4] definiva la reprografia "un pericolo per l'avvenire del diritto esclusivo", stante lo scontro fra "due interessi entrambi legittimi: la tutela dell'autore e della diffusione dell'opera", auspicando un intervento del Legislatore per provvedere ad un equo contemperamento dei due interessi posto che all'epoca della originaria formulazione della previsione di legge nessuno avrebbe potuto

[3] *Commentario della nuova legge 22 aprile 1941 – XIX*, n. 633.

[4] *Manuale del diritto d'autore.*

immaginare "che interi libri potessero, nel modo più semplice, essere riprodotti con poca spesa e si aprisse così la via ad una moltiplicazione di copie per chi venga in possesso di un esemplare dell'opera riprodotta " per uso personale".

2. L'introduzione della normativa sulla copia privata

Fenomeno diverso dalla reprografia, ma ontologicamente simile ad esso, è quello della cosiddetta "copia privata" di fonogrammi, opere audiovisive e videogrammi, introdotta nel nostro ordinamento nel 1993 con la l. 92, art. 3, secondo cui (tralasciando per semplicità di lettura le norme relative alla determinazione, esazione e distribuzione agli aventi diritto del compenso):

> «*Fermo restando quanto previsto dalla legge 22 aprile 1941, n. 633, e successive modificazioni e integrazioni, gli autori e i produttori di fonogrammi, i produttori originari di opere audiovisive e i produttori di videogrammi, e loro aventi causa, hanno diritto di esigere, quale compenso per la riproduzione privata per uso personale e senza scopo di lucro di fonogrammi e di videogrammi, una quota sul prezzo di vendita al rivenditore dei nastri o supporti analoghi di registrazione audio e video (musicassette, videocassette e altri supporti) e degli apparecchi di registrazione audio.*»

Nel caso della copia privata non si tratta quindi di sancire la libertà della riproduzione, che nella norma non viene menzionata, ma semplicemente di introdurre nell'ordinamento una misura economica di compensazione del pregiudizio (economico, appunto) subito dagli aventi diritto per la riproduzione privata di supporti audio e audio video, considerata un fenomeno ineluttabile e non più arginabile. Da notare (ci torneremo più avanti) che il diritto a compenso è previsto a favore degli autori (...) e loro aventi causa.

3. Le modifiche apportate dalla Direttiva europea sulla Società dell'Informazione

Con la Direttiva 2001/29 CE sul diritto d'autore nella società dell'informazione vengono introdotte, come noto, una serie di nuove forme di esenzione dal diritto d'autore, di cui la prima obbligatorie ed alcune altre facoltative. Specificamente (l'eccezione obbligatoria, *sub* art. 5, n. 1):

> «*1. Sono esentati dal diritto di riproduzione di cui all'articolo 2 gli atti di riproduzione temporanea di cui all'articolo 2 privi di rilievo economico proprio che*

sono transitori o accessori, e parte integrante e essenziale di un procedimento tecnologico, eseguiti all'unico scopo di consentire:

a) la trasmissione in rete tra terzi con l'intervento di un intermediario o

b) un utilizzo legittimo di un'opera o di altri materiali.»

Disposizioni trasposte in Italia con il d.lgs. 9 aprile 2003, n. 68 che ha introdotto (art. 9) una serie di disposizioni volte a riorganizzare l'impianto legislativo delle eccezioni e limitazioni al diritto d'autore fra cui (art. 68-*bis* LDA):

«*1. Salvo quanto disposto in ordine alla responsabilità dei prestatori intermediari dalla normativa in materia di commercio elettronico, sono esentati dal diritto di riproduzione gli atti di riproduzione temporanea privi di rilievo economico proprio che sono transitori o accessori e parte integrante ed essenziale di un procedimento tecnologico, eseguiti all'unico scopo di consentire la trasmissione in rete tra terzi con l'intervento di un intermediario, o un utilizzo legittimo di un'opera o di altri materiali.*»

A reprografia e copia provata sono invece dedicate le prime due delle eccezioni facoltative previste dal successivo n. 2 del medesimo art. 5 della Direttiva:

«*2. Gli Stati membri hanno la facoltà di disporre eccezioni o limitazioni al diritto di riproduzione di cui all'articolo 2 per quanto riguarda:*

a) le riproduzioni su carta o supporto simile, mediante uso di qualsiasi tipo di tecnica fotografica o di altro procedimento avente effetti analoghi, fatta eccezione per gli spartiti sciolti, a condizione che i titolari dei diritti ricevano un equo compenso; (reprografia)

b) le riproduzioni su qualsiasi supporto effettuate da una persona fisica per uso privato e per fini né direttamente, né indirettamente commerciali a condizione che i titolari dei diritti ricevano un equo compenso che tenga conto dell'applicazione o meno delle misure tecnologiche di cui all'articolo 6 all'opera o agli altri materiali interessati;» (copia privata)

Ciò ha comportato, da un lato, la riscrittura delle norme relative alla copia privata, che dalla l. 92/1993 sono state incorporate nei nuovi artt. 71-*sexies*, 71-*septies* e 71-*octies* della nostra legge e, dall'altro lato, la modifica dell'art. 68 LDA e l'aggiunta dell'art. 181-*ter* in punto reprografia:

Art. 68 LDA (2003)

«*1. È libera la riproduzione di singole opere o brani di opere per uso personale dei lettori, fatta a mano o con mezzi di riproduzione non idonei a spaccio o diffusione dell'opera nel pubblico.*

2. È libera la fotocopia di opere esistenti nelle biblioteche accessibili al pubblico o in quelle scolastiche, nei musei pubblici o negli archivi pubblici, effettuata dai predetti organismi per i propri servizi, senza alcun vantaggio economico o commerciale diretto o indiretto.

3. Fermo restando il divieto di riproduzione di spartiti e partiture musicali, è consentita, nei limiti del quindici per cento di ciascun volume o fascicolo di periodico, escluse le pagine di pubblicità, la riproduzione per uso personale di opere dell'ingegno effettuata mediante fotocopia, xerocopia o sistema analogo.

4. I responsabili dei punti o centri di riproduzione, i quali utilizzino nel proprio ambito o mettano a disposizione di terzi, anche gratuitamente, apparecchi per fotocopia, xerocopia o analogo sistema di riproduzione, devono corrispondere un compenso agli autori ed agli editori delle opere dell'ingegno pubblicate per le stampe che, mediante tali apparecchi, vengono riprodotte per gli usi previsti nel comma 3. La misura di detto compenso e le modalità per la riscossione e la ripartizione sono determinate secondo i criteri posti dall' art. 181-ter della presente legge. Salvo diverso accordo tra la SIAE e le associazione delle categorie interessate, tale compenso non può essere inferiore per ciascuna pagina riprodotta al prezzo medio a pagina rilevato annualmente dall'ISTAT per i libri.

5. Le riproduzioni per uso personale delle opere esistenti nelle biblioteche pubbliche, fatte all'interno delle stesse con i mezzi di cui al comma 3, possono essere effettuate liberamente nei limiti stabiliti dal medesimo comma 3 con corresponsione di un compenso in forma forfetaria a favore degli aventi diritto di cui al comma 2 dell'articolo 181-ter, determinato ai sensi del secondo periodo del comma 1 del medesimo articolo 181-ter. Tale compenso è versato direttamente ogni anno dalle biblioteche, nei limiti degli introiti riscossi per il servizio, senza oneri aggiuntivi a carico del bilancio dello Stato o degli enti dai quali le biblioteche dipendono. I limiti di cui al comma 3 non si applicano alle opere fuori dai cataloghi editoriali e rare in quanto di difficile reperibilità sul mercato.

6. È vietato lo spaccio al pubblico delle copie di cui ai commi precedenti e, in genere, ogni utilizzazione in concorrenza con i diritti di utilizzazione economica spettanti all'autore.»

Art. 181-*ter* LDA (2003)

«*1. I compensi per le riproduzioni di cui al quarto e quinto comma dell'articolo 68 sono riscossi e ripartiti, al netto di una provvigione, dalla Società italiana degli autori ed editori (SIAE). In mancanza di accordi tra la SIAE e le associazioni delle categorie interessate, la misura e le modalità di pagamento dei detti compensi, nonché la misura della provvigione spettante alla Società, sono determinate con decreto del Presidente del Consiglio dei Ministri, sentite le parti interessate e il comitato consultivo di cui all'articolo 190. L'efficacia delle disposizioni di cui ai commi quarto e quinto dell'articolo 68 decorre dalla data di stipulazione dei detti accordi ovvero dalla data di entrata in vigore del decreto del Presidente del Consiglio dei ministri.*

2. La ripartizione fra gli aventi diritto, per i quali la SIAE non svolga già attività di intermediazione ai sensi dell'articolo 180, può avvenire anche tramite le principali associazioni delle categorie interessate, individuate con proprio decreto dal Presidente del Consiglio dei ministri, sentito il comitato consultivo di cui all'articolo 190, in base ad apposite convenzioni.»

Rispetto alla formulazione originaria, è rimasto fermo il principio di libera riproduzione, per uso personale e con mezzi non idonei allo spaccio o diffusione, ed è stato aggiunto un articolato sistema autorizzativo, di imposizione, riscossione e ripartizione di un compenso a favore di autori ed editori delle opere riprodotte, nei limiti del 15 per cento di ciascun volume o fascicolo ed esclusi spartiti e partiture musicali (con ciò esplicitando l'interpretazione restrittiva del termine "lettore" offerta da Piola Caselli).

Rimane infine la norma di chiusura di divieto di spaccio e in genere di ogni utilizzazione in concorrenza delle copie così realizzate. Da notare, di nuovo, che il compenso è previsto a favore di autori ed editori delle opere riprodotte, che la Direttiva identifica come "i titolari dei diritti".

4. La Decisione Reprobel

Con Decisione 12 novembre 2015, nella causa C-572/13 (HP Belgium c/Reprobel), nella materia interviene la Corte di Giustizia dell'Unione Europea, affermando una serie di principi di diritto, fra cui in particolare:

> «*2) L'articolo 5, paragrafo 2, lettera a), e l'articolo 5, paragrafo 2, lettera b), della Direttiva 2001/29 ostano a una normativa nazionale, come quella in esame nel procedimento principale, che autorizzi lo Stato membro ad assegnare agli editori delle opere create dagli autori una parte dell'equo compenso spettante ai titolari dei diritti, senza l'obbligo per i suddetti editori di far beneficiare, sia pure indirettamente, tali autori della parte del compenso di cui questi vengono privati.*»

In altri termini, la Corte ritiene la normativa nazionale (nella fattispecie, belga) in contrasto con quella comunitaria laddove la prima riconosca agli editori delle opere il diritto di percepire una parte dei compensi per reprografia, che dovrebbero invece essere riservati per intero ai "titolari dei diritti", cioè agli autori.

La Corte argomenta, in proposito, osservando che la reprografia (e quindi il relativo compenso) costituisce eccezione al diritto di riproduzione *ex* art. 2 della Direttiva medesima, che però non annovera tra i suoi titolari gli editori bensì esclusivamente agli autori:

> «*Gli Stati membri riconoscono ai soggetti sotto elencati il diritto esclusivo di autorizzare o vietare la riproduzione diretta o indiretta, temporanea o permanente, in qualunque modo o forma, in tutto o in parte:*
> *a) agli autori, per quanto riguarda le loro opere;*
> *b) ....*»

Poiché infatti da un lato, prosegue la Corte, "*l'equo compenso dovuto in base all'eccezione per reprografia nonché all'eccezione per copia privata è destinato, come risulta dal punto 36 della presente Decisione, a risarcire il pregiudizio subito dai titolari dei diritti a causa della riproduzione delle loro opere effettuata senza la loro autorizzazione e, dall'altro, gli editori non sono titolari del diritto esclusivo di riproduzione a norma dell'articolo 2 della Direttiva 2001/29, questi ultimi non subiscono alcun pregiudizio ai sensi di queste due eccezioni. Essi non possono dunque beneficiare di un compenso a titolo delle suddette eccezioni quando un siffatto beneficio avrebbe come conseguenza di privare i titolari del diritto di riproduzione di tutto o di parte dell'equo compenso cui questi ultimi hanno diritto a titolo delle stesse eccezioni*" (la sottolineatura è nostra).

L'affermazione ha suscitato e suscita, evidentemente, perplessità. In primo luogo, per l'equivalenza che la Corte fa fra i la definizione di "titolari" dei diritti e quella di "autori" delle opere, quindi escludendo l'intera categoria dei cessionari che titolari delle opere medesime sono diventati a titolo (appunto) derivato. In secondo luogo, per l'assunto che questi ultimi, in quanto non "titolari" del diritto di riproduzione, non subirebbero "alcun pregiudizio" dalla reprografia delle opere di cui sono editori, per averne acquisito i relativi diritti, fra cui quello di riproduzione, dall'autore. In terzo luogo, per la preclusione che ne deriva, "non potendo" questi ultimi, in tesi, partecipare ad un compenso destinati a risarcire il pregiudizio subito da terzi (gli autori, cui spetterebbe sia il diritto di riproduzione, sia conseguentemente la relativa eccezione).

Il ragionamento non sembra, come detto, condivisibile. Altro infatti è la identificazione del "titolare" quale soggetto del diritto d'autore, cioè del soggetto (autore) al quale la titolarità del diritto è inscindibilmente legata *ex* art. 6 della nostra legge (e delle altre, analoghe, previsioni delle leggi degli stati membri), che giustamente viene definito titolare "originario"[5] del diritto; altro invece è la identificazione del soggetto che, avvalendosi della previsione di libera trasferibilità dei diritti di utilizzazione economica (se non addirittura, della proprietà) dell'opera ne abbia acquisito (a titolo derivato) la titolarità. Non si capisce infatti perché quest'ultimo, una volta acquisito dall'autore il diritto di riproduzione dell'opera, non possa ritenersi intitolato a riscuotere anche il diritto a compenso per le utilizzazioni libere che incidono proprio sul diritto di riproduzione che gli è stato trasferito dall'autore, fermo restando naturalmente l'obbligo di parteciparne economicamente il medesimo, secondo le regole contrattualmente pattuite con quest'ultimo, così come lo parteciperebbe dei proventi derivanti dalla riproduzione dell'opera.

E la definizione di "titolari dei diritti", d'altra parte, ricorre anche nell'ordinamento dell'Unione Europea (ancorché successivamente alla Direttiva InfoSoc); ad esempio nella Direttiva 2014/26 sulla gestione collettiva (Collecting), secondo cui deve intendersi per:

---

[5] Con l'unica eccezione del committente dell'opera su commissione e del produttore cinematografico, sui quali però non è il caso di soffermarsi.

«c) «titolare dei diritti»: qualsiasi persona o entità, diversa da un organismo di gestione collettiva, che detiene diritti d'autore o diritti connessi ai diritti d'autore o a cui, in base a un accordo per lo sfruttamento dei diritti o alla legge, spetta una parte dei proventi;» [6].

5. Le modifiche apportate dalla Direttiva europea sul Mercato Unico Digitale

Da ultimo il Legislatore unionista è intervenuto sul tema con la Direttiva 2019/790 UE sul Mercato Unico Digitale (d.lgs. 177/2021), mediante previsione di una nuova serie di eccezioni che hanno trovato collocazione (anche) nella legge italiana sul diritto d'autore, fra cui specificamente il nuovo art. 70-*quinquies* (art. 16 della Direttiva), volto a riconoscere all'editore cessionario dei diritti, una partecipazione ai compensi derivanti a favore dell'autore dall'esercizio di qualsiasi eccezione o limitazione:

«1. L'editore al quale un autore ha trasferito o concesso l'utilizzo di un diritto mediante contratto di trasferimento o licenza ha diritto a una quota, comunque non superiore al 50 per cento, del compenso previsto a favore dell'autore per gli utilizzi dell'opera in virtù di qualsiasi eccezione o limitazione al diritto trasferito o concesso. Tale quota può essere determinata da accordi collettivi, fermo restando il rispetto del limite di cui al primo periodo.

2. La disposizione di cui al comma 1 si applica senza pregiudizio del diritto di prestito di cui all'articolo 69».

E proprio quest'ultima norma torna quindi (anche) in argomento reprografia, sembrando indirizzata a "porre rimedio" all'intervento della Corte di Giustizia, con la Decisione Reprobel, sulla ripartizione fra autore ed editore del compenso derivante dall'esercizio dell'eccezione *ex* art. 68 LDA.

Si legge infatti nel considerando n. 60 della Direttiva che gli editori «*realizzano un investimento ai fini dello sfruttamento delle opere contenute nelle loro pubblicazioni e, in alcuni casi, possono registrare minori ricavi laddove tali opere siano utilizzate in virtù di eccezioni o limitazioni, ad esempio per copia privata e reprografia*», che «*in vari Stati membri il compenso per gli utilizzi nell'ambito di tali eccezioni o limitazioni è ripartito tra gli autori e gli editori*» e che, conseguentemente, scopo della Direttiva è consentire «*agli Stati membri che dispongono di regimi per la ripartizione dei compensi tra gli autori e gli editori di mantenerli*».

---

[6] Nello stesso senso, vedi anche l'art. 2, n. 3, d.lgs. 35/2017 di implementazione della Direttiva Collecting.

In particolare, prosegue il considerando n. 60, per quegli «*Stati membri che disponevano di tali meccanismi per la ripartizione dei compensi prima del 12 novembre 2015*» (data di pronuncia della Decisione Reprobel) e pur con la precisazione che la Direttiva non intende «*obbligare gli Stati membri che attualmente non dispongono di tali regimi di ripartizione dei compensi a introdurli*».

Parte II

Implicazioni pratiche

di *Beatrice Cunegatti*

SOMMARIO: 1. Le ragioni della norma e l'esclusione del diritto di prestito. – 2. Il diritto alla partecipazione al compenso nei rapporti interni con l'autore. – 3. Le quote di partecipazione al compenso in caso di reprografia (e di copia privata). – 4. Ambito soggettivo di applicazione della norma: la nozione di editore. – 5. *Segue*: la nozione di autore e la posizione dei titolari di diritti connessi. – 6. *Segue*: la generalità dei "titolari" dei diritti. – 7. Ambito oggettivo di applicazione della norma: il titolo di acquisto del diritto. – 8. Valutazione della legittimità delle norme regolamentari che non prevedono un compenso a favore dell'editore. – 9. Osservazioni conclusive.

I primi interpreti si sono espressi in modo contrastante circa le implicazioni pratiche in ambito nazionale dell'art. 70-*quinquies* LDA. Si potrebbe infatti ritenere che la norma si limiti a mantenere l'attuale disciplina dettata in tema di reprografia, o che al più assurga a regola programmatica per il caso di nuove eccezioni e limitazioni soggette a compenso. Non pare tuttavia corretto escluderne aprioristicamente una portata almeno parzialmente innovativa. Per questa ragione, premessi alcuni rilievi sulle ragioni che hanno condotto il legislatore europeo a introdurre una disciplina positiva sulla ripartizione dei compensi previsti a fronte di eccezione o limitazione (rinviando per un più approfondita disamina al precedente § 1), ci si propone di delinearne le implicazioni pratiche in rapporto alle diverse fattispecie disciplinate in ambito nazionale, al fine ultimo di determinarne la portata meramente confermativa, piuttosto che realmente innovativa.

1. Le ragioni della norma e l'esclusione del diritto di prestito

Le ragioni che hanno condotto all'emanazione della norma in esame sono rinvenibili precipuamente nel considerando n. 60 della Direttiva (UE) 790/2019, nel quale il legislatore unionista prende atto che «gli editori – di giornali, libri o pubblicazioni scientifiche e pubblicazioni musicali – operano spesso sulla base del trasferimento dei diritti dell'autore mediante accordi contrattuali o norme di legge. In quest'ottica realizzano un investimento ai fini dello sfruttamento delle opere contenute nelle loro pubblicazioni e, in alcuni casi, possono registrare minori ricavi laddove tali opere siano utilizzate in virtù di eccezioni o limitazioni». In questo quadro – prosegue il considerando – preso atto che in vari Stati membri il compenso per gli utilizzi nell'ambito di tali eccezioni o limitazioni è ripartito tra gli autori e gli editori, «la presente Direttiva consente agli Stati membri che dispongono di regimi per la ripartizione dei compensi tra gli autori e gli editori di mantenerli». Il fine immediato è quindi certamente (come evidenziato *supra*, § 1) porre rimedio alla miopia della decisione di Corte di Giustizia dell'Unione Europea nel caso Reprobel [7].

Di conseguenza, l'art. 16 della Direttiva (Ue) 2019/790 stabilisce che «gli Stati membri possono prevedere che, nel caso in cui un autore abbia trasferito o concesso un diritto mediante licenza a un editore, tale trasferimento o licenza costituisca una base giuridica sufficiente affinché l'editore abbia diritto a una quota del compenso previsto per gli utilizzi dell'opera in virtù di un'eccezione o di una limitazione al diritto trasferito o concesso mediante licenza».

La disposizione europea ha trovato collocazione nella LDA con l'introduzione dell'art. 70-*quinquies* LDA [8] su delega della l. 22 aprile 2021, n. 53; la legge delega ha tuttavia stabilito che fosse altresì definita specificamente «la quota del compenso di cui all'art. 16 della Direttiva (UE) 2019/790 spettante agli editori nel caso in cui l'opera sia utilizzata in virtù di un'eccezione o di una limitazione, tenuti in debito conto i diritti degli autori» (art. 9, co. 1, lett. *m*) della l. 53/2021).

Il nuovo art. 70-*quinquies* LDA dispone quindi ora che «l'editore al quale un autore ha trasferito o concesso l'utilizzo di un diritto mediante contratto di trasferimento o licenza ha diritto a una quota, comunque non superiore al 50 per cento, del compenso previsto a favore dell'autore per gli utilizzi dell'opera in virtù di qualsiasi eccezione o limitazione al diritto trasferito o concesso. Tale quota può essere determinata da accordi collettivi, fermo restando il rispetto del limite di cui al primo periodo».

Dalla disciplina dettata all'art. 70-*quinquies* LDA rimane escluso il riparto del compenso correlato all'eccezione per il prestito pubblico. Il co. 2 dell'art. 16 della Direttiva (UE) 2019/790 ha dato infatti facoltà agli Stati membri di applicare la nuova disposizione in modo da non pregiudicare «le disposizioni vigenti e future negli Stati membri relativamente ai diritti di prestito pubblico». In Italia la diposizione ha portato all'introduzione del co. 2 dell'art. 70-*quinquies* LDA il quale – in

---

[7] È lo stesso considerando n. 60 a sottolineare che consentire di mantenere i regimi di ripartizione dei compensi tra autori ed editori è «particolarmente importante per gli Stati membri che disponevano di tali meccanismi per la ripartizione dei compensi prima del 12 novembre 2015», cioè alla data di pubblicazione della decisione Corte di Giustizia dell'Unione Europea, 12 novembre 2015, in C-572/13, HP c. Reprobel.

[8] Norma introdotta dall'art. 1, co. 1, lett. *i*), d.lgs. 8 novembre 2021, n. 177, in attuazione dell'art. 16 Direttiva (UE) 2019/790.

modo forse non perfettamente allineato – sancisce che la disciplina sulla ripartizione massima «si applica senza pregiudizio del diritto di prestito» di cui all'art. 69 LDA [9].

Si è da più parti osservato che se l'obiettivo dell'art. 16 della Direttiva (UE) 2019/790 era unicamente permettere agli Stati membri di continuare a riconoscere il contratto quale titolo sufficiente alla partecipazione dell'editore al compenso previsto per gli utilizzi dell'opera in virtù di un'eccezione o di una limitazione, il legislatore italiano avrebbe ben potuto semplicemente astenersi dal darne attuazione: le norme vigenti in Italia (illustrate *supra*, § 1), infatti, già ammettevano gli editori alla ripartizione e, grazie alla copertura europea, sarebbero continuate a essere costituzionalmente legittime – anche dopo la decisione Reprobel.

Il legislatore nazionale ha invece optato per attuare la norma unionista e, nel farlo, è facile osservare che si è spinto in realtà oltre l'art. 16 della Direttiva *digital copyright*, configurando un vero e proprio diritto positivo dell'editore a partecipare al riparto, stabilendo il *quantum* massimo della quota di sua spettanza e le modalità per la sua determinazione.

Le implicazioni pratiche in ambito nazionale appaiono tutt'altro che secondarie, come si può osservare dall'analisi degli elementi oggettivi e soggettivi del nuovo art. 70-*quinquies* LDA in rapporto alle diverse eccezioni e limitazioni che prevedono la corresponsione di un compenso al titolare del diritto.

2. Il diritto alla partecipazione al compenso nei rapporti interni con l'autore

Nell'analisi degli elementi della nuova norma, la prima osservazione riguarda la circostanza che l'art. 70-*quinquies* LDA istituisce in capo all'editore un espresso diritto a partecipare alla ripartizione del compenso, identificando nel 50 per cento la quota massima di sua spettanza.

La partecipazione ha dunque natura di "diritto" e si riflette sul "compenso". Quest'ultimo è tuttavia da tenere ben distinto dalla "remunerazione". In base alla giurisprudenza europea, i due diversi corrispettivi sono infatti da ricondurre a distinte nozioni autonome del diritto dell'Unione: il "compenso" consiste «nell'indennizzo per il pregiudizio subito dai titolari dei diritti in caso di uso dell'opera o dei materiali protetti a fronte di eccezione o limitazione» [10], mentre la "remunerazione" rappresenta la vera e propria «controprestazione dell'uso del-

---

[9] Si tralascia in questa sede l'esame della disciplina del diritto di prestito, che (benché con formulazione certamente non delle più felici) resta "impregiudicata" dal nuovo art. 70-*quinquies* LDA.

[10] Corte di Giustizia dell'Unione Europea, 21 ottobre 2010, in C-467/08, Padwan SL c. SGAE.

l'opera o dei materiali protetti, definita alla luce del valore di tale uso negli scambi economici» [11].

Alla luce di questo distinguo ci si può domandare se la nuova regola dettata dall'art. 70-*quinquies* LDA svolga effetto anche nei rapporti contrattuali interni tra autore ed editore e, in particolare, se la volontà delle parti possa derogare al limite massimo *ex lege* stabilito a favore dell'editore.

Alla luce della ricordata distinzione tra i concetti di compenso e remunerazione, in merito si osserva che benché la determinazione negoziale della ripartizione della "remunerazione" derivante dallo sfruttamento commerciale dell'opera sia rimasta libera, a diversa conclusione sembra doversi pervenire con riferimento alla eventuale clausola negoziale che derogasse alla regola del riparto del "compenso" prevista dall'art. 70-*quinquies* LDA: la partecipazione dell'editore entro il limite massimo stabilito *ex lege* si deve infatti desumere dalla prima parte dell'art. 70-*quinquies* LDA, laddove il legislatore nazionale non si è limitato a sancire il diritto dell'editore al concorso nella suddivisione dei proventi derivanti dal compenso, ma ne ha altresì fissato l'asticella a non oltre la metà.

3. Le quote di partecipazione al compenso in caso di reprografia (e di copia privata)

È stata in precedenza ricordata la disciplina vigente in materia di reprografia (art. 68 LDA) e di copia privata di fonogrammi e videogrammi (art. 71-*septies* LDA) (cfr. *supra*, § 1).

In tema di reprografia, i soggetti chiamati al riparto per le riproduzioni mediante fotocopia, xerocopia o sistema analogo sono individuati dallo stesso art. 68 LDA, che espressamente si riferisce agli «autori ed agli editori delle opere dell'ingegno pubblicate per le stampe». Per la determinazione delle quote di ripartizione, l'art. 68 LDA rinvia al meccanismo delineato all'art. 181-*ter* LDA, il quale prevede che i compensi siano riscossi e ripartiti dalla SIAE sulla base degli accordi con le associazioni delle categorie interessate, ovvero, nel caso in cui tali accordi non siano raggiunti, nella misura e con le modalità definiti con decreto del Presidente del Consiglio dei ministri, sentite le parti interessate e il comitato consultivo permanente in materia di diritto d'autore costituito *ex* art. 190 LDA.

In relazione agli atti di reprografia, quindi, il nuovo art. 70-*quinquies* LDA. ha il ruolo di definire, a livello di norma primaria, il perimetro entro il quale si può esprimere l'autonomia degli accordi tra la SIAE e le associazioni di categoria interessate, fissando la quota massima di spettanza degli editori, e di conseguenza quella degli autori (per altro storicamente affermatesi al 50 per cento per ciascuna categoria).

---

[11] Corte di Giustizia dell'Unione Europea, 6 febbraio 2003, in C-245/00, SENA c. NOS.

Nell'ambito della c.d. copia privata di fonogrammi e videogrammi, per la determinazione del compenso spettante agli «autori ed i produttori di fonogrammi, nonché i produttori originari di opere audiovisive, gli artisti interpreti ed esecutori ed i produttori di videogrammi, e i loro aventi causa», l'art. 71-*septies* LDA rinvia a un apposito decreto ministeriale [12].

Tralasciando per il momento la questione relativa alla applicabilità stessa dell'art. 70-*quinquies* LDA alla riproduzione per c.d. copia privata, si può osservare che la norma espressamente identifica tra i titolari del diritto al compenso, oltre agli autori, i produttori e gli artisti interpreti ed esecutori, e «i loro aventi causa». Su questo aspetto si tornerà a breve (cfr. *infra*, § 2.6). Anche in questo caso, laddove il dubbio circa l'applicabilità alla copia privata della nuova disciplina del riparto determinato *ex lege* nel suo importo massimo si risolvesse positivamente, il suo ruolo a livello nazionale sarebbe di fissarne i paletti inderogabili *in meius* per l'editore.

4. Ambito soggettivo di applicazione della norma: la nozione di editore

Il tema della disciplina della c.d. copia privata – appena accennato – induce ad alcune riflessioni sul perimetro soggettivo di applicazione dell'art. 70-*quinquies* LDA, tracciato dalla nozione di "editore" e "autore".

Nel considerando n. 60 della Direttiva (UE) 790/2019, l'introduzione della norma a favore degli «editori – di giornali, libri o pubblicazioni scientifiche e pubblicazioni musicali» (che ha trovato collocazione nell'art. 16 della Direttiva) è giustificata dall'evidenza che gli essi «acquisiscono spesso per contratto alcuni diritti di sfruttamento, che la legge sottopone a eccezione o limitazione». In prima battuta, quindi, nel campo di applicazione della norma troviamo gli "editori", ivi compresi quelli "musicali".

Il legislatore italiano non si è preoccupato di definire la figura dell'editore, che tuttavia la dottrina e giurisprudenza unanimi riconducono alla persona (fisica o giuridica) che sostiene i costi della pubblicazione di un "prodotto editoriale". Di quest'ultimo è invece facilmente rinvenibile la nozione nell'art. 1 della l. 7 marzo 2001, n. 62, a termini del quale è prodotto editoriale quello «realizzato su supporto cartaceo, ivi compreso il libro, o su supporto informatico, destinato alla pubbli-

[12] Attualmente il rinvio deve intendersi al decreto ministeriale 30 giugno 2020 di «determinazione del compenso per la riproduzione privata di fonogrammi e di videogrammi» (pubblicato in G.U. n. 195 del 5 agosto 2020); la ripartizione avviene, per il settore audio: 50% agli autori, 25% ai produttori di fonogrammi e 25% agli artisti interpreti o esecutori; per il settore video: 30% agli autori e 70% diviso in parti uguali tra produttori di opere audiovisive, produttori di videogrammi e artisti interpreti o esecutori.

cazione o, comunque, alla diffusione di informazioni presso il pubblico con ogni mezzo, anche elettronico, o attraverso la radiodiffusione sonora o televisiva, con esclusione dei prodotti discografici o cinematografici».

È di immediata evidenza che l'area di applicazione della norma in esame in ambito nazionale è quindi ben maggiore di quella tradizionale dell'editoria libraria o periodica, estendendosi, oltre che agli editori musicali (richiamati anche nel considerando n. 60), a quelli di opere pubblicate attraverso la radiodiffusione sonora o televisiva e agli editori di opere digitali, di audiolibri o di video book.

Data l'ampia platea di "editori", non sembra errato ritenere che l'art. 70-*quinquies* LDA svolga effetto anche sulla ripartizione dei compensi per la c.d. copia privata di fonogrammi e videogrammi di cui all'art. 71-*septies* LDA (esaminato nel precedente § 2.3) – nella misura in cui ovviamente abbiano precipua finalità "informativa", e non costituiscano invece prodotti prettamente discografici o cinematografici che la l. 62/2001 pone al di fuori dalla nozione di "prodotto editoriale".

5. *Segue*: la nozione di autore e la posizione dei titolari di diritti connessi

Il secondo pilastro per la determinazione dell'ambito soggettivo di applicazione della norma in esame è costituito dall'"autore" del "prodotto editoriale", cui si perviene in applicazione, da un lato, dell'art. 6 LDA e, dall'altro, del citato art. 1, l. 62/2001. In tal senso, l'autore è la persona (o il gruppo di persone) che con il proprio ingegno crea l'opera; la quale a sua volta – che ai fini dell'art. 70-*quinquies* LDA – deve confluire in un "prodotto editoriale" (secondo la definizione ricordata al precedente paragrafo).

È di immediata evidenza che nell'ordinamento nazionale esistono tuttavia alcune ipotesi in cui l'eccezione o limitazione al diritto si riverbera – anziché su un diritto spettante all'autore – su un diritto "connesso" (facendolo scemare a diritto al compenso). Ciò accade nella pubblicazione di fotografie in antologie e opere scientifiche o didattiche (art. 91, co. 1, LDA) e di fotografie pubblicate su giornali, concernenti persone o fatti di attualità o di pubblico interesse (art. 91, co. 3, LDA), per le quali è prevista la liceità «contro pagamento di un equo compenso, che è determinato nelle forme previste dal regolamento». Il rinvio è all'art. 27 del r.d. 18 maggio 1942, n. 1369, il quale tuttavia disciplina unicamente il «compenso a favore del fotografo da parte di chi utilizza la fotografia», nulla disponendo in ordine alla sua eventuale suddivisione con l'editore [13].

---

[13] Si tralascia in questa sede di riportate i distinguo, che parte degli interpreti pone, tra i concetti di "compenso" ed "equo compenso", opinandone l'equivalenza agli effetti che qui interessano.

Possono quindi rappresentarsi due distinte ipotesi. In una, il fotografo – "autore" in senso lato della fotografia protetta da mero diritto connesso (e quindi più propriamente "titolare di un diritto connesso" su materiale non autorale) – potrebbe procedere alla pubblicazione della fotografia senza stipulare con l'editore alcun contratto di trasferimento o licenza dei propri diritti connessi, e in tal caso l'art. 70-*quinquies* LDA non troverebbe applicazione per mancanza, in generale, del presupposto negoziale previsto [14]. Qualora tuttavia all'editore fosse stato «trasferito o concesso l'utilizzo» del diritto spettante al fotografo, ci si dovrebbe domandare se il relativo compenso *ex lege* stabilito debba essere ripartito anche con l'editore.

A una risposta positiva non sembra essere di ostacolo il tenore letterale dell'art. 70-*quinquies* LDA, il quale fonda il diritto dell'editore a partecipare al compenso alla circostanza che gli sia stato trasferito o concesso «l'utilizzo di un diritto», non limitando quindi letteralmente la sua applicazione al solo "diritto d'autore". Né la ratio della norma, rinvenibile nel considerando n. 60 della Direttiva (UE) 2019/790, secondo cui – come si è ricordato – il diritto alla partecipazione degli editori si fonda sul presupposto che realizzino «un investimento ai fini dello sfruttamento delle opere contenute nelle loro pubblicazioni», considerato che «in alcuni casi, possono registrare minori ricavi laddove tali opere siano utilizzate in virtù di eccezioni o limitazioni». Si può infatti notare che nel caso di rapporti intercorrenti tra l'editore e l'autore (in senso lato) della fotografia, gli eventuali minori ricavi non saranno probabilmente correlati in modo significativo alla natura (autorale o meno) dello scatto fotografico.

Certamente, a contrario, si potrebbe obiettare che gli eventuali minori ricavi per l'editore sono indotti in realtà dalla natura esclusiva a suo favore del trasferimento o della concessione del diritto da parte del fotografo. Tale condivisibile obiezione può tuttavia essere sollevata anche avendo in mente le eccezioni o limitazioni ai diritti d'autore, posto che l'ipotesi configurata al considerando n. 60 della Direttiva (UE) 2019/790 si realizza in effetti se l'editore – in assenza dell'eccezione o limitazione – fosse nella posizione di negare il consenso all'utilizzazione dell'opera (il che, evidentemente, accadrebbe solo se disponesse del diritto in via esclusiva). Né il legislatore europeo né quello nazionale hanno tuttavia introdotto tale distinguo.

Dirimente, allora, può essere ricordare che l'art. 71-*decies* LDA, introdotto d.lgs. 68/2003, estende in via generalizzata le eccezioni e limitazioni previste per i diritti d'autore anche ai diritti connessi, con la conseguenza che parrebbe altrettanto corretto ritenere che il diritto dell'editore a partecipare della quota del compenso spettante all'originario titolare *ex* art. 70-*quinquies* LDA debba trovare riconoscimento tanto nel caso in cui quest'ultimo abbia natura autorale, quanto nel caso in cui si configuri quale diritto connesso.

---

[14] Per i casi di trasferimento *ex lege* dei diritti di sfruttamento economico, cfr. *infra*, § 2.7.

6. *Segue*: la generalità dei "titolari" dei diritti

Sotto il profilo della determinazione dell'ambito soggettivo di applicazione dell'art. 70-*quinquies* LDA. resta da valutare se si estenda a qualsiasi "titolare del diritto", tanto a titolo originario che derivativo.

In caso positivo, l'operazione dovrebbe condurre a ritenere che anche la disciplina dell'art. 71-*quater* LDA in tema di emissioni radiotelevisive in ospedali e istituti di pena veda la partecipazione dell'editore al riparto, almeno nella misura in cui l'emissione abbia ad oggetto un "prodotto editoriale" (evidentemente diffuso mediante canale radiotelevisivo).

Del pari, la regola della partecipazione dovrebbe applicarsi agli artt. 69-*quinquies*, co. 2, LDA a favore dei «titolari dei diritti» che pongono fine allo *status* di opera orfana e 102-*sexiesdecies*, co. 2, LDA per quegli stessi «titolari dei diritti» dell'opera orfana successivamente dichiarata fuori commercio.

In merito, si può osservare che a una soluzione positiva del dubbio conduca anche la c.d. Direttiva Collecting che, come è stato in precedenza rilevato (cfr. *supra*, § 1), comprende espressamente nella categoria dei "titolari dei diritti" «qualsiasi persona o entità, diversa da un organismo di gestione collettiva, che detiene diritti d'autore o diritti connessi ai diritti d'autore o a cui, in base a un accordo per lo sfruttamento dei diritti o alla legge, spetta una parte dei proventi».

Alla luce della Direttiva 2014/26/UE non sembrerebbe peraltro giustificabile introdurre dei distinguo tra le diverse categorie di "titolari dei diritti" posto che evidentemente per tutti – proprio in quanto "titolari dei diritto" cui spetta appunto "una parte dei proventi" derivanti dallo sfruttamento dei diritti – può configurarsi l'ipotesi prevista al nella Direttiva *digital copyright* di «registrare minori ricavi laddove tali opere siano utilizzate in virtù di eccezioni o limitazioni» (considerando n. 60).

Sotto il profilo soggettivo, si deve quindi ritenere che l'art. 70-*quinquies* LDA si applichi a favore di qualsiasi "titolare del diritto" (a titolo originario o derivativo, per le ragioni illustrate nel prosieguo, § 2.7) che subisca gli effetti negativi dell'utilizzazione del materiale protetto (da diritto d'autore o connesso) in base all'eccezione o limitazione.

7. Ambito oggettivo di applicazione della norma: il titolo di acquisto del diritto

L'art. 70-*quinquies* LDA sancisce la sua applicazione a favore dell'editore al quale sia stato «trasferito o concesso l'utilizzo di un diritto mediante contratto di trasferimento o licenza».

Sotto il profilo oggettivo, quindi, ci si deve domandare se il diritto alla partecipazione sussista anche laddove la facoltà di utilizzazione economica (di natura autorale o di diritto connesso) gli spetti per legge.

È l'ipotesi che si ravvisa, a legislazione vigente, per le opere collettive, riviste e giornali *ex* art. 38 LDA, oppure per le fotografie realizzate dal dipendente o su commissione di cose in possesso dell'editore, rispettivamente all'art. 88, co. 2 e 3, LDA.

Per quanto concerne le fotografie su commissione o in costanza di un rapporto di lavoro, la questione potrebbe risolversi osservando che il rapporto tra i due soggetti (committente o datore di lavori da un lato e fotografo dall'altro) è di tipo contrattuale e quindi, in ultima analisi, sussiste il presupposto negoziale specificamente previso all'art. 70-*quinquies* LDA.

Diverso il caso delle opere collettive, delle riviste e dei giornali disciplinato all'art. 38 LDA in cui, a prescindere dalla qualificazione del diritto in capo all'editore a titolo originario piuttosto che derivativo (che si tralascia di approfondire in questa sede), è il modo stesso in cui viene a esistere la creazione, grazie al significativo apporto economico dell'editore, a indurre lo spostamento *ex lege* dei diritti in capo all'editore [15]. Si può allora notare che un'applicazione letterale dell'art. 70-*quinquies* LDA alle opere collettive e ai periodici avrebbe l'effetto di riconoscere l'intero ammontare del compenso previsto a fronte dell'eccezione o limitazione a favore di un soggetto – l'autore dell'opera collettiva, della rivista o del giornale – in capo al quale non è assegnata (salvo patto contrario) alcuna facoltà di utilizzazione economica. La difficoltà a giustificare il risultato pratico cui si addiverrebbe, fa opinare per il riconoscimento del diritto alla partecipazione al compenso a favore dei titolari dei diritti sia che li abbiano acquisiti per contratto sia *ex lege*.

Il riconoscimento del diritto alla partecipazione al compenso oltre l'ambito del titolo contrattuale di acquisizione in ogni caso non confligge con il dettato della norma europea, posto che l'art. 16 della Direttiva (UE) 2019/790 sancisce che l'atto di trasferimento o licenza a favore dell'editore costituisce «una base giuridica sufficiente» al riconoscimento del suo diritto a una quota del compenso previsto per gli utilizzi del materiale protetto in virtù di un'eccezione o di una limitazione, non escludendo che possano concorrere ulteriori valide basi giuridiche, quali le stesse norme di legge degli ordinamenti degli Stati membri.

---

[15] In tal senso, da ultimo, v. Cass. 20 settembre 2006, n. 20410, in cui si sottolinea che «l'utilizzazione economica dell'opera collettiva, garantita dall'art. 38 LDA, spetta all'editore che, assumendo naturalmente il rischio della pubblicazione, matura il diritto alla percezione del risultato economico».

8. Valutazione della legittimità delle norme regolamentari che non prevedono un compenso a favore dell'editore

Il diritto dell'editore a partecipare al compenso sussiste, in conformità all'art. 70-*quinquies* LDA, ogni qualvolta il diritto concessogli sia soggetto a eccezione o limitazione («per gli utilizzi dell'opera in virtù di qualsiasi eccezione o limitazione al diritto trasferito o concesso»). Fermo restando che l'editore potrebbe rinunciare a tale diritto (che non pare contraddistinto, nella sua formulazione letterale, natura o *ratio*, dal carattere della irrinunciabilità), ci deve domandare se la nuova norma esprima un principio generale che abroga le eventuali norme nazionali che escludano la sua partecipazione, ovvero renda illegittime quelle di natura regolamentare che non lo prevedano.

In ambito nazionale non si rinvengono norme di primo livello che espressamente escludono l'editore dal riparto del compenso spettante all'autore per l'esistenza di una eccezione o limitazione al diritto trasferito.

Già in precedenza si è fatto invece cenno all'eccezione applicabile alle fotografie *ex* art. 91, co. 2 e 3, LDA, rilevando come l'attuale regolamentazione di secondo livello non preveda alcuna suddivisione dei compensi tra fotografo ed editore dell'opera in cui sia stata pubblicata.

Parimenti assente dal meccanismo di calcolo e suddivisione del compenso è l'attuale regolamentazione di attuazione degli artt. 70, co. 2 LDA e 22, co. 2, del r.d. 1369/1942, in tema di riproduzione parziale nelle antologie ad uso scolastico [16].

In ragione della natura di principio generale espresso dall'art. 16 della Direttiva *digital copyright* si può ritenere che tali norme di secondo livello siano attualmente illegittime per contrasto con l'art. 70-*quinquies* LDA.

9. Osservazioni conclusive

Questa breve disamina evidenzia che effetti pratici dell'art. 70-*quinquies* LDA sulle norme che disciplinano in ambito nazionale le ipotesi di compenso a fronte di eccezioni o limitazioni ai diritti concessi all'editore – da intendersi come la parte che cura a proprie spese la pubblicazione del prodotto editoriale contenente il materiale protetto da diritto d'autore o connesso – sono certamente numerosi e rilevanti.

Alla luce delle ragioni che hanno spinto il legislatore europeo a emanare l'art. 16 della Direttiva (UE) 2019/790, la nuova norma sembra volta a riconoscere che

---

[16] Il rinvio è, allo stato, al Decreto del Presidente del Consiglio dei ministri, 22 febbraio 1988, pubblicato in G.U. Serie Generale n. 59 dell'11 marzo 1988.

il compenso previsto per gli utilizzi di un'opera o altro materiale protetto in virtù di una eccezione o limitazione spetta ai titolari del diritto sottoposto a tale eccezione o limitazione, e al contempo che esso deve essere ripartito tra le diverse tipologie di titolari tenuto conto degli investimenti effettuati per lo sfruttamento delle opere e degli altri materiali protetti e del pregiudizio subito dall'utilizzazione da parte di terzi sulla base dell'eccezione o limitazione.

Accogliere questa linea interpretativa porta a rileggere e talvolta rivedere le norme regolamentari attuative di una serie di eccezioni e limitazioni che vanno ben oltre l'art. 68 LDA in tema di reprografia di opere a stampa, e finanche oltre l'ambito autorale in senso stretto.

La ricostruzione qui suggerita trova generale fondamento nel quadro delineato a livello europeo e nazionale in tema di protezione dei diritti d'autore e connessi. Gli sviluppi normativi degli ultimi decenni sono infatti tutti contrassegnati dall'obiettivo di bilanciare gli interessi degli utilizzatori e dei titolari delle privative, come significativamente premesso nella stessa Direttiva *digital copyright*: «le eccezioni e le limitazioni previste dalla presente Direttiva tendono al raggiungimento di un giusto equilibrio tra i diritti e gli interessi degli autori e degli altri titolari di diritti, da un lato, e degli utilizzatori, dall'altro. Sono applicabili solo in taluni casi specifici che non siano in contrasto con il normale sfruttamento delle opere o altri materiali e non arrechino indebitamente pregiudizio ai "legittimi interessi dei titolari dei diritti"» [17] (enfasi aggiunta, N.d.A.), cioè a un'ampia platea soggetti che ben difficilmente può comprimersi nelle categorie classiche degli "autori" di opere contrassegnate da creatività autorale (e quindi protette da diritto d'autore) e degli "editori" dei soli prodotti librari e periodici.

---

[17] Considerando n. 6 della Direttiva (UE) 2019/790.

Capitolo XI
(dall'art. 17 CDSM all'art. 102-*nonies* LDA)

L'articolo 17 Direttiva CDSM

Parte I

Inquadramento e scopo dell'articolo 17 della Direttiva

di *Stefania Ercolani*

SOMMARIO: 1. La storia. – 2. I Servizi di Condivisione. – 3. Diritto di comunicazione al pubblico. – 4. L'autorizzazione dei titolari dei diritti sui contenuti.

Nel grande dibattito che si è sviluppato durante l'iter legislativo della Direttiva Copyright una parte molto rilevante ha riguardato lo speciale regime di responsabilità introdotto dall'art. 17 per i prestatori di servizi di condivisione di contenuti online. L'art. 17 è stato impugnato dalla Polonia e la sentenza della Corte di Giustizia europea è trattata nel capitolo XII di G. Ghidini e A. Musso.

La trasposizione dell'art. 17 in Italia, mediante l'articolo 1, co. 1, lett. *n*) del d.lgs. 177/2021 che introduce 4 nuovi articoli, da 102-*sexies* a 102-*decies*, nella legge sul diritto d'autore, appare abbastanza fedele alla Direttiva. Il commento che lo riguarda si articola nelle tre sezioni che seguono, che danno conto degli aspetti più rilevanti: Inquadramento e scopo dell'art. 17 (S. Ercolani); Violazioni dei diritti e regime speciale di responsabilità per i prestatori di servizi di condivisione (A. La Rosa); un possibile bilanciamento di citazione e parodia con la formalistica dogmatica interpretativa su eccezioni e limitazioni (G. Ghidini; A. Musso).

1. La storia

Nella proposta di Direttiva su diritto d'autore e diritti connessi nel mercato unico digitale, l'art. 13 (divenuto art. 17 nella numerazione definitiva) si componeva di 3 paragrafi, in tutto dieci righe. Il testo finale comprende dieci lunghi paragrafi, supportati da dieci considerando molto articolati. Inoltre, il paragrafo 10 prevede che la Commissione emani Orientamenti (Guidance) sull'applicazione dell'articolo, a seguito di consultazione delle parti interessate e tenendo conto delle prassi di settore. Gli Orientamenti, sostanzialmente le linee guida non vincolanti per la trasposizione e l'applicazione, sono stati pubblicati dalla Commissione mediante la Comunicazione al Parlamento europeo e al Consiglio (COM(2021) 288 final) [1] del 4 giugno 2021, a pochi giorni dal termine per la trasposizione della Direttiva, e sono intesi a facilitare un recepimento corretto e coerente dell'art. 17 in tutti gli Stati membri, in particolare riguardo al bilanciamento tra i diritti fondamentali e il ricorso alle eccezioni.

La storia del regime di responsabilità delle piattaforme di User Generated Content (UGC) inizia ben prima della Direttiva CDSM, e si sviluppa intorno a due direttive, la Direttiva 2000/31/CE sul commercio elettronico [2] (recepita con il d.lgs. 9 aprile 2003, n. 70) e la Direttiva sul diritto d'autore nella società dell'informazione (Infosoc) [3] recepita con il d.lgs. 9 aprile 2003, n. 68. La Direttiva sul commercio elettronico è applicabile a diversi settori, compreso quello dei contenuti coperti da diritto d'autore, ma il considerando n. 50 della stessa Direttiva e-commerce indica la necessità di varare in parallelo la Direttiva sul diritto d'autore nella società dell'informazione "per creare un quadro normativo chiaro a livello comunitario sulla responsabilità degli intermediari per le violazioni dei diritti d'autore e dei diritti connessi".

La Direttiva sul commercio elettronico contempla esenzioni da responsabilità a favore di tre tipi di prestatori intermediari di servizi della società dell'informazione, i servizi di semplice trasporto o "mere conduit" (art. 12), di memorizzazione temporanea detta "caching" (art. 13) e di hosting (art. 14), motivate dal fatto che tali prestatori svolgono attività di ordine meramente tecnico, automatico e passivo, e non conoscono né controllano le informazioni trasmesse o memorizzate; le esenzioni valgono fintanto che sussistono dette condizioni.

L'applicabilità "orizzontale" differenzia decisamente la disciplina europea da quella USA che invece affida le regole per il copyright al Digital Millennium Copy-

---

[1] https://eur-lex.europa.eu/legal-content/IT/TXT/HTML/?uri=CELEX%3A52021DC0288.

Gli orientamenti della Commissione europea sono in gran parte recepiti nello Schema di Linee guida concernenti il meccanismo di reclamo predisposto dai prestatori di servizi di condivisione di contenuti *online* di cui all'art. 102-*decies* della l. 22 aprile 1941, n. 633 dall'Autorità per le Garanzie nelle Comunicazioni.

[2] Direttiva 2000/31/CE del Parlamento europeo e del Consiglio dell'8 giugno 2000 relativa a taluni aspetti giuridici dei servizi della società dell'informazione, in particolare il commercio elettronico, nel mercato interno, trasposta in Italia con il d.lgs. 9 aprile 2003, n. 70.

[3] Direttiva 2001/29/CE del Parlamento europeo e del Consiglio, del 22 maggio 2001, sull'armonizzazione di taluni aspetti del diritto d'autore e dei diritti connessi nella società dell'informazione, trasposta mediante il d.lgs. 9 aprile 2003, n. 68.

right Act del 1998, in considerazione della specificità delle norme e della loro collocazione all'interno del Title 17 del United States Code; nel merito, la maggiore differenza riguarda l'obbligo di istituire una procedura standard per segnalare una violazione dei diritti, che preveda le modalità di rimozione dei contenuti (Notice-and-Takedown), come pure le responsabilità e le misure da adottare in caso di contestazione della rimozione da parte dell'utente che ha caricato il contenuto. La Section 512 del Copyright Act USA riconosce limitazioni della responsabilità a quattro tipi di provider di servizi online (mere conduit, caching, hosting e linking). Eccetto i fornitori di mere conduit o mero trasporto di dati, gli altri servizi devono mettere a disposizione un sistema di Notice-and-Takedown e restano esenti da responsabilità per le violazioni dei diritti realizzate dai loro utenti se conformi alle condizioni indicate nel DMCA e purché provvedano o cooperino, quando richiesto, alla rimozione dei contenuti illeciti. Il sistema è noto nel suo complesso come Safe Harbor[4].

La Direttiva sul commercio elettronico e il DMCA escludono un generale obbligo di sorveglianza a carico dei provider, esclusione che si ritrova nell'art. 17.8 della Direttiva CDSM e nel co. 4 dell'art. 102-*septies* LDA.

Le regole UE sul commercio elettronico emanate nel 2000 si sono presto rivelate inadeguate rispetto ai modelli di business online che si andavano sviluppando, ad esempio YouTube, acquistato da Google nel 2006, e Facebook, lanciato nel 2004, non facilmente inquadrabili nelle categorie indicate dalla Direttiva. I nuovi servizi online, sia quelli destinati a contenuti generati dagli utenti, sia i cosiddetti social media, si sono presentati spesso come fornitori di hosting, interpretando il loro ruolo come meramente passivo e invocando la limitazione di responsabilità per le violazioni dei diritti. Questa posizione ha generato proteste da parte dei titolari dei diritti, sia di fronte a casi evidenti di pirateria, sia per quello che è stato sinteticamente definito il *Value Gap*, il grande divario tra il valore generato dall'utilizzo di contenuti protetti da parte delle piattaforme online, e la scarsa o assente remunerazione per gli autori e l'industria culturale. Tra le critiche rispetto alla deresponsabilizzazione dei servizi di condivisione, c'era anche la considerazione che il *Value Gap* produceva effetti distorsivi crescenti in quanto il trasferimento di valore colpiva anche i media tradizionali che vedevano cospicue quote del mercato pubblicitario transitare verso i servizi online.

La giurisprudenza italiana, nell'applicare il d.lgs. 70/2003, ha interpretato l'art. 16 alla luce della differenza tra hosting provider passivo e hosting provider attivo, escludendo che quest'ultimo possa avvalersi dell'esenzione da responsabilità. Questa interpretazione trova una conferma indiretta nella definizione dell'art. 2.6 della Direttiva CDSM che tra i requisiti del servizio di condivisione online elenca il fatto che i contenuti memorizzati siano "organizzati e promossi a scopo di lucro", cogliendo la fondamentale differenza tra hosting come definito dalla Direttiva e-commerce e come praticato da questi servizi.

[4] https://www.copyright.gov/512/.

Le disposizioni dell'art. 17 della Direttiva, come recepite nel nuovo Titolo II-*quater* LDA denominato "utilizzo di contenuti protetti da parte dei prestatori di servizi di condivisione di contenuti online", sono norme speciali rispetto alla normativa generale contenuta nella citata Direttiva del 2000 e integrata dal Digital Services Act del 2022 (DSA)[5]. La stessa definizione di prestatore di servizi di condivisione online è esplicitamente inquadrata dalla Direttiva CDSM all'interno della generale categoria dei prestatori di servizi della società dell'informazione (paragrafo 2.6), con la precisazione, recepita nell'art. 102-*sexies* LDA, che non si applicano le norme sull'esenzione da responsabilità previste dall'art. 16 del d.lgs. 70/2003 citato. In quanto *lex specialis*, l'art. 17 impone obblighi specifici a una determinata categoria di prestatori intermediari relativamente al regime di responsabilità, con le condizioni recepite dagli articoli da 102-*sexies* a 102-*decies* LDA. Per contro, la Direttiva sul commercio elettronico e le norme del DSA si applicano ai servizi di hosting non UGC. Questo vale in particolare per le segnalazioni dei contenuti illegali, inviate sia da utenti privati sia da operatori commerciali ai servizi coperti dal DSA (tra cui i motori di ricerca), soggetti al controllo dei Coordinatori dei Servizi Digitali (in Italia AGCOM[6]).

2. I Servizi di Condivisione

Il nuovo art. 102-*sexies* della legge sul diritto d'autore offre una definizione dei servizi di condivisione di contenuti online che ricalca fedelmente l'art. 2.6 della Direttiva, prevedendo che le norme si applichino al prestatore di servizi della società dell'informazione che presenta cumulativamente i seguenti requisiti:

a) ha come scopo principale, o tra i principali scopi, di memorizzare e dare accesso al pubblico a grandi quantità di opere o di altri materiali protetti dal diritto d'autore;

b) le opere o gli altri materiali protetti sono caricati dai suoi utenti;

c) le opere o gli altri materiali protetti sono organizzati e promossi allo scopo di trarne profitto direttamente o indirettamente.

Ognuno di questi requisiti richiede una valutazione caso per caso. La determinazione se la condivisione sia almeno uno dei principali scopi del servizio – considerato in modo neutrale sotto il profilo tecnologico e del modello di business – va effettuata su elementi sia quantitativi che qualitativi rispetto all'attività com-

---

[5] Regolamento (UE) 2022/2065 del Parlamento europeo e del Consiglio del 19 ottobre 2022 relativo a un mercato unico dei servizi digitali e che modifica la Direttiva 2000/31/CE (regolamento sui servizi digitali DSA).

[6] D.l. 15 settembre 2023, n. 123 – art. 15 – Designazione del coordinatore dei servizi digitali ai sensi dell'art. 49, co. 2, del Regolamento (UE) 2022/2065 sui servizi digitali.

plessivamente svolta, ad esempio la condivisione di contenuti musicali eventualmente presenti ben difficilmente può essere considerata lo scopo principale di un servizio di *online dating*, cosicché l'utilizzo di contenuti musicali rimane in questo caso soggetto alle regole generali.

Se una piattaforma offre al pubblico più di un servizio, ciascuno di essi va considerato separatamente per determinare se si applica la normativa sui servizi di hosting secondo la Direttiva sul commercio elettronico oppure quella sui servizi di condivisione online.

Quanto al requisito *sub* c), l'organizzazione e la promozione dei contenuti possono consistere ad esempio nell'indicizzazione dei contenuti (con le correlate funzioni di ricerca e categorizzazione), nella loro classificazione, oppure nella profilazione degli utenti o nell'apposizione di messaggi pubblicitari, finalizzate alla profittabilità, diretta o indiretta, del servizio; è sufficiente, dunque, che l'accesso ai contenuti sia lo strumento per attrarre il pubblico, senza che i contenuti stessi comportino forme di monetizzazione diretta, tanto più che la profilazione degli utenti è la principale fonte di incassi per i servizi di questo tipo[7]. I menzionati "Orientamenti" emanati dalla Commissione europea rammentano altresì che i servizi di condivisione soggetti all'art. 17 della Direttiva CDSM agiscono sul mercato dei contenuti online in concorrenza con altri prestatori di servizi di contenuti online in generale, nel senso che la concorrenza riguarda la capacità di attrarre e trattenere gli utenti grazie all'offerta di contenuti, a prescindere dal fatto che si tratti di opere dello stesso tipo o di tipo diverso.

Quanto ai soggetti che rientrano in questa categoria di intermediari online, la Direttiva e la legge italiana prevedono alcune esclusioni e certe misure di mitigazione a favore di servizi di servizi di condivisione online che abbiano determinate caratteristiche. Il co. 2 dell'art. 102-*sexies* esclude dalla sfera di applicazione delle norme le enciclopedie online senza scopo di lucro, i repertori didattici o scientifici senza scopo di lucro, nonché le piattaforme di sviluppo e di condivisione di software open source, i fornitori di servizi di comunicazione elettronica, i mercati online, i servizi cloud da impresa a impresa oppure dedicati all'uso personale degli utenti.

La trasposizione italiana precisa, tuttavia, che il mercato online o il servizio cloud rientrano nella fattispecie qualora consentano di condividere opere protette dal diritto d'autore tra più utenti, come avviene ad esempio nel caso dei cyberlocker, che possono offrire spazi riservati all'uso personale ma anche funzioni di condivisione tra un numero elevato di utenti; è in questo caso evidente la finalità di sottoporre certe piattaforme "ibride" agli stessi obblighi, quando la loro offerta sia rivolta non all'uso personale ma alla condivisione di contenuti. Inoltre, l'art. 102-*septies*, co. 2, LDA riprende l'indicazione del considerando n. 62, secondo il

---

[7] S.J. LIEBOWITZ, *Economic Analysis of Safe Harbor Provisions*, CISAC, 2018, disponibile su SSRN: https://ssrn.com/abstract=3143811 e su http://dx.doi.org/10.2139/ssrn.3143811.

quale l'esenzione non si applica "ai prestatori di servizi il cui scopo principale è quello di attuare o facilitare la pirateria in materia di diritto d'autore".

Le cosiddette misure di mitigazione degli obblighi di certi prestatori (art. 102-*octies* LDA) sono volte favorire lo sviluppo di nuovi servizi di condivisione basati nella UE; la norma prevede che, in presenza di certi requisiti, gli obblighi relativi ai contenuti illeciti siano minori rispetto alle condizioni imposte alla categoria in generale. Si tratta di prestatori che operano nell'Unione Europea da meno di tre anni e hanno un fatturato annuo inferiore a 10 milioni di euro, rientranti nella definizione europea delle microimprese, piccole e medie imprese; per loro sussiste comunque l'obbligo dei "massimi sforzi" per ottenere un'autorizzazione e l'obbligo di rimozione o disabilitazione tempestiva dei contenuti illeciti. Nel caso di servizi con un numero medio di visitatori unici mensili superiore a 5 milioni nell'anno precedente, sussiste anche l'obbligo di compiere i massimi sforzi per impedire il futuro caricamento dei contenuti rimossi. Manca per questa categoria l'obbligo di introdurre misure di prevenzione del caricamento di contenuti illeciti, che è un argomento tuttora controverso.

3. Diritto di comunicazione al pubblico

L'art. 17 della Direttiva chiarisce in modo esplicito elemento essenziale della condivisione di contenuti caricati online dagli utenti sotto il profilo del copyright, ovvero che i servizi effettuano un atto di comunicazione al pubblico dei contenuti, come confermato anche dagli orientamenti *ex* art. 17.10 Direttiva CDSM. Il diritto di comunicazione al pubblico, compresa la messa a disposizione del pubblico [8], è normato a livello UE dalla Direttiva Infosoc 2001/29/CE (art. 3) ed è stato oggetto di numerose sentenze della Corte di Giustizia europea [9].

Nel periodo precedente l'entrata in vigore della Direttiva CDSM, la Corte di Giustizia UE si è espressa sull'attività di certi servizi di condivisione [10]; nella sentenza nelle cause riunite C-682/18 e C-683/18, il giudice europeo ha escluso che la piattaforma UGC YouTube effettuasse un atto di comunicazione ai sensi dell'art. 3 Direttiva Infosoc ed ha configurato una responsabilità del gestore di una simile piattaforma esclusivamente nei casi in cui questo avesse svolto un ruo-

[8] G. Guglielmetti, *Il diritto di comunicazione e messa a disposizione del pubblico*, AIDA, Giuffrè, Milano, 2010, pp. 147-158.

[9] E. Rosati, *Copyright and the Court of Justice of the European Union*, 2023 (Second Edition), Oxford University Press.

[10] Sentenza del 22 giugno 2021 nella causa Frank Peterson / Google LLC, YouTube LLC, YouTube Inc., Google Germany GmbH (C-682/18) e nella causa Elsevier Inc. / Cyando AG (C-683/18) (Cause riunite C-682/18 e C-683/18).

lo attivo idoneo a conferirgli una conoscenza o un controllo dei contenuti caricati dagli utenti, precisando che lo stesso gestore poteva essere escluso dal beneficio dell'esonero dalla responsabilità previsto dall'art. 14.1 della Direttiva sul commercio elettronico solo se fosse stato al corrente delle violazioni compiute dai suoi utenti. Nella precedente sentenza nella causa 610/15 nota come Piratebay [11], la Corte aveva posto attenzione alle circostanze del caso e stabilito che si configura un atto di comunicazione al pubblico quando si gestisce e offre al pubblico una piattaforma di condivisione che, mediante l'indicizzazione di metadati relativi ad opere protette e la fornitura di un motore di ricerca, consente agli utenti di localizzare tali opere e di condividerle nell'ambito di una rete tra utenti (peer-to-peer), rilevando il ruolo imprescindibile svolto dalla piattaforma e la piena cognizione degli utenti.

La legge italiana riconosce agli autori un diritto esclusivo di comunicazione al pubblico (modalità lineare) e di messa a disposizione del pubblico (modalità non lineare), definiti all'art. 16; per i titolari di diritti connessi il diritto di comunicazione lineare è coperto da diritto a compenso (artt. 73 e 73-*bis*) mentre è coperta da un diritto esclusivo la messa a disposizione del pubblico on-demand, da un luogo e in un momento scelti individualmente. Il nuovo art. 102-*sexies* LDA, riflette, oltre che le disposizioni dell'art. 17 Direttiva, anche la giurisprudenza italiana sui servizi di hosting attivo, e chiarisce che, in presenza dei requisiti cumulativi menzionati, la memorizzazione e l'offerta al pubblico di accesso a contenuti protetti costituisce un atto di comunicazione al pubblico o, se effettuato in modalità non lineare (on-demand), un atto di messa a disposizione del pubblico.

Il concetto di pubblico è una nozione di diritto eurounitario e si riferisce a un gruppo non insignificante di persone, come approfondito da diverse sentenze della Corte di Giustizia UE [12].

Una zona grigia rimane rispetto alla "memorizzazione" dei contenuti che non viene qualificata dalla Direttiva ma che gli Orientamenti indicano come non temporanea; è ipotizzabile che la definizione rimanga aperta a una valutazione caso per caso (considerando n. 63). Rimane altresì non definito se la memorizzazione costituisca un atto di riproduzione ai sensi dell'art. 2 della Direttiva Infosoc, anche se gli Orientamenti sembrano dare per scontato che, nelle circostanze date, la ri-

---

[11] Sentenza causa C-610/15 Stichting Brein / Ziggo BV, XS4ALL Internet BV del 14 giugno 2017; per un commento della sentenza e considerazioni sull'interpretazione dei profili di responsabilità per la comunicazione al pubblico prima della Direttiva CDSM, vedi Angelopoulos, Christina, *CJEU Decision on Ziggo: The Pirate Bay Communicates Works to the Public*, 30 giugno 2017, accessibile da https://copyrightblog.kluweriplaw.com/2017/06/30/cjeu-decision-ziggo-pirate-bay-communicates-works-public/.

[12] Secondo la CGUE, la nozione di «pubblico» riguarda un numero indeterminato di destinatari potenziali e comprende, peraltro, un numero di persone piuttosto considerevole (tra le altre, sentenze del 7 marzo 2013, ITV Broadcasting e a., C-607/11, punto 32; del 31 maggio 2016, Reha Training, C-117/15, punto 41, e dell'8 settembre 2016, GS Media, C-160/15, punto 36).

produzione sia "assorbita" dalla comunicazione. Questa zona grigia potrebbe creare incertezze rispetto alle autorizzazioni che il prestatore deve impegnarsi ad ottenere, in particolare quando i due diritti, quello di comunicazione e quello di riproduzione, siano controllati o amministrati da soggetti diversi.

Il diritto di comunicazione comprende, nel caso dei servizi di condivisione, due ulteriori elementi costitutivi rispetto alla previsione della Direttiva Infosoc e ai trattati WCT e WPPT: l'attività deve avere scopo di lucro e l'accesso del pubblico (attuale o potenziale) deve riguardare grandi quantità di contenuti. Una chiave interpretativa è fornita dal considerando n. 63 che suggerisce un esame caso per caso, tale da tenere conto di una combinazione di elementi, come le dimensioni del servizio e il numero di file di contenuti protetti dal diritto d'autore, fermo restando che si deve trattare di file caricati dagli utenti. Va, infatti, ricordato che i contenuti immessi dal provider, e non dagli utenti, sono soggetti al generale regime della responsabilità diretta.

4. L'autorizzazione dei titolari dei diritti sui contenuti

La Direttiva CDSM supera la qualificazione dei servizi di condivisione online come meri hosting provider e reinterpreta i principi enunciati dalla Corte europea, assoggettando le piattaforme alle regole del copyright, di modo tale che la comunicazione al pubblico non ricada esclusivamente nella responsabilità dell'utente che carica i contenuti. Al tempo stesso, la Direttiva indica le condizioni rispettando le quali la responsabilità può essere evitata: la prima di queste condizioni è, secondo l'art. 102-*sexies* LDA, co. 3 "ottenere un'autorizzazione dai titolari dei diritti, anche mediante la conclusione di un accordo di licenza, ottenuta direttamente o tramite gli organismi di gestione collettiva e le entità di gestione indipendente di cui al decreto legislativo del 15 marzo 2017, n. 35.". Il d.lgs. 35/2017 è quello di recepimento della Direttiva 2014/26/UE sulla gestione collettiva dei diritti, che comprende anche una serie di disposizioni sulle licenze multiterritoriali per i servizi musicali online.

La norma ha anche la finalità di "promuovere lo sviluppo del mercato della concessione delle licenze tra i titolari di diritti e i prestatori di servizi di condivisione di contenuti online" (considerando n. 61), nel rispetto dell'autonomia negoziale delle parti coinvolte, che si esprime nella negoziazione di vari schemi di autorizzazione. La norma è formulata in modo sufficientemente ampio da comprendere qualsiasi espressione di consenso all'utilizzo prestato dai titolari dei contenuti e segnalando come la licenza sia solo uno dei modi possibili per acquisirlo, ancorché quello tipico per i contenuti commerciali. Gli Orientamenti citati forniscono indicazioni sulla cooperazione che deve sussistere tra le parti perché gli accordi abbiano l'effetto di remunerare in modo equo i titolari dei contenuti e di prevenire le violazioni, senza comprimere altri diritti, come in primo luogo la libertà di espressione.

In concreto, le piattaforme online come YouTube, TikTok, Facebook ecc. si servono sia di accordi di tipo "tradizionale" che corrispondono a prassi consolidate, sia di accordi specifici del settore. Sono accordi del primo tipo le licenze dirette negoziate dagli editori musicali che controllano grandi repertori o quelle concesse dai produttori discografici internazionali, come pure le licenze collettive concluse con molte entità di gestione di diritti musicali come SIAE che hanno per oggetto singoli repertori e un'estensione geografica che (differentemente dalle altre licenze per la diffusione radiotelevisiva o la pubblica esecuzione) copre tutta l'Area Economica Europea e oltre; inoltre, condizioni economiche standard sono concordate con i servizi online con organismi internazionali rappresentativi dei produttori indipendenti. Altro settore nel quale prevale la prassi di licenze dirette da parte del titolare dei diritti è quello cinematografico e televisivo. Più frammentaria si presenta la situazione dei contenuti diversi da quelli musicali, sia quanto all'organizzazione dei titolari dei diritti, sia quanto alla disponibilità alla trattativa delle piattaforme.

La determinazione di condizioni eque e ragionevoli dipende da una serie di fattori, sui quali sussiste un più o meno regolare scambio di informazioni tra le parti, in particolare riguardo ai ricavi del servizio e alla consistenza del repertorio amministrato nei periodi e nei paesi coperti dalla licenza.

Fermo restando che la valutazione delle condizioni "eque e ragionevoli" per la conclusione di una licenza va effettuata caso per caso, secondo il considerando n. 61, i titolari dei diritti possono decidere di non concedere l'autorizzazione nel quadro delle proprie strategie commerciali, ma sono tenuti a cooperare con la piattaforma anche fornendo informazioni pertinenti affinché i materiali non siano caricati o siano tempestivamente rimossi (si veda la Parte II del capitolo).

Una situazione non direttamente inquadrabile nell'art. 17 della Direttiva CDSM, pur se relativa agli obblighi generali dei servizi che offrono contenuti online, si è creata al momento del rinnovo della licenza concessa da SIAE a Meta per l'utilizzo del repertorio musicale amministrato da SIAE in Facebook e Instagram. In assenza di un accordo sulle condizioni della licenza, Meta ha interrotto le trattative e deciso unilateralmente la rimozione delle registrazioni contenenti repertorio di SIAE, la quale ha reagito presentando un esposto all'Autorità Garante della Concorrenza e del Mercato (AGCM). L'Autorità ha aperto un'istruttoria riconoscendo che Meta potrebbe aver posto in essere una pratica abusiva quando ha bloccato le opere del repertorio di SIAE sui propri social media e interrotto la negoziazione della nuova licenza. La pratica consisterebbe nella violazione dei doveri di buona fede, correttezza e trasparenza e configurerebbe un abuso di dipendenza economica a danno di SIAE. C'è da notare che SIAE, nel richiedere a Meta le informazioni necessarie alla determinazione della tariffa applicabile, ha richiamato l'art. 19 della Direttiva relativo alle informazioni che gli autori e gli artisti hanno diritto a ricevere dalle loro controparti, recepito nell'art. 110-*quater* LDA. Né SIAE, né Autorità si sono avventurati sul terreno della definizione dei "massimi sforzi" per ottenere una licenza che, in base all'art. 102-*septies* LDA, devono svolgersi "secondo elevati standard di diligenza professionale di settore", ma hanno fatto riferimento all'art. 9 della l. 192/1998 sulla concorrenza, come novellato dalla l. 118/2022, quindi a una normativa di applicazione generale e non limitata ai diritti d'autore.

Nel suo provvedimento del 21 luglio 2023 A 559, AGCM sottolinea come, nel caso dei social media, i criteri valutativi debbano essere differenti rispetto a quelli utilizzati per settori economici tradizionali, evidenziando che il blocco del repertorio SIAE determina anche un danno grave e irreparabile alle dinamiche competitive interpreti ed esecutori e produttori discografici, altre entità di gestione, utenti finali). AGCM ha quindi disposto che Meta riprenda immediatamente le trattative e provveda a fornire tutte le informazioni necessarie onde consentire a SIAE di ripristinare l'equilibrio nel rapporto commerciale con Meta. La procedura è tuttora in corso (31 dicembre 2023).

Un'opportuna semplificazione appare anche contenuta nell'art. 102-*sexies*, co. 4 che prevede espressamente che le licenze ottenute dal prestatore del servizio coprono anche gli atti di caricamento dell'utente, a condizione che non si tratti di sfruttamenti commerciali (come, ad esempio, i contenuti televisivi caricati su YouTube o Facebook dalle stesse emittenti) o a condizione che non generino introiti significativi, come può essere il canale di successo di un influencer o di uno youtuber, fermo restando che le parti, i titolari dei diritti e servizi di condivisione, hanno la facoltà di negoziare l'estensione della licenza anche ai contenuti degli utenti commerciali o con un elevato livello di monetizzazione.

L'art. 102-*septies*, co. 1. a) LDA aggiunge che, per godere dell'esenzione, i prestatori devono "aver compiuto i massimi sforzi (secondo la fraseologia degli Orientamenti emanati dalla Commissione: "adoperarsi al meglio") per ottenere un'autorizzazione secondo elevati standard di diligenza professionale di settore". I massimi sforzi devono essere posti in essere anche per non rendere disponibili materiali specifici, come illustrato nella Parte II del capitolo da Alessandro La Rosa. L'espressione "best efforts" (contenuta nel testo originale della Direttiva) è stata oggetto di critiche anche perché le traduzioni nelle varie lingue ufficiali della UE fanno emergere differenze che potrebbero portare a un'armonizzazione problematica. Anche gli Orientamenti pubblicati dalla Commissione europea dedicano una grande attenzione ai comportamenti che possono dimostrare che i servizi di condivisione si sono "adoperati al meglio" per ottenere una licenza.

La valutazione dei massimi sforzi dovrà implicare considerazioni di proporzionalità e riguardare una serie di fattori, tra cui la natura del servizio offerto, la quantità di contenuti caricati dagli utenti, la disponibilità di informazioni sui titolari dei diritti, la complessità delle procedure di autorizzazione. Gli Orientamenti precisano che i servizi di condivisione online devono "avviare proattivamente un dialogo con i titolari dei diritti che possono essere facilmente identificati e rintracciati, in particolare quelli che rappresentano un ampio catalogo di opere o altri materiali"; tra questi, i primi interlocutori dovrebbero essere le organizzazioni di gestione collettiva, come evidenziato dalla trasposizione italiana.

L'impegno proattivo delle piattaforme non può presumibilmente estendersi all'individuazione analitica di tutti i titolari; questa oggettiva difficoltà fa riemergere la questione cruciale dell'identificazione delle opere e dei materiali protetti e della disponibilità e applicazione di metadati standard per i contenuti. La necessità di una copyright infrastructure è sottolineata da iniziative dell'Organizzazione Mondiale della Proprietà Intellettuale (WIPO) e dalla UE; quest'ultima ha pubblicato nel 2022 lo "Study on Copyright and New Technologies: copyright data management and artificial intelligence" [13], mentre l'EUIPO ha raccolto esempi rilevanti di sistemi di Automated Content Recognition. Per il momento, tuttavia, le piattaforme si servono di sistemi proprietari (il più famoso è il Content ID di YouTube) e il livello di accesso e di interazione è regolato da accordi contrattuali normalmente collegati ad autorizzazioni e licenze, o alla rilevanza dell'utente.

I sistemi di identificazione sono cruciali anche per quanto riguarda i contenuti dei quali non è autorizzato il caricamento e le misure tecnologiche di protezione adottate a tale scopo. Nei considerando nn. 66, 68, 70 e 71 della Direttiva è fatto riferimento all'obbligo di cooperazione tra piattaforme e titolari dei diritti a questo fine. Il generale richiamo alla trasparenza (considerando n. 68) va posto in relazione all'asimmetria informativa che caratterizza i rapporti tra piattaforme e titolari dei diritti rispetto al funzionamento dei servizi e i criteri per identificare e remunerare i contenuti, in particolare quando utilizzano tecnologie di identificazione, da concordare, ove possibile, con i titolari dei diritti. Di fatto, quando esiste un accordo contrattuale, normalmente questo definisce e disciplina anche gli strumenti messi in atto per l'identificazione dei contenuti e l'aggiornamento delle informazioni che li riguardano, anche e soprattutto perché questi elementi costituiscono spesso la base per l'attribuzione dei compensi.

---

[13] https://digital-strategy.ec.europa.eu/en/library/study-copyright-and-new-technologies. Le tecnologie comprendono diversi livelli di riconoscimento:

- hashing, per i file digitali;
- watermarking per le copie digitali premarcate;
- fingerprinting per gli estratti di parti di contenuto; e
- AI-based or enhanced solutions per il riconoscimento di specifiche caratteristiche di elementi o caratteristiche dei contenuti, inclusa l'analisi di immagini di prodotti fisici.

Parte II

Violazioni dei diritti e regime speciale di responsabilità per i prestatori di servizi di condivisione

di *Alessandro La Rosa*

SOMMARIO: 1. L'art. 17 della Direttiva Copyright e la sua trasposizione nell'art. 102-*septies* LDA (cenni). – 2. L'art. 102-*septies*, co. 1, lett. *c*), LDA. – 3. L'intervento del DSA – le segnalazioni di contenuti in violazione del diritto d'autore. – 4. Il meccanismo di *claim* e *counterclaim*: riflessi dell'art. 102-*nonies* sull'art. 102-*decies* LDA. – 5. Gli orientamenti della Commissione Europea sull'applicazione dell'art. 17, § 9, Direttiva Copyright (convertito nell'art. 102-*decies* LDA). – 6. Le linee guida di AGCOM (delibera AGCOM 115/23/CONS). – 7. La recente evoluzione normativa: la l. 14 luglio 2023, n. 93.

Il tradizionale assetto normativo del diritto d'autore è stato messo in discussione dall'irruzione della rivoluzione digitale, che ha inevitabilmente cambiato i modi in cui le opere dell'ingegno vengono create, distribuite e fruite.

Nell'ambito della tutela delle opere dell'ingegno, sono divenuti evidenti «*taluni limiti intrinseci della tecnica di protezione, che risulta di per sé incapace a prevenirne in maniera efficace ed effettiva l'accesso e l'utilizzazione da parte di terzi non autorizzati*» [14].

Nel tempo, è emersa la parziale inadeguatezza del quadro giuridico nel rendere effettivo l'*enforcement* del diritto d'autore, cui ha fatto da contraltare la necessità di ricercare regole giuridiche in grado di disciplinare la materia autoriale, alla luce sia della rapidità con cui i contenuti protetti da *copyright* circolano – anche tra Stati diversi – sia delle esigenze di bilanciamento fra i vari interessi in gioco, quali quelli di autori ed artisti, di coloro che mediano nella divulgazione delle opere, nonché di coloro che costituiscono i principali fruitori delle stesse, ossia gli utenti.

È in tale contesto che trova la sua ragion d'essere la Direttiva 2019/790/UE sul diritto d'autore e sui diritti connessi nel mercato unico digitale (in seguito "Direttiva Copyright"), pubblicata in Gazzetta Ufficiale nel mese di aprile 2019 [15] e, in

---

[14] V. FALCE, *La modernizzazione del diritto d'autore*, Giappichelli, Torino, 2022.

[15] Direttiva 2019/790/UE del Parlamento europeo e del Consiglio, sul diritto d'autore e sui diritti connessi nel mercato unico digitale.

particolare, l'art. 17, che impone un obbligo di previa autorizzazione per le piattaforme che consentono la messa a disposizione del pubblico di contenuti protetti dal diritto d'autore. Si prenderanno in considerazione in questa sede unicamente alcuni aspetti applicativi degli artt. 102-*septies* e 102-*decies* della LDA).

1. L'art. 17 della Direttiva Copyright e la sua trasposizione nell'art. 102-*septies* LDA (cenni)

Fra gli articoli più dibattuti della Direttiva Copyright rientra certamente l'art. 17, rubricato nella sua versione definitiva "Utilizzo dei contenuti protetti da parte dei prestatori di servizi di condivisione di contenuti online".

Come si è già detto, l'art. 102-*sexies*, co. 3, LDA, nel recepire quanto previsto dall'art. 17 (§§ 1-3) della Direttiva Copyright [16], si sofferma, in particolare, sulla necessità per i gestori di piattaforme utilizzate per la condivisione di contenuti caricati dagli utenti di ottenere un'autorizzazione [17] – ad esempio nelle forme di accordi di licenza – da parte dei titolari dei diritti, nel momento in cui vengono messi a disposizione del pubblico contenuti protetti, a meno che non si voglia correre il rischio di essere considerati direttamente responsabili delle violazioni dei diritti autorali (e connessi) di terzi.

Onde superare le predette criticità, il legislatore unionista ha recepito l'insegnamento giurisprudenziale della CGUE ed ha chiarito una volta per tutte che tali operatori, nel consentire agli utenti della rete il libero accesso ad opere protette, compiono atti giuridicamente rilevanti per il diritto d'autore. Conseguentemente essi dovranno ottenere *ex ante* un'autorizzazione dai titolari dei diritti, ad esempio mediante la conclusione di un accordo di licenza. In mancanza di tale autorizzazione, il *provider* sarà direttamente responsabile [18] anche per gli atti di comunica-

---

[16] "Gli Stati membri dispongono che il prestatore di servizi di condivisione di contenuti *online* effettua un atto di comunicazione al pubblico o un atto di messa a disposizione del pubblico ai fini della presente Direttiva quando concede l'accesso al pubblico a opere protette dal diritto d'autore o altri materiali protetti caricati dai suoi utenti. Un prestatore di servizi di condivisione di contenuti *online* deve pertanto ottenere un'autorizzazione dai titolari dei diritti di cui all'articolo 3, paragrafi 1 e 2, della Direttiva 2001/29/CE, ad esempio mediante la conclusione di un accordo di licenza, al fine di comunicare al pubblico o rendere disponibili al pubblico opere o altri materiali".

[17] "I prestatori di servizi di condivisione di contenuti *online*, quando concedono l'accesso al pubblico a opere protette dal diritto d'autore o ad altri materiali protetti caricati dai loro utenti, compiono un atto di comunicazione al pubblico o un atto di messa a disposizione del pubblico per i quali devono ottenere un'autorizzazione dai titolari dei diritti, anche mediante la conclusione di un accordo di licenza, ottenuta direttamente o tramite gli organismi di gestione collettiva e le entità di gestione indipendente di cui al decreto legislativo del 15 marzo 2017, n. 35".

[18] In tal modo chiarendo che la responsabilità di tali operatori per la violazione dei diritti autorali

zione al pubblico posti in essere dai propri utenti, proprio come se fosse stato esso stesso a porre in essere la condotta illecita.

L'art. 102-*septies* LDA prevede comunque una forma di *safe harbour*[19]: i prestatori di servizi di condivisione di contenuti online, in mancanza dell'autorizzazione di cui all'art. 102-*sexies* LDA, sono responsabili per gli atti non autorizzati di comunicazione al pubblico e di messa a disposizione del pubblico di opere e di altri materiali protetti dal diritto d'autore, salvo[20] che dimostrino di avere soddisfatto cumulativamente le condizioni previste dalle lett. *a*)-*c*) del suo co. 1[21].

Quindi la norma riconosce che è necessaria una qualche forma di limitazione della responsabilità, anche in considerazione del fatto che si tratta di opere carica-

---

di terzi, al ricorrere di determinate condizioni, è a tutti gli effetti una responsabilità diretta e principale, ed escludendo espressamente l'operatività del regime di limitazione della responsabilità di cui all'art. 14 Direttiva *e-commerce*, trasposta nell'art. 16 del d.lgs. 9 aprile 2003, n. 70.

[19] Come il suo equivalente art. 17 della Direttiva Copyright.

[20] L'art. 17 Direttiva Copyright è formulato in modo leggermente diverso "a meno che non dimostrino di ...".

[21] Come già chiarito da Stefania Ercolani nella Parte I del capitolo, è quindi evidente che il legislatore – europeo e nazionale – nel perseguire gli obiettivi della norma, abbia comunque voluto dare la possibilità a tali operatori di andare esenti da responsabilità al ricorrere di determinate condizioni: su tutte l'avere compiuto i "*massimi sforzi*" per ottenere un'autorizzazione all'uso delle opere da parte del titolare dei diritti e, di nuovo, l'avere compiuto i "*massimi sforzi*" per impedire la disponibilità delle dette opere *online*. In merito, gli Orientamenti della Commissione UE relativi all'art. 17 della Direttiva Copyright (Orientamenti che rappresentano un atto unilaterale atipico, non giuridico, non vincolante e non menzionato nell'art. 288 TFUE. Si tratta quindi di un atto di *soft law* con carattere meramente informativo ed interpretativo) precisano che "La nozione di 'adoperarsi al meglio' non è definita e non vi è alcun riferimento al diritto nazionale; si tratta pertanto di una nozione autonoma di diritto dell'UE che dovrebbe essere recepita dagli Stati membri conformemente ai presenti orientamenti e interpretata alla luce della finalità e degli obiettivi dell'articolo 17 e del testo dell'intero articolo. Gli Stati membri dovrebbero garantire che il principio di proporzionalità di cui all'articolo 17, § 5, sia preso in considerazione nel valutare se un prestatore di servizi di condivisione di contenuti *online* si sia adoperato al meglio a norma dell'articolo 17, § 4, lettere a) e b) e abbia rispettato le disposizioni di cui all'articolo 17, § 4, lettera c). Ciò è importante in particolare per tutelare la libertà d'impresa dei prestatori di servizi" (pp. 9-10), aggiungendo che "le azioni compiute dai prestatori di servizi per individuare e/o avviare un dialogo con i titolari dei diritti devono essere valutate caso per caso al fine di stabilire se tali prestatori si siano adoperati al meglio per ottenere un'autorizzazione (...). Per dimostrare di essersi adoperati al meglio, i prestatori di servizi dovrebbero, come minimo, avviare proattivamente un dialogo con i titolari dei diritti che possono essere facilmente identificati e rintracciati, in particolare quelli che rappresentano un ampio catalogo di opere o altri materiali (...). Nel contempo, conformemente al principio di proporzionalità e tenuto conto del volume e della varietà dei contenuti caricati dagli utenti, non è possibile attendersi che i prestatori di servizi individuino proattivamente i titolari dei diritti che non possano ragionevolmente essere identificati con facilità (...). Gli sforzi compiuti per contattare i titolari dei diritti al fine di ottenere le necessarie autorizzazioni dovrebbero essere valutati caso per caso, tenendo conto in particolare delle dimensioni e del pubblico del servizio nonché dei diversi tipi di contenuti che esso mette a disposizione, comprese le situazioni specifiche in cui determinati tipi di contenuti possono comparire solo raramente su tale servizio" (cfr. https://eur-lex.europa.eu/legal-content/IT/TXT/?uri=CELEX:52021DC0288).

te dagli utenti e non dai gestori delle dette piattaforme (in tale ultimo caso la loro responsabilità sarebbe in ogni caso di natura diretta ed immediata e deriverebbe dall'art. 16 del d.lgs. 70/2003).

Il regime di *safe harbour* previsto dalla Direttiva *e-commerce* però si rivolge a soggetti diversi, *i.e.* i fornitori di servizi di *hosting* "neutrali" e "passivi" mentre l'art. 102-*septies*, co. 1, LDA è destinato a regolare la responsabilità (solo) dei prestatori di servizi di condivisione di contenuti *online*. In secondo luogo, la Direttiva *e-commerce* non esplicita la natura della responsabilità (diretta o indiretta) dell'*hosting* che non può beneficiare del regime di *safe harbour*[22], mentre l'art. 102-*sexies* LDA qualifica la responsabilità dei fornitori di servizi di condivisione come di (diretta) lesione del diritto di comunicazione al pubblico. Diverse sono anche le "condizioni" per l'applicabilità dei due diversi regimi di limitazione della responsabilità: l'art. 16 del d.lgs. 70/2003 stabilisce che l'*hosting* a) non deve essere al corrente del fatto che l'attività o l'informazione è illecita e, per quanto attiene ad azioni risarcitorie, non deve essere al corrente di fatti o di circostanze che rendono manifesta l'illegalità dell'attività o dell'informazione, oppure b) non appena al corrente di tali fatti, deve agire immediatamente per rimuovere le informazioni o per disabilitarne l'accesso. Il nuovo regime di responsabilità di cui agli artt. 102-*sexies* ss. LDA prevede invece obblighi del tutto diversi, tra cui quello di impedire *ex ante* la disponibilità di opere per le quali il titolare del diritto ha fornito informazioni pertinenti.

Ci si potrebbe interrogare sulla natura di un siffatto obbligo.

Prima facie la lettera della norma lascerebbe intendere che il legislatore europeo abbia voluto imporre agli operatori un obbligo di risultato: il considerando n. 66 della Direttiva Copyright prevede che "nel valutare se un prestatore di servizi di condivisione di contenuti *online* ha compiuto i massimi sforzi nel rispetto di elevati standard di diligenza professionale di settore, occorre considerare se il prestatore di servizi abbia adottato tutte le misure che un operatore diligente adotterebbe [...] tenendo conto delle migliori pratiche del settore e dell'efficacia delle misure adottate alla luce di tutti i fattori e sviluppi pertinenti, nonché del principio di proporzionalità". Tuttavia, lo stesso considerando chiarisce che tale attività deve avere come fine quello di "ottenere il risultato di impedire la disponibilità di opere o altri materiali non autorizzati sul suo sito web".

Ed effettivamente, sempre in materia di responsabilità degli intermediari della rete, la CGUE ha già chiarito che nella materia *de qua* il tipo di intervento richiesto deve necessariamente essere volto all'ottenimento di un risultato[23].

---

[22] Cfr. i pareri resi dagli Avvocati Generali UE nei casi C-610/15, C-682 e C-683/18.

[23] Sentenza CGUE, caso C-314/12, punto 14: "tuttavia, per quanto riguarda la tutela del diritto d'autore, l'Oberlandesgericht Wien ha ritenuto che all'UPC Telekabel potesse soltanto essere richiesto, nella forma di un obbligo di conseguire un risultato, di vietare ai suoi abbonati l'accesso al sito Internet contestato, lasciandola libera quanto alla scelta delle misure da adottare".

Ci si potrebbe chiedere, ancora, se il legislatore abbia voluto imporre ai fornitori di servizi di condivisione anche un monitoraggio attivo e generalizzato (su tutti i contenuti caricati dagli utenti).

Si ha motivo di ritenere che il monitoraggio imposto a tali operatori è sì di tipo "attivo" (come lo sono del resto i servizi da essi prestati) ma non generalizzato: tale tipo di monitoraggio mira a rilevare contenuti in violazione per i quali i titolari dei diritti hanno fornito informazioni necessarie e sufficienti per l'identificazione dell'opera. A confermarlo è espressamente il co. 4 dello stesso art. 102-*septies* LDA che esclude qualsiasi "obbligo generale di sorveglianza", nonché il co. 2 della medesima norma, secondo cui "per stabilire, secondo il principio di proporzionalità, se il prestatore di servizi di condivisione di contenuti *online* è esente da responsabilità, sono presi in considerazione, con valutazione caso per caso, anche la tipologia, il pubblico e la dimensione del servizio e la tipologia di opere o di altri materiali caricati dagli utenti del servizio, nonché la disponibilità di strumenti adeguati ed efficaci e il relativo costo per i prestatori di servizi".

Ad ulteriore conferma del fatto che l'art. 102-*septies* cit. introduca l'obbligo di impedire *ex ante* la disponibilità di opere ed altri materiali protetti è la sentenza della CGUE caso C-401/19 dove si legge che le disposizioni controverse dell'art. 17 richiederanno l'uso di filtri di caricamento automatizzati [punto 55] e che il loro utilizzo costituisce una forma di limitazione preventiva [punto 55]. Facendo ampio riferimento alla giurisprudenza della Corte europea dei diritti dell'uomo, la CGUE sottolinea che tale limitazione preventiva non è categoricamente vietata, ma costituisce una restrizione del diritto alla libertà di espressione e di informazione che richiede forti garanzie previste dalla legge. L'art. 17 soddisfa questo requisito solo quando si interpretano le garanzie sancite dai paragrafi da 5 a 10 in modo da preservare i diritti fondamentali [24].

In sostanza, al ricorrere di certe condizioni la CGUE ritiene giustificata la limitazione alla libertà di espressione imposta dall'art. 17, § 4, rispetto all'obiettivo perseguito dalla stessa norma di garantire un elevato livello di protezione ai titolari dei diritti ai sensi dell'art. 17, paragrafo 2, della Carta [punto 69].

2. L'art. 102-*septies*, co. 1, lett. c), LDA

In base alla terza condizione di cui all'art. 102-*septies*, co. 1, lett. *c*) LDA (cfr. art. 17, § 4, lett. *c*) Direttiva Copyright), i prestatori di servizi di condivisione di contenuti *online* sono responsabili degli atti non autorizzati di comunicazione al pubblico, compresa la messa a disposizione del pubblico di opere e di altri mate-

---

[24] Cfr. sul punto l'articolo di F. Reda e P. Keller in https://copyrightblog.kluweriplaw.com/2022/04/28/cjeu-upholds-article-17-but-not-in-the-form-most-member-states-imagined/.

riali protetti dal diritto d'autore, a meno che non dimostrino di avere, dopo la ricezione di una segnalazione sufficientemente motivata da parte dei titolari dei diritti, tempestivamente disabilitato l'accesso o rimosso dai propri siti web le opere o gli altri materiali oggetto di segnalazione e aver compiuto, secondo il livello di diligenza richiesto alla lett. *b*) della medesima norma, i massimi sforzi per impedirne il caricamento in futuro.

Tale previsione introduce [25] sia un meccanismo di *notice-and-takedown* (simile a quello dell'art. 14 della Direttiva sul commercio elettronico) sia un obbligo di *notice-and-stay-down* [26].

Secondo la Commissione Europea [27], nella pratica i principali scenari in cui possono diventare disponibili contenuti non autorizzati, ed è quindi richiesto un intervento a norma dell'articolo in parola, sono i seguenti:

(I) i titolari dei diritti non hanno fornito in anticipo ai prestatori di servizi di condivisione di contenuti *online* le informazioni "pertinenti e necessarie" per evitare che i contenuti non autorizzati siano resi disponibili. Agiscono *ex post*, una volta che un determinato contenuto è diventato disponibile, per chiederne la rimozione permanente sulla base delle informazioni necessarie e pertinenti fornite dai titolari dei diritti; oppure

(II) i prestatori di servizi di condivisione di contenuti *online* si sono adoperati al meglio per assicurare che non siano disponibili contenuti non autorizzati a norma dell'art. 102-*septies*, co. 1, lett. *b*), ma nonostante tali sforzi i contenuti non autorizzati sono divenuti disponibili per ragioni oggettive, ad esempio nel caso in cui alcuni contenuti non possano essere riconosciuti a causa di limitazioni tecnologiche intrinseche; oppure

(III) in alcuni casi specifici ci si può attendere che i prestatori di servizi di condivisione di contenuti *online* agiscano solo una volta ricevuta la segnalazione da parte dei titolari dei diritti [28].

---

[25] J.P. Quintais e S.F. Felix Schwemer, in https://papers.ssrn.com/sol3/papers.cfm? abstract_id =3841606.

[26] Per un'analisi di questi obblighi preventivi, si veda M. HUSOVEC, *How Europe Wants to Redefine Global Online Copyright Enforcement*, in TE SYNODINOU (a cura di), *Pluralism or Universalism*, in *International Copyright Law* (Alphen aan den Rijn, Kluwer Law International 2019).

[27] https://eur-lex.europa.eu/legal-content/IT/TXT/?uri=CELEX:52021DC0288.

[28] Come spiegato al considerando n. 66 della Direttiva Copyright: "Quando i titolari dei diritti non forniscono ai prestatori di servizi di condivisione di contenuti *online* le informazioni pertinenti e necessarie sulle loro opere specifiche o altri materiali o quando i titolari dei diritti non hanno fornito alcuna notifica relativa alla disabilitazione dell'accesso o alla rimozione di specifiche opere o altri materiali non autorizzati e, di conseguenza, tali prestatori di servizi non possono compiere i massimi sforzi per evitare che sui loro servizi siano disponibili contenuti non autorizzati nel rispetto di elevati standard di diligenza professionale di settore, tali prestatori di servizi non dovrebbero essere responsabili di atti di comunicazione al pubblico non autorizzati o di messa a disposizione del pubblico di tali opere o altri materiali non identificati".

Per valutare se i prestatori di servizi abbiano compiuto i "massimi sforzi" varranno le stesse indicazioni già fornite da Stefania Ercolani nella Parte I. Certamente anche in questo caso la valutazione andrà fatta caso per caso tenendo conto del principio di proporzionalità di cui all'art. 102-*septies*, co. 2, LDA e dell'impossibilità di imporre in capo agli operatori un obbligo generale di sorveglianza, come stabilito dal co. 4 del medesimo articolo.

Oltre alla necessità di assicurare gli utilizzi legittimi di cui all'art. 102-*decies* LDA (vd. *infra*).

La norma in parola, pur senza fornire indicazioni specifiche sul punto, fa esplicito riferimento a due diverse tipologie di informazioni da fornire agli operatori:

– una "segnalazione sufficientemente motivata", a seguito della quale gli operatori devono "tempestivamente disabilitare l'accesso" o "rimuovere" l'opera dal sito web;

– le "informazioni pertinenti e necessarie" per impedire futuri caricamenti di opere oggetto di segnalazione (la parte relativa alla "rimozione permanente" di cui alla lett. *c*), che rinvia alla lett. *b*)).

Per quanto riguarda gli elementi da includere in una "segnalazione sufficientemente motivata", la Commissione UE ha raccomandato agli Stati membri di seguire nella loro attuazione la raccomandazione della stessa Commissione sulle misure per contrastare efficacemente i contenuti illeciti *online*[29].

Nello specifico, secondo la citata Commissione, "i punti da 6 a 8 della raccomandazione elencano gli elementi che potrebbero essere inclusi nelle segnalazioni. Queste ultime dovrebbero essere adeguatamente motivate e sufficientemente precise da consentire ai prestatori di servizi di prendere una decisione coscienziosa e informata riguardo ai contenuti cui si riferisce la segnalazione, in particolare per stabilire se tali contenuti debbano essere considerati illegali. In particolare, le segnalazioni dovrebbero contenere una spiegazione dei motivi per i quali l'autore della segnalazione ritiene che i contenuti in questione siano illegali e una chiara indicazione circa l'ubicazione di tali contenuti"[30].

Quanto al cosiddetto obbligo di "rimozione permanente", la seconda parte del citato art. 102-*septies*, co. 1, lett. *c*), impone ai prestatori di servizi di adoperarsi al meglio per impedire il futuro caricamento di opere o altri materiali segnalati dai titolari dei diritti. Questa disposizione rinvia alla lett. *b*) dello stesso comma; ciò significa che, per permettere ai prestatori di servizi di adoperarsi al meglio per evitare futuri caricamenti, i titolari dei diritti devono fornire loro lo stesso tipo di

---

[29] Cfr. la comunicazione della Commissione del 1° marzo 2018, disponibile all'indirizzo: https://eur-lex.europa.eu/legal-content/IT/TXT/PDF/?uri=CELEX:32018H0334&from=IT.

[30] Ancorché la stessa Commissione riconosca che l'informazione sulla specifica ubicazione dell'opera non sarebbe necessariamente richiesta in virtù dell'art. 17, § 4, lett. *b*) Direttiva Copyright.

informazioni "pertinenti e necessarie" utilizzate per dare applicazione alla citata lett. *b*) art. cit. Ciò implica, chiarisce la Commissione, che, se un prestatore di servizi utilizza tecnologie di *fingerprinting* per evitare futuri caricamenti di opere oggetto di segnalazione, il fatto di ricevere unicamente le informazioni fornite nella segnalazione non sarebbe sufficiente. In tal caso, per consentire ai prestatori di servizi di impedire futuri caricamenti di opere oggetto di segnalazione, i titolari dei diritti dovrebbero fornire ai prestatori di servizi impronte digitali elettroniche o *file* con i contenuti da proteggere.

Per completezza va ricordato che il meccanismo di tutela dei diritti delle parti coinvolte (ed in particolare della libertà di manifestazione del pensiero degli utenti) predisposto dalla Direttiva Copyright [31] e dal corrispondente art. 102-*decies* LDA (su cui subito *infra*) prevede tre diversi livelli di protezione: a) il meccanismo di *claim* e *counterclaim* predisposto dalla piattaforma; b) il meccanismo di risoluzione delle controversie istituito da autorità terze; c) la via giudiziale.

3. L'intervento del DSA – le segnalazioni di contenuti in violazione del diritto d'autore

Successivamente all'adozione della Direttiva Copyright, il 16 novembre 2022 è entrato in vigore il nuovo Regolamento (UE) 2022/2065 (c.d. "Digital Services Act", "DSA") che, introducendo nuove regole nel mercato unico dei servizi digitali, ha innovato – in modo trasversale [32] – il quadro normativo della già citata Direttiva *e-commerce* (2000/31/CE) [33].

Il DSA è quindi un regolamento europeo direttamente applicabile in tutta l'UE [34].

La normativa sui servizi digitali contiene regole per i servizi di intermediazione *online*, che milioni di europei utilizzano quotidianamente. Gli obblighi dei diversi operatori *online* corrispondono al loro ruolo, alle loro dimensioni e al loro impatto sull'ecosistema digitale [35]. Alcuni degli obblighi per gli intermediari includono le misure per contrastare i contenuti illegali *online*, compresi beni e servizi illegali. Il DSA impone nuovi meccanismi che consentono agli utenti di segnalare contenuti illegali *online* e alle piattaforme di collaborare con "segnalatori attendibili" specializzati per identificare e rimuovere contenuti illegali.

---

[31] Cfr. art. 17 (§ 9) Direttiva Copyright.

[32] E quindi non solo in riferimento alle violazioni del diritto d'autore.

[33] La Direttiva *e-commerce*, come previsto dall'art. 2(3) del DSA, rimarrà in vigore.

[34] Il DSA è stato pubblicato nella Gazzetta ufficiale il 27 ottobre 2022.

[35] *Amplius* https://commission.europa.eu/strategy-and-policy/priorities-2019-2024/europe-fit-digital-age/digital-services-act-ensuring-safe-and-accountable-online-environment_it.

Anzitutto va chiarito che il DSA non definisce cosa è illegale *online*. Le nuove norme stabiliscono norme a livello dell'UE che riguardano il rilevamento, la segnalazione e la rimozione dei contenuti illegali, nonché un nuovo quadro di valutazione del rischio per piattaforme *online* e motori di ricerca molto grandi su come i contenuti illegali si diffondono sui loro servizi. Ciò che costituisce contenuto illegale è definito in altre leggi a livello sovranazionale o a livello nazionale: ciò vale ad esempio per i contenuti terroristici, il materiale pedopornografico o l'incitamento all'odio.

Quindi la legge sui servizi digitali non sostituisce né modifica, ma integra, la legislazione settoriale: ciò vale anche per la Direttiva Copyright, come espressamente previsto dall'art. 2, co. 4, lett. *b*) DSA.

Tuttavia, sia l'art. 17 della Direttiva Copyright che diverse disposizioni del DSA impongono obblighi sulle modalità di gestione delle informazioni illegali da parte delle piattaforme *online*: con la differenza, sul piano soggettivo, che le norme della Direttiva Copyright si rivolgono solo ai prestatori di servizi di condivisione di contenuti per le ipotesi di violazione del diritto d'autore mentre il DSA si applica ai contenuti illegali in generale, compresi quelli che violano il diritto d'autore.

A prima vista, questi regimi non sembrano sovrapporsi, poiché l'art. 17 della Direttiva Copyright è qualificabile come *lex specialis* del DSA: DSA che però impone una serie di obblighi aggiuntivi alle piattaforme *online* che si qualificano come prestatori di servizi di condivisione di contenuti.

Uno dei punti più controversi di tale rapporto è dato appunto dalla definizione di "*segnalazione sufficientemente motivata*" che i titolari dei diritti sulle opere protette dal diritto d'autore dovranno presentare al fornitore del servizio per richiedere la rimozione nell'ipotesi in cui i contenuti pubblicati siano ritenuti violativi del relativo diritto autorale (ai sensi dell'art. 102-*septies*, co. 1, lett. *c*) LDA).

Contrariamente a quanto previsto dalla Direttiva Copyright, l'art. 16 del DSA stabilisce che la segnalazione in parola deve consistere in:

- una spiegazione sufficientemente motivata delle ragioni per cui il titolare dei diritti sull'opera presume che le informazioni in questione costituiscano contenuti illegali;
- una chiara indicazione dell'ubicazione elettronica esatta di tali informazioni, quali l'indirizzo o gli indirizzi URL esatti e, se necessario, informazioni supplementari che consentano di individuare il contenuto illegale adeguato al tipo di contenuto e al tipo specifico di servizio di memorizzazione di informazioni;
- il nome e l'indirizzo di posta elettronica della persona o dell'ente che presenta la segnalazione[36];
- una dichiarazione con cui la persona o l'ente che presenta la segnalazione

[36] Tranne specifiche eccezioni.

conferma la propria convinzione in buona fede circa l'esattezza e la completezza delle informazioni e delle dichiarazioni ivi contenute [37].

Pertanto, in ipotesi, si potrebbe arrivare a sostenere che alcune componenti del regime di notifica e azione, come gli elementi minimi che dovrebbero essere contenuti in una notifica a una piattaforma, aggiungono un livello di specificità che non si trova nelle norme della *lex specialis* della Direttiva Copyright [38].

4. Il meccanismo di *claim* e *counterclaim*: riflessi dell'art. 102-*nonies* sull'art. 102-*decies* LDA

Ai fini che qui interessano, per poter analizzare la portata dell'art. 102-*decies* LDA appare necessario [39] passare in rassegna il dettato dell'art. 102-*nonies*, co. 2, secondo cui gli utenti possono utilizzare contenuti protetti a condizione che l'uso che di essi che ne viene fatto sia riconducibile ad una delle seguenti eccezioni: *a*) citazione, critica, rassegna; *b*) utilizzi a scopo di caricatura, parodia o pastiche [40].

---

[37] Per un'analisi concreta di come Google abbia risposto all'introduzione del DSA si veda-https://blog.google/intl/it-it/notizie-aziendali/iniziative/come-rispondiamo-alle-disposizioni-del-digital-service-act/.

[38] In senso contrario deve rilevarsi che la materia del diritto d'autore – per come disciplinata dalla Direttiva Copyright – ha delle specificità tali da non consentirne *tout court* l'assoggettamento alle norme sui requisiti della segnalazione dettate dal DSA (proprio perché queste ultime appaiono piegate alla necessità di consentire la "segnalazione" di qualsiasi contenuto illecito). In tal senso si può notare, infatti, come lo stesso DSA riconosce espressamente che la materia della proprietà intellettuale presenta delle peculiarità: conferma di ciò la si ricava leggendo ad esempio l'ultima parte del considerando 54 DSA, "se la decisione è stata adottata a seguito del ricevimento di una segnalazione, il prestatore di servizi di memorizzazione di informazioni dovrebbe rivelare l'identità della persona o dell'entità che ha presentato la segnalazione al destinatario del servizio *solo se* tale informazione è necessaria per identificare l'illegalità del contenuto, *ad esempio in caso di violazione dei diritti di proprietà intellettuale*". Ed infatti contro la tesi dell'applicabilità de plano alla materia del diritto d'autore delle norme del DSA, è stato osservato che la logica del regime più vago dell'art. 17 della Direttiva Copyright è proprio quella di lasciare un certo margine di discrezionalità alle piattaforme e ai titolari dei diritti su come definire il contenuto degli avvisi per l'oggetto specifico del diritto d'autore. In tal senso, tale margine sarebbe più adeguatamente colmato da implementazioni nazionali conformi agli Orientamenti (vd. *supra*) piuttosto che dall'applicazione del DSA. Così J.P. Quintais, S.F. Schwemer, op. cit.

[39] Perché è facendo applicazione di quanto stabilito dall'art. 102-*nonies* LDA che i prestatori di servizi di condivisione di contenuti *online* dovranno decidere in merito al reclamo sporto dagli utenti per la contestazione della decisione di disabilitazione dell'accesso o di rimozione di specifiche opere o di altri materiali da essi caricati (cfr. art. 102-*decies*, co. 2, LDA).

[40] Perché ancor prima il co. 1 dello stesso art. 102-*nonies* LDA prevede che "la cooperazione tra i prestatori di servizi di condivisione di contenuti *online* e i titolari dei diritti non pregiudica la disponibilità delle opere o di altri materiali caricati dagli utenti nel rispetto del diritto d'autore e dei diritti connessi, incluso il caso in cui tali opere o altri materiali siano oggetto di un'eccezione o limitazione". Cfr. Capitolo XII.

Sul punto ci si è chiesti se sia ipotizzabile una ricostruzione di tali eccezioni in termini quantitativi e, più in generale, al ricorrere di quali parametri l'uso dell'estratto di un'opera potrà considerarsi lecito sulla base di tali "eccezioni".

Va preliminarmente rilevato che le suddette disposizioni riproducono quanto previsto dall'art. 5, paragrafo 3, lett. *d*) e *k*), della Direttiva 29/2001/CE (cd. Direttiva InfoSoc)[41].

Tali ultime previsioni normative sono state ripetutamente interpretate dalla giurisprudenza della CGUE la quale, costantemente, ha ritenuto che l'accertamento dei presupposti per l'operatività delle eccezioni ivi formulate – siano esse "trasformative" o "non trasformative" – è attività di pertinenza delle autorità degli Stati membri, le quali dovranno valutare, caso per caso, la compatibilità dell'uso del materiale protetto, da parte degli utenti, con i principi e le norme che regolano la materia de *qua*. Prova dell'impossibilità di affidare la soluzione delle questioni che comportano a formule di tipo "quantitativo" è data dal fatto che la stessa CGUE, solo a seguito dell'esame complessivo di tutte le circostanze del caso concreto, è giunta ad escludere la configurabilità di taluna delle eccezioni di cui si tratta anche in presenza dell'uso non autorizzato di soli due secondi di un'opera musicale (caso C-476/17) o di undici parole estratte in sequenza dall'articolo di un quotidiano (caso C-5/08). Sulla necessità di valutare l'operatività del regime delle eccezioni/limitazioni al diritto autorale alla luce delle circostanze del singolo caso concreto è anche la giurisprudenza di alcuni Stati membri (tra cui quella italiana), come confermato dal parere dell'Avvocato Generale nell'ambito del caso C-201/13 (punto 55). Posto che l'art. 17, § 7 della Direttiva Copyright ripropone quanto già stabilito dall'art. 5 paragrafo 3, lettere d) e k) della Direttiva InfoSoc, è ragionevole ritenere che anche le norme di derivazione della Direttiva Copyright dovrebbe essere letta alla luce dei principi di carattere generale ripetutamente enunciati dalla Direttiva InfoSoc e dalla giurisprudenza della CGUE.

5. Gli Orientamenti della Commissione Europea sull'applicazione dell'art. 17, § 9, Direttiva Copyright (convertito nell'art. 102-*decies* LDA)

L'art. 17, § 9[42], Direttiva Copyright, definisce una serie di norme generali che

[41] Salve le precisazioni di cui al successivo punto 6 (v. *infra*).

[42] "Gli Stati membri dispongono che i prestatori di servizi di condivisione di contenuti *online* istituiscano un meccanismo di reclamo e ricorso celere ed efficace che sia disponibile agli utenti dei loro servizi in caso di controversie in merito alla disabilitazione dell'accesso a, o alla rimozione di, specifiche opere o altri materiali da essi caricati. Ove i titolari dei diritti chiedano che sia disabilitato l'accesso a loro specifiche opere o altri materiali, o che tali opere o altri materiali siano rimossi, essi

devono essere recepite esplicitamente nel diritto nazionale. Tale paragrafo (come i precedenti 7 e 8 della stessa norma) è formulato in termini di obbligo di risultato. Ciò significa che le leggi di attuazione degli Stati membri devono garantire che tali obblighi prevalgano in caso di conflitto con altre disposizioni di cui all'art. 17, e in particolare con quanto disposto al paragrafo 4 della stessa norma.

Il citato art. 17, §§ 7 e 9, stabilisce che la cooperazione tra i prestatori di servizi e i titolari dei diritti non deve impedire la disponibilità di contenuti che non violino il diritto d'autore o i diritti connessi anche in quanto rientrano nell'ambito di applicazione di eventuali eccezioni o limitazioni (c.d. "uso legittimo"). L'art. 17, § 7, stabilisce altresì che gli Stati membri devono provvedere affinché gli utenti in ogni Stato membro possano avvalersi delle eccezioni o limitazioni esistenti a fini di citazione, critica o recensione e per l'utilizzo a fini di caricatura, parodia o pastiche quando caricano e mettono a disposizione contenuti generati dagli utenti tramite i servizi di condivisione di contenuti *online*. Gli obblighi di cui all'art. 17, §§ 7 e 9, sono di particolare importanza per l'applicazione della condizione di adoperarsi al meglio (*rectius* di compiere "i massimi sforzi") di cui all'art. 17, § 4, anche in riferimento a quanto previsto dalla lett. *c*).

Le eccezioni o limitazioni di cui alla Direttiva 2001/29/CE sono facoltative e rivolte a tutti gli utenti e, quando si tratti di citazioni, critiche o rassegne, sono soggette all'applicazione di condizioni specifiche. Per contro, le eccezioni e limitazioni particolari di cui all'art. 17, § 7, sono di attuazione obbligatoria per gli Stati membri, si applicano specificamente e solo all'ambiente *online* e a tutti gli utenti al momento del caricamento e della messa a disposizione di contenuti generati dagli utenti su servizi di condivisione di contenuti online, senza che siano previste ulteriori condizioni per la loro applicazione.

Come precisato dalla Commissione UE[43], gli utilizzi legittimi che non violano il diritto d'autore o i diritti connessi possono comprendere a) gli usi oggetto di ec-

---

devono indicare debitamente i motivi della richiesta. I reclami presentati nell'ambito del meccanismo di cui al primo comma sono trattati senza indebito ritardo e le decisioni volte a disabilitare l'accesso o a rimuovere i contenuti caricati sono soggette a verifica umana. Gli Stati membri garantiscono altresì che meccanismi di ricorso stragiudiziale siano disponibili per la risoluzione delle controversie. Tali meccanismi consentono una risoluzione imparziale delle controversie e non privano l'utente della protezione giuridica offerta dal diritto nazionale, fatto salvo il diritto degli utenti di avvalersi di mezzi di ricorso giurisdizionali efficaci. In particolare, gli Stati membri provvedono a che gli utenti abbiano accesso a un giudice o un'altra autorità giudiziaria competente per far valere l'applicazione di un'eccezione o di una limitazione al diritto d'autore e ai diritti connessi. La presente Direttiva non incide in alcun modo sugli utilizzi legittimi, quali quelli oggetto delle eccezioni o limitazioni previste dal diritto dell'Unione, e non comporta l'identificazione dei singoli utenti né il trattamento dei dati personali, salvo conformemente alla Direttiva 2002/58/CE e al regolamento (UE) 2016/679. I prestatori di servizi di condivisione di contenuti *online* informano i loro utenti, nei loro termini e condizioni, della possibilità di utilizzare opere e altri materiali conformemente alle eccezioni o limitazioni al diritto d'autore e ai diritti connessi previste dal diritto dell'Unione".

[43] https://eur-lex.europa.eu/legal-content/IT/TXT/?uri=CELEX:52021DC0288.

cezioni e limitazioni [44], b) gli usi da parte di coloro che detengono o hanno acquistato i diritti sui contenuti da essi caricati o gli usi contemplati dall'autorizzazione di cui all'art. 17, § 2, e c) gli usi di contenuti non coperti dal diritto d'autore o dai diritti connessi, in particolare per quanto riguarda le opere di dominio pubblico o, ad esempio, i contenuti che non raggiungono la soglia di originalità o non soddisfano qualsiasi altro requisito relativo alla soglia di protezione [45].

Tra gli altri usi legittimi ai fini dell'art. 17, paragrafo 7, rientrano gli usi autorizzati. Si tratta del caso in cui colui che provvede al caricamento è titolare di tutti i diritti pertinenti in quanto ha creato i contenuti caricati, che non includono contenuti di terzi, o in quanto ha ottenuto tutte le autorizzazioni necessarie dai titolari dei diritti.

Infine, il concetto di "usi legittimi" comprende anche l'uso di contenuti non coperti dal diritto d'autore o dai diritti connessi, in particolare le opere di dominio pubblico, ossia opere per le quali la durata della protezione è scaduta e che pertanto non sono più protette dal diritto d'autore, nonché i materiali che non soddisfano i criteri necessari per essere protetti alla luce della giurisprudenza della CGUE [46].

L'art. 17, § 7, secondo cui la cooperazione tra titolari dei diritti e prestatori di servizi non deve impedire la disponibilità di contenuti legittimi, deve essere letto in combinato disposto con le disposizioni relative all'obbligo di compiere i massimi sforzi di cui all'art. 17, § 4, in quanto è in tale contesto che ha luogo la cooperazione in relazione ai contenuti per i quali non è stata concessa alcuna autorizzazione. Il meccanismo di reclamo e ricorso di cui all'art. 17, § 9 (cfr. sezione seguente) si applica in aggiunta agli obblighi di cui all'art. 17, § 7. Ai fini del rece-

---

[44] Sul punto AGCOM (v. *infra* punto 7) ha precisato che "le eccezioni applicabili in tale contesto devono afferire al diritto di riproduzione e al diritto di comunicazione al pubblico, compreso il diritto di messa a disposizione del pubblico in modo che ciascuno possa avervi accesso dal luogo e nel momento scelto individualmente"; che tali eccezioni "devono essere riferite a favore di tutti gli utenti e non di beneficiari determinati, né devono essere condizionate a requisiti particolari, tali da escludere l'applicabilità ai servizi in questione. E infine, oltre a non dover essere in contrasto con lo sfruttamento normale delle opere o degli altri materiali, né arrecare un ingiustificato pregiudizio agli interessi dei titolari, nell'uso dei contenuti coperto da eccezioni deve essere sempre garantito il rispetto dei diritti morali, incluso la menzione del titolo dell'opera, dell'autore e, quando la legge lo preveda, dell'editore o, quando si tratta di traduzione, del traduttore", in *Linee guida concernenti il meccanismo di reclamo predisposto dai prestatori di servizi di condivisione di contenuti online di cui all'articolo 102-decies della legge 22 aprile 1941, n. 633. Allegato A alla delibera n. 115/23/CONS.*

[45] Cfr. sentenza della CGUE, caso C-201/13, punto 14: "[...] i termini di una disposizione del diritto dell'Unione, la quale non contenga alcun rinvio espresso al diritto degli Stati membri ai fini della determinazione del proprio significato e della propria portata, devono di norma essere oggetto, nell'intera Unione europea, di un'interpretazione autonoma e uniforme, da effettuarsi tenendo conto del contesto della disposizione stessa e della finalità perseguita dalla normativa in questione" (caso C-467/08, punto 32 e la giurisprudenza ivi citata).

[46] Cfr. sentenza della CGUE, caso C-469/17, punti 18-20.

pimento e dell'applicazione dell'art. 17, § 7, non sarebbe pertanto sufficiente ripristinare *ex post* i contenuti legittimi a norma dell'art. 17, § 9, una volta che tali contenuti sono stati rimossi o disattivati.

Sempre secondo la Commissione UE [47], altri caricamenti, che non sono manifestamente lesivi del diritto d'autore o dei diritti connessi, dovrebbero in linea di principio essere ammessi *online* e possono essere oggetto di una verifica umana *ex post* qualora i titolari dei diritti si oppongano inviando una segnalazione. Tale impostazione, in base alla quale i prestatori di servizi dovrebbero determinare al momento del caricamento se i contenuti siano o no manifestamente lesivi del diritto d'autore o dei diritti connessi, rappresenta uno *standard* pratico ragionevole per stabilire se un contenuto debba essere bloccato o possa essere caricato *online* e per garantire il rispetto dell'art. 17, § 7, tenendo conto dei limiti tecnologici esistenti.

Fra i criteri utili per individuare nella pratica i caricamenti manifestamente lesivi del diritto d'autore o dei diritti connessi potrebbero figurare la lunghezza/le dimensioni dei contenuti identificati utilizzati nel caricamento, la proporzione del contenuto corrispondente/identificato in relazione all'intero caricamento (ad esempio se il contenuto corrispondente è utilizzato separatamente o in combinazione con altri contenuti) e il livello di modifica dell'opera (ad esempio se il caricamento corrisponde solo in parte al contenuto identificato perché è stato modificato dall'utente). Tali criteri potrebbero essere applicati tenendo conto del tipo di contenuto, del modello commerciale [48], e del rischio di danni economici significativi per i titolari dei diritti.

Rilevante appare a tali fini l'indicazione della Commissione in merito ai contenuti particolarmente sensibili al fattore tempo, come ad esempio le anteprime di musica o film o momenti salienti di trasmissioni recenti di eventi sportivi: in questi casi potrebbe essere necessaria una verifica umana *ex ante* – da parte dei prestatori di servizi di condivisione di contenuti *online* – dei caricamenti che includano contenuti la cui disponibilità potrebbe causare un danno economico significativo [49].

---

[47] https://eur-lex.europa.eu/legal-content/IT/TXT/?uri=CELEX:52021DC0288.

[48] Ad esempio, un numero molto elevato di estratti brevissimi caricati su un servizio potrebbe arrecare un danno significativo ai titolari dei diritti se considerati nel loro insieme in forma aggregata. Vi sono servizi che hanno strutturato il loro modello di business sull'uso su larga scala di contenuti brevi, ad esempio parti di brani musicali di brevissima durata.

[49] Al fine di garantire il giusto equilibrio tra i diversi diritti fondamentali in gioco, segnatamente la libertà di espressione degli utenti, il diritto di proprietà intellettuale dei titolari dei diritti e il diritto dei prestatori alla libertà d'impresa, tale maggiore attenzione ai contenuti la cui disponibilità potrebbe causare un danno economico significativo dovrebbe essere limitata ai casi di elevato rischio di danni economici significativi, che dovrebbero essere adeguatamente giustificati dai titolari dei diritti. Tale meccanismo non deve comportare un onere sproporzionato per i prestatori di servizi né un obbligo generale di sorveglianza (nel caso di una partita di calcio, la sensibilità al fattore tempo può essere una questione di alcuni giorni).

Conformemente a quanto previsto dall'art. 17, § 9, Direttiva Copyright, anche l'art. 102-*decies* LDA prevede per gli utenti la possibilità di contestare le decisioni dei prestatori di servizi di bloccare o rimuovere i loro caricamenti.

Come già detto, i titolari dei diritti devono giustificare debitamente le loro richieste di rimozione delle opere o di disabilitazione dell'accesso alle stesse: secondo la Commissione Europea, ciò significa che non sarebbe sufficiente per i titolari dei diritti ripresentare le stesse informazioni già comunicate a norma dell'art. 17, § 4, lett. *b*) o *c*). Essi dovrebbero giustificare la natura lesiva di un caricamento specifico: diversamente, se non fossero necessarie ulteriori giustificazioni, il meccanismo di reclamo e ricorso sarebbe privo di qualsiasi effetto utile [50].

I contenuti rimossi devono rimanere tali durante la verifica umana effettuata nel quadro del meccanismo di ricorso. In linea con la prescrizione di cui all'art. 17, § 9, secondo cui i reclami degli utenti devono essere trattati senza indebito ritardo, il legislatore italiano ha previsto che i prestatori di servizi di condivisione di contenuti *online* devono approntare "*meccanismi di reclamo celeri ed efficaci*" al fine di non pregiudicare il diritto fondamentale alla libertà di espressione [51]. Se la decisione finale dei prestatori di servizi in relazione a contenuti bloccati è di non renderli disponibili, gli utenti devono quindi poter contestare tale decisione [52].

6. Le linee guida di AGCOM (delibera AGCOM 115/23/CONS)

La norma interna, nel solco di quanto già previsto dalla Direttiva Copyright, ha affidato all'Autorità per le Garanzie nelle Comunicazioni ("Autorità") il compito di adottare apposite linee guida, finalizzate a dettare i criteri affinché i meccanismi di reclamo predisposti dai prestatori siano ispirati ai principi di celerità ed efficacia.

Con l'Allegato A alla delibera 115/23/CONS, l'Autorità ha chiarito che "non

---

[50] https://eur-lex.europa.eu/legal-content/IT/TXT/?uri=CELEX:52021DC0288.

[51] Secondo il considerando n. 70 della Direttiva Copyright tale meccanismo è considerato un mezzo necessario "*al fine di raggiungere un equilibrio tra i diritti fondamentali sanciti dalla Carta dei diritti fondamentali dell'Unione europea («Carta»), in particolare la libertà di espressione e la libertà delle arti, e il diritto di proprietà, inclusa la proprietà intellettuale*".

[52] Anche su tale punto si pone il problema della interoperatività tra Direttiva Copyright e DSA. Nel contesto delle piattaforme *online*, gli artt. 17 e 18 del DSA stabiliscono un dettagliato meccanismo di reclamo interno e un processo di risoluzione extragiudiziale delle controversie. Anche l'art. 17 della Direttiva Copyright prevede tali meccanismi al § 9 per il genere specifico dei prestatori di servizi di condivisione di contenuti, ma in modo molto meno dettagliato. Secondo alcuni studiosi gli artt. 17 e 18 del DSA dovrebbero applicarsi ai detti prestatori per colmare le lacune lasciate aperte dalle norme più vaghe in materia di reclami e ricorsi di cui all'art. 17, § 9, della Direttiva Copyright (così J.P. QUINTAIS, S.F. SCHWEMER, *op. cit.*).

possono essere ammesse limitazioni all'esercizio del diritto di presentare il reclamo, potendosi solo ammettere l'ipotesi in cui il reclamo sia irricevibile per carenza di elementi fondamentali, quali, a mero titolo esemplificativo e non esaustivo, l'esatta individuazione del contenuto oggetto di rimozione/disabilitazione o la motivazione per cui l'utente ritiene illegittima la decisione del Prestatore o l'ipotesi in cui il Prestatore lo reputi manifestamente infondato".

L'Autorità ha altresì chiarito che i prestatori che offrono i propri servizi di condivisione di contenuti *online* in Italia dovrebbero rendere disponibile il meccanismo di reclamo in lingua italiana e che è di primaria importanza l'indicazione dei riferimenti del soggetto che ha rivendicato la titolarità dei diritti sul contenuto oggetto di disabilitazione o rimozione.

In concreto, le decisioni contestabili dagli utenti sono quelle aventi ad oggetto:

i) la disabilitazione all'accesso o la rimozione di contenuti *ex ante* di contenuti "manifestamente lesivi" del diritto d'autore o dei diritti connessi, in applicazione dell'art. 102-*septies*, lett. *b*), LDA (ovvero il blocco del caricamento);

ii) la disabilitazione dell'accesso o la rimozione di contenuti *ex post* a seguito di una segnalazione sufficientemente motivata presentata dai titolari dei diritti a norma dell'art. 102-*septies*, lett. *c*), LDA (ovvero il c.d. *notice and take down*);

iii) l'impedimento *ex ante* del caricamento di contenuti disabilitati o rimossi in quanto già oggetto di segnalazione sufficientemente motivata, in applicazione dell'ultima parte dell'art. 102-*septies*, lett. *c*), LDA (ovvero il c.d. *notice and stay down*).

Quanto alla "manifesta lesività" *sub* i), l'Autorità ricorda che nel caso C-401/19, la CGUE ha chiarito che i fornitori di servizi di condivisione non sono soggetti ad un obbligo di sorveglianza e che dunque i fornitori di tali servizi non possono essere tenuti a compiere una valutazione autonoma del contenuto caricato dagli utenti ma – facendo uso delle tecnologie che consentono di rilevare contenuti non autorizzati e che verificano la corrispondenza tra i file caricati dagli utenti e le informazioni, digitalmente tangibili, fornite dai titolari dei diritti – devono agire sulla base delle informazioni "pertinenti e necessarie" fornite *ex ante* dai detti titolari ai sensi dell'art. 102-*septies*, co. 1, lett. *b*), o *ex post*, sulla base delle informazioni fornite ai sensi dell'art. 102-*septies*, co. 1, lett. *c*) ultima parte.

Per quanto riguarda le ipotesi *sub* ii. e iii., si fa riferimento invece alle decisioni di rimozione/disabilitazione assunte dal prestatore dei servizi a seguito di una segnalazione motivata da parte di un soggetto legittimato, che contesta la legittimità del caricamento di un determinato contenuto ovvero alle decisioni di rimozione/disabilitazione assunte dal detto prestatore di contenuti già oggetto di una sua precedente decisione, ai sensi dell'art. 102-*septies*, co. 1, lett. *c*), LDA.

Quanto al meccanismo di reclamo l'Autorità ha chiarito che i prestatori dei servizi di condivisione dovrebbero stabilire espressamente, all'interno delle Condizioni generali di fornitura del servizio i relativi termini per adottare la decisione, a seconda del tipo di contestazione sollevata dall'utente, prevendendo, a titolo esemplificativo e non esaustivo: (*a*) termini più lunghi nei casi in cui l'utilizzo di un contenuto non sia manifestamente illegittimo e, pertanto, sia necessaria una verifica maggiormente approfondita della situazione specifica; (*b*) termini più brevi nei casi in cui la controversia potrebbe essere di pronta soluzione come, ad esempio, quando il soggetto legittimato a presentare il ricorso ritiene di non confermare i motivi alla base dei quali il prestatore ha assunto la decisione di disabilitazione/rimozione.

Ad ogni modo, la decisione deve essere adottata entro 20 giorni, mentre un termine più ampio può essere previsto per i nuovi prestatori e comunque, non superiore a 30 giorni.

7. La recente evoluzione normativa: la l. 14 luglio 2023, n. 93

In un siffatto quadro normativo va certamente menzionata la recente l. 14 luglio 2023, n. 93 che contiene disposizioni per la prevenzione e la repressione della diffusione illecita di contenuti tutelati dal diritto d'autore mediante le reti di comunicazione elettronica.

Tra i principi che fondano tale intervento legislativo, oltre a richiamare gli artt. 41 e 42 della Costituzione e la Convenzione sulla protezione e la promozione della diversità delle espressioni culturali di Parigi del 20 ottobre 2005, l'art. 1, lett. *d*) menziona "opportune forme di responsabilizzazione nei confronti degli intermediari di rete, al fine di rendere più efficaci le attività di contrasto della diffusione illecita e della contraffazione di contenuti tutelati dal diritto d'autore".

Il "cuore" dell'intervento legislativo in commento è rappresentato dall'art. 2, intitolato "Provvedimenti urgenti e cautelari dell'Autorità per le garanzie nelle comunicazioni per la disabilitazione dell'accesso a contenuti diffusi abusivamente".

Nel solco di quanto previsto dalla Raccomandazione sulla lotta alla pirateria *online* di eventi sportivi e altri eventi in diretta del Parlamento Europeo con Comunicazione del 4 maggio 2023 [53], tale norma attribuisce ad AGCOM il potere di

---

[53] Ricordiamo infatti che tale Raccomandazione, richiamando le disposizioni vincolanti derivanti da altri plessi normativi europei (Direttive 2000/31/EC, 2001/29/EC, 2002/58/EC, Regolamento (EU) 2022/2065, Direttiva (EU) 2019/790 and Direttiva 2004/48/EC), intende incoraggiare gli Stati membri (e per essi, le autorità nazionali competenti, i titolari dei diritti e i fornitori di servizi intermediari) ad adottare misure effettive, appropriate e proporzionate "*to combat unauthorised retransmissions of live sports events and other live events in accordance with the principles set out in this Recommendation and in full compliance with Union law, including the Charter of Fundamental Rights of the European Union*". In particolare, la Raccomandazione persegue, tra l'altro, l'obiettivo di minimizzare il danno causato dalla ritrasmissione non autorizzata degli eventi sportivi attraverso un intervento tempestivo (durante la ritrasmissione) da parte del prestatore di servizi intermediari. A questo fine, titolari dei diritti e prestatori di servizi intermediari collaborano "*developing and using technical solutions aimed at facilitating the processing of notices, such as application programming interfaces*". Per assicurare la massima efficacia dell'intervento, la Raccomandazione prevede che le ingiunzioni abbiano

"ordinare ai prestatori di servizi, compresi i prestatori di accesso alla rete, di disabilitare l'accesso a contenuti diffusi abusivamente mediante il blocco della risoluzione DNS dei nomi di dominio e il blocco dell'instradamento del traffico di rete verso gli indirizzi IP univocamente destinati ad attività illecite".

Recependo altresì l'ormai cristallizzata prassi giurisprudenziale – nazionale ed estera – AGCOM potrà ordinare "anche il blocco di ogni altro futuro nome di dominio, sottodominio, ove tecnicamente possibile, o indirizzo IP, a chiunque riconducibili, comprese le variazioni del nome o della semplice declinazione o estensione (cosiddetto *top level domain*), che consenta l'accesso ai medesimi contenuti diffusi abusivamente e a contenuti della stessa natura".

Si tratta di provvedimenti inibitori cc.dd. "dinamici", di cui si è lungamente occupata sia la dottrina che la giurisprudenza, nazionale e sovranazionale [54]

Si noti che, stando alla lettera della norma in esame, l'ordine di AGCOM può essere rivolto non solo ai fornitori di accesso alla rete (*i.e.* i *provider* telefonici, o *access provider*) ma anche più genericamente "ai fornitori di servizi": dovendosi ritenere tali gli operatori specificamente indicati dal co. 4 dello stesso art. 2, e così anche i soggetti gestori di motori di ricerca e i fornitori di servizi della società dell'informazione coinvolti a qualsiasi titolo nell'accessibilità del sito web o dei servizi illegali". I quali, tutti, dovranno eseguire il provvedimento dell'Autorità senza alcun indugio e, comunque, entro il termine massimo di 30 minuti dalla notificazione, disabilitando la risoluzione DNS dei nomi di dominio e l'instradamento del traffico di rete verso gli indirizzi IP indicati nell'elenco fornito dal soggetto richiedente l'intervento dell'Autorità o comunque adottando le misure tecnologiche e organizzative necessarie per rendere non fruibili da parte degli utilizzatori finali i contenuti diffusi abusivamente.

Nel caso di inottemperanza da parte dei fornitori dei servizi sono previste sanzioni di cui all'art. 1, co. 31, della l. 31 luglio 1997, n. 249 (cfr. art. 9-*bis*, co. 8, del Regolamento AGCOM).

Con delibera 189/23/CONS, AGCOM ha chiarito a quali condizioni è ricevibile la segnalazione del soggetto istante: "la segnalazione è procedibile a condizione che i titolari dei diritti, fornendo altresì prova documentale certa in ordine all'attualità della condotta illecita, indichino, sotto la propria esclusiva responsabilità,

---

natura "dinamica". Al contempo, allo scopo di bilanciare i diversi interessi in gioco, è previsto che "*Member States are encouraged to ensure that holders of rights in live transmission of sports events regularly update the information on the internet locations which are no longer used for unauthorised retransmission of sports events, so that the restrictions on these internet locations may be removed*" (https://eur-lex.europa.eu/legal-content/IT/TXT/PDF/?uri=CELEX:32023H1018).

[54] Si segnala sul punto lo studio di EUIPO sulle cc.dd. "ingiunzioni dinamiche" ("STUDY ON DYNAMIC BLOCKING INJUNCTIONS IN THE EUROPEAN UNION", https://euipo.europa.eu/tunnel-web/secure/webdav/guest/document_library/observatory/documents/reports/2021_Dynamic_Blocking_Injuctions/2021_Study_on_Dynamic_Blocking_Injuctions_in_the_European_Union_FullR_en.pdf).

che gli indirizzi IP identificativi dei "*Main server*" e dei "*Delivery Server*" dei siti in questione e i nomi di dominio a loro associati, abbiano il carattere dell'univocità: i dati tecnici comunicati ai destinatari dal titolare devono risultare univocamente destinati alla lesione dei diritti di proprietà intellettuale del titolare istante".

Con la predetta delibera AGCOM ha altresì riconosciuto che è "coerente con l'ordinamento europeo e nazionale prevedere uno specifico procedimento cautelare finalizzato all'adozione da parte dell'Autorità di un ordine di disabilitazione dell'accesso alle opere audiovisive riguardanti manifestazioni sportive in diretta e assimilate diffuse illegalmente on line, in cui i soggetti istanti – provata la titolarità dei diritti sui predetti contenuti, individuati gli indirizzi telematici autorizzati alla trasmissione e quelli che, invece, risultano diffondere i contenuti illegittimamente, nonché provata la sussistenza del *fumus boni iuris* e del *periculum in mora*[55] – chiedano contestualmente che il medesimo ordine sia eseguito dai destinatari anche rispetto agli ulteriori indirizzi telematici oggetto di successive segnalazioni. Per le successive segnalazioni, la disabilitazione deve essere effettuata immediatamente e comunque non oltre trenta minuti dal ricevimento della comunicazione. Tale procedimento, infatti, oltre a consentire l'emanazione di un provvedimento che inibisca immediatamente le condotte violative già perpetrate tramite i siti, consente di prevenire le successive e ulteriori condotte illecite, in quanto gli indirizzi telematici successivamente individuati veicolano contenuti equivalenti rispetto a quelli già oggetto di inibitoria senza che il prestatore sia gravato da alcun onere di sorveglianza.

Le segnalazioni successive alla prima istanza, in ragione della procedura automatizzata attraverso cui vengono gestite nei tempi stringenti funzionali a garantire la tutela adeguata ai titolari dei diritti, non sono notificate all'*uploader* e ai gestori della pagina e del sito internet o comunque ai soggetti cui è riconducibile l'indirizzo telematico, eventualmente rintracciabili". Su tali presupposti l'Autorità ha quindi adottato l'art. 9 *bis* (cfr. specialmente co. 4 *quater* ss.) del Regolamento di cui Allegato B alla delibera 189/23/CONS.

---

[55] Quanto al *fumus*, come osservato sulla scorta della giurisprudenza euro-unitaria, la lesione deve essere obiettivamente rilevabile, in via esemplificativa anche attraverso: la presenza di attività di pubblicità o promozione in violazione dei diritti della ricorrente tramite i servizi illegali; l'incoraggiamento, anche indiretto, alla fruizione di opere digitali diffuse in violazione dei diritti della ricorrente tramite i servizi illegali; la messa a disposizione degli utenti di indicazioni in merito alle modalità tecniche per accedere alle opere digitali diffuse illegalmente tramite i servizi IPTV illegali; lo scopo di lucro nell'offerta illegale delle opere digitali in questione, desumibile anche dal carattere oneroso della loro fruizione; quanto al *periculum in mora*, sempre in via esemplificativa, anche avendo riguardo al pregiudizio per il valore dell'opera, a causa dei tempi e delle modalità di immissione sul mercato tipiche della stessa, nonché al valore economico dei diritti violati e il conseguente danno per il titolare.

Capitolo XII
(dall'art. 17, par. 7, CDSM all'art. 102-*nonies* LDA)

Il presidio della libertà di espressione degli utenti

Parte I

La trasposizione in Italia dell'art. 17, par. 7, Dir. Copyright: un possibile bilanciamento di citazione e parodia con la formalistica dogmatica interpretativa su eccezioni e limitazioni

di *Alberto Musso*

SOMMARIO: 1. Dalle libere utilizzazioni al regime «proibizionista» dell'art. 5, par. 5, Dir. Infosoc. – 1.1. Ulteriore restringimento delle eccezioni in via interpretativa... – 1.2. ... anche per diritti fondamentali altrettanto costituzionalmente garantiti... – 1.3. ... tanto da doversi a volte invocare un "effetto utile" per preservare l'eccezione. – 2. Interpretazione dell'art. 17 CDFUE. – 3. Assenza o mancata considerazione di eccezioni opzionali eventualmente applicabili, quale l'eccezione didattica. – 3.1. Risultato: un serpente che si morde la coda. – 4. Parodia e citazione: due (vecchie e nuove) eccezioni "obbligatorie". – 4.1. Attuazione italiana. – 5. Problemi interpretativi e applicativi nella disciplina italiana. – 5.1. Parodia: necessità di eccezione o naturale funzione trasformativa? – 5.2. L'interpretazione di Cassazione civ., 30 dicembre 2022, n. 38165. – 5.3. Rischi alla libertà di espressione in caso di parodia come eccezione, soprattutto nel preteso senso restrittivo e unitario della CGUE. – 5.4. La citazione: il contrasto tra la restrittiva nozione italiana e la sua più ampia nozione in ambito europeo e internazionale. – 5.5. Conseguenti problematiche per usuali citazioni nell'ambito commerciale che pure non contrastano con la correttezza professionale. – 6. Meccanismi di reclamo per la salvaguardia di eccezioni o limitazioni in ambito digitale. – 7. Ambito di applicazione delle eccezioni digitali *ex* art. 102-*nonies*, co. 2, LDA.

1. Dalle libere utilizzazioni al regime «proibizionista» dell'art. 5, par. 5, Dir. Infosoc

Com'è noto, dal regime delle libere utilizzazioni, l'art. 5 della Direttiva 2001/29

("Dir. Infosoc") ha adottato un'interpretazione ultraprotettiva e perfino "proibizionista" dell'art. 13 TRIPS, imponendo che i casi speciali ivi previsti fossero tassativamente determinati dalla Direttiva stessa: questa indebita interpretazione – non giustificata dal tenore della norma, come dimostra l'assenza di tale pretesa tassatività nella corrispondente disposizione dell'art. 9.2 della Convenzione di Berna ("CUB"), da ben più tempo in vigore [1] – ha condotto infatti a considerare legalmente vietato tutto ciò che non sia espressamente permesso dalle ipotesi dell'art. 5 cit.; la mancata obbligatorietà delle eccezioni stesse – molte delle quali non sono state infatti recepite nella legislazione nazionale – rende poi ancora più problematico l'esercizio di libertà fondamentali o di usi pur non pacificamente contrastanti con il normale sfruttamento dell'opera o dei materiali protetti.

1.1. Ulteriore restringimento delle eccezioni in via interpretativa...

Per quanto riguarda la portata di tali eccezioni e limitazioni, occorre ricordare che, secondo la giurisprudenza costante della Corte di Giustizia, le disposizioni di una Direttiva che costituiscono deroghe a un principio generale sancito dalla Direttiva medesima devono essere interpretate restrittivamente [2]. Ne risulta che le diverse eccezioni e limitazioni previste all'art. 5 della Dir. Infosoc devono essere oggetto di un'interpretazione restrittiva [3].

1.2. ... anche per diritti fondamentali altrettanto costituzionalmente garantiti...

Nemmeno la libertà di informazione e la libertà di stampa, sancite anche all'art. 11 della Carta dei diritti fondamentali dell'Unione europea ("CDFUE"), possono giustificare alcuna deroga ai diritti esclusivi di riproduzione e di comunicazione al pubblico dell'autore, di cui rispettivamente all'art. 2, lett. *a*), e all'art. 3, par. 1, della Dir. Infosoc, al di fuori delle eccezioni e limitazioni ivi previste all'art. 5, par. 2 e 3, della stessa Direttiva [4].

---

[1] ISTITUTO MAX PLANK PER LA PROPRIETÀ INTELLETTUALE, *A Balanced Interpretation of the "Three-Step Test" in Copyright Law*, disponibile a https://www.ip.mpg.de/fileadmin/ipmpg/content/forschung_aktuell/01_balanced/declaration_three_step_test_final_english1.pdf.

[2] Corte giust. Ue, 16 luglio 2009, C-5/08, *Infopaq*, par. 56 e giurisprudenza ivi citata.

[3] Corte giust. Ue, 10 aprile 2014, C 435/12, *ACI Adam BV*, parr. 22 e 23.

[4] Corte giust. Ue, 29 luglio 2019, C 516/17, *Spiegel Online GmbH*.

1.3. ... tanto da doversi a volte invocare un "effetto utile" per preservare l'eccezione

La Corte ha consentito al massimo – per evitare l'annullamento ermeneutico dell'eccezione – che il giudice nazionale, nell'ambito del bilanciamento che è tenuto ad effettuare, tenuto conto dell'insieme delle circostanze del caso concreto, tra i diritti esclusivi dell'autore, da un lato, e i diritti degli utenti di materiali protetti previsti dalle disposizioni derogatorie dell'art. 5, par. 3, lett. *c*), seconda ipotesi, e lett. *d*), della Dir. Infosoc, dall'altro, debba fondarsi su un'interpretazione di dette disposizioni che sia pienamente conforme alla CDFUE, pur rispettando la formulazione delle eccezioni o limitazioni e preservando il loro effetto utile[5]. In quest'ottica d'impedire l'annullamento in sede di interpretazione restrittiva della già limitatissima e dettagliata eccezione di cui all'art. 5, par. 3, lett. *n*), la Corte ha dovuto consentire che la Direttiva ammetta che gli Stati concedano alle biblioteche il diritto di digitalizzare le opere contenute nella loro collezione, qualora risulti necessario, a scopi di ricerca o di attività privata di studio, per mettere tali opere a disposizione dei singoli individui su terminali dedicati. Infatti, il diritto riconosciuto alle biblioteche di comunicare, su terminali dedicati, le opere contenute nella loro collezione rischierebbe di essere svuotato di gran parte del suo contenuto, nonché del suo effetto utile, se esse non disponessero di un diritto accessorio di digitalizzazione delle opere in questione[6].

2. Interpretazione dell'art. 17 CDFUE

Anche l'art. 17 CDFUE non aiuta apparentemente un'interpretazione più liberale: infatti, mentre stabilisce al par. 1 che «ogni individuo ha il diritto di godere della proprietà dei beni che ha acquistato legalmente, di usarli, di disporne e di lasciarli in eredità. Nessuno può essere privato della proprietà se non per causa di pubblico interesse, nei casi e nei modi previsti dalla legge e contro il pagamento in tempo utile di una giusta indennità per la perdita della stessa» e che «l'uso dei beni può essere regolato dalla legge nei limiti imposti dall'interesse generale», il par. 2 stabilisce *tout court* che «la proprietà intellettuale è protetta», così inducendo taluni a ipotizzare che la proprietà intellettuale non sia assoggettabile ad eccezioni più generali né particolari perfino nell'interesse pubblico[7].

---

[5] Corte giust. Ue, 29 luglio 2019, C 516/17, *Spiegel Online GmbH*.

[6] Corte giust. Ue, 11 settembre 2014, C-117/13, *Technische Universität Darmstadt c. Eugen Ulmer KG*, parr. 36-49.

[7] Per siffatte tesi assolutiste di stampo giusnaturalista – che ravvisano una pericolosa minaccia alla sacralità del diritto d'autore nell'esistenza di eccezioni per altri diritti fondamentali di libertà

Questa indebita interpretazione è tuttavia stata smentita dalla CGUE, la quale ha confermato con chiarezza che «l'interpretazione delle eccezioni e delle limitazioni previste all'art. 5 della Dir. Infosoc deve consentire [...] di salvaguardare il loro effetto utile e di rispettarne la finalità, esigenza che riveste particolare importanza quando tali eccezioni e limitazioni mirino, al pari di quelle previste all'art. 5, par. 3, lett. *c*) e *d*), della Dir. Infosoc, a garantire il rispetto di libertà fondamentali. In tale contesto, è necessario, da un lato, aggiungere che la tutela del diritto di proprietà intellettuale è certamente sancita all'art. 17, par. 2, della CDFUE. Ciò detto, non risulta in alcun modo né da questa disposizione né dalla giurisprudenza della Corte che un simile diritto sia intangibile e che la sua tutela debba essere garantita in modo assoluto» [8].

3. Assenza o mancata considerazione di eccezioni opzionali eventualmente applicabili, quale l'eccezione didattica

La CGUE ha infatti affermato in maniera alquanto *tranchant* che, per quanto riguarda la questione se la messa in rete su un sito Internet di una fotografia precedentemente pubblicata, senza restrizioni e con l'autorizzazione del titolare del diritto d'autore, su un altro sito Internet, costituisca una "comunicazione al pubblico", ai sensi dell'art. 3, par. 1, della Dir. Infosoc., occorre ricordare che tale disposizione prevede che gli Stati membri attribuiscano agli autori il diritto esclusivo di autorizzare o vietare la comunicazione al pubblico delle loro opere. Ne deriva che, fatte salve le eccezioni e le limitazioni previste, in termini tassativi, dall'art. 5 della Dir. Infosoc., qualsivoglia utilizzazione di un'opera effettuata da un terzo in assenza di un siffatto previo consenso deve essere considerata lesiva dei diritti dell'autore di detta opera [9]. In tale contesto, il Land della Renania settentrionale-Vestfalia sottolinea la necessità, nelle circostanze di cui trattasi nel procedimento principale, di tenere conto, nel bilanciamento degli interessi coinvolti, del diritto all'istruzione, previsto dall'art. 14 CDFUE. In particolare, l'azione dell'alunna interessata rientrerebbe nell'esercizio di detto diritto, in quanto la fotografia è stata collocata, a fini illu-

espressiva – cfr. C. CARON, *La Convention européenne des droits de l'homme et la communication des oeuvres au public: une menace pour le droit d'auteur?*, in *Comm. com. électr.*, 1, 1999, p. 9. In particolare, per R. MASTROIANNI, *Proprietà intellettuale e costituzioni europee*, in *AIDA*, 1, 2005, p. 19, l'art. 17.2 CDFUE escluderebbe la stessa facoltà di eccezioni o limitazioni.

[8] In questi termini, infatti, v. Corte giust. UE, 29 luglio 2019, C-469/17, *Funke Medien NRW GmbH*, parr. 71 e 72, che, a propria volta, richiama le sentenze del Corte giust. UE, 24 novembre 2011, C-70/10, *Scarlet Extended*, par. 43; Corte giust. UE, 16 febbraio 2012, C-360/10, *SABAM*, par. 41; Corte giust. UE, 27 marzo 2014, C-314/12, *UPC Telekabel Wien*, par. 61.

[9] Corte giust. UE, 16 novembre 2016, C-301/15, *Soulier e Doke*, par. 34 e giurisprudenza ivi citata.

strativi, nella prima pagina del progetto che aveva preparato nell'ambito di un laboratorio linguistico. Tuttavia, a tale riguardo, occorre constatare che le considerazioni relative alla nozione di "pubblico nuovo", si basano non già sulla natura educativa o meno dell'illustrazione, da parte dell'alunno, del suo progetto scolastico, bensì sulla circostanza per la quale la messa in rete di tale opera sul sito Internet della scuola ha reso la stessa accessibile a tutti i visitatori di tale sito. Del resto, occorre ricordare che, trattandosi della ricerca di un equilibrio tra il diritto all'istruzione e la protezione del diritto di proprietà intellettuale, il legislatore dell'Unione ha previsto, all'art. 5, par. 3, lett. *a*), della Dir. Infosoc., una facoltà per gli Stati membri di disporre eccezioni o limitazioni ai diritti di cui agli artt. 2 e 3 di tale Direttiva, purché si tratti di un utilizzo a finalità esclusivamente illustrativa per uso didattico o di ricerca scientifica nei limiti di quanto giustificato dallo scopo non commerciale perseguito. Nella fattispecie, dalla decisione di rinvio risulta che l'utilizzatrice dell'opera di cui al procedimento principale ha riprodotto tale opera su un server privato, e a ciò è seguita una messa in rete della medesima su un sito Internet diverso da quello sul quale è stata realizzata la comunicazione iniziale. In tal modo, tale utilizzatrice ha avuto un ruolo decisivo nella comunicazione di tale opera a un pubblico non preso in considerazione da parte dell'autore dell'opera al momento in cui ha autorizzato la comunicazione iniziale [10].

3.1. Risultato: un serpente che si morde la coda

L'opzionabilità e la conseguente insussistenza dell'eccezione di panorama in molti Stati membri comporta una incongruenza: a propria volta, il solerte sig. Renckhoff, nel caso di cui sopra, aveva usufruito di una eccezione di libertà di panorama (sussistente effettivamente, fra i pochi casi, in Spagna) onde fotografare gli edifici di Cordoba nella fotografia in questione, o avrebbe dovuto altrettanto rigorosamente ottenere una licenza di riproduzione da tutti i rispettivi architetti ancora viventi o deceduti da meno di 70 anni?

4. Parodia e citazione: due (vecchie e nuove) eccezioni "obbligatorie"

Gli Stati membri devono provvedere affinché gli utenti in ogni Stato membro possano avvalersi delle seguenti eccezioni o limitazioni esistenti quando caricano e mettono a disposizione contenuti generati dagli utenti tramite i servizi di condivisione di contenuti *online*: *a*) citazione, critica, rassegna; *b*) utilizzazioni a scopo di caricatura, parodia o *pastiche* (Dir. Copyright, art. 17, par. 7).

---

[10] Corte giust. UE, 7 agosto 2018, C 161/17, *Renckhoff*, parr. 15, 16, 42, 43 e 46.

4.1. Attuazione italiana

Gli utenti, quando caricano e mettono a disposizione contenuti da loro generati tramite un prestatore di servizi di condivisione di contenuti *online*, possono avvalersi delle seguenti eccezioni o limitazioni al diritto d'autore e ai diritti connessi: a) citazione, critica, recensione; b) utilizzo a scopo di caricatura, parodia o *pastiche* (art. 102-*nonies*, co. 2, LDA).

5. Problemi interpretativi e applicativi nella disciplina italiana

5.1. Parodia: necessità di eccezione o naturale funzione trasformativa?

Come noto, la giurisprudenza italiana ha consolidatamente reputato la parodia non come eccezione, ma come nuova opera originaria (e non derivata) come le variazioni musicali espressamente previste all'art. 2, n. 2, LDA, sebbene la giurisprudenza di legittimità l'abbia più recentemente ricondotta alla più ampia nozione di citazione, ugualmente salvandone la natura autonoma e non derivata.

5.2. L'interpretazione di Cassazione civ., 30 dicembre 2022, n. 38165

Secondo la Cassazione, infatti, «la parodia non può essere ricondotta nella categoria delle elaborazioni creative di cui alla LDA, art. 4 in quanto non si pone in una relazione di "continuità" con l'originale [...], ma integra, come è stato incisivamente osservato, un vero e proprio "rovesciamento concettuale" della creazione cui intende riferirsi. Per definire la questione che qui interessa occorre piuttosto guardare alla parodia proprio come manifestazione del pensiero. La LDA, art. 70, comma 1, consente il riassunto, la citazione o la riproduzione di brani o di parti di opera e la loro comunicazione al pubblico, se effettuati per uso di critica o di discussione, nei limiti giustificati da tali fini e purché non costituiscano concorrenza all'utilizzazione economica dell'opera. Ora, il diritto di critica e di discussione può essere speso con diverse modalità, tra cui è ricompreso il registro ironico, utilizzato nella satira, e quello comico e burlesco, impiegato nella parodia [...]. La liceità della parodia dell'opera o del personaggio creati da altri trova quindi il proprio fondamento nell'utilizzazione libera di cui all'art. 70, comma 1 LDA». Né «contraddice tale ricostruzione l'art. 5, par. 3, Dir. Infosoc. [...] Se è vero che non esiste, tra le norme nazionali che regolamentano le utilizzazioni libere atte a circoscrivere il diritto esclusivo dell'autore, una disposizione che puntualmente recepisca espressamente l'ipotesi di cui alla lett. *k*) [...], è altrettanto vero che l'assenza di un intervento normativo nel senso indicato è da ascrivere al fatto che l'art. 70 già ricomprende l'eccezione di parodia, intesa come espressione del dritto di critica e discussione dell'opera protetta. Il limite cui soggiace la parodia, in sé considerata, è piuttosto quello indicato dalla CGUE, vale a dire, la salvaguardia del giusto equilibrio tra gli interessi e i diritti dei titolari dei diritti di esclusiva e la libertà di espressione di chi si avvale dell'eccezione per parodia: salvaguardia di equilibrio in cui si inscrivono, nei termini di cui si è detto, le condizioni poste dall'art. 70, comma 1 [...]. In tal senso, la ripresa dei contenuti protetti può giustificarsi nei limiti connaturati al fine parodistico e sempre che la parodia non rechi pregiudizio agli interessi del titolare dell'opera o del personaggio originali, come accade quando entri in concorrenza con l'utilizzazione economica dei medesimi» [11].

5.3. Rischi alla libertà di espressione in caso di parodia come eccezione, soprattutto nel preteso senso restrittivo e unitario della CGUE

La CGUE, sulla base della consultazione di un mero dizionario non meglio specificato, ha restrittivamente considerato la parodia in senso umoristico, escludendo ogni altra forma di parodia critica, drammatica o comunque non strettamente canzonatoria. Infatti, secondo la Corte, «l'art. 5, par. 3, lett. *k*), della Dir. Infosoc, dev'essere interpretato nel senso che la parodia ha come caratteristiche essenziali, da un lato, quella di evocare un'opera esistente, pur presentando percettibili differenze rispetto a quest'ultima, e, dall'altro, quella di costituire un atto umoristico o canzonatorio. La nozione di "parodia", ai sensi di detta disposizione, non è soggetta a condizioni in base alle quali la parodia dovrebbe mostrare un proprio carattere originale, diverso dalla presenza di percettibili differenze rispetto all'opera originale parodiata, dovrebbe poter essere ragionevolmente attribuita ad una persona diversa dall'autore stesso dell'opera originale, dovrebbe essere incentrata proprio sull'opera originale o dovrebbe indicare la fonte dell'opera parodiata» [12].

5.4. La citazione: il contrasto tra la restrittiva nozione italiana e la sua più ampia nozione in ambito europeo e internazionale

Tanto l'art. 70 LDA, quanto la sua ancor più formalistica interpretazione giurisprudenziale, implicano ristretti limiti funzionali (finalità critiche) e oggettivi (solo parti o brani), riconfermati dalla Cassazione recentemente, che ha ribadito il divieto di integrale riproduzione di un'immagine, a qualsiasi fine [13].

---

[11] Cassazione civ., 30 dicembre 2022, n. 38165.

[12] Corte giust. UE, 3 settembre 2014, C 201/13, *Deckmyn*, par. 33.

[13] V. da ultima, Cassazione civ., 8 febbraio 2022, n. 4038, in *AIDA*, 1, 2022, p. 834, con nota giustamente critica di E. VISENTIN, *Rigidità e flessibilità nella disciplina dell'eccezione di citazione: quale direzione?*

5.5. Conseguenti problematiche per usuali citazioni nell'ambito commerciale che pure non contrastano con la correttezza professionale

L'impossibilità – secondo la giurisprudenza italiana – di citare lecitamente un'intera opera provoca esiziali ripercussioni su pratiche commerciali consolidate ed attuative della libertà di impresa, come nel caso di citazioni grafiche sopra indicate. Il contrasto si verifica, in maniera endemica ed eclatante, nei siti di *e-commerce*, dove il venditore deve riprodurre in maniera più o meno integrale i prodotti rispettivamente bidimensionali o tridimensionali che vende.

Anche la giurisprudenza italiana dovrà tuttavia adeguarsi ad un'interpretazione necessariamente più ampia onde consentire tali riproduzioni, anche eventualmente integrali o in ambito commerciale, al fine di non precludere – fra le tante di queste ipotesi – a venditori privati (p. es., su *e-bay.it*) o imprenditoriali (p. es., su *amazon.it*, ecc.) l'illustrazione dei prodotti da essi indipendentemente rivenduti su volantini cartacei o su siti di vendite *online*, inclusa, p.es., la riproduzione fotografica degli edifici offerti nei siti immobiliari, normalmente effettuata senza un (improponibile) consenso dell'architetto vivente o dei suoi eredi. Nell'ottica sostenuta, sulla base dell'analoga citazione consentita in materia di disegni e modelli, secondo la CGUE l'art. 20, par. 1, lett. *c*), del Regolamento 6/2002 dev'essere interpretato nel senso che la nozione di "atti di riproduzione a fini (…) di citazione" include l'uso, da parte di un terzo, dell'immagine dei prodotti che incorporano disegni e modelli comunitari protetti ai fini della commercializzazione di suoi prodotti. Spetta dunque al giudice nazionale verificare che tale atto di riproduzione sia compatibile con la corretta prassi commerciale, non pregiudichi indebitamente l'utilizzazione normale di detti disegni o modelli e comporti l'indicazione della fonte [14].

6. Meccanismi di reclamo per la salvaguardia di eccezioni o limitazioni in ambito digitale

Conformemente all'art. 17.9 della Dir. Copyright, anche l'art. 102-*nonies*, co. 1 e 3, LDA stabilisce che «la cooperazione tra i prestatori di servizi di condivisione di contenuti *online* e i titolari dei diritti non pregiudica la disponibilità delle opere o di altri materiali caricati dagli utenti nel rispetto del diritto d'autore e dei diritti connessi, incluso il caso in cui tali opere o altri materiali siano oggetto di un'eccezione o limitazione. [...] I prestatori di servizi di condivisione di contenuti *online* informano i propri utenti, tramite la comunicazione dei loro termini e condizioni del servizio, della possibilità di utilizzare opere e altri materiali avvalen-

---

[14] Corte giust. UE, 1 marzo 2017, C-24/16 e C-25/16, *Nintendo Co. Ltd c. BigBen Interactive GmbH e BigBen Interactive SA*.

dosi delle eccezioni o delle limitazioni al diritto d'autore e ai diritti connessi».

È auspicabile che tali meccanismi diverranno effettivamente funzionanti ed attuabili, per evitare soluzioni sì "idonee", ma rimaste totalmente virtuali rispetto all'esercizio di eccezioni o limitazioni in presenza di misure tecniche di protezione (artt. 71-*quinquies*, co. 2, e 71*sexies*, co. 4, LDA).

7. Ambito di applicazione delle eccezioni digitali *ex* art. 102-*nonies*, co. 2, LDA

Stante l'insussistenza di un'eccezione generale di parodia legislativamente stabilita agli artt. 65 ss. LDA, potrebbe sorgere il dubbio se tale eccezione – in quanto tipizzata dalla norma in commento nell'ambito dei servizi di condivisione online – possa essere ammessa solo in tale ambito ristretto. Siffatta perplessità non ha tuttavia ragion d'essere, essendo la parodia – come già osservato – tutelata dal diritto vivente italiano come opera originaria e, dunque, senza necessità di alcuna eccezione: l'art. 102-*nonies*, co. 2, LDA, non integra perciò che l'emersione specifica – imposta dalla legislazione europea a beneficio degli utenti negli Stati membri dove tale interpretazione non sussiste – di un già consolidato principio generale. In ogni caso, l'ascrizione della parodia alla fattispecie della citazione – secondo la giurisprudenza di legittimità sopra considerata – ne costituisce un ulteriore scudo di natura generale, essendo non solo la citazione prevista legislativamente dall'art. 70 LDA, ma costituendo essa un'eccezione obbligatoria per tutti i diritti d'autore (e, *a fortiori*, connessi) [15] *ex* art. 10 CUB [16].

---

[15] Per più ampi riferimenti al riguardo, v. E. VISENTIN, *op. cit.*, p. 847 ss.

[16] *Inter alia* si riporta la bibliografia essenziale del presente contributo: C. CARON, *La Convention européenne des droits de l'homme et la communication des oeuvres au public: une menace pour le droit d'auteur?*, in *Comm. com. électr.*, 1, 1999, p. 9 ss.; R. MASTROIANNI, *Proprietà intellettuale e costituzioni europee*, in *AIDA*, 1, 2005, p. 9 ss.; E. VISENTIN, *Rigidità e flessibilità nella disciplina dell'eccezione di citazione: quale direzione?*, in *AIDA*, 1, 2022, p. 837 ss.

Parte II

"Eccezioni" e "limitazioni" fra ordinamento UE e ordinamento italiano del diritto d'autore. Il caso della parodia

di *Gustavo Ghidini e Giovanni Cavani*

SOMMARIO: 1. Dagli usi liberi di Berna alle eccezioni di Infosoc: una traiettoria protezionistica. – 2. Il regime della parodia e il contrasto fra libertà di espressione del suo autore e diritto esclusivo del titolare dell'opera originaria. – 3. Le opere derivate. Il cuore della problematica. – 4. La parodia come opera derivata "autonoma". – 5. Conclusioni riassuntive.

1. Dagli usi liberi di Berna alle eccezioni di Infosoc: una traiettoria protezionistica

In (limitata) analogia agli 'usi liberi' dell'invenzione brevettata, l'assolutezza escludente del paradigma autoriale conosce alcune brecce, espressione del riconoscimento di istanze di accesso giustificate dalla preminenza di istanze *lato sensu* sociali alla circolazione della cultura e dell'informazione. Istanze più spesso disgiunte (ma non necessariamente: basti pensare alla professione e all'editoria giornalistica) da interessi anche economici all'utilizzazione delle opere.

È questo il tema delle 'eccezioni e limitazioni' del *copyright*: o, come meglio (sotto il profilo sistematico) si diceva sino alla fine del XX secolo, delle 'libere utilizzazioni': cioè quelle per le quali non si richiede il consenso del titolare, salvi eventuali obblighi di compenso del medesimo [17]. È anche questo un tema in relazione al quale il diritto d'autore contemporaneo ha conosciuto una progressiva involuzione in senso riduttivo di spazi di libertà di accesso. Involuzione culminata con la Direttiva 29/2001, sulla Società dell'Informazione (c.d. *InfoSoc*). Direttiva che, sul punto in parola, è stata confermata dalla Direttiva Copyright 790/2019, all'art. 17.

Anteriormente alla emanazione di detta Direttiva, il modello normativo fatto

---

[17] Nell'originario impianto della legge autore del '41, il capo V del Titolo I comprendeva, sotto l'unica intitolazione "*utilizzazioni libere*", gli artt. da 65 a 71. È solo in sede di recepimento della Direttiva CE 29/2001 che il capo V viene intitolato "*eccezioni e limitazioni*", adottando la dicitura della stessa Direttiva.

proprio dalla Convenzione di Berna – con ampi spazi di discrezionalità accordati ai legislatori nazionali (cfr. artt. 2-*bis*, nn. 1) e 2); 9.2, 10, 10-*bis*, testo vigente) – prevedeva diverse ipotesi di 'libere utilizzazioni' in favore di attività di pubblica informazione, critica, ricerca, insegnamento, etc. Quanto alla nostra LA, cfr. la enumerazione offerta dal Capo V.

Il postulato di dette ipotesi è duplice: *a*) che l'utilizzazione si mantenga nei limiti di un uso di interesse collettivo, in particolare afferente a scopi di pubblica informazione, insegnamento, critica etc., pubblico prestito bibliotecario, concertistica ufficiale, etc.; *b*) che l'utilizzazione non pregiudichi lo 'sfruttamento normale dell'opera', e cioè non arrechi un sensibile pregiudizio economico ai titolari. Di massima, dunque, non si deve trattare di utilizzazioni *in concorrenza* (questo il concetto-chiave, anche esplicitamente richiamato nella nostra LA: cfr. artt. 68.6 e 70.1).

In siffatto quadro si distingue altresì a seconda che l'accesso sia reclamato per utilizzazioni esclusivamente non economiche (come ricerca e insegnamento), ovvero se – ferma la giustificazione del pubblico interesse — la utilizzazione comporti anche una utilità economica per il terzo. È quest'ultimo il caso, ad esempio, dell'uso di brani di altrui opere o articoli da parte di un giornalista: attività che certamente e direttamente serve una finalità di interesse generale, epperò, come poc'anzi ricordato, è anche fonte, almeno potenziale, di un vantaggio economico per il redattore e/o l'impresa editrice.

Nelle ipotesi del primo tipo ("eccezioni"), l'accesso 'senza permesso' è di regola consentito a titolo gratuito; in quelle del secondo ("limitazioni") il legislatore nazionale può prevedere un obbligo di compenso per il titolare.

Nell'ambito di questa linea normativa si possono risolvere, in modo 'proporzionato' e insieme coerente con il principio costituzionale della libertà di espressione, gli immanenti conflitti di interesse fra titolari e terzi reclamanti accesso. Così pure, anche la facoltà di fare 'copia privata' – purché non con mezzi adatti a riproduzione seriale (non, dunque, *i.a.*, con tecnologie digitali) può essere esercitata senza autorizzazioni né oneri (art. 68 LA).

Detto quadro è stato significativamente, e pur parzialmente, modificato, dalla Direttiva 2001/29 c.d. sulla società dell'informazione.

A differenza della Convenzione di Berna, che si limita ad evocare "taluni casi speciali" (art. 9.2), la Direttiva 29/2001 afferma il carattere tassativo ('esaustivo': *considerando* n. 32) del catalogo delle eccezioni [18] e limitazioni "*permesse*" (*sic*:

---

[18] Peraltro, eccezioni aggirabili contrattualmente: art. 6.4 della Direttiva e art. 71-*quinquies*, co. 3, della LA. È, infatti, stabilito che le eccezioni "*non si applicano a opere o altri materiali a disposizione del pubblico sulla base di clausole contrattuali conformemente alle quali i componenti del pubblico possono accedere a dette opere e materiali dal luogo e nel momento scelti individualmente*". Conseguentemente, se il titolare dei diritti consente di accedere ai contenuti protetti tramite Internet grazie ad accordi contrattuali – ad esempio la sottoscrizione di un abbonamento – le eccezioni non sono più invocabili. In questo senso P.A.E. FRASSI, *Commento al Decreto legislativo 9 aprile*

considerando n. 14). Si rifiuta dunque una impostazione più elastica che attribuisca ai legislatori nazionali una facoltà di ragionevole ampliamento della sfera delle 'libere utilizzazioni': facoltà che anzi, sulla falsariga del modello statunitense del *fair use* – e soprattutto alla luce del fondamento costituzionale delle 'libere utilizzazioni' finalizzate a scopi di pubblica informazione, ricerca, e insegnamento – ben si potrebbe attribuire anche ai Giudici. Così, ad esempio, per consentire ai docenti di tradurre opere straniere per offrire gratuitamente materiali ai propri studenti; o per autorizzare — come fa la legge canadese – la libera circolazione in rete di 'contenuti' frutto di elaborazioni degli utenti (c.d. *user generated content*), realizzate e scambiate senza finalità commerciali.

Alla maglia stretta del 'catalogo' di *Infosoc* si sottrae (pur *sub condicione*: vedi in appresso), la facoltà di uso riservata a biblioteche e istituzioni culturali aperte al pubblico e ad emittenti di servizio pubblico – "*unicamente per scopi connessi alla loro missione di interesse pubblico*": art. 69-*bis* comma 2 LA – relativamente alle c.d. opere orfane: quelle di cui non sia individuato l'autore pur dopo una "ricerca diligente". Peraltro, sul godimento dell'eccezione pende la spada di Damocle della 'ricomparsa' dell'autore: il quale non solo potrà rivendicare, nei confronti di detti enti di servizio pubblico un equo compenso per l'utilizzo dell'opera, ma recuperando *tout court* i diritti autoriali — dunque anche nei confronti dei predetti enti – porrà *ex abrupto* termine, in danno del pubblico, al godimento della predetta 'eccezione'.

La rigida e 'chiusa' impostazione della Direttiva è aggravata da un ulteriore significativo scostamento, oggetto di diffuse critiche, dal modello normativo della Convenzione di Berna. L'effettivo godimento di una 'eccezione' o 'limitazione', pur se riconosciuta dal legislatore nazionale, è soggetto ad un possibile scrutinio giudiziale, attivabile dal titolare, il quale affermi e offra di dimostrare che la fattispecie concreta: *a*) non rappresenta un caso speciale, *b*) in cui l'accesso del terzo comprometterebbe il normale sfruttamento dell'opera e *c*) arrecherebbe un 'ingiustificato pregiudizio agli interessi legittimi del titolare' (art. 5.5).

Trattasi del 'famoso' "*three-step-test*" (TST) introdotto dalla Direttiva: e che *non* rappresenta affatto, nonostante la coincidenza lessicale, la trasposizione dell'art. 9 della Conv. di Berna, o dell'art. 13 TRIPs [19]. Queste ultime norme, infatti, si dirigono esplicitamente solo ai *legislatori* nazionali, chiamati a prevedere 'libere utilizzazioni' che appunto rispettino quelle tre condizioni (in realtà la terza appare una ridondante espressione della seconda). Dunque la Direttiva, dopo aver

---

2003, n. 68 – Attuazione della Direttiva 2001/29/CE sull'armonizzazione di taluni aspetti del diritto d'autore e dei diritti connessi nella società dell'informazione, in *Riv. dir. ind.*, 2003, pp. 27-32.

[19] Come noto il «*three- step test*», previsto nella Convenzione di Berna, all'art. 9.2, e trasposto nell'accordo TRIPs all'art. 13, impone agli stati di «*confine limitations and exceptions to exclusive rights to certain special cases which do not conflict with a normal exploitation of the work and do not unreasonably prejudice the legitimate interests of the rights holder*».

("esaustivamente") tipizzato le eccezioni e limitazioni che i legislatori nazionali potranno riconoscere – talora altresì indicando loro specifiche condizioni di ammissibilità: cfr. la dettagliata previsione dell'art. 5.3.c – *raddoppia* il filtro dell'attribuzione: aggiungendo appunto, in sede di applicazione della normativa (art. 5.5)[20] quello giudiziale a quello già introiettato dal legislatore nazionale[21]. Ed è agevole osservare che la stessa previsione di questo secondo filtro non può non agire come ulteriore mezzo di dissuasione di pur legittime istanze di accesso. La sola minaccia di una contestazione giudiziale, con le incertezze e i costi inerenti, potrà facilmente indurre i terzi a rinunciare a far valere il loro diritto a fruire di questa o quella 'libera utilizzazione' nei confronti di 'controparti' imprese editoriali, di regola finanziariamente ben più forti.

E questo appunto, come appena sottolineato, al preciso scopo – e comunque effetto – di porre, caso per caso, una *ulteriore barriera* anti-accesso a disposizione dei titolari, anche a fronte del riconoscimento legislativo del diritto di terzi di fruire di una 'libera utilizzazione'.

Si osservi infine che il mancato richiamo nell'art. 13 TRIPs anche ai "legittimi interessi dei terzi" – richiamo che compare invece nelle analoghe norme in materia di brevetti (art. 30), di modelli (art. 26.2) e marchi (art. 17) – non può certo "derubricarsi" ad un mero difetto di coordinamento, quanto piuttosto ad una precisa volontà degli "ambienti interessati" di irrigidire nel (solo) settore del diritto d'autore l'area delle eccezioni e limitazioni.

---

[20] In questo senso, v. M. SENFTLEBEN, *Fair Use in the Netherlands – a Renaissance? Paper* presentato alla Conferenza annuale di *ATRIP*, Vilnius, 14-16 September 2009, in *ATRIP papers, www.atrip.org*. V. anche C. GEIGER, *The Role ofthe Three-step Test in the Adaptation of Copyright Law to the Information Society, e-Copyright Bulletin*, January-March 2007, reperibile in: *http://portal.unesco.org/culture/en/files/34481/11883823381test_trois_etapes_en.pdf/test_trois_eta pes_en.df*. In senso conforme, v. AVV. Gen. JAÄSKINEN, *Conclusioni*, 10 marzo 2011, in *Opus supplies*, C-462/09.

[21] Cfr. qui, proprio con riguardo alle "limitazioni" ed «eccezioni» al diritto d'autore, la posizione espressa da numerosi studiosi che hanno sottoscritto nel giugno 2008 una dichiarazione diretta a interpretare in senso cumulativo, non disgiuntivo, la previsione delle condizioni del c.d. «*three-step test*» onde meglio bilanciare gli interessi dei titolari dei diritti con quelli della collettività. La dichiarazione, con il titolo *A Balanced Interpretation of the 'Three-Step Test' in Copyright Law*, presentata in occasione del convegno *ATRIP*, svoltosi a Monaco, nel luglio 2008, è pubblicata in *http://www.ip.mpg.de/go/atrip/* e in *IIC*, 2008, Sec 2, 707. Sul punto, cfr. anche T. MARGONI, *Il Three-Step Test nel diritto d'autore: tra necessità di bilanciamento e mancanza di ragionevolezza*, in *Il diritto dell'informazione e dell'informatica*, XXV, 1, 2009, 164.

2. Il regime della parodia e il contrasto fra libertà di espressione del suo autore e diritto esclusivo del titolare dell'opera originaria

La protezione contro la utilizzazione non autorizzata delle opere dell'ingegno comprende (per principio di portata generale nel campo della PI) sia l'appropriazione 'diretta' – la vera e propria riproduzione – sia quelle "*appropriations indirectes*" costituite da "*changements, additions ou retranchements, non essentiels, sans présenter d'ailleurs le caractère d'une nouvelle oeuvre originale*" (art. 10 Conv. Berna, testo del 1886; nella stessa linea sostanziale si esprime l'art. 4 LA). Si tratta in sostanza di opportuni e ragionevoli adattamenti 'materiali' del divieto di contraffazione.

Ma allorché si realizzino, dell'opera originaria, "*elaborazioni di carattere creativo dell'opera stessa*" (art. 4 LA), si è in presenza di un'opera c.d. derivata, oggetto di propria protezione autoriale, epperò "*senza pregiudizio dei diritti esistenti sull'opera originaria*" (art. cit.).

Si dischiude qui una problematica complessa, che dai rapporti fra autori di opere derivate, e titolari (autori od editori) dei diritti di sfruttamento delle opere originali si proietta sul piano dell'interesse generale, di rango costituzionale (combinazione di art. 9.1 e art. 21), alla promozione della cultura e dell'informazione. L'importanza del tema merita una specifica riflessione, orientata ad esplorare soluzioni – interpretative ove possibile, altrimenti *de lege ferenda* – idonee a comporre in modo equilibrato i conflitti di interesse fra gli autori ed editori dell'opera originaria (interessi non necessariamente coincidenti, come vedremo) ed autori e (potenziali) editori delle opere derivate. In modo equilibrato e sotto l'egida del valore-obbiettivo della promozione e diffusione della cultura.

3. Le opere derivate. Il cuore della problematica

Analogamente a quanto avviene nel campo della scienza e della tecnica, anche in quello delle arti il fenomeno delle opere realizzate 'lavorando su' opere precedenti, è di eminente rilievo[22]. Anche qui si lavora spesso sulle spalle di coloro

---

[22] Si pensi, ad esempio, alle opere multimediali, ossia opere che utilizzano una combinazione di altre opere (o di parti di esse), ad esempio immagini, musiche, testi, etc. Tale assemblaggio comporterebbe la necessità, per l'autore dell'opera multimediale, di acquisire i diritti su ogni singola opera (o parte di) da incorporare: sarebbe quindi sufficiente il diniego di un titolare dei diritti su un'opera incorporata per impedire al progetto creativo di fluire. Anche ove la negoziazione dei consensi autorali fosse gestita da una *collecting society*, il rischio è quello di un diniego ricattatorio da parte (anche solo) di uno degli autori, o dell'imposizione di condizioni vessatorie. Sul punto, quasi vent'anni orsono avevo suggerito un sistema di licenze obbligatorie: cfr. G. GHIDINI, M.F. QUATTRONE, *Opere multimediali e copyrights di terzi*, in *Riv. dir. ind.*, n. 1, 1998, p. 5 ss.

che, diceva Goethe, "*hanno seminato per me*". Basti qui pensare alla traduzione, strumento principe della circolazione internazionale della cultura[23]. O alle riduzioni di opere letterarie per l'infanzia, a trasposizioni teatrali e cinematografiche di romanzi, alle 'metamorfosi sinfoniche', etc. Oggi, poi, le tecniche digitali hanno aperto la strada alle trasformazioni c.d. interattive realizzate da utenti di opere diffuse su reti telematiche: è anche questo un aspetto del fenomeno, di crescente rilievo, dell'opera 'generata dall'utente'.

Sul piano, insomma, della creatività (e della conseguente diffusione di nuove opere) i ... derivati culturali, a differenza di quelli finanziari, meritano favore senza riserve, proprio per la loro capacità di contribuire allo sviluppo della cultura. Ovviamente, come poc'anzi accennato, la loro valorizzazione deve essere conciliata, in modo 'proporzionato', sia con i diritti dei titolari dell'opera originaria sia con l'interesse collettivo a fruire delle nuove produzioni culturali.

Ora, che il diritto dell'autore dell'opera originaria si estenda in linea di principio alle diverse forme di 'utilizzazione derivata' della stessa (quando si possa parlare di un effettivo sfruttamento di questa: sul che v. in appresso) va certo approvato. Tale estensione (art. 12 LA) appare congrua con l'obbiettivo di una piena tutela dell'autore rispetto all'ampia varietà dei possibili modi di utilizzazione economica della sua creazione[24].

Ma il punto è che questa estensione non dovrebbe avvenire in modi tali da impedire la circolazione di nuovi contributi culturali, e per ciò stesso una equilibrata composizione dei legittimi interessi dei titolari dell'opera originaria e di quelli sia degli autori derivati, e loro editori, sia della collettività dei potenziali fruitori.

Il vigente assetto normativo assicura un siffatto virtuoso equilibrio? È legittimo dubitarne.

Si badi (l'abbiamo già accennato poc'anzi): non viene in questione, in linea di principio generale (derogato in materia di *software*)[25], la piena libertà di creazione di siffatta categoria di opere, con la conseguente autonoma costituzione del diritto d'autore proprio dell'autore 'derivato' (come avviene, sotto il profilo in parola, per l'inventore 'dipendente'). Tale piena libertà, implicitamente deducibile (*a contrariis*) dalla citata norma di Berna 1886, è affermata sia dal testo attuale della Convenzione (art. 2.3), sia da quello della LA (art. 4).

---

[23] Sulla suggestiva metafora della traduzione quale "*ponte ermeneutico*" tra due mondi, cfr. F. VOLPI, *Filosofia della Traduzione*, in *La Repubblica*, 7 luglio 2009.

[24] Ampia varietà sconosciuta nel settore delle invenzioni industriali, nel quale la differenziazione si limita sostanzialmente alla possibilità di vendere il brevetto ovvero di darlo in licenza di produzione e/o di distribuzione.

[25] Il modello generale autoriale assoggetta ad autorizzazione del titolare dell'opera originaria la *pubblicazione* dell'opera derivata ('dipendente'): non anche, come avviene per i programmi per computer, la stessa *creazione* di programmi derivati più avanzati (cfr. art. 64-*quater*, co. 2, lett. *a*) e *c*), LA.

Il problema riguarda (non, appunto, la creazione, bensì) la *pubblicazione*, e più ampiamente la utilizzazione economica dell'opera derivata. E precisamente, la soggezione dell'autore 'derivato' al *placet* (e quindi al... dazio) del titolare dell'opera originaria appunto per poter pubblicare l'opera derivata.

Ora, sia il testo di Berna sia quello della LA, prospettano una soggezione *tout court*, in termini incondizionati, a quel *placet*. La lettera delle norme è *tranchante*: "*senza pregiudizio dei diritti esistenti sull'opera originaria...*" (art. 4 LA), "*senza pregiudizio dei diritti dell'autore dell'opera originale ...*" (art. 2.3 Convenzione).

La formulazione letterale senza riserve può incoraggiare la identificazione *tout court* del concetto normativo di 'derivazione' con quello dell'uso linguistico comune, che abbraccia in sostanza ogni riconoscibile ascendenza, anche solo tematica, dell'opera originaria. Con la conseguenza di confermare la soggezione incondizionata, a 360°, degli autori di opere derivate al potere interdittivo della pubblicazione spettante ai titolari di quelle originarie, per tutta la lunghissima durata del diritto di questi ultimi[26]. Il che, al di là del piano dei rapporti economici fra le parti private, si riflette in pregiudizio delle dinamiche stesse della diffusione della cultura[27].

Certo: sul piano dell'interpretazione, non basta addurre l'inconveniente né ricordare che *littera occidit*. Ma quella indiscriminata estensione del diritto del titolare dell'opera originale non appare positivamente sostenibile alla luce del fondamentale principio dicotomico che esclude 'le idee' dalla protezione autoriale. E proprio la coerenza con detto principio consente di mettere a fuoco il concetto giuridico di 'derivazione', scremando così ciò che deve da ciò che non deve pagar dazio. E così, di distinguere derivate 'dipendenti' da derivate 'autonome' – leggasi: derivate in senso giuridico e derivate in senso comune.

Cominciamo con l'osservare che elementi quali 'il tema', 'la storia', 'il significato' e simili rappresentano intrinsecamente 'idee': le quali, sappiamo, non sono tutelabili dal diritto d'autore. Dunque, l''aggancio', e persino il 'furto tematico', l'adozione della stessa 'tesi', pur ove riconoscibilissimi, non bastano a configurare un'opera come derivata in senso giuridico – cioè soggetta a *placet*/dazio. Appare qui istruttivo il riferimento all'opera derivata musicale contenuto nella prima legislazione del Regno d'Italia[28] nella quale si escludeva la violazione del diritto dell'autore dell'opera originaria nei "*casi in cui un motivo di un'opera originale*

---

[26] È agevole cogliere la differenza rispetto a quanto avviene in materia brevettuale per le invenzioni 'dipendenti' di alto profilo tecnologico ed economico.

[27] E non solo della 'diffusione'. È ragionevole opinare che il rischio di interdizione della pubblicazione, e quello, connesso, di imposizione di condizioni gravose per concedere il consenso, possano disincentivare la stessa attività di creazione dell'opera derivata, e – ancor più – la disponibilità di un editore ad acquistare quest'ultima.

[28] T.U. delle l. 2337/1865, 2652/1875 e 756/1882, promulgato con R. decreto 1012/1882: ivi, art. 3, co. 3.

diventi occasione o tema di una composizione musicale che costituisca una nuova opera": il 'motivo', cioè l'idea musicale. Analogamente, una legge tedesca del 1870 non considerava contraffazioni "quando...siano artisticamente elaborate", "la ristampa di singoli *motivi o melodie* di una medesima opera" [29] (corsivo nostro).

In armonia, dunque, con il principio dicotomico, il concetto giuridico di 'derivazione' va riferito al piano della 'espressione': e quindi alla riconoscibile ascendenza di impronta espressiva, alla comunanza/continuità di ispirazione stilistica percepibile al di là della eventualmente diversa tipologia rappresentativa [30].

4. La parodia come opera derivata "autonoma"

In questa prospettiva, è quello della parodia il più convincente esempio di derivata autonoma: la quale non deve 'chiedere permesso', né (quindi) pagar dazio ai fini della pubblicazione.

La piena autonomia dell'opera parodistica (che invece la Direttiva 2001/29/CE [InfoSoc], e la stessa CGUE [31] sembrano negare, evocando la categoria della "eccezione", così come la Direttiva Copyright 2019/70 all'art. 17.7) [32] fu da noi riconosciuta già nel 1921 dal Tribunale di Napoli nel celebre caso D'Annunzio v. Scarpetta, con motivazioni sostanzialmente anticipatrici di quelle adottate nel 1996 dal Trib. Milano nel caso Tamaro/Luttazzi [33]. In particolare, la corrispondenza tematica, l'articolazione (forma interna), la stessa ampia riproduzione di brani e sequenze di un'opera altrui (e proprio il genere parodistico impone che la riproduzione sia ampia, osservò già il Trib. Napoli), se sviluppate all'insegna di una cifra espressiva tutta diversa, anzi smaccatamente opposta a quella dell'opera precedente, fondano la piena autonomia, appunto, dell'opera parodistica. La bef-

---

[29] Cfr. par. 46, l. 11 giugno 1870, "*concernente il diritto degli autori sugli scritti, i disegni, le composizioni musicali e le opere drammatiche*", in trad. it. in L. FRANCHI, *Leggi e convenzioni sui diritti d'autore*, Milano, Hoepli, 1902, p. 281 ss., a p. 290.

[30] Trib. Milano, ord. 29 gennaio 1996, *Tamaro e Baldini & Castodi c. Comix srl e PDE srl*, in *AIDA*, 1996, p. 669. In senso conforme, Maestri come E. PIOLA CASELLI, *Trattato del diritto d'autore*, Napoli, 1927, p. 612; e V. DE SANCTIS, *Il carattere creativo delle opere dell'ingegno*, Milano, 1971, p. 130.

[31] Sentenza 3 settembre 2014, caso C-201/13, *Johan Deckmyn e Vrijheidsfonds VZW contro Helena Vandersteen e altri.*

[32] Sulla condivisione di tale qualificazione da parte della Corte ha forse pesato (ma se sì, a sproposito) anche la pur suggestiva descrizione della parodia come "al tempo stesso *copia* e creazione" [corsivo nostro], formulata nelle sue *Conclusioni* dall'Avvocato Generale Pedro Cruz Villalòn, 22 maggio 2014, causa C-201/13 cit., par. 49.

[33] Per elementare correttezza, informiamo che nella vertenza milanese fummo co-difensori di Daniele Luttazzi.

farda scurrilità goliardica di "*Va dove ti porta il clito*" (*sic*) di Daniele Luttazzi fa di tale scritto un'opera del tutto autonoma rispetto a quella, stilisticamente improntata a delicato intimismo, del famoso romanzo di Susanna Tamaro.

In senso sostanzialmente conforme si è pronunciato, ancora, il Tribunale di Milano, in relazione alla creazione di alcuni manichini (realizzati da un artista, John Baldessari, per la Fondazione Prada), i quali costituivano una trasposizione in chiave di colorita scanzonatura delle notissime drammatiche statue 'filiformi' di Alberto Giacometti. Il Tribunale, ripercorrendo i lineamenti della parodia anche attraverso una lettura in chiave comparatistica (con riferimento al c.d. *fair use* statunitense), ha sottolineato la necessità di considerare "*se l'opera derivata nel suo complesso, pur riproducendo – tanto o poco – l'opera originale e comunque ispirandosi ad essa, se ne discosti per trasmettere un messaggio artistico diverso*". Così i giudici milanesi hanno individuato la natura autonoma della parodia nella capacità di reinterpretare l'opera originale "*al fine di tradurla in un'espressione artistica diversa, di per sé creativa e idonea a trasmettere un messaggio proprio*"[34].

Così ricostruiti i confini entro cui la nostra giurisprudenza e la nostra dottrina hanno da più di un secolo definito l'ambito di libertà della parodia[35], ben si comprende perché nell'ordinamento nazionale *non* sia stata introdotta una specifica

---

[34] Trib. Milano, ord. 13 luglio 2011, *Foundation Alberto et Annette Giacometti c. Stitchin Fondaz. Prada*, in *Riv. dir. ind.*, 6, 2011, p. 347 ss. secondo cui "le opere parodistiche...sono tali nella misura in cui mutano il senso dell'opera parodiata, in modo tale da assurgere al ruolo di opera d'arte autonoma, come tale degna di autonoma tutela". In commento alla summenzionata ordinanza, cfr. L. BRICEÑO MORAIA, *"Arte appropriativa", elaborazioni creative e parodia*, in *Riv. dir. ind.*, 6, 2011, p. 347 ss.

Non pare corretto invece, come afferma Cass., 30 dicembre 2022, n. 38165 nel caso Zorro, l'inquadramento sistematico della parodia nell'utilizzazione libera di cui all'art. 70 l. autore, intesa come espressione del diritto di critica e di discussione dell'opera protetta. Tale articolo infatti presuppone e consente il riassunto, la citazione o la riproduzione di brani dell'opera protetta a fini di critica, mentre nel caso dell'opera parodistica, a ben vedere, non vi è, in senso proprio, né riassunto, né citazione né riproduzione di brani dell'opera parodiata, ma la sua "alterazione" semantica e significante, che la rende, appunto, interamente e radicalmente "altra" rispetto al modello originale (che resta, ben inteso – necessariamente – riconoscibile, dato che in assenza di ciò la parodia non sarebbe percepibile in quanto tale) . D'altro canto, la parodia non è espressione di critica, come già rilevava N. STOLFI, *Proprietà intellettuale*, Torino, 1917, p. 586. Come correttamente afferma Trib. Milano, 29 gennaio 1996 (ord.), in *AIDA*, 1996, p. 669, con nota di G.(iovanni) G. GUGLIELMETTI), la disposizione dell'art. 70 LDA "*appare, all'evidenza, del tutto inapplicabile alle riproduzioni dell'opera parodiata contenute nella parodia, che dalla legittimità della parodia, in quanto ad essa coessenziali, mutuano* ab origine *la propria legittimità*". La tesi sostenuta dalla citata Cass. 38165/2022 non è condivisa neppure da PEROTTI, *La parodia tra diritti d'autore e di marchio*, in *Riv. dir. ind.* 2023, II, 20.

[35] Per un'ampia e approfondita analisi della parodia con particolare riguardo agli ordinamenti di *common law*, si veda L. BENTLY, *Parody and copyright in the common law world*, consultabile su https://www.dropbox.com/scl/fi/sx9c3tc5k0hj6a008sbgl/Parody.pdf?rlkey=nw1418ko7xiwpmi5dghl2nhnv&dl=0.

norma di attuazione della Direttiva 29/2001 e del suo art. 5.3, lett. *k*) (con la sola eccezione dell'art. 102 *nonies,* secondo comma, lett. b) legge autore, per lo specifico caso di messa a disposizione *on line* di contenuti generati dagli utenti): per la assorbente ragione che il suo riconoscimento era da ben prima stato introiettato nel nostro sistema di tutela del diritto d'autore. Non solo: la configurazione della libertà di parodia sulla base della sua rilevata autonomia espressiva rispetto all'opera parodiata, la sottrae, a ben vedere, alle ristrette maglie delle eccezioni e limitazioni di cui alla detta Direttiva, e ne conferma piuttosto la sostanziale e radicale estraneità alla tutela spettante all'opera originale. In altre parole, la parodia, secondo i pacifici orientamenti della nostra giurisprudenza, gode di piena libertà, al pari di ogni opera che, per il fatto di discostarsi da altra precedente, non ne costituisce, per ciò solo, un plagio, neppure parziale[36].

Questa circostanza rileva quanto all'ambito di applicazione del criterio del TST di cui al co. 5 dell'art. 5 della Direttiva 29/2001. Invero, essendo affermata, nel nostro ordinamento, la libertà *tout court* (non, ripetesi, in via di eccezione) della parodia, in quanto stravolgimento dell'opera originaria e autonoma rispetto ad essa, non dovrebbe trovare applicazione quell'ulteriore limite all'area della liceità di (appunto) eccezioni e limitazioni dato dal TST.

E apparirebbe invero una netta forzatura il ricondurre la parodia alla nozione giuridica di eccezione per il sol fatto che la Direttiva 29/2001 la qualifica, appunto, come tale. Ciò significherebbe infatti "azzerare", *ex post*, una qualificazione che, come si è detto, si fonda, da più di un secolo, sull'asserzione di una diversa natura giuridica della parodia. Il che francamente apparirebbe un eccesso di ossequio alla normativa europea, considerato che se da un lato quest'ultima, come ha più volte sottolineato la Corte di Giustizia UE fa divieto agli Stati membri di riconoscere eccezioni e limitazioni ulteriori rispetto a quelle "tassativamente" delinea-

---

[36] Fuoriesce invece dalla nozione più classica di parodia, e rientra invece nell'ambito di una riproduzione con marcate finalità di critica, il caso deciso dal Trib. Venezia, 7 novembre 2015 (ord.), che riguardava la riproduzione di opere di un artista c.d. "situazionista", Gianfranco Sanguinetti, noto per la sua dichiarata lotta alla mercificazione delle opere dell'ingegno, comprese le sue, da parte di altro artista, Samson Kambalu, mediante una installazione che riportava fotografie di opere del Sanguinetti che apparivano sospese nelle mani di Kambalu, che "*a mo' di sberleffo pare riappropriarsi dell'opera medesima per rimetterla a disposizione della libera funzione dei visitatori della mostra d'arte, in sarcastica sintonia con l'ideale situazionista*"; e ciò allo scopo di evidenziare agli occhi del pubblico la contraddizione tra le tesi del Sanguinetti e la messa in vendita da parte dello stesso delle sue opere. In altre parole, ciò che secondo i giudici veneziani escludeva la contraffazione era dato dalle modalità del contesto in cui le opere erano offerte in visione al pubblico della Biennale, e che davano all'insieme dell'installazione, dotata di una sua originalità, un rilievo di critica sarcastica volta a sollecitare l'avvio di una discussione su una questione intellettuale di interesse collettivo. In questo quadro il Tribunale di Venezia ha indubbiamente fatto propria una visione allargata della libertà di riproduzione di un'opera protetta, fondandola non tanto sulla finalità dissacrante dell'opera stessa (i baffi alla gioconda di Duchamp) quanto sulla contestazione critica delle idee del suo autore.

te dalla stessa Direttiva, non ha lo scopo né l'autorità di impedire a uno Stato membro e ai suoi giudici di delineare in modo autonomo le condizioni alle quali è configurabile il plagio di un'opera protetta. Il che è appunto ciò che accade nel nostro ordinamento "vivente" in materia di opera parodistica; la quale, ripetesi ancora, nei limiti in cui si sostanzia in uno stravolgimento dell'opera originaria, fuoriesce *tout court* dall' ambito di protezione di quest'ultima.

Ma se anche non si volesse seguire questo suggerimento interpretativo, resterebbe comunque il fatto che la nostra legge autore non ha introdotto al proprio interno la limitazione del TST [37]; una limitazione dai confini a dir poco sfuggenti, se non evanescenti, e che, come tale, almeno in base al suo tenore letterale, si può prestare ad applicazioni assai riduttive della ammissibilità del già ristretto novero delle eccezioni e limitazioni di cui all'art. 5, Direttiva 29/2001.

Tuttavia, si è osservato [38] che tale test, già previsto sia dall'art. 9.2 CUB, sia dall'art. 13 TRIPs, sia dall'art. 10 WCT, come regola destinata ai singoli Stati, è poi stato traslato dall'art. 5.5., dir. 29/2001, "*dal piano delle prescrizioni per i legislatori nazionali a quello delle regole di interpretazione da applicare al catalogo dettagliato di libere utilizzazione ivi regolate*". Con la conseguenza che della sua applicazione sembrerebbe essere investito il singolo giudice ai fini di valutare, alla luce delle circostanze dei singoli casi concreti, il rispetto di quell'equilibrio tra interessi contrapposti di cui il TST è espressione. Ed è facile prevedere che tale criterio aggiuntivo di valutazione potrà essere strumentalizzato dai titolari dei diritti d'autore sull'opera nel tentativo di restringere l'effettivo ambito di applicazione delle eccezioni previste dalla legge.

Tuttavia, è il caso di precisare che, come ha affermato più volte la Corte di Giustizia UE [39], deve essere comunque salvaguardato "*l'effetto utile delle eccezioni e delle limitazioni così* stabilite e rispettarne la finalità (v., in tal senso, sentenze del 4 ottobre 2011, Football *Association Premier League e a., C-403/08 e*

---

[37] Se non con riguardo alla eccezione di cui all'art. 71-*nonies*, riguardante la "*messa disposizione del pubblico di opere o materiali protetti in modo che ciascuno possa avervi accesso dal luogo e nel momento scelto individualmente*". In relazione alla mancata ricezione nel nostro ordinamento di tale test, mediante l'introduzione di una corrispondente clausola generale, P. SPADA (*Les enjeux des "exceptions et limitations" au droit d'auteur en droit italien et la mystique dominicale de la propriété intellectuelle*, in A. LUCAS, P. SIRINELLI, A. BENSAMOUN, *Les exceptions au droit d'auteur: Etat des lieux et perspectives dans l'Union Européenne*, Dalloz, 2012, pp. 27-34) rileva, con la consueta acutezza, che si tratta di una «*heureuse omission – dirais-je – d'une phraséologie à la fois inutile si son destinataire est la Magistrature (qui, d'ailleurs, ne pourrait qu'effectuer un double test, la 'spécialité' ne relevant que pour les textes législatifs) et dangereuse: parce qu'elle invite, d'une part, à ne pas laisser de côté le registre fonctionnel, voire téléologique, dans l'application du droit écrit – ce qui est une lapalissade – et, d'autre part, parce qu'elle peut se mettre en conflit avec le principe de légalité, dans la perspective de la répression pénale des atteintes à la propriété intellectuelle*».

[38] M. BERTANI, *Diritti d'autore e connessi*, in *La proprietà intellettuale*, a cura di L.C. UBERTAZZI, Giappichelli, Torino, 2011, pp. 341-342.

[39] Corte Giustizia UE 29 luglio 2019, causa C-469/17, caso Funke.

C-429/08, EU:C:2011:631, punto 163, nonché del 3 settembre 2014, Deckmyn e Vrijheidsfonds, C-201/13, EU:C:2014:2132, punto 23), e ciò al fine di mantenere un giusto equilibrio tra i diritti e gli interessi delle varie categorie di titolari nonché tra quelli dei vari titolari e quelli degli utenti dei materiali protetti, come enunciato dal considerando 31 di tale Direttiva" [40](neretto aggiunto); e che il detto triplo test "contribuisce" alla definizione in concreto di tale giusto equilibrio [41], ma non può certo pregiudicare quell'effetto utile delle eccezioni la cui necessaria salvaguardia è affermata dalla Corte [42].

Ora, nel valutare se l'utilizzazione dell'altrui opera sia, nel singolo caso, rispettosa di siffatto equilibrio di interessi, l'interprete dovrà orientare la propria valutazione tenendo conto, in primo luogo, del rilievo costituzionale dell'interesse sotteso all'eccezione stessa. E con particolare riguardo alla parodia – ammesso e non concesso che di "eccezione" si tratti, e non, come si è detto, di estraneità *tout court* rispetto all'opera parodiata – l'interprete dovrà comunque salvaguardare l'"effetto utile" di tale eccezione, che è quello di preservare la libertà di espressione, e di espressione artistica in specie, presidiate dagli artt. 21 e 33 Cost. In sintesi estrema: il rispetto di tali principi costituzionalmente garantiti non potrà comportare che le "forche caudine" [43] costituite dal triplo test pregiudichino siffatte libertà di espressione.

Beninteso, tale valutazione dovrà pure soppesare gli altri diritti, in specie quelli di natura morale, facenti capo all'autore dell'opera parodiata, pur essi costituzionalmente garantiti [44]. In particolare, potrà essere considerata non ammissibile una parodia che possa, in concreto, essere di pregiudizio, ai sensi dell'art. 20 LDA, all'onore e alla reputazione dell'autore. E ciò anche se, in verità, la rilevata

---

[40] Punto 51 sent. Funke.

[41] Punto 61 Funke

[42] Dubita che "*tale test imponga l'interpretazione restrittiva delle disposizioni della Direttiva e delle legislazioni nazionali*", P. AUTERI, *Il contenuto del diritto d'autore*, in *Diritto industriale. Proprietà intellettuale e concorrenza*, Giappichelli, Torino, 2020, p. 723.

[43] Come M. RICOLFI definisce icasticamente i tre requisiti del TST, *Il diritto d'autore*, in ABRIANI-COTTINO-RICOLFI, *Diritto industriale* in *Trattato dir. comm.* diretto da Cottino, p. 466.

[44] Corte Cost. 108/1995 afferma che "*nel riconoscere in capo all'autore la proprietà dell'opera ed il suo diritto allo sfruttamento economico della stessa in qualsiasi forma e modo*" occorre "*operare un bilanciamento tra valori ed interessi contrapposti (...) in sintonia con i principi costituzionale sia in ordine alla tutela dell'arte e della scienza (art. 33), sia in materia di tutela della proprietà, da riferire anche all'opera intellettuale (art. 42), sia di tutela del lavoro in tutte le sue forme, tra cui deve farsi rientrare anche la libera attività di creazione intellettuale (art. 35)*"; bilanciamento che deve essere "*positivamente finalizzato, mediante l'incentivazione della produzione artistica, letteraria e scientifica, a favorire il pieno sviluppo della persona umana (art. 3) ed a promuovere lo sviluppo della cultura (art. 9)*". In argomento sia consentito ricordare G. CAVANI, *Le utilizzazioni libere nel campo del diritto d'autore; esperienze a confronto: la* fair use exemption *del diritto nordamericano e la disciplina nazionale per casistica*, in *Liber amicorum per Massimo Bione*, Giuffrè, Milano, 2011, p. 147 ss.

autonomia della parodia rispetto all'opera parodiata sembra di per sé escludere una possibile "contaminazione" tra contenuto per quanto dissacrante della parodia e interessi morali dell'autore dell'opera parodiata. Posto che altro è un'eventuale (e difficilmente ipotizzabile) lesione dell'onore dell'autore, altro invece l'intima "sofferenza" dell'autore a veder dileggiata la propria opera; ché, come da sempre si sostiene a favore della parodia, se ad essa l'autore potesse opporre l'amor proprio verso la sua opera, non si darebbe mai parodia!

Ancor meno sembra prospettabile che una (vera) parodia possa porsi "in contrasto con lo sfruttamento normale dell'opera". E ciò non solo perché lo sfruttamento dell'opera sottende un interesse meramente economico alla sua utilizzazione: interesse di rango costituzionale inferiore rispetto alla libertà di espressione; bensì anche perché (ripetesi: se di vera parodia si tratti) essa non può ontologicamente entrare in concorrenza economica con l'opera parodiata, pregiudicandone anche solo in parte lo sfruttamento economico.

Né, d'altro canto, e per ovvie ragioni, potrebbe opporsi alla libertà di parodia l'argomento secondo cui l'opera parodistica – nella quale, ovviamente, deve esser riconoscibile quella parodiata – si aggancia alla notorietà di quest'ultima [45]; dato che, anche in questo caso, il conflitto è consustanziale al concetto stesso di parodia.

5. Conclusioni riassuntive

A) Come 'eccezione' o 'limitazione', ai sensi della Dir. InfoSoc – e della Dir. Copyright art. 17.7 – l'esercizio della parodia dovrebbe essere soggetto al 3-step test.

Ma la nostra LA *non* ha recepito la previsione del 3-step test. Né la sua applicazione nell'ordinamento italiano potrebbe affermarsi in 'omaggio sistematico' alla norma comunitaria. Trattandosi di libertà riconducibile al principio dell'art. 21 – sovraordinato a quello di esercizio dell'impresa, cui si riconduce l'esercizio dei diritti di PI come 'mezzi' organizzati dall'imprenditore *ex* art. 2555 c. – le sue limitazioni devono fondarsi su una espressa previsione normativa: appunto assente, sul punto, nel nostro ordinamento.

B) Libertà senza limiti, allora? No, ma solo i limiti della *nostra* legge: vuoi di quella penale per l'ipotesi di diffamazione, vuoi della legge autore: in particolare la violazione dei diritti morali dell'autore dell'opera originaria, *ex* art. 20; o nel caso in cui la diffusione della parodia possa in concreto comportare un detrimento economico dell'opera originaria [46].

C) Quanto sopra vale solo per la parodia? No: vale per tutte le derivate auto-

[45] Come è inevitabile: non esiste infatti parodia di un'opera sconosciuta!

[46] Lesioni, sia dei diritti morali sia di quelli patrimoniali, che appaiono peraltro difficilmente configurabili, considerata la rilevata "autonomia" della parodia rispetto all'opera parodiata.

nome. Oltre alle variazioni musicali rispetto ad un tema originario [47], si pensi alla "illustrazione/traduzione" in immagini di un testo poetico, o alla traduzione di un romanzo in una sua irridente versione teatrale, e simili. Il dato che accomuna queste ipotesi resta sempre quello dell'autonomia espressiva/rappresentativa dell'opera derivata rispetto a quella originaria, della quale essa pur richiami il "motivo" o il "soggetto": i quali, come ben si sa, non sono di per sé monopolizzabili tramite la tutela autoriale.

[47] Sulla variazione musicale P. SPADA, *op. cit.*, rileva, con la consueta finezza, come essa, pur in assenza di una specifica previsione dell'art. 5, dir. 29/2001, sia liberalizzata dalla menzionata norma.

Capitolo XIII
(dagli artt. 18-22 CDSM agli artt. 107 e 110-*quater* ss. LDA)

Il fragile equilibrio tra autonomia privata e potere negoziale alla prova delle nuove norme sulla cessione dei diritti

Parte I

La disciplina dell'equa remunerazione e gli obblighi di trasparenza

di *Fabio Ghiretti*

SOMMARIO: 1. L'art. 18 della Direttiva e la sua trasposizione nell'art. 107 LDA. – 2. Il diritto alla remunerazione adeguata e proporzionata di cui all'art. 107, co. 2, LDA. – 3. L'art. 19 della Direttiva e la sua trasposizione nell'art. 110-*quater* LDA. – 4. L'obbligo di trasparenza di cui all'art. 110-*quater* LDA. – 5. L'obbligo di trasparenza nello schema di Regolamento AGCOM.

Scopo della disciplina dell'equa remunerazione introdotta dalla Direttiva 2019/70 è quello di introdurre una serie di rimedi allo squilibrio economico dei rapporti contrattuali tra autori ed artisti interpreti ed esecutori (di seguito AIE), da un lato, e le imprese culturali che ne sfruttano i contenuti (c.d. value gap)[1].

Alle origini di tale squilibrio vi sono numerosi fattori tra cui, in particolare, l'intrinseca "debolezza" di autori ed AIE rispetto alle loro controparti contrattuali, la volontà dell'impresa di massimizzare i profitti derivanti dal successo dell'opera, sopportandone i costi ed assumendo il correlativo rischio d'impresa ed infine l'asimmetria informativa derivante dalla scarsa conoscenza ed espe-

[1] Cfr. per una lettura critica delle norme della Direttiva in tema di equa remunerazione, V. FALCE, M. L. BIXIO, *Brevi note sul principio di* fair remuneration *e* fair contract *nella Direttiva Copyright*, in *Riv. dir. ind.*, 2020, I, 261.

rienza degli AIE del mercato dei prodotti e servizi culturali)[2].

Nel corso di questi anni, il legislatore sia europeo che nazionale è intervenuto ripetutamente per cercare di rimediare al *value gap*, muovendosi essenzialmente in due direzioni, ossia da un lato imponendo più o meno marcate limitazioni dell'autonomia contrattuale delle parti in favore del contraente più debole (es. artt. 9, 110 e 130 LDA) e, dall'altro, introducendo compensi *ex lege* in favore di autori ed AIE (es. artt. 46 e 46-*bis*, artt. 73 e 73-*bis* e 80 ed 84, art. 84-*bis*, art. 144 ss. LDA)[3]

L'avvento dell'era digitale ha tuttavia acuito il *value gap*, introducendo nuovi modelli di business basati sulla centralità degli intermediari online che massimizzano i profitti ai danni delle stesse imprese culturali le quali, di riflesso, trasferiscono ad autori ed AIE le "briciole" degli enormi proventi derivanti dallo sfruttamento delle opere.

Dapprima la legge tedesca 2004 per il rafforzamento della posizione contrattuale di autori ed artisti interpreti ed esecutori e quindi il Libro Verde sulla Distribuzione online di opere audiovisive nell'Unione Europea del 2011 individuano un nuovo approccio per provare a colmare lo squilibrio di valore, indicando, in luogo dell'introduzione di nuove forme di remunerazione obbligatoria, "meccanismi alternativi per garantire che la remunerazione degli autori e degli artisti rifletta adeguatamente il successo di un'opera" tra cui, in particolare, quello di "introdurre disposizioni giuridicamente vincolanti sulla trasparenza e sulla remunerazione contrattuale»[4].

In questa direzione si muovono le norme della Direttiva in tema di equa remunerazione, con il dichiarato fine di offrire "protezione" agli autori ed AIE che "*si trovano tendenzialmente in una posizione contrattuale più debole quando concedono una licenza o trasferiscono i loro diritti, anche attraverso le proprie società, ai fini dello sfruttamento in cambio di una remunerazione*" (cfr. considerando n. 72).

Il Capo III Direttiva 2019/790 intitolato "Equa remunerazione di autori ed artisti (interpreti ed esecutori) nei contratti di sfruttamento" introduce una serie di nuovi strumenti di protezione diversi ma tra loro strettamente collegati e segnatamente:

• un generico diritto alla remunerazione adeguata e proporzionata (cfr. art. 18);

---

[2] Cfr. *amplius*, sul tema. E. ROSATI, *Copyright in the Digital Single Market. Article-by-Article Commentary to the Provisions of Directive 2019/790*, Oxford University Press, 2021, 384 M. BERTANI, *Tra paternalismo ed autonomia negoziale: il nuovo assetto dei rapporti fra autore, artista ed impresa culturale nel digital single market*, in *Orizz. dir. comm.*, 2020, 457 e F. GHIRETTI, M. MILANI, *Il nuovo "Statuto" di autori ed artisti nel mercato unico digitale*, in *Il Dir. Ind.*, 2022, 331.

[3] Cfr., per un'ampia ricostruzione degli interventi legislativi diretti al riequilibrio dei rapporti tra autori ed artisti di impresa culturale, A. BURA, *L'equa remunerazione di autori ed artisti ed impatto sul diritto dei contratti*, in S. LAVAGNINI (a cura di), *Il diritto d'autore nel mercato unico digitale*, Torino, 2022, 281 ss.

[4] Cfr., per una più dettagliata ricostruzione, P. FABBIO, *Il diritto del creativo ad una remunerazione adeguata e proporzionata nella Direttiva Digital Copyright*, in *Ann. it. dir. aut.*, 2019, 90 ss.

• un generalizzato obbligo di rendicontazione nei contratti di trasferimento del diritto d'autore (cfr. art. 19);

• un meccanismo di adeguamento contrattuale della remunerazione iniziale se sproporzionatamente bassa rispetto ai proventi dell'opera (cfr. art. 20);

• una procedura alternativa di risoluzione delle controversie (cfr. art. 21);

• un diritto di revoca del trasferimento o della licenza in caso di mancato sfruttamento dell'opera.

Quello introdotto dalla Direttiva è dunque un corpus normativo omogeneo e coerente, finalizzato a riequilibrare per via normativa le posizioni contrattuali degli autori ed artisti con quelle dell'industria dei contenuti e degli Intermediari Online; non solo sul piano delle disparità di remunerazione, ma anche su quello delle principali distorsioni che autori e artisti scontano nella prassi contrattuale quale parte più debole [5].

Sul piano oggettivo, la nuova disciplina si estende a qualsiasi contratto di cessione e/o di licenza a titolo oneroso stipulato dall'autore sulla sua opera o dall'AIE sulla sua interpretazione od esecuzione, indipendentemente dal fatto che il successivo sfruttamento avvenga in forma fisica o digitale, mentre sul piano soggettivo, l'applicazione è limitata agli autori ed AIE intesi come persone fisiche, con esclusione dunque delle società salvo che non siano agli stessi riconducibili [6].

Sono inoltre espressamente esclusi i contratti stipulati dagli autori di programmi per elaboratore, nonché quelli relativi ad opere o esecuzioni destinate ad essere fruite dal solo cessionario quale utente finale [7].

In attuazione della delega contenuta nell'art. 9 della l. 53/2021 [8], il d.lgs. 8 novembre 2021, n. 177 ha introdotto le norme della Direttiva in tema di equa remunerazione nel corpo della LDA in modo letterale e rigido, così trascurando le indicazioni della legge delega verso una disciplina di dettaglio che attuasse, stabilendone modalità e criteri, i meccanismi previsti in termini generali agli artt. 20 e 22 della Direttiva.

Per un agevole orientamento nella nuova disciplina dell'equa remunerazione, riproduciamo comunque qui di seguito la tabella di concordanza contenuta in cal-

---

[5] Così F. GHIRETTI, F. MILANI, *op. cit.* 333 secondo cui si può parlare di una sorta di "Statuto degli autori ed artisti", se non di matrice, quantomeno di ispirazione giuslavoristica.

[6] Sulla problematica nozione di "società" dell'autore e dell'artista, cfr. A. COGO, *Il diritto d'autore nel mercato unico digitale - artt. 18-23 dir. UE 2019/790. Il principio della remunerazione adeguata e proporzionata*, in *Giur. it.*, 2022, 5, 1302 e P. FABBIO, *op. cit.*, 95.

[7] In questo senso, rispettivamente, art. 23, comma 2 e considerando 72 Dir. 2019/790.

[8] La legge delega indicava quali di recepimento della disciplina dell'equa remunerazione:

lett. *p*), "stabilire le modalità e i criteri del meccanismo di adeguamento contrattuale previsto in mancanza di un accordo di contrattazione collettiva applicabile, di cui all'articolo 20 della Direttiva (UE) 2019/790"

lett. *q*), "stabilire le modalità e i criteri, anche variabili in base ai diversi settori e al genere di opera, per l'esercizio del diritto di revoca di cui all'articolo 22 della Direttiva (UE) 2019/790.

ce alla relazione illustrativa con la corrispondenza tra le norme della Direttiva ed il loro recepimento nel corpo della LDA [9].

Articoli Direttiva	Articoli LDA
18 (principio di una remunerazione adeguata e proporzionata)	**107, comma 2**
19 (obbligo di trasparenza)	**110-*quater***
Par. 1	110-*quater*, comma 1
Par. 2	110-*quater*, comma 3
Par. 3	Non recepito (facoltà)
Par. 4	Non recepito (facoltà)
Par. 5	110-*quater*, comma 5
Par. 6	110-*quater*, comma 6
20 (Meccanismo di adeguamento contrattuale)	**110-*quinquies***
Par. 1	110-*quinquies*, comma 1
Par. 2	110-*quinquies*, comma 2

[9] Il legislatore delegato ha altresì colto l'occasione per risolvere alcune questioni interpretative sulla natura dei diversi contributi all'opera cinematografica (con particolare riferimento al loro doppiaggio in lingua italiana), nonché per rivedere la disciplina di alcuni dei compensi ex lege introdotti in questi anni in favore di autori ed AIE dell'opera cinematografica e di interpreti delle registrazioni fonografiche, con il dichiarato scopo di adeguare tali disposizioni "al principio introdotto dal nuovo co. 2 dell'art. 107 LDA in materia di retribuzione adeguata e proporzionata. Qui di seguito le disposizioni modificate.

– art. 46 LDA (esteso il compenso percentuale per la proiezione dell'opera cinematografica anche a "gli adattatori dei dialoghi, i direttori del doppiaggio e i traduttori, nonché gli artisti interpreti ed esecutori, primari e comprimari, inclusi i doppiatori", eliminato il limite del raggiungimento della cifra di incassi stabilita contrattualmente con il produttore ed aggiunto il carattere irrinunciabile del compenso);

– art. 46-*bis*, art. 80 e art. 84 LDA, (l'espressione "equo compenso" è stata sostituita con quella di "compenso adeguato e proporzionato", attribuendo il compito della sua determinazione, in difetto di accordo tra le categorie interessate, all'AGCOM, a cui viene altresì assegnato il compito di determinare in caso di disaccordo l'equa remunerazione degli AIE per il diritto di noleggio);

– art. 80 LDA (aggiunti i doppiatori tra gli artisti interpreti ed artisti esecutori titolari dei diritti connessi);

– art. 80, co. 2, lett. *d*), LDA (rafforzamento del diritto degli artisti musicali sulla messa a disposizione del pubblico delle loro prestazioni, aggiungendo all'esclusiva il diritto "in caso di cessione del diritto a un produttore di fonogrammi, di ottenere la corrispondente equa remunerazione, adeguata e proporzionata, anche per il tramite degli organismi di gestione collettiva e delle entità di gestione indipendente");

– art. 84 LDA (i diritti ad equo compenso (ora compenso adeguato e proporzionato) in favore degli AIE devono essere corrisposti non solo per le opere cinematografiche ed assimilate, ma anche per "le opere teatrali trasmesse").

21 (Procedura alternativa di risoluzione delle controversie)	**110-*sexies***
2 (Diritto di revoca)	**110-*septies***
Par. 1	110-*septies*, comma 1
Par. 2, primo e secondo periodo	110-*septies*, comma 3
Par. 2, terzo periodo	Non recepito (facoltà)
Par. 2, ultimo periodo	110-*septies*, comma 1
Par. 3	110-*septies*, comma 4
Par. 4	110-*septies*, comma 2
Par. 5	110-*septies*, comma 5
23 (Disposizioni comuni)	**114-*bis***

Deve solo essere aggiunto come, nel trasporre i principi della Direttiva in tema di equa remunerazione, il legislatore delegato non si è in realtà limitato a recepire le norme del capo 3, ma ha colto l'occasione per risolvere alcune questioni interpretative sulla natura dei diversi contributi all'opera cinematografica con particolare riferimento al loro doppiaggio in lingua italiana , nonché per rivedere la disciplina di alcuni dei compensi ex lege introdotti in questi anni in favore di autori ed interpreti dell'opera cinematografica e di interpreti ed esecutori delle registrazioni fonografiche, con il dichiarato scopo di adeguare tali disposizioni "al principio introdotto dal nuovo comma 2 dell'art. 107 l.d.a. in materia di retribuzione adeguata e proporzionata[10].

1. L'art. 18 della Direttiva e la sua trasposizione nell'art. 107 LDA

L'art. 18 costituisce il cardine su cui poggia l'intera nuova disciplina in tema di equa remunerazione e ne costituisce al contempo il principio ispiratore, sancendo il diritto degli autori e degli AIE che concedono in licenza o trasferiscono i loro diritti esclusivi per lo sfruttamento delle loro opere o altri materiali "*di ricevere una remunerazione adeguata e proporzionata*".

All'indomani dell'emanazione della Direttiva, non vi era tuttavia uniformità di vedute tra gli interpreti sulla natura e sulla portata del suo art. 18, ossia se contenesse una norma di immediato contenuto precettivo o se si trattasse della mera

[10] Su questa "miniriforma" dei diritti al compenso ex lege si rinvia a A. COGO, *op. cit.*, 1300 ss. e F. Ghiretti e F. Milani, *op. cit.*, 337 ss.

enunciazione del principio generale sotteso alle successive norme finalizzate a garantire agli autori e agli AIE una equa remunerazione [11].

Il co. 2 dell'art. 18 lasciava del resto ampi margini di manovra in entrambi i sensi, chiarendo come "*Nel recepire il principio stabilito al paragrafo 1 nel diritto interno, gli Stati membri sono liberi di utilizzare meccanismi di vario tipo e tengono conto del principio della libertà contrattuale e di un giusto equilibrio tra diritti e interessi.*".

Il legislatore italiano ha recepito l'art. 18, attraverso l'inserimento nella LDA del nuovo co. 2 dell'art. 107 che così recita: "*Gli autori, gli adattatori dei dialoghi, i direttori del doppiaggio e gli artisti interpreti e esecutori, inclusi i doppiatori, che concedono in licenza o trasferiscono i propri diritti esclusivi per lo sfruttamento delle loro opere o di altri materiali protetti hanno il diritto, direttamente o tramite gli organismi di gestione collettiva e le entità di gestione indipendenti di cui al decreto legislativo 15 marzo 2017 n. 35 cui abbiano conferito apposito mandato, a una remunerazione adeguata e proporzionata al valore dei diritti concessi in licenza o trasferiti, nonché commisurata ai ricavi che derivano dal loro sfruttamento, anche tenendo conto, in quanto pertinenti, della particolarità del settore di riferimento e dell'esistenza di accordi di contrattazione collettiva, fatto salvo il diritto al compenso previsto da altre disposizioni di legge, ivi incluse quelle di cui agli articoli 46-bis e 84. Sono nulle le pattuizioni contrarie a quanto previsto dal presente comma. È ammessa una remunerazione forfettaria per l'autore o l'artista quando il suo contributo all'opera o all'esecuzione ha carattere meramente accessorio e i costi delle operazioni di calcolo sono sproporzionati allo scopo*".

Dal raffronto tra le due norme emerge dunque come il nostro legislatore, recependo il disposto in modo pressoché letterale il contenuto della norma europea ed anzi ampliandone il contenuto precettivo in favore dei creativi sotto svariati profili, abbia voluto non limitarsi all'enunciazione di un semplice principio generale, ma introdurre un vero e proprio diritto soggettivo degli autori e degli AIE all'equa remunerazione, che questi possono fare valere direttamente nei confronti delle loro controparti contrattuali, sia in sede di negoziazione, sia dopo la stipula del contratto, invocando la nullità delle pattuizioni di segno contrario [12].

---

[11] Cfr. nel primo senso P. FABBIO, *op. cit.*, 91 ss., A. Cogo, *op. cit.*, 1297; per la seconda opinione, con diverse sfumature, M. BERTANI, *op. cit.*, 475, nt. 41, V. FALCE, M. L. BIXIO, *op. cit.*, 273. Come giustamente rileva Priora, *The Principle of Appropriate and Proportionate Remuneration in the CDSM Directive: A Reason for Hope?*, in *EIPR*, 42(1) 1-3, 2019"*In its consolidated version, the right to an equitable remuneration turned into a general principle, allowing for wider discretion by the national legislators in the phase of implementation and losing the explicit reference to the unwaivable nature of the remuneration. Nevertheless, the great emphasis on the need to redress the weaker position of authors and performers in the copyright markets14 leads one to presume that a transfer of copyrights for the purpose of exploitation in exchange of no or unfair payment can never be compliant with Article 18*".

[12] Così F. GHIRETTI, F. MILANI, *op cit.*, 339. Cfr., nello stesso senso, E. C. MAZZONI, *L'attuazio-*

2. Il diritto alla remunerazione adeguata e proporzionata di cui all'art. 107, co. 2, LDA

La prima sfida che la norma pone all'interprete riguarda la nozione stessa di remunerazione "adeguata e proporzionata".

In termini generali, si può dire che i due termini alludano alla necessità che la remunerazione sia, in prima battuta, commisurata in qualche modo al valore di mercato del diritto o contributo trasferito ("adeguata") e, quindi, rapportata alla misura dei proventi derivanti dal loro prevedibile sfruttamento economico ("proporzionata") [13].

Proporzionalità ed adeguatezza della remunerazione dovrebbero essere altresì valutati in una prospettiva *ex ante* e, dunque, al momento della stipula del contratto, posto che eventuali squilibri nella remunerazione accertati *ex post* sono oggetto del diverso meccanismo di adeguamento contrattuale previsto dall'art. 20 della Direttiva a cui corrisponde il nuovo art. 110-*quinquies* LDA [14].

Il carattere della proporzionalità non deve essere necessariamente essere letto come indicativo della necessità che la remunerazione del creativo sia "proporzionale", nel senso di variabile in funzione dei ricavi generati dal diritto. In questo senso depone il considerando n. 73 in cui si legge che "un pagamento forfettario può costituire una remunerazione proporzionata, ma non dovrebbe rappresentare la norma". Se dunque un pagamento forfettario e, quindi, non variabile in ragione dei ricavi, può essere proporzionato, è evidente che quest'ultimo termine non può essere considerato sinonimo di "proporzionale", nel senso di determinato in una partecipazione ai ricavi [15].

Ben può considerarsi proporzionato, ad esempio, un corrispettivo *una tantum* calcolato sulla capitalizzazione della *royalty* sui ricavi sperati nel periodo di sfruttamento, ovvero che preveda un compenso differenziato in funzione dei diversi possibili sfruttamenti del diritto.

Occorre d'altra parte considerare che, in certi settori, lo sfruttamento del diritto

---

ne in Italia della Direttiva 20191 790/UE sulla trasmissione dei diritti di utilizzazione spettanti agli autori e artisti (interpreti o esecutori) (Prima parte), in *Le Nuove Leggi Civ. Comm.*, 2023, 308.

[13] In termini analoghi, E. ROSATI, *op. cit.* 364, secondo cui "*the principle of appropriatness of the remuneration mandates consideration of the necessity of such remuneration to achieve the objectives of Article 18, having regard to the relevant sector in which the contract was concluded ... as well as the contribution of the concerned author or performer*" mentre "*the principle of proportionality of the remuneration mandates that the remuneration be proportional to the actual or potential economic value of the licensed or transferred rights so that such remuneration may be also regarded as fair*".

[14] In questo senso, A. Cogo, *op. cit.*, .1298 e P. FABBIO, *op. cit.*, 91.

[15] Cfr. per questo ordine di argomenti, A. COGO, *op. cit.*, 1303. Si aggiunga che, per converso, è ben possibile che un corrispettivo sia proporzionale, ma non proporzionato, come nel caso di una *royalty* determinata in una percentuale irrisoria sui ricavi.

ceduto non genera ricavi diretti a cui rapportare il corrispettivo, come ad esempio nel caso delle sincronizzazioni musicali nell'ambito di spot e, più in generale, di tutti gli sfruttamenti in ambito pubblicitario, e che molto spesso è il creativo che rifiuta corrispettivi in percentuale sui ricavi, preferendo la certezza di un corrispettivo determinato rispetto all'aleatorietà di quello direttamente collegato ai ricavi derivanti dallo sfruttamento [16].

Resta tuttavia da domandarsi come si concili questa conclusione con lo sfavore del legislatore europeo rispetto ai compensi forfettari che, come recita il considerando n. 73, non dovrebbero "rappresentare la norma", e che il nostro legislatore sembra addirittura avere confinato al caso in cui per l'autore o l'AIE il suo contributo all'opera o all'esecuzione "*ha carattere meramente accessorio e i costi delle operazioni di calcolo sono sproporzionati allo scopo*".

Al riguardo, l'unica soluzione che consente di preservare il principio di libertà contrattuale e di giusto equilibrio tra diritti ed interessi che l'art. 18, co. 2, della Direttiva impone agli Stati membri di tutelarle garanzie imposte dal legislatore comunitario sembra essere quella di leggere l'unica espressa fattispecie di ammissibilità di compenso forfettario introdotta dal legislatore come indicativa di una semplice ipotesi in cui, alla luce delle peculiarità del caso, un compenso forfettario può presumersi proporzionale ed adeguato.

In tutti gli altri casi di compenso forfettario, graverà invece sul cessionario del diritto l'onere di provare che tale compenso, pur essendo disancorato dai ricavi conseguiti dallo sfruttamento del diritto o contributo, presenta comunque i caratteri di adeguatezza e proporzionalità richiesti dalla legge, in ragione delle peculiarità del caso di specie [17].

Venendo agli elementi di valutazione dell'adeguatezza e proporzione, utili indicazioni al riguardo provengono dal considerando n. 73 secondo cui esse devono essere apprezzate in relazione "*al valore economico effettivo o potenziale dei diritti concessi in licenza o trasferiti, tenendo conto del contributo dell'autore o dell'artista (interprete o esecutore) all'opera o altri materiali nel suo complesso come pure di tutte le altre circostanze del caso, tra cui le pratiche di mercato o lo sfruttamento effettivo dell'opera*".

In quest'ottica, si può affermare che:

a) rilievo preminente dovrebbero assumere le caratteristiche del settore di riferimento richiamate dallo stesso art. 107, co. 2, LDA, potendosi affermare che, nella generalità dei casi, la conformità del compenso agli standard applicati nel settore ben può generare una presunzione di adeguatezza e proporzionalità del corrispettivo [18]. Occorre tuttavia prestare attenzione ad una eccessiva generalizza-

---

[16] Così. F. GHIRETTI, F. MILANI, *op. cit.*, 340.

[17] Cfr.,P. FABBIO, *op. cit.*, 107; nello stesso senso, F. GHIRETTI, F. MILANI, *op. cit.*, 340.

[18] Sul rilievo delle pratiche di mercato si rinvia ancora a P. FABBIO, *op. cit.*, 108

zione di tale conclusione, e ciò non solo per la presenza di mercati caratterizzati da un patologico squilibrio tra creativi ed industria, ma anche perché, se la Direttiva muove dalla acclarata posizione di debolezza dei creativi verso la garanzia di una loro equa remunerazione, essa sembra finalizzata più a migliorare che a preservare lo *status quo*[19];

b) nell'ottica del bilanciamento degli interessi delle parti, dovrà altresì tenersi conto anche della discrezionalità imprenditoriale e del rischio di impresa tipiche dell'attività dell'impresa culturale, così da evitare ripartizioni solo formalmente eque, ma che si traducano per l'impresa in un disincentivo agli investimenti necessari per lo sfruttamento del diritto e, dunque, si risolvano in un ostacolo al mercato dei diritti d'autore[20];

c) infine meritevole di apprezzamento appare essere l'interesse degli autori e degli AIE, che non è necessariamente limitato alla remunerazione del proprio lavoro, ma comprende anche quello alla diffusione e conoscenza delle proprie creazioni, che, in taluni casi, ben può essere preponderante rispetto al profilo economico, come d'altra parte si ricava dal considerando n. 82 della Direttiva ove si chiarisce che essa non preclude in alcun modo ai titolari di diritti esclusivi di autorizzare l'uso a titolo gratuito delle loro opere o altri materiali. Se dunque è sempre consentito ai creativi trasferire a titolo gratuito i propri diritti, *a fortiori* deve essere permesso loro di farlo per una remunerazione simbolica o che, comunque, non rispecchi il valore commerciale di tali diritti[21].

Il secondo aspetto problematico, che ragionevolmente emergerà in sede di applicazione della norma, riguarda le conseguenze della sua violazione. Se infatti è vero che la norma ricollega la nullità alle "pattuizioni" contrarie a quanto previsto dalla norma e, dunque, alle sole clausole che prevedono un corrispettivo non adeguato o proporzionato, tale nullità finirà quasi sempre per travolgere l'intero contratto *ex* art. 1419 c.c., essendo il corrispettivo nella generalità dei casi elemento determinante della volontà delle parti di concludere il contratto. L'unica soluzione per evitare una simile conseguenza che, risolvendosi in un pregiudizio anche e soprattutto per il cessionario, finirebbe per rendere ben poco appetibile il ricorso alla norma, sembra quella di considerare questa ipotesi un caso di sostituzione di diritto della clausola colpita da nullità con la regola imperativa dettata dalla legge[22]. In quest'ottica, la norma imperativa diretta ad integrare il contenuto della clausola nulla potrebbe essere rinvenuta nell'art. 2225 c.c. in tema di contratto di lavoro autonomo che, come noto, attribuisce al giudice la facoltà di determinare il corrispettivo che non sia stato convenuto dalle parti e non possa essere determina-

---

[19] Così F. GHIRETTI, F. MILANI, *op. cit.*, 340 s.

[20] Così, P. FABBIO, op. cit., 93.

[21] Sul punto cfr. P. FABBIO, *op. cit.*, 105.

[22] Cfr. in questo senso A. COGO, *op. cit.*, 1300; sul tema cfr. anche E. C. Mazzoni, *op. cit.*, 321.

to secondo le tariffe professionali o gli usi, "in relazione al risultato ottenuto e al lavoro normalmente necessario per ottenerlo" [23].

Un'ultima questione che merita di essere affrontata riguarda i soggetti passivi dell'obbligo di remunerazione adeguata e proporzionata, ossia se gli autori e gli AIE possano fare valere tale diritto solo nei confronti delle loro controparti contrattuali o anche nei confronti dei loro aventi causa. In favore della prima lettura sembra deporre il raffronto con il meccanismo di adeguamento contrattuale previsto dall'art. 20 della Direttiva, che chiarisce espressamente come esso possa essere azionato sia nei confronti della controparte contrattuale che nei confronti dei suoi "aventi causa". Non contenendo l'art. 18 e, correlativamente, l'art. 107, co. 2, LDA, analoga estensione, sembra doversi limitare la sua portata ai rapporti contrattuali diretti tra creativi e cessionari [24].

In senso contrario e, dunque, in favore di una lettura estensiva dell'ambito di applicazione soggettivo della norma, si può obbiettare come limitandone la portata alle solo controparti contrattuali, la norma rischia tuttavia di perdere larga parte della sua potenziale efficacia, soprattutto nei settori in cui l'acquirente del diritto non ne fa uno sfruttamento diretto ma si avvale di intermediari, e segnatamente proprio nel settore musicale in cui è più largamente avvertito il problema del *value gap* che la Direttiva intende colmare. I contratti di registrazione fonografica e di edizione musicale prevedono infatti generalmente in favore dell'AIE e dell'autore una percentuale sui ricavi generati dallo sfruttamento digitale dell'opera, che può generalmente considerarsi adeguata e proporzionata se rapportata alla parte di tali ricavi che invece spetta al produttore fonografico o all'editore, ma che invece si rivela irrisoria ove posta in relazione con i complessivi ricavi conseguiti dalle piattaforme di condivisione [25].

3. L'art. 19 della Direttiva e la sua trasposizione nell'art. 110-*quater* LDA

Per quanto la previsione di obblighi informativi in favore di autori e AIE non rappresenti una novità nel nostro ordinamento [26], l'art. 19 della Direttiva introduce

---

[23] Così F. GHIRETTI, F. MILANI, *op. cit.*, 341.

[24] Cfr. in questo senso P. FABBIO, *op. cit.*, 96.

[25] Per questo ordine di riflessioni, cfr. F. GHIRETTI, F. MILANI, *op. cit.* 342, che aggiungono tuttavia come il rischio di una simile lettura sia però di gravare l'impresa culturale che acquista un diritto di un onere eccessivamente gravoso e peraltro, in molti casi, di difficile adempimento, che potrebbe tradursi in un ostacolo al buon funzionamento del mercato del diritto d'autore.

[26] A titolo esemplificativo basti ricordare che:
– l'art. 84-*bis* LDA dispone un obbligo a carico dei produttori di fonogrammi di fornire, su ri-

ora, in favore di autori e artisti interpreti o esecutori, un obbligo generalizzato di rendicontazione applicabile a tutti i contratti di trasferimento di diritti d'autore[27].

La ratio della disposizione è la medesima dell'art. 18 della Direttiva in tema di remunerazione adeguata e proporzionata, ossia quella di riequilibrare posizioni contrattuali asimmetriche e, nello specifico, di tutelare la "debolezza" di autori e AIE che abbiano trasferito i propri diritti mediante contratti di cessione o licenza, rendendoli edotti circa i proventi derivanti dallo sfruttamento economico delle proprie opere.

Analogamente a quanto avvenuto con l'art. 18 della Direttiva, il legislatore italiano non solo ha recepito in modo quasi pedissequo l'art. 19, ma ne ha, per certi versi, rafforzato la portata precettiva in favore di autori e AIE.

Il nuovo art. 110-*quater* LDA, co. 1, infatti prevede che "*I soggetti ai quali sono stati concessi in licenza o trasferiti i diritti e i loro aventi causa hanno l'obbligo di fornire agli autori e artisti interpreti e esecutori, anche tramite gli organismi di gestione collettiva e le entità di gestione indipendenti di cui al decreto legislativo 15 marzo 2017 n. 35, con cadenza almeno semestrale, informazioni aggiornate, pertinenti e complete sullo sfruttamento delle opere e prestazioni artistiche, e la remunerazione dovuta.*".

In particolare, alla stregua della norma in esame, oggetto della rendicontazione devono essere:

---

chiesta degli AIE o delle società di gestione collettiva cui gli AIE hanno conferito mandato, ogni informazione necessaria a garantire il pagamento della remunerazione annua supplementare di cui alla medesima norma;

– l'art. 130 LDA in tema di contratto di edizione prevede, a carico dell'editore, un obbligo di rendicontazione annuale delle copie vendute ai fini della determinazione del compenso a partecipazione dell'autore, per le ipotesi in cui tale compenso sia calibrato sul numero di esemplari venduti e non sull'intera tiratura dell'opera e in cui l'autore non sia stato remunerato con una somma a stralcio;

– lo schema "rendicontazione delle utilizzazioni + corresponsione delle royalties" è ripreso in pressoché tutti i contratti che prevedano pagamenti in misura percentuale sulle vendite/sfruttamenti (si pensi ad esempio ai contratti fonografici);

– lo stesso diritto di seguito di cui all'art. 144 LDA, ossia il diritto dell'autore di un'opera d'arte o di un manoscritto di percepire un compenso sul prezzo di ogni vendita successiva alla prima cessione dell'opera da parte dell'autore, presuppone, per il suo esercizio, degli obblighi informativi in favore dell'autore: l'art. 153 LDA infatti dispone che il professionista intervenuto quale venditore acquirente o intermediario sia tenuto a fornire a SIAE, su richiesta di quest'ultima, tutte le informazioni atte ad assicurare il pagamento del compenso di cui sopra;

– più recentemente, gli artt. 24 e ss. del d.lgs. 35/2017 hanno imposto agli organismi di gestione collettiva (nei cui confronti, vale la pena evidenziarlo, gli obblighi informativi di cui all'art. 19 della Direttiva non trovano applicazione) una serie di regole in tema di trasparenza e comunicazione delle informazioni relative ai proventi generati dallo sfruttamento delle opere amministrate, da fornirsi con cadenza almeno annuale.

[27] Per un commento sull'art. 19 della Direttiva si rinvia a R. ROMANO, *L'obbligo di trasparenza nella Direttiva UE 2019/790 sul diritto d'autore ei diritti connessi nel mercato unico digitale*, in AIDA, 2019, 112 e ss.

a) l'identità di tutti soggetti interessati dalle cessioni o licenze, ivi inclusi gli utilizzatori secondari di opere e prestazioni che abbiano stipulato accordi con i contraenti diretti di autori e artisti interpreti o esecutori;

b) le modalità di sfruttamento delle opere e delle prestazioni artistiche;

c) i ricavi generati da tali sfruttamenti, ivi inclusi introiti pubblicitari e di merchandising, e la remunerazione contrattualmente dovuta, secondo quanto stabilito negli accordi di concessione di licenza o trasferimento dei diritti;

d) con riferimento specifico ai fornitori di servizi di media audiovisivi non lineari, i numeri di acquisti, visualizzazioni, abbonati.

4. L'obbligo di trasparenza di cui all'art. 110-*quater* LDA

Dopo avere richiamato, al co. 2 il principio di proporzionalità ed effettività, nonché la necessaria salvaguardia delle informazioni riservate, anche attraverso la stipula di accordi di confidenzialità, il co. 3 della norma disciplina la legittimazione passiva dell'obbligo di trasparenza, chiarendo come esso possa essere esercitato non solo nei confronti dei loro diretti cessionari, ma, se la prima controparte contrattuale non detiene tutte le informazioni necessarie, anche nei confronti dei "*sublicenziatari*" a cui potranno essere richieste "*informazioni supplementari*" sia direttamente, sia per il tramite degli "*organismi di gestione collettiva e le entità di gestione indipendenti di cui al decreto legislativo 15 marzo 2017 n. 35*".

A tal fine, la norma prevede l'obbligo della prima controparte contrattuale di fornire "*informazioni sull'identità dei sublicenziatari*", nonché, limitatamente alle opere cinematografiche e audiovisive, la facoltà di formulare la richiesta di informazioni indirettamente, per il tramite della propria controparte contrattuale.

Non si può nascondere come un simile ampiamento del diritto di rendicontazione ponga problemi applicativi non indifferenti, specie considerato che la norma italiana non ha dato attuazione alle facoltà, attribuite ai legislatori nazionali dai parr. 3 e 4 dell'art. 19 della Direttiva, di limitare gli obblighi informativi nel caso in cui i relativi oneri divengano sproporzionati rispetto ai proventi generati dallo sfruttamento o esecuzione dell'opera e addirittura di escludere tali obblighi nell'ipotesi in cui il contributo dell'autore o dell'AIE non sia significativo rispetto al complesso dell'opera o esecuzione.

a) Un primo profilo di criticità riguarda il caso in cui licenziatario di una pluralità di opere di autori diversi a sua volta ne conceda i diritti a terzi (sub-licenziatari) in bundle o, come si suol dire, all'interno di pacchetti, in cui il corrispettivo dello sfruttamento viene determinato in maniera forfettaria. È questo il caso ad esempio di riproduzioni televisive di opere cinematografiche o di opere audiovisive fruibili in streaming tramite piattaforme digitali a cui peraltro pare riferirsi lo stesso art. 110-*quater*, includendo tra gli obblighi informativi «*con riferimento specifico ai fornitori di servizi di media audiovisivi non lineari, i numeri di acquisti, visualizzazioni, abbonati*».

Un simile *modus operandi*, per quanto estremamente diffuso, rende particolarmente complessa la determinazione dei proventi generati opera per opera e la ricostruzione, ai fini della valutazione della sua adeguatezza e proporzionalità, della remunerazione dovuta a ciascun singolo autore [28].

b) Sotto un secondo profilo può domandarsi se l'obbligo di trasparenza trovi applicazione anche nel caso in cui il contratto preveda in favore dell'autore o dell'AIE un corrispettivo forfettario ed in cui, dunque, il rendiconto degli sfruttamenti dell'opera e l'entità dei relativi proventi a rigore non incida sulla determinazione di tale corrispettivo.

c) È legittimo altresì chiedersi quale sia, nelle intenzioni del legislatore, l'estensione della «catena» delle informazioni, ossia se ci si debba limitare ai solo aventi causa diretti dei cessionari o si possano altresì chiedere informazioni a tutti gli "anelli" successivi della catena che arrivano all'utilizzatore finale e che come noto, in settori come quello cinematografico, sono numerosissimi.

d) Infine e soprattutto non può non porsi un tema di eccessiva onerosità per i soggetti tenuti agli obblighi di trasparenza, anche alla luce dei numerosi obblighi informativi già esistenti nel nostro ordinamento e del mancato recepimento delle deroghe di cui ai parr. 3 e 4 dell'art. 19 della Direttiva [29].

Quanto infine alle conseguenze del mancato rispetto degli obblighi in commento, il co. 4 dell'art. 110-*quater* prevede, da un lato, presunzione legale di inadeguatezza del compenso in favore dei titolari dei diritti di cui tuttavia non chiarisce la natura iuris tantum o iuris et de iure e, dall'altro, sanzione amministrativa pecuniaria irrogata dall'AGCOM a carico del soggetto inadempiente fino all'1% del fatturato realizzato nell'ultimo esercizio chiuso anteriormente alla notifica della contestazione, così perseguendo l'obiettivo del riequilibrio di posizioni contrattuali asimmetriche venga così perseguito nel nostro ordinamento non solo ampliando i diritti soggettivi di autori ed AIE, ma anche attraverso l'*enforcement* amministrativo.

5. L'obbligo di trasparenza nello schema di Regolamento AGCOM

Con delibera 44/23/CONS in data 22 febbraio 2023, l'AGCOM ha promosso una consultazione pubblica sullo "Schema di regolamento recante attuazione degli articoli 18-bis, 46-bis, 80, 84, 110-ter, 110-quater, 110-quinquies, 110-sexies,

[28] Cfr. F. GHIRETTI, F. MILANI, *op. cit.* 344.

[29] Cfr. sul punto V. FALCE – M. L. BIXIO, *op. cit.*, 277 ss

180-ter della legge 22 aprile 1941, n. 633 come novellata dal decreto legislativo 8 novembre 2021, n. 177", il cui art. 5 è dedicato agli Obblighi di comunicazione e di informazione previsti dall'art. 110-*quater* LDA.

Come emerge dalla delibera, la bozza di regolamento mira ad assicurare un'attuazione della norma che "*limiti le incertezze interpretative*" e dunque fornisca "*maggiori elementi di certezza nell'applicazione dei suddetti obblighi*", tenendo conto, da un lato, della complessità della "*catena dei diritti*" che si declina in modo peculiare in ciascun settore (audiovisivo, musica e letterario e, dall'altro, dei principi di proporzionalità ed effettività e della conseguente necessità di evitare l'imposizione di obblighi di informazione eccessivamente gravosi o irrealizzabili.

In quest'ottica, l'art. 5 dello schema di Regolamento introduce numerosi contemperamenti all'apparente rigidità della norma. In particolare:

a) prevede che trascorsi tre anni dalla conclusione dell'accordo di licenza o di cessione tra i soggetti obbligati e gli autori e gli AIE, il diritto di questi ultimi ricevere le informazioni sia subordinato alla formulazione di una apposita richiesta (art. 5.1., lett. *a*);

b) estende a tutte le opere la facoltà di formulare la richiesta di informazioni valendosi della propria controparte contrattuale che l'art. 110-*quater* LDA limitava alle sole opere cinematografiche e audiovisive (art. 5.1., lett. *b*);

c) chiarisce che gli obblighi informativi si ritengono assolti qualora l'utilizzatore abbia già fornito le informazioni "*ad un organismo di gestione collettiva ovvero ad una entità di gestione indipendente, eventualmente ai sensi dall'articolo 23 del Decreto, in forza di un accordo di licenza o di un contratto che preveda una rendicontazione periodica sullo sfruttamento delle opere e prestazioni artistiche e sulla remunerazione dovuta*", così evitando una gravosa duplicazione con gli obblighi informativi previsti dall'art. 23 Decreto 35/2017 (art. 5.3.);

d) impone, in termini generali, di tenere conto delle specificità dei vari settori di contenuti, ed in particolare di quelle del settore della musica, del settore audiovisivo e del settore dell'editoria (art. 5.5);

e) limita gli obblighi informativi alle sole informazioni di cui i cessionari ovvero i licenziatari o i sublicenziatari effettivamente dispongono, imponendo tuttavia che esse siano fornite "*in modo intellegibile, al fine di consentire l'effettiva quantificazione del valore economico dei diritti in questione, nonché ogni opportuna valutazione circa la necessità di un eventuale adeguamento del compenso*" (art. 5.6.);

f) esclude l'obbligo informativo "*qualora non vi siano state variazioni rispetto alla precedente comunicazione periodica, ovvero qualora le variazioni siano trascurabili ovvero non funzionali all'adeguamento del compenso*" (art. 5.8);

g) infine introduce le limitazioni previste dalla Direttiva che il nostro legislatore primario non aveva recepito, ossia, da un lato, la facoltà "in casi debitamente giustificati in cui l'onere amministrativo della fornitura di informazioni di cui ai co. da 1 a 3 risulta sproporzionato rispetto ai proventi generati dallo sfruttamento dell'opera o esecuzione" di limitare la fornitura "alle tipologie e al livello di informazioni ragionevolmente prevedibili in tali casi (art. 5.9) e, dall'altro, l'esclusione degli obblighi nel caso di contributo dell'autore o dell'AIE, non significativo rispetto all'opera o all'esecuzione nel suo complesso, "*fatto salvo il caso in cui l'autore, artista, interprete o esecutore, dimostri di necessitare delle informazioni per l'esercizio dei suoi diritti ai sensi dell'articolo 6 del presente regolamento e chieda le informazioni a tal fine*" (art. 5.10).

Parte II

La prassi contrattuale tra artisti ed autori ed i loro cessionari. Profili critici

di *Paolo Marzano*

SOMMARIO: 1. Premessa. – 2. La difficile convivenza tra gli artt. 46-*bis* e 84, da un lato, ed i nuovi artt. 107 e 110-*quinquies*, dall'altro. – 3. Quale futuro per l'art. 130? – 4. Conclusioni.

1. Premessa

Le norme attuative in Italia degli artt. 18 ss. della Direttiva Copyright destano vari problemi interpretativi, soprattutto nei settori industriali per i quali la nostra LDA già aveva approntato cautele a difesa degli autori e degli artisti interpreti ed esecutori, agendo così da tempo nella stessa direzione impressa più tardi dal legislatore comunitario del 2019. Il risultato è una sovrapposizione di norme, che in futuro potrebbe portare ad una più onerosa attività di edizione e produzione di nuove opere, da un lato, senza necessariamente garantire un vantaggio economico per i cd. "contraenti deboli", gli autori e gli artisti interpreti ed editori, dall'altro [30].

Sono tante le riflessioni che il testo delle nuove norme stimolano; io tuttavia mi soffermerò sui rapporti tra un numero limitato di disposizioni. Mi riferirò in particolare al nuovo testo degli artt. 107 e 110-*quinquies*, da un lato, ed agli artt. 130, per l'editoria libraria, e 46-*bis* e 84 per il settore del cinema e dell'audiovisivo, dall'altro.

---

[30] Per un approfondimento in merito ai c.d. "contraenti deboli" si veda A. BURA (a cura di S. LAVAGNINI), *Il diritto d'autore nel mercato unico digitale*, Giappichelli, Torino, 2022, p. 288 ss.; F. GHIRETTI, F. MILANI, *Il nuovo "Statuto" di autori ed artisti nel mercato unico digitale*, in *Il Diritto Industriale*, n. 4, 2022, p. 331 ss.

2. La difficile convivenza tra gli artt. 46-*bis* e 84, da un lato, ed i nuovi artt. 107 e 110-*quinquies*, dall'altro

Partiamo da questo secondo settore, nel quale gli autori e gli artisti già godevano, e godranno, del noto compenso[31] *ex* art. 46-*bis* ed art. 84, co. 2.

Orbene, cosa accadrà con l'aggiunta dei compensi previsti dagli artt. 107 e 110-*quinquies*? Per facilitare la lettura, di seguito il testo del primo articolo, il 107, secondo comma, parte per noi più interessante:

> *«2. Gli autori, gli adattatori dei dialoghi, i direttori del doppiaggio e gli artisti interpreti e esecutori, inclusi i doppiatori, che concedono in licenza o trasferiscono i propri diritti esclusivi per lo sfruttamento delle loro opere o di altri materiali protetti hanno il diritto, direttamente o tramite gli organismi di gestione collettiva e le entità di gestione indipendenti di cui al decreto legislativo 15 marzo 2017 n. 35 cui abbiano conferito apposito mandato, a una remunerazione adeguata e proporzionata al valore dei diritti concessi in licenza o trasferiti, nonché commisurata ai ricavi che derivano dal loro sfruttamento, anche tenendo conto, in quanto pertinenti, della particolarità del settore di riferimento e dell'esistenza di accordi di contrattazione collettiva, fatto salvo il diritto al compenso previsto da altre disposizioni di legge, ivi incluse quelle di cui agli articoli 46 bis e 84. Sono nulle le pattuizioni contrarie a quanto previsto dal presente comma. È ammessa una remunerazione forfettaria per l'autore o l'artista quando il suo contributo all'opera o all'esecuzione ha carattere meramente accessorio e i costi delle operazioni di calcolo sono sproporzionati allo scopo».*

La norma, per come formulata, mal si concilia con la prassi del settore audiovisivo e potrebbe porre in capo ai produttori maggiori oneri finanziari, riducendone la libertà contrattuale.

Così, ad esempio, vien da domandarsi se il compenso *ex* art. 107 sarà dovuto dal produttore già in sede di prevendita dei diritti per finanziare la produzione dell'opera, come il testo pur consentirebbe.

A ben pensare, in questa fase, in realtà, il produttore cede tali diritti per coprire i costi necessari a produrre l'opera: tra tali costi vi è anche quello relativo all'acquisto dei diritti degli autori e degli artisti interpreti. Sono voci che compaiono sempre nel budget di produzione cinematografica; che la cessione dei diritti sulla futura opera generi dei ricavi da destinare in parte ad autori ed artisti quando è la copertura anche dei loro costi che si intende assicurare mi pare generare un insanabile circolo vizioso, che può produrre degli effetti non poco nocivi: aumentare il costo di produzione, che forse il produttore per le occasioni future

---

[31] Una volta "equo" per tutte le attività dalla norma contemplate, ora solo per quelle di cui al secondo comma di essa!

cercherà di (ri-)comprimere riducendo il ricorso alla remunerazione certa, quella forfettaria, da budget, per affidarsi a remunerazioni legate ai futuri ricavi (remunerazioni che più di tanto non possono essere spinte verso l'alto, se non a rischio di non riuscire a piazzare l'opera sul mercato perché distributori ed altri licenziatari disposti a pagare tanto non si trovano).

Non sono sicuro poi che il certo (un compenso forfettario) per l'incerto (compensi legati a futuri ma incerti ricavi) sia proprio quello che il legislatore italiano, da sempre, e quello comunitario della Direttiva Copyright, più di recente, auspicano. La *ratio legis* è quella di accrescere i ricavi dell'autore e dell'artista interprete ed esecutore laddove l'opera sia di successo, non credo quella di aggravare i costi di produzione e poi portare alla rimozione di quelle certezze economiche che la remunerazione forfettaria comunque assicura.

La prassi industriale sembra allora mal conciliarsi con la pretesa normativa di riconoscere una remunerazione adeguata e proporzionata al valore dei diritti concessi o trasferiti *nonché* commisurata ai ricavi derivanti dal loro sfruttamento. Il produttore parametrerà il valore dei diritti *ex* art. 107 in funzione del proprio budget, coperto dal prezzo di acquisto dei diritti che i primi licenziatari dell'opera sono disposti a pagare; e di questo "primo ciclo di sfruttamento" si tiene conto proprio in sede di predisposizione del budget. Si potrebbe obiettare che le prevendite dei diritti di un'opera potrebbero generare ricavi inaspettati per il produttore, ma questo è in realtà un caso di scuola: la fama degli autori, del regista, degli artisti determina sia il corrispettivo che tutti quanti questi si sono fatti riconoscere in sede negoziale dal produttore, quanto poi il corrispettivo generato in sede di primo ciclo di sfruttamento. La gran parte dei ricavi in realtà si genererà, se si genererà, a valle, in sede di ulteriori sfruttamenti dell'opera [32]. Ed i soggetti obbligati a riconoscere quanto ulteriormente dovuto ai soggetti di cui all'art. 107 saranno inevitabilmente gli aventi causa del produttore, non certo il produttore.

Ed ecco qui porsi un altro problema: un rischio di sovrapposizione dell'art. 107 con l'art. 46-*bis* e l'art. 84.

L'art. 46-*bis* dispone il seguente compenso in favore degli autori (e dei traduttori) [33] di opere cinematografiche ed assimilate:

> «*1. Fermo restando quanto stabilito dall'articolo 46, in caso di cessione del diritto di diffusione al produttore, spetta agli autori di opere cinematografiche e assimilate un compenso adeguato e proporzionato a carico degli organismi di emis-*

---

[32] Si veda anche A. COGO, *Il diritto d'autore nel mercato unico digitale*, in *Giurisprudenza Italiana*, 5, 2022, p. 1300 ss.

[33] Che per alcuni mesi sono stati anche annoverati tra gli autori di opere cinematografiche, *ex* art. 46, salvo poi essere eliminati dall'art. 20-*bis* del d.l. 9 agosto 2022, n. 115, convertito in l. 21 settembre 2022, n. 142.

sione per ciascuna utilizzazione delle opere stesse a mezzo della comunicazione al pubblico via etere, via cavo e via satellite.

2. Per ciascuna utilizzazione di opere cinematografiche e assimilate diversa da quella prevista nel comma 1 e nell'articolo 18 bis, comma 5, agli autori delle opere stesse spetta un equo compenso a carico di coloro che esercitano i diritti di sfruttamento per ogni distinta utilizzazione economica.

3. Per ciascuna utilizzazione di opere cinematografiche ed assimilate espresse originariamente in lingua straniera spetta, altresì, un compenso adeguato e proporzionato agli autori delle elaborazioni costituenti traduzione o adattamento della versione in lingua italiana dei dialoghi».

Dal canto suo, l'art. 84, per gli artisti interpreti ed esecutori stabilisce:

«*(...). 2. Agli artisti interpreti ed esecutori che nell'opera cinematografica e assimilata, ivi inclusa l'opera teatrale trasmessa sostengono una parte di notevole importanza artistica, anche se di artista comprimario, spetta, per ciascuna utilizzazione dell'opera cinematografica e assimilata, ivi inclusa l'opera teatrale trasmessa a mezzo della comunicazione al pubblico via etere, via cavo e via satellite un equo compenso a carico degli organismi di emissione (1)(2).*

3. Per ciascuna utilizzazione di opere cinematografiche e assimilate, ivi incluse le opere teatrali trasmesse diversa da quella prevista nel comma 2 e nell'articolo 80, comma 2, lettera e), agli artisti interpreti ed esecutori, quali individuati nel comma 2, spetta un compenso adeguato e proporzionato a carico di coloro che esercitano i diritti di sfruttamento per ogni distinta utilizzazione economica (1)(2).

4. Il compenso previsto dai commi 2 e 3 non è rinunciabile e, in difetto di accordo da concludersi tra i soggetti interessati è stabilito dall'Autorità per le garanzie nelle comunicazioni secondo le procedure previste da apposito regolamento da adottare entro sessanta giorni dalla data di entrata in vigore della presente disposizione».

Come può notarsi, tanto l'art. 46-*bis*, quanto l'art. 84, prevedono un sistema di garanzie a tutela degli autori e degli artisti interpreti ed esecutori. La sovrapposizione con la nuova norma di cui all'art. 107 è pressocché certa.

E la situazione si fa forse ancor più confusa ove si prenda in considerazione anche la norma di cui al nuovo art. 110-*quinquies*, che prevede l'aggiornamento dei corrispettivi laddove sproporzionatamente bassi rispetto ai ricavi poi sul mercato generati:

«*1. Fatto salvo quanto stabilito in materia dagli accordi collettivi, gli autori e gli artisti interpreti o esecutori, direttamente o tramite gli organismi di gestione collettiva o entità di gestione indipendenti di cui al decreto legislativo 15 marzo 2017 n. 35, hanno diritto a una remunerazione ulteriore, adeguata ed equa, dalla parte con cui hanno stipulato un contratto per lo sfruttamento dei diritti o dai suoi aventi causa, se la remunerazione concordata si rivela sproporzionatamente bassa rispetto ai proventi originati nel tempo dallo sfruttamento delle loro opere o pre-*

> *stazioni artistiche, considerate tutte le possibili tipologie di proventi derivanti dallo sfruttamento dell'opera o prestazione artistica, a qualsiasi titolo e in qualsiasi forma, ivi inclusa la messa a disposizione dei fonogrammi online.*
> *2. Le disposizioni di cui al comma 1 non si applicano ai contratti conclusi dagli organismi di gestione collettiva e dalle entità di gestione indipendenti di cui all'articolo 2, commi 1 e 2, del decreto legislativo 15 marzo 2017, n. 35*».

Stranamente, l'art. 46-*bis* e l'art. 84 sono tenuti in conto dall'art. 107, ma non dall'art. 110-*quinquies*, che mi pare la norma ad essi più agilmente sovrapponibile. Si potrebbe sostenere che le difficoltà interpretative e le sovrapposizioni che sopra segnalo siano in realtà più o meno aggirabili allorquando si dia adeguato rilievo al riferimento fatto dal secondo comma dell'art. 107 alle "*particolarità del settore di riferimento*". Ma di queste particolarità sembra potersi tenere in debito conto plasmando corrispettivi che riflettano i dettami dell'art. 107, non per derogare ad essi. La norma dice: «*anche tenendo conto, in quanto pertinenti, delle particolarità del settore di riferimento*».

Il riferimento alle particolarità del settore di riferimento mi sembra fatto al considerando (73) della Direttiva 790/2019 (che, per l'esattezza, parla di «specificità di ciascun settore»); questo, tuttavia, se letto nella sua interezza, dovrebbe condurre a risultati ben diversi da quella prodottisi con le modifiche introdotte dal d.lgs. 177/2021:

> «*La remunerazione degli autori e degli artisti (interpreti o esecutori) dovrebbe essere adeguata e proporzionata al valore economico effettivo o potenziale dei diritti concessi in licenza o trasferiti, tenendo conto del contributo dell'autore o dell'artista (interprete o esecutore) all'opera o altri materiali nel suo complesso come pure di tutte le altre circostanze del caso, tra cui le pratiche di mercato o lo sfruttamento effettivo dell'opera. Un pagamento forfettario può costituire una remunerazione proporzionata, ma non dovrebbe rappresentare la norma. Gli Stati membri dovrebbero avere la libertà, tenendo conto delle specificità di ciascun settore, di definire casi specifici per il ricorso ai pagamenti forfettari. Gli Stati membri dovrebbero essere liberi di applicare il principio della remunerazione adeguata e proporzionata attraverso diversi meccanismi esistenti o di nuova introduzione, che potrebbero includere la contrattazione collettiva e altri meccanismi, a condizione che siano in linea con il diritto dell'Unione applicabile*».

Il considerando ci fornisce alcune linee guida di un certo interesse. Anzitutto, il disegno voluto dal Legislatore Comunitario non esclude l'impiego di remunerazioni forfettarie, semmai in futuro destinate a casi particolari, alla luce delle specificità del settore [34]. La remunerazione adeguata e proporzionata deve tenere conto

---

[34] Si veda E.C. MAZZONI, *Gli effetti dell'attuazione in Italia della Direttiva (UE) 2019/790 sulla trasmissione dei diritti di utilizzazione spettanti agli autori e artisti (interpreti o esecutori)*, in *Le Nuove leggi civili commentate*, 3, 2023, p. 614 ss.

delle circostanze del caso, ivi incluse le pratiche di mercato [35]: un dato non di poco rilievo, se si pensi al caso sopra visto relativo alla prevendita dei diritti per finanziare l'opera.

Terzo poi, il Preambolo (73), a ben vedere, non fa alcuna esplicita menzione ad un obbligo di prevedere remunerazioni commisurate ai ricavi generati nel tempo; fa piuttosto riferimento al valore economico effettivo o potenziale dei diritti ceduti o concessi [36]. Il ruolo residuale ora assunto dal pagamento forfettario porta con se l'obbligo di prevedere remunerazioni commisurate ai ricavi futuri?

Da ultimo, e certo non in ordine di importanza, il considerando richiama la libertà degli Stati Membri di applicare il principio della remunerazione adeguata attraverso meccanismi «esistenti o di nuova introduzione», come per il caso dei menzionati artt. 46-*bis* ed 84. Emerge così il dubbio se non debba essere rivista l'impostazione complessiva adottata in Italia per dare attuazione alla Direttiva Copyright e così rendere la norma di cui all'articolo 107 applicabile ai soli contesti in cui non vi siano già in essere meccanismi volti ad assicurare remunerazioni adeguate e proporzionate ai ricavi generati.

Si può immaginare di evitare l'applicazione contemporanea dell'art. 107 e delle preesistenti norme (artt. 46, 46-*bis* e 84) applicando il principio della legge speciale? Se, infatti, "*lex posterior generalis non derogat priori speciali*", si potrebbe affermare che l'art. 107 non trova applicazione ove si applichino gli altri. Ma ciò mi sembra reso difficile dal testo dello stesso secondo comma dell'art. 107, che fa esplicitamente salva l'applicazione degli artt. 46-*bis* e 84.

Il principio della legge speciale mi pare possa invece trovare applicazione per il caso dell'art. 110-*quinquies*: è forse qui che si può affermare che l'adeguamento dei corrispettivi non trova applicazione nel settore delle opere cinematografiche ed assimilate, già presidiate dall'art. 46-*bis* [37].

---

[35] Si veda A. COGO, *Il diritto d'autore nel mercato unico digitale*, in *Giur. it.*, 5, 2022, p. 1304.

[36] È al considerando (78) che si deve piuttosto guardare: «*Alcuni contratti per lo sfruttamento dei diritti armonizzati a livello dell'Unione sono di lunga durata, il che offre agli autori e agli artisti (interpreti o esecutori) poche opportunità di rinegoziarli con le controparti contrattuali o con gli aventi causa nel caso in cui il valore economico dei diritti risulti essere notevolmente superiore a quanto inizialmente stimato. Di conseguenza, fatta salva la legislazione applicabile ai contratti negli Stati membri, andrebbe previsto un apposito meccanismo di adeguamento nei casi in cui la remunerazione inizialmente concordata nell'ambito di una licenza o di un trasferimento di diritti diventi chiaramente sproporzionatamente bassa rispetto ai proventi generati dal successivo sfruttamento dell'opera o dalla fissazione dell'esecuzione da parte della controparte contrattuale dell'autore o dell'artista (interprete o esecutore). Per accertare se la remunerazione sia sproporzionatamente bassa, dovrebbero essere presi in considerazione tutti i pertinenti proventi del caso, inclusi ove opportuno quelli derivanti dal merchandising*».

[37] Si veda A. COGO, *Il diritto d'autore nel mercato unico digitale*, in *Giur. it.*, 5, 2022, p. 1305.

3. Quale futuro per l'art. 130?

Dicevo prima che un settore in difficoltà è quello dell'audiovisivo; ma non mi pare sia l'unico. L'altro mi sembra essere quello dell'editoria libraria. Come sappiamo, il legislatore del 1941 predispose una normativa di settore molto ben precisa per il contratto di edizione per le stampe. E qui troviamo una norma di legge che soffre l'arrivo delle nuove disposizioni: quella di cui all'art. 130. Questo recita:

> «*Il compenso spettante all'autore è costituito da una partecipazione, calcolata, salvo patto in contrario, in base ad una percentuale sul prezzo di copertina degli esemplari venduti. Tuttavia il compenso può essere rappresentato da una somma a stralcio per le edizioni di:*
> *dizionari, enciclopedie, antologie, ed altre opere in collaborazione;*
> *traduzioni, articoli di giornali o di riviste;*
> *discorsi o conferenze;*
> *opere scientifiche;*
> *lavori di cartografia;*
> *opere musicali o drammatico-musicali;*
> *opere delle arti figurative.*
> *Nei contratti a partecipazione, l'editore è obbligato a rendere conto annualmente delle copie vendute*».

Il sistema di compensi previsto dall'art. 130 soccombe o sopravvive all'adozione del d.lgs. 177/2021? In verità, l'art. 130 è un vero e proprio antesignano dei principi comunitari in argomento; ecco cosa scriveva nel 1943 Eduardo Piola Caselli nel suo Codice del Diritto d'Autore:

> «*Dopo lunghi dibattiti è prevalso il principio che il compenso debba, in via generale, essere un compenso a partecipazione. (...).*
> *Le ragioni che giustificano un'applicazione generale del sistema del compenso a partecipazione, sono state così esposte nella relazione del progetto ministeriale: Si cerca così di realizzare una delle più vive aspirazioni degli autori, che finora nei contratti tipo e negli accordi collettivi era stata sollo imperfettamente soddisfatta; l'aspirazione, cioè, che l'autore sia di regola associato alle fortune buone o cattive dell'opera, il che risponde ad un alto principio di morale economica, e forse può contribuire ad una migliore disciplina della industria editoriale (...)*»[38].

A differenza di quanto tuttavia avvenuto con gli artt. 46-*bis* e 84, l'art. 107 non fa menzione alcuna dell'art. 130, ragione per la quale ad essa può riservarsi pieno spazio operativo applicando il principio, sopra richiamato, della legge speciale.

---

[38] E. PIOLA CASELLI, *Codice del Diritto d'Autore*, Utet, Torino, 1943.

Trattandosi del settore dell'editoria libraria, quindi, credo troverà applicazione il meccanismo dell'art. 130, non quello dell'art. 107.

4. Conclusioni

Questa veloce analisi delle norme relative ai compensi ci permette di trarre alcune conclusioni. Il problema di fondo è che le preesistenti norme di cui agli artt. 46, 46-*bis*, 84, 130 non sono in conflitto con la Direttiva Copyright; sono in conflitto con l'attuazione italiana di essa, che a sua volta non sembra però conforme a quelle linee guida che il Legislatore Comunitario ci consegna con il considerando (73).

Ed altrettanto è a dirsi per la forma del compenso: proporzionato al valore effettivo o potenziale dei diritti negoziati, non commisurato *ex lege* ai ricavi[39]. Un vero peccato, sarei portato a dire, perché il d.lgs. 177/2021 mette in affanno proprio alcune parti della nostra LDA che brilla(va)no per l'attenzione prestata ad autori ed artisti interpreti ed esecutori.

Gli artt. 46, 46-*bis* e 84 già assicuravano sufficienti cautele in favore dei contraenti deboli; ed altrettanto è a dirsi per il contratto di edizione libraria, cui si riferisce l'art. 130: non dimentichiamoci che in Italia, e credo solo in Italia, il contratto di edizione per le stampe non può durare oltre i venti anni: un evidente presidio dei diritti economici degli autori, che rientrano in possesso dei propri diritti dopo un lasso temporale certo non breve, ma certo non interminabile; e, aggiungo, non sottostando a quelle incredibili formalità che tante volte mettono in difficoltà, ad esempio negli Stati Uniti, gli autori che vogliano esercitare i faticosi "termination rights" previsti dallo US Copyright Act.

[39] Si veda anche A. COGO, *Il diritto d'autore nel mercato unico digitale*, in *Giur. it.*, 5, 2022, p. 1303.

Parte III

La posizione contrattuale più debole di autori e artisti

di *Giovanni d'Ammassa*

SOMMARIO: 1. Premessa. – 2. Il principio di remunerazione adeguata e proporzionata. – 3. Le informazioni e il principio di trasparenza. – 4. Il meccanismo di adeguamento dei contratti. – 5. Il diritto di revoca. – 6. La procedura alternativa di risoluzione delle controversie: cenni. – 7. L'applicazione nel tempo.

1. Premessa

Accogliendo le raccomandazioni di alcune associazioni europee rappresentanti autori e artisti musicali [40], sin dalla prima proposta del 2016 [41] il legislatore comunitario ha rilevato la necessità di sopperire alla evidente posizione contrattuale più debole di questi ultimi fornendo loro nuovi ambiti di protezione. Le norme oggetto del presente esame sono state inserite nel Titolo IV "*Misure miranti a garantire il buon funzionamento del mercato per il diritto d'autore*", Capo 3, intitolato "*Equa remunerazione di autori e artisti (interpreti o esecutori) nei contratti di sfruttamento*", della Direttiva Copyright.

Il primo considerando della Direttiva ove è affrontato il tema di cui sopra è il 72: "*Gli autori e gli artisti (interpreti o esecutori) si trovano tendenzialmente in una posizione contrattuale più debole quando concedono una licenza o trasferi-*

---

[40] ECSA e FACDIM, particolarmente. I 5 punti principali del loro documento del 15 luglio 2015 intitolato "*Recommendation on the status of composers, songwriters, authors and creators of every form of music regarding the current lack of recognition of their role in culture and society and the discrimination, coercion, lack of equal opportunities and transparency in decision making processes to which they are subjected*" https://composeralliance.org/media/64-ecsafacdimrecommendationjuly2015.pdf. Nel documento si legge infatti (p. 5): "*B. By analogy to consumer protection, there is a significant imbalance in the parties' rights and obligations arising under contracts for commissioning, and specifically in detriment to the author; C. There is often no contractual provision for authors to renegotiate, particularly in the case of change of degree of commercial success of a work; D. There is often no contractual provision for the right of reversion to the author where exploitation by the commissioning party has not taken place...*".

[41] COM(2016) 593 final del 14 settembre 2016, https://eur-lex.europa.eu/legal-content/EN/TXT/?uri=COM%3A2016%3A0593%3AFIN.

scono i loro diritti, anche attraverso le proprie società, ai fini dello sfruttamento in cambio di una remunerazione, e tali persone fisiche necessitano della protezione prevista dalla presente Direttiva per poter beneficiare appieno dei diritti, armonizzati a norma del diritto dell'Unione. Tale necessità di protezione non sussiste nei casi in cui la controparte contrattuale agisce in qualità di utente finale e non sfrutta l'opera o l'esecuzione in sé, il che potrebbe, ad esempio, verificarsi nel caso di alcuni contratti di lavoro"[42].

Per (cercare di) risolvere tale posizione di debolezza, il legislatore comunitario ha predisposto uno schema di protezione individuando, e regolando, quattro ambiti dei rapporti contrattuali tra autori, artisti da una parte, cessionari e concessionari dall'altra, stabilendo che:

a) la remunerazione a favore di autori e artisti, a fronte della cessione/concessione dei loro diritti, deve essere adeguata e proporzionata;

b) il cessionario/concessionario deve trasmettere periodicamente, a questi ultimi, informazioni relative all'utilizzazione delle loro opere e/o materiali[43], con obbligo di trasparenza;

c) nel caso in cui la remunerazione si rivelasse sproporzionatamente bassa, autori e artisti possono rinegoziare le condizioni del trasferimento dei diritti e adeguarla in base ai proventi generati dagli sfruttamenti;

d) in caso di mancato sfruttamento dei diritti ceduti/concessi, autori e artisti possono revocare il trasferimento degli stessi o l'esclusiva[44].

La prima forma di protezione è introdotta dal considerando n. 73, e regolata dall'art. 18 della Direttiva Copyright, la seconda dai considerando nn. da 74 a 77, e regolata dall'art. 19 della Direttiva, la terza dai considerando da n. 78, e regolata dall'artt. 20 della Direttiva, la quarta dal considerando n. 80 e regolata dall'art. 22 della Direttiva.

Possiamo inoltre considerare un quinto ambito di protezione, ove il legislatore, prendendo atto nel considerando n. 79 della resistenza che autori e artisti incontrano per far valere i propri diritti nei confronti della controparte contrattuale dinanzi a un organo giurisdizionale, osserva che "*Gli Stati membri dovrebbero quindi prevedere una procedura di risoluzione extragiudiziale delle controversie per le rivendicazioni degli autori e degli artisti (interpreti o esecutori) o dei loro rappresentanti relative agli obblighi di trasparenza e al meccanismo di adegua-*

---

[42] Non concordo con chi sostiene che la disciplina in esame sia applicabile esclusivamente ai contratti di trasferimento dei diritti di sfruttamento digitale e non invece agli sfruttamenti "fisici" di opere e materiali. In tema, si veda A. BURA, *L'equa remunerazione di autori e artisti ed impatto sul diritto dei contratti (artt. 18-23)*, in S. LAVAGNINI (a cura di), *Il diritto d'autore nel mercato unico digitale*, Giappichelli, 2022, p. 288.

[43] Con il termine "*materiali*" si intende tutto ciò che è oggetto di protezione nell'ambito dei diritti connessi (Titolo II LDA).

[44] V. FALCE, M.L. BIXIO, *Brevi note sul principio di fair remuneration e fair contract nella Direttiva Copyright*, in *Dir. ind.*, 2020, p. 265 ss.

mento contrattuale. A tal fine gli Stati membri dovrebbero poter istituire un nuovo organo o meccanismo oppure ricorrere a un organo o meccanismo esistente che soddisfi le condizioni stabilite dalla presente Direttiva, a prescindere dal fatto che tali organi o meccanismi facciano capo al settore interessato o siano pubblici, anche quale parte del sistema giudiziario nazionale. Gli Stati membri dovrebbero disporre di flessibilità nel decidere le modalità di ripartizione dei costi della procedura di risoluzione delle controversie. Tale procedura di risoluzione extragiudiziale delle controversie non dovrebbe pregiudicare il diritto delle parti di affermare e difendere i loro diritti presentando ricorso dinanzi a un tribunale".

Nell'art. 21 della Direttiva il legislatore stabilisce la possibilità di disporre di procedure alternative di risoluzione per le controversie che dovessero nascere dall'applicazione delle nuove tutele concesse ad autori e artisti.

Infine, a chiusura del nuovo sistema di protezione, rilevando nel considerando n. 81 che "*Le disposizioni relative alla trasparenza, ai meccanismi di adeguamento contrattuale e alla procedure di risoluzione alternativa delle controversie stabilite nella presente Direttiva dovrebbero essere vincolanti e le parti non dovrebbero avere la possibilità di derogare alle stesse, siano esse incluse nei contratti tra gli autori e gli artisti (interpreti o esecutori) e le loro controparti contrattuali o negli accordi conclusi da tali controparti con terzi, ad esempio accordi di non divulgazione. Dovrebbe pertanto applicarsi l'articolo 3, paragrafo 4, del regolamento (CE) n. 593/2008 del Parlamento europeo e del Consiglio (17) in virtù del quale, "qualora tutti gli altri elementi pertinenti alla situazione siano ubicati, nel momento in cui si opera la scelta della legge applicabile, in uno o più Stati membri, la scelta di una legge applicabile diversa da quella di uno Stato membro ad opera delle parti fa salva l'applicazione delle disposizioni relative alla trasparenza, ai meccanismi di adeguamento contrattuale e alla procedure di risoluzione alternativa delle controversie stabilite nella presente Direttiva, come applicate nello Stato membro del foro*", il legislatore stabilisce, all'art. 23 della Direttiva, intitolato "*Disposizioni comuni*", che:

1. Gli Stati membri provvedono a che qualsiasi disposizione contrattuale che impedisca il rispetto degli artt. 19, 20 e 21 sia inapplicabile in relazione ad autori e artisti (interpreti o esecutori).

2. Gli Stati membri dispongono che gli artt. da 18 a 22 della Direttiva non si applichino agli autori di un programma per elaboratore ai sensi dell'art. 2 della Direttiva 2009/24/CE.

La normativa sopra illustrata è attuata in Italia con al lettore ben noto d.lgs. 177/2021, che introduce nella LDA un secondo comma all'art. 107, gli artt. da 110-*quater* a 110-*sexies*[45], e l'art. 114-*bis*.

Quest'ultimo articolo recepisce le disposizioni dell'art. 23 della Direttiva, nei seguenti termini:

---

[45] L'art. 110-*ter* LDA provvede invece a recepire il disposto dell'art. 13 della Direttiva Copyright, non oggetto del presente esame.

1. Qualsiasi pattuizione contraria agli articoli 110-quater, 110-quinquies e 110-sexies è inopponibile agli autori, artisti interpreti o esecutori dell'opera o di altro materiale al quale la pattuizione si riferisce.

2. Le disposizioni di cui agli articoli 110-quater e 110-quinquies costituiscono norme di applicazione necessaria ai sensi dell'articolo 3, paragrafo 4, del regolamento CE n. 593/2008 del Parlamento europeo e del Consiglio del 17 giugno 2008 sulla legge applicabile alle obbligazioni contrattuali (Roma I).

3. Le disposizioni di cui agli articoli 107, secondo comma, 110-quater, 110-quinquies e 110-sexies e 110-septies non si applicano agli autori di programmi per elaboratore.

In sostanza, il legislatore interviene, forse per la prima volta, a limitare l'autonomia contrattuale delle parti imponendo l'inderogabilità delle norme che andrò a esaminare nei prossimi paragrafi salvo, come si vedrà in alcuni casi, eventuali accordi collettivi[46].

Terminata questa breve ma necessaria premessa introduttiva, per scelta metodologica ho ritenuto di dedicare a ciascuno dei quattro ambiti di protezione un paragrafo apposito, dove, ai fini di fornire al lettore uno strumento che consenta un immediato confronto tra le norme della Direttiva e la loro attuazione nel sistema normativo italiano, riporto sia i testi dei singoli considerando e degli articoli della Direttiva in esame, che la trasposizione nella nostra legge sul diritto d'autore, cercando di individuare le problematiche interpretative che a mio modesto parere si dovranno affrontare nel momento dell'applicazione sostanziale della norma.

Due ultimi brevi paragrafi sono dedicati alle procedure alternative di risoluzione e all'applicazione nel tempo della Direttiva.

Si avrà così modo di osservare il preciso schema di protezione che il legislatore comunitario ha predisposto a tutela di autori e artisti, che oserei definire circolare: si parte dallo stabilire che il principio di remunerazione adeguata e proporzionata in base al valore dei diritti deve essere previsto, a pena di nullità di qualsiasi disposizione contraria, sin dal primo rapporto contrattuale; la remunerazione deve trovare poi conferma nelle informazioni che, in modo trasparente, il cessionario/concessionario deve trasmettere al cedente/concedente sull'utilizzazione e sui ricavi, al fine di verificare l'effettivo valore di tali diritti; se tale valore non corrisponde a quanto contrattualmente stabilito, questo può essere adeguato tramite una rinegoziazione. Infine, nel caso in cui tali diritti non siano (più) sfruttati, viene prevista la possibilità di riottenerli e di risolvere il contratto, tornando così al punto di partenza per poter effettuare un nuovo trasferimento o licenza.

---

[46] In tema, A. BURA, *op. cit.*, p. 289 ss. Nulla vieta però che le cessioni/concessioni possano essere effettuate a titolo gratuito, come si legge nel considerando n. 82 della Direttiva: "*Nessuna disposizione della presente Direttiva dovrebbe essere interpretata in modo da impedire ai titolari di diritti esclusivi ai sensi del diritto dell'Unione in materia di diritto d'autore di autorizzare l'uso a titolo gratuito delle loro opere o altri materiali, tra l'altro per mezzo di licenze non esclusive gratuite a vantaggio di tutti gli utilizzatori*". Inoltre, V. FALCE, M.L. BIXIO, *op. cit.*, p. 266 ss.

2. Il principio di remunerazione adeguata e proporzionata

Nel considerando n. 73 della Direttiva il legislatore comunitario premette che "*La remunerazione degli autori e degli artisti (interpreti o esecutori) dovrebbe essere adeguata e proporzionata al valore economico effettivo o potenziale dei diritti concessi in licenza o trasferiti, tenendo conto del contributo dell'autore o dell'artista (interprete o esecutore) all'opera o altri materiali nel suo complesso come pure di tutte le altre circostanze del caso, tra cui le pratiche di mercato o lo sfruttamento effettivo dell'opera. Un pagamento forfettario può costituire una remunerazione proporzionata, ma non dovrebbe rappresentare la norma. Gli Stati membri dovrebbero avere la libertà, tenendo conto delle specificità di ciascun settore, di definire casi specifici per il ricorso ai pagamenti forfettari. Gli Stati membri dovrebbero essere liberi di applicare il principio della remunerazione adeguata e proporzionata attraverso diversi meccanismi esistenti o di nuova introduzione, che potrebbero includere la contrattazione collettiva e altri meccanismi, a condizione che siano in linea con il diritto dell'Unione applicabile*"[47].

Con tali importanti premesse, il legislatore giunge alla definizione del testo finale dell'art. 18 della Direttiva nei seguenti termini:

> *Principio di una remunerazione adeguata e proporzionata*
> *1. Gli Stati membri provvedono a che gli autori e gli artisti (interpreti o esecutori), se concedono in licenza o trasferiscono i loro diritti esclusivi per lo sfruttamento delle loro opere o altri materiali, abbiano il diritto di ricevere una remunerazione adeguata e proporzionata.*
> *2. Nel recepire il principio stabilito al paragrafo 1 nel diritto interno, gli Stati membri sono liberi di utilizzare meccanismi di vario tipo e tengono conto del principio della libertà contrattuale e di un giusto equilibrio tra diritti e interessi.*

Il legislatore italiano attua tale disposizione aggiungendo un secondo comma all'art. 107 LDA:

> "*Gli autori, gli adattatori dei dialoghi, i direttori del doppiaggio e gli artisti interpreti e esecutori, inclusi i doppiatori, che concedono in licenza o trasferiscono i propri diritti esclusivi per lo sfruttamento delle loro opere o di altri materiali protetti hanno il diritto, direttamente o tramite gli organismi di gestione collettiva e le entità di gestione indipendenti di cui al decreto legislativo 15 marzo 2017 n. 35 cui abbiano conferito apposito mandato, a una remunerazione adeguata e proporzionata al valore*

---

[47] In tal senso anche il considerando n. 10 della Direttiva 2001/29/CE, del Parlamento europeo e del Consiglio, del 22 maggio 2001, sull'armonizzazione di taluni aspetti del diritto d'autore e dei diritti connessi nella società dell'informazione "*Per continuare la loro attività creativa e artistica, gli autori e gli interpreti o esecutori debbono ricevere un adeguato compenso per l'utilizzo delle loro opere, come pure i produttori per poter finanziare tale creazione*".

dei diritti concessi in licenza o trasferiti, nonché commisurata ai ricavi che derivano dal loro sfruttamento, anche tenendo conto, in quanto pertinenti, della particolarità del settore di riferimento e dell'esistenza di accordi di contrattazione collettiva, fatto salvo il diritto al compenso previsto da altre disposizioni di legge, ivi incluse quelle di cui agli articoli 46-bis e 84. Sono nulle le pattuizioni contrarie a quanto previsto dal presente comma. È ammessa una remunerazione forfettaria[48] *per l'autore o l'artista quando il suo contributo all'opera o all'esecuzione ha carattere meramente accessorio e i costi delle operazioni di calcolo sono sproporzionati allo scopo*".

Nel trasporre la disposizione della Direttiva, il legislatore italiano ha ritenuto necessario specificare alcune categorie di autori (adattatori dei dialoghi, direttori del doppiaggio) e artisti (doppiatori) ai quali applicare il principio della remunerazione adeguata e proporzionata, per motivi che si possono presumere più dettati da istanze associazionistiche che da necessità strettamente giuridiche.

In secondo luogo, il legislatore italiano specifica che i criteri per ritenere la remunerazione "*adeguata e proporzionata*"[49] sono il "*valore dei diritti concessi in licenza*", e ciò in linea con il considerando n. 73[50], ma aggiunge poi anche ("*nonché*") la commisurazione "*ai ricavi che derivano dal loro sfruttamento*".

Quest'ultimo criterio non trova uno specifico riscontro nel testo della Direttiva, a meno che non si voglia considerare la commisurazione una delle "*altre circostanze del caso, tra cui le pratiche di mercato o lo sfruttamento effettivo dell'opera*"[51] al quale l'interprete dovrebbe riportarsi per stabilire se una remunerazione per la cessione o concessione di diritti di una o più opere o materiali protetti sia adeguata e proporzionata.

Il percorso logico che l'interprete deve affrontare sembra essere il seguente, al di là del fatto che al riconoscimento del diritto non segue una sanzione specifica per l'eventuale violazione di tale diritto, salvo la previsione della nullità di una pattuizione contraria alle norme in esame: 1. Misurazione del valore, effettivo o potenziale secondo il considerando n. 73, dei diritti concessi in licenza, ma ci si chiede in base a quali criteri se non facendo riferimento, quantomeno per il "*valore effettivo*", al criterio dei ricavi, e 2. Valutazione della remunerazione stabilita contrattualmente in base ai ricavi generati dallo sfruttamento[52]. Senza dubbio "*le*

---

[48] Sul tema della remunerazione forfettaria rimando a V. FALCE, M.L. BIXIO, *op. cit.*, p. 272. Si veda altresì l'art. 130 LDA.

[49] In tema di concetto di "*equa remunerazione*" o, meglio, di "*equo compenso*", A. BURA, *op. cit.*, 279 ss., e i richiami alla precedente letteratura in nota 2, e V. FALCE, M.L. BIXIO, *op. cit.*, p. 270 ss. e i relativi richiami in nota.

[50] Nel considerando n. 73 si indica anche il valore "*potenziale*" dei diritti.

[51] Considerando n. 73 della Direttiva.

[52] Continuo a utilizzare con dispiacere il sostantivo "*sfruttamento*" per aderenza al termine utilizzato dal legislatore italiano, soprattutto nelle ultime integrazioni della LDA, pur ritenendo più

pratiche di mercato" di cui sempre al considerando n. 73 sono un criterio che potrebbe offrire una maggiore certezza, ma mi chiedo se in fase di trattativa negoziale per il trasferimento di diritti di opera o materiale da creare o inedito questi principi possano aiutare a raggiungere lo scopo prefisso dal legislatore e ottenere, già prima della pubblicazione, una remunerazione a favore dei cedenti/concedenti che possa da subito definirsi "*adeguata e proporzionata*".

Di fatto fino a oggi autori e artisti, soprattutto quelli non alle prime armi e con un minimo di potere negoziale, avevano regolato tali aspetti tramite un sistema "*premiale*" di aumento delle percentuali a loro favore nel caso di ricavi derivanti dallo sfruttamento delle loro opere e materiali che superassero delle soglie di valore prefissate contrattualmente.

Mi chiedo allora se questo strumento, molto pratico, possa essere la soluzione applicativa del secondo comma dell'art. 107 LDA. Credo di sì, soprattutto se poi lo coordiniamo con le altre disposizioni di cui agli artt. 110-*quater* ss. LDA, come per esempio quanto si dirà in tema di informazioni e trasparenza, e di meccanismo di adeguamento contrattuale.

Mi sembra doveroso specificare, come d'altronde fa anche il legislatore comunitario [53], che tale disposizione debba essere principalmente applicata in quei rapporti contrattuali ove l'opera e il materiale, già esistenti od oggetto di committenza, siano destinati alla circolazione presso un pubblico indifferenziato e la remunerazione consista, in generale ma non necessariamente, in una percentuale dei proventi che maturano da tali utilizzazioni.

3. Le informazioni e il principio di trasparenza

Il legislatore comunitario non ignora che gli autori e gli artisti (interpreti o esecutori) hanno bisogno di informazioni per poter quantificare il valore economico

---

corretto, conforme e positivo utilizzare il sostantivo "*utilizzazione*" che troviamo nel testo originario della LDA a partire dagli artt. 12 ss.

[53] Considerando n. 72, ultimo periodo: "*Tale necessità di protezione non sussiste nei casi in cui la controparte contrattuale agisce in qualità di utente finale e non sfrutta l'opera o l'esecuzione in sé, il che potrebbe, ad esempio, verificarsi nel caso di alcuni contratti di lavoro*". Si tiene perciò conto delle committenze di opere e materiali che non sono destinati alla circolazione tradizionale presso un pubblico generalizzato, ma create per esigenze specifiche per il committente – comunicazione aziendale, eventi, ecc. – per le quali il commissionario non ha alcun interesse alla loro circolazione piuttosto che a ricevere il compenso di natura forfetaria pattuito. In tal senso si ricorda il disposto dell'art. 4 della l. 22 maggio 2017, n. 81, intitolata "*Misure per la tutela del lavoro autonomo non imprenditoriale e misure volte a favorire l'articolazione flessibile nei tempi e nei luoghi del lavoro subordinato*", ove è stabilito che il committente, salvo patto contrario, assume la titolarità di tutti i diritti di utilizzazione economica dell'opera o del materiale commissionato, concordemente altresì alle previsioni degli artt. 12-*bis* e 12-*ter* LDA.

dei loro diritti[54] che sono armonizzati a norma del diritto dell'Unione. È il caso, in particolare, delle persone fisiche che concedono una licenza o attuano un trasferimento di diritti ai fini dello sfruttamento in cambio di una remunerazione. Tale necessità, sempre secondo il legislatore, non sussiste se lo sfruttamento è cessato o se l'autore o l'artista (interprete o esecutore) ha concesso una licenza al pubblico senza ottenere in cambio una remunerazione (così il considerando n. 74).

A maggior specificazione di tale prima osservazione, nel considerando (75) è osservato quanto segue: "*Essendo tendenzialmente in una posizione contrattuale più debole nel concedere licenze o trasferire diritti, gli autori e gli artisti (interpreti o esecutori) necessitano di informazioni per poter valutare il perdurante valore economico dei loro diritti rispetto alla remunerazione percepita all'atto della concessione o del trasferimento, ma spesso si imbattono in una mancanza di trasparenza. La condivisione di informazioni adeguate e accurate da parte delle controparti contrattuali o degli aventi causa è quindi importante ai fini della trasparenza e dell'equilibrio del sistema che disciplina la loro remunerazione. Tali informazioni dovrebbero essere: aggiornate, nell'ottica di consentire l'accesso a dati recenti; pertinenti per lo sfruttamento dell'opera o dell'esecuzione; complete, in modo da includere tutte le pertinenti fonti di proventi, inclusi se del caso i proventi derivanti dal merchandising. Per l'intera durata dello sfruttamento, le controparti contrattuali degli autori e degli artisti (interpreti o esecutori) dovrebbero fornire le informazioni a loro disposizione su tutte le modalità di sfruttamento e su tutti i proventi a livello mondiale, con una cadenza adeguata al settore pertinente non inferiore a una volta all'anno. Le informazioni dovrebbero essere fornite in modo comprensibile agli autori e agli artisti (interpreti o esecutori) e dovrebbero consentire l'effettiva quantificazione del valore economico dei diritti in questione. L'obbligo di trasparenza dovrebbe tuttavia applicarsi soltanto nel caso dei diritti di pertinenza del diritto d'autore. Il trattamento dei dati personali, tra cui le informazioni di contatto e le informazioni sulla remunerazione, che sono necessari per tenere informati gli autori e gli artisti in merito allo sfruttamento delle loro opere ed esecuzioni, dovrebbe essere effettuato in virtù dell'articolo 6, paragrafo 1, lettera c), del regolamento (UE) 2016/679*".

E ancora, nel considerando (76): "*Nell'ottica di garantire che le informazioni relative allo sfruttamento siano debitamente fornite agli autori e agli artisti (interpreti o esecutori) anche nei casi in cui i loro diritti siano stati concessi in sublicenza ad altre parti ai fini dello sfruttamento, la presente Direttiva prevede che, nei casi in cui la prima controparte contrattuale abbia fornito le informazioni di cui dispone ma tali informazioni non sono sufficienti per quantificare il valore economico dei loro diritti, gli autori e gli artisti (interpreti o esecutori) possono chiedere ulteriori informazioni pertinenti in relazione allo sfruttamento dei loro diritti. Tale richiesta dovrebbe essere fatta direttamente ai sublicenziatari o*

---

[54] Sul tema del valore economico si richiama quanto scritto nel paragrafo precedente.

attraverso le controparti contrattuali degli autori e degli artisti (interpreti o esecutori). Gli autori e gli artisti (interpreti o esecutori) e le loro controparti contrattuali dovrebbero poter decidere di mantenere riservate le informazioni condivise, ma gli autori e gli artisti (interpreti o esecutori) dovrebbero sempre poter utilizzare tali informazioni al fine di esercitare i propri diritti a norma della presente Direttiva. Gli Stati membri dovrebbero avere la possibilità, conformemente al diritto dell'Unione, di stabilire misure ulteriori tramite disposizioni nazionali per garantire la trasparenza agli autori e agli artisti (interpreti o esecutori)".

E infine, nel considerando n. 77: "*Nel dare attuazione agli obblighi di trasparenza previsti dalla presente Direttiva, gli Stati membri dovrebbero tener conto delle specificità dei vari settori di contenuti, ad esempio del settore della musica, del settore audiovisivo e del settore dell'editoria, e tutti i portatori di interessi dovrebbero partecipare alle decisioni relative a tali obblighi settoriali specifici. Ove pertinente, si dovrebbe altresì tenere conto dell'importanza del contributo degli autori o degli artisti (interpreti o esecutori) rispetto al complesso dell'opera o esecuzione. Si dovrebbe prendere in considerazione l'eventualità di ricorrere alla contrattazione collettiva affinché i portatori di interessi raggiungano un accordo sulla trasparenza. Tali accordi dovrebbero assicurare agli autori e agli artisti (interpreti o esecutori) un livello di trasparenza uguale o più elevato rispetto ai requisiti minimi previsti dalla presente Direttiva. Si dovrebbe prevedere un periodo transitorio che consenta di adeguare le prassi informative vigenti all'obbligo di trasparenza. Non dovrebbe essere necessario applicare l'obbligo di trasparenza agli accordi conclusi tra i titolari dei diritti e gli organismi di gestione collettiva, le entità di gestione indipendenti o altre entità soggette alle norme nazionali recanti attuazione della Direttiva 2014/26/UE, in quanto tali organismi o entità vi sono già soggetti in virtù dell'articolo 18 della Direttiva 2014/26/UE. L'articolo 18 della Direttiva 2014/26/UE si applica agli organismi che gestiscono i diritti d'autore o i diritti connessi per conto di più di un titolare dei diritti, a vantaggio collettivo di tali titolari. Tuttavia gli accordi negoziati singolarmente conclusi tra i titolari dei diritti e quelli delle loro controparti contrattuali che agiscono nel proprio interesse dovrebbero essere soggetti all'obbligo di trasparenza di cui alla presente Direttiva*".

Possiamo condensare quanto affermato nei considerando in cinque punti: 1. La necessità che autori e artisti ricevano informazioni per poter valutare il perdurante valore economico dei loro diritti rispetto alla remunerazione percepita all'atto della concessione o del trasferimento; 2. La necessità che tali informazioni siano trasparenti; 3. Il caso in cui tali informazioni non siano trasmesse, autori e artisti le possono richiedere ai sub-licenziatari; 4. L'importanza del contributo degli autori o degli artisti rispetto al complesso dell'opera o esecuzione è un requisito di cui tener conto per avere diritto a ricevere le informazioni; 5. Le specificità dei vari settori di contenuti devono essere tenute presenti nel dare attuazione agli obblighi di trasparenza.

Tali punti li troviamo espressi nell'art. 19 della Direttiva (*Obbligo di trasparenza*), che stabilisce:

1. Gli Stati membri provvedono a che gli autori e gli artisti (interpreti o esecutori) ricevano, almeno una volta all'anno e tenendo conto delle specificità di ciascun settore, informazioni aggiornate, pertinenti e complete sullo sfruttamento delle loro opere ed esecuzioni da parte di coloro ai quali hanno concesso in licenza o trasferito i diritti oppure da parte degli aventi causa, in particolare per quanto riguarda le modalità di sfruttamento, tutti i proventi generati e la remunerazione dovuta.

2. Gli Stati membri provvedono affinché, qualora i diritti di cui al paragrafo 1 siano stati successivamente concessi in licenza, gli autori e gli artisti (interpreti o esecutori) o i loro rappresentanti ricevano, su loro richiesta, informazioni supplementari da parte dei sublicenziatari qualora la loro prima controparte contrattuale non detenga tutte le informazioni necessarie ai fini del paragrafo 1.

Qualora tali informazioni supplementari siano richieste, la prima parte contrattuale degli autori e degli artisti (interpreti o esecutori) fornisce informazioni sull'identità di tali sublicenziatari.

Gli Stati membri possono disporre che una richiesta di sublicenza a norma del primo comma sia effettuata direttamente o indirettamente tramite la controparte contrattuale dell'autore o artista (interprete o esecutore).

3. L'obbligo stabilito al paragrafo 1 è proporzionato ed effettivo per garantire un livello elevato di trasparenza in ogni settore. Gli Stati membri possono prevedere che nei casi debitamente giustificati in cui l'onere amministrativo di cui al paragrafo 1 diventasse sproporzionato rispetto ai proventi generati dallo sfruttamento dell'opera o esecuzione, l'obbligo è limitato alle tipologie e al livello di informazioni ragionevolmente prevedibili in tali casi.

4. Gli Stati membri possono decidere che l'obbligo di cui al paragrafo 1 del presente articolo non sussiste quando il contributo dell'autore o dell'artista (interprete o esecutore) non è significativo rispetto al complesso dell'opera o esecuzione, fatto salvo il caso in cui l'autore o artista (interprete o esecutore) dimostri di necessitare delle informazioni per l'esercizio dei suoi diritti ai sensi dell'articolo 20, paragrafo 1, e chieda le informazioni a tal fine.

5. Gli Stati membri possono disporre che, per gli accordi soggetti ad accordi di contrattazione collettiva o basati su questi ultimi, siano applicabili le regole di trasparenza del relativo contratto collettivo, a condizione che tali regole soddisfino i criteri di cui ai paragrafi da 1 a 4.

6. Qualora sia applicabile l'articolo 18 della Direttiva 2014/26/UE[55]*, l'obbligo di cui al paragrafo 1 del presente articolo non si applica ai contratti*

[55] Direttiva 2014/26/UE del Parlamento Europeo e del Consiglio del 26 febbraio 2014 sulla gestione collettiva dei diritti d'autore e dei diritti connessi e sulla concessione di licenze multiterritoriali per i diritti su opere musicali per l'uso online nel mercato interno. L'art. 18, intitolato "*Informazioni ai titolari dei diritti sulla gestione dei loro diritti*", stabilisce: "*1. Fatto salvo il paragrafo 2 del presente articolo, l'articolo 19 e l'articolo 28, paragrafo 2, gli Stati membri assicurano che un*

conclusi dalle entità di cui all'articolo 3, lettere a) e b), di tale Direttiva o da altre entità soggette alle norme nazionali recanti attuazione di detta Direttiva.

Il legislatore comunitario inserisce nell'art. 27 della Direttiva la seguente disposizione transitoria: "*Gli accordi di licenza o di trasferimento dei diritti di autori ed artisti (interpreti o esecutori) sono soggetti all'obbligo di trasparenza di cui all'articolo 19 a decorrere dal 7 giugno 2022*".

Il legislatore italiano traspone l'art. 21 e la norma transitoria dell'art. 27 della Direttiva nell'art. 110-*quater* LDA:

1. I soggetti ai quali sono stati concessi in licenza o trasferiti i diritti e i loro aventi causa hanno l'obbligo di fornire agli autori e artisti interpreti e esecutori, anche tramite gli organismi di gestione collettiva e le entità di gestione indipendenti di cui al decreto legislativo 15 marzo 2017 n. 35, con cadenza almeno semestrale, informazioni aggiornate, pertinenti e complete sullo sfruttamento delle opere e prestazioni artistiche, e la remunerazione dovuta. In particolare:

a) l'identità di tutti soggetti interessati dalle cessioni o licenze, ivi inclusi gli utilizzatori secondari di opere e prestazioni che abbiano stipulato accordi con i contraenti diretti di autori e artisti interpreti o esecutori;

b) le modalità di sfruttamento delle opere e delle prestazioni artistiche;

c) i ricavi generati da tali sfruttamenti, ivi inclusi introiti pubblicitari e di merchandising, e la remunerazione contrattualmente dovuta, secondo quanto stabilito negli accordi di concessione di licenza o trasferimento dei diritti;

d) con riferimento specifico ai fornitori di servizi di media audiovisivi non lineari, i numeri di acquisti, visualizzazioni, abbonati.

2. L'adempimento dell'obbligo di cui al comma 1 è richiesto in misura propor-

---

organismo di gestione collettiva metta a disposizione non meno di una volta l'anno, a ciascun titolare dei diritti cui abbia attribuito proventi o effettuato pagamenti nel periodo di riferimento delle informazioni, almeno le seguenti informazioni: a) le informazioni di contatto che il titolare ha autorizzato l'organismo di gestione collettiva ad utilizzare, per identificare e localizzare il titolare dei diritti; b) i proventi dei diritti attribuiti al titolare dei diritti; c) gli importi pagati dall'organismo di gestione collettiva al titolare dei diritti per ciascuna categoria di diritti gestiti e per tipo di utilizzo; d) il periodo nel quale ha avuto luogo l'utilizzo per il quale sono stati attribuiti e pagati gli importi al titolare del diritto, a meno che, per motivi obiettivi legati alla comunicazione da parte degli utilizzatori, non sia stato possibile per l'organismo di gestione collettiva fornire questa informazione; e) le detrazioni applicate a titolo di spese di gestione; f) le detrazioni applicate a titolo diverso dalle spese di gestione, incluse le detrazioni eventualmente previste dalla legislazione nazionale per la prestazione di servizi sociali, culturali o educativi; g) i proventi di diritti attribuiti e non ancora pagati al titolare dei diritti per qualsiasi periodo. 2. Se un organismo di gestione collettiva attribuisce proventi di diritti ed ha come membri entità incaricate della distribuzione dei proventi di diritti ai titolari di diritti, l'organismo di gestione collettiva fornisce le informazioni elencate al paragrafo 1 a tali entità a condizione che queste ultime non siano in possesso di tali informazioni. Gli Stati membri garantiscono che le entità mettano a disposizione almeno le informazioni di cui al paragrafo 1, almeno una volta l'anno, di ciascun titolare dei diritti a cui attribuiscono proventi dei diritti o per il quale eseguono pagamenti nel periodo cui si riferiscono le informazioni".

zionata ed effettiva per garantire un livello elevato di trasparenza in ogni settore. Resta fermo l'obbligo dei soggetti che hanno ricevuto le informazioni del rispetto della riservatezza delle stesse, in particolare di quelle che costituiscono dati aziendali e informazioni commerciali sensibili, anche attraverso la sottoscrizione di accordi di riservatezza.

3. Quando il cessionario o il licenziatario dei diritti di cui al comma 1 concede i medesimi diritti in licenza a terzi, gli autori e gli artisti interpreti o esecutori hanno diritto di ricevere, anche tramite gli organismi di gestione collettiva e le entità di gestione indipendenti di cui al decreto legislativo 15 marzo 2017 n. 35, informazioni supplementari direttamente da parte dei sublicenziatari, se la loro prima controparte contrattuale non detiene tutte le informazioni necessarie. A tale fine la prima controparte contrattuale fornisce informazioni sull'identità dei sublicenziatari. Per le opere cinematografiche e audiovisive la richiesta di informazioni può essere effettuata dagli aventi diritto anche indirettamente tramite la controparte contrattuale dell'autore e artista interprete o esecutore.

4. Sull'adempimento degli obblighi di comunicazione e di informazione cui ai commi 1, 2 e 3, vigila l'Autorità per le garanzie nelle comunicazioni che, in caso di violazione di tali obblighi, applica una sanzione amministrativa pecuniaria a carico del soggetto inadempiente fino all'1 per cento del fatturato realizzato nell'ultimo esercizio chiuso anteriormente alla notifica della contestazione. Per le sanzioni amministrative di cui al primo periodo è escluso il beneficio del pagamento in misura ridotta previsto dall'articolo 16 della legge 24 novembre 1981, n. 689. In ogni caso la mancata comunicazione delle informazioni di cui ai commi 1, 2 e 3 costituisce una presunzione legale di inadeguatezza del compenso in favore dei titolari dei diritti.

5. Si applicano le regole di trasparenza degli accordi collettivi che soddisfano le condizioni di cui ai commi 1, 2 e 3 ai contratti che ne sono regolati.

6. Agli organismi di gestione collettiva e alle entità di gestione indipendenti di cui all'articolo 2, commi 1 e 2, del decreto legislativo 15 marzo 2017, n. 35 si applica l'articolo 24 del medesimo decreto quanto agli obblighi di informazione di cui al presente articolo.

7. Le disposizioni del presente articolo si applicano a decorrere dal 7 giugno 2022.

Sembra, pertanto, che legislatore italiano abbia attuato tutti i cinque punti elencati in precedenza, con l'obbligo temporale che è stabilito "*con cadenza almeno semestrale*" per fornire "*le informazioni aggiornate, pertinenti e complete sullo sfruttamento delle opere e prestazioni artistiche, e la remunerazione dovuta*", rispetto alla disposizione della Direttiva che prevede "*almeno una volta all'anno e tenendo conto delle specificità di ciascun settore*". Vi sono settori, come quello editoriale a stampa o anche di editoria musicale, che storicamente hanno instaurato la prassi di una rendicontazione annuale, ma il nostro legislatore ha ritenuto di non dover tener conto di tali specificità [56].

---

[56] A tale proposito si porrebbe un tema di mancato coordinamento tra la previsione semestrale del nuovo art. 110-*quater* LDA, e la disposizione dell'art. 130 co. 2 LDA, che stabilisce che "*Nei*

La seconda osservazione riguarda l'indicazione del contenuto (minimo e necessario) delle informazioni aggiornate ai sensi di quanto disposto dall'art. 19, co. 1 e 2, della Direttiva. L'uso dell'espressione "*in particolare*" [57] non deve ingannare: l'obbligato è tenuto a comunicare al cedente/licenziante le informazioni di cui alle lett. *a*), *b*), *c*) e *d*) del co. 1 dell'articolo in esame.

In terzo luogo, nel co. 3 è previsto che i sublicenziatari, anche tramite gli organismi di gestione collettiva e le entità di gestione indipendenti, debbano fornire ad autori e artisti "*informazioni supplementari*" quando il cessionario o il licenziatario dei diritti di cui al comma 1 concede i medesimi diritti in licenza a terzi. Questo presume che autori e artisti siano messi a conoscenza della sub-licenza: a ciò provvede l'obbligo informativo di cui alla lett. *a*) del co. 1, obbligo che è rafforzato nel co. 3 ove dispone che "*A tale fine la prima controparte contrattuale fornisce informazioni sull'identità dei sublicenziatari*".

Il legislatore italiano dispone una sanzione amministrativa pecuniaria a carico del soggetto inadempiente pari fino all'1 per cento del fatturato realizzato nell'ultimo esercizio chiuso anteriormente alla notifica della contestazione, nel caso in cui gli obblighi informativi non siano rispettati, escludendo espressamente il beneficio del pagamento in misura ridotta previsto dall'art. 16 della l. 24 novembre 1981, n. 689 [58]. Anche in questo caso per l'erogazione della sanzione è incaricata l'Autorità per le garanzie nelle comunicazioni, la quale, con delibera 44/23/CONS del 22 febbraio 2023 e pubblicata sul proprio sito in data 6 marzo 2023, intitolata "*Consultazione pubblica sullo schema di regolamento recante attuazione degli articoli 18-bis, 46-bis, 80, 84, 110-ter, 110-quater, 110-quinquies, 110-sexies, 180-ter della legge 22 aprile 1941, n. 633 come novellata dal decreto legislativo 8 novembre 2021, n. 17*" [59], ha dato avvio alla consultazione pubblica sullo schema di regolamento, che è terminata il 5 maggio 2023. Alla data di redazione del presente capitolo non si hanno notizie dell'approvazione definitiva del regolamento.

La mancata comunicazione delle informazioni di cui ai co. 1, 2 e 3 dell'articolo in esame costituisce una presunzione legale di inadeguatezza del compenso

---

contratti a partecipazione l'editore è obbligato a rendere conto annualmente delle copie vendute". Si potrebbe però ipotizzare un rapporto di specialità di tale previsione rispetto l'obbligo semestrale dell'articolo in commento.

[57] Espressione ricorsiva nella LDA, come per esempio nell'art. 2, co. 1, art. 12, co. 2, art. 15-*bis*, co. 2, art. 69-*bis*, co. 2, art. 69-*septies*.

[58] Art. 16. (Pagamento in misura ridotta): "*È ammesso il pagamento di una somma in misura ridotta pari alla terza parte del massimo della sanzione prevista per la violazione commessa o, se più favorevole e qualora sia stabilito il minimo della sanzione edittale, pari al doppio del relativo importo, oltre alle spese del procedimento, entro il termine di sessanta giorni dalla contestazione immediata o, se questa non vi è stata, dalla notificazione degli estremi della violazione*". [*omissis*].

[59] Pubblicata sul sito dell'Autorità a questo indirizzo: https://www.AGCOM.it/visualizza-documento/8e482ea9-9684-4d2f-96a6-b326b0c21db1. Lo schema di Regolamento è contenuto nell'Allegato A.

in favore dei titolari dei diritti. Questa disposizione è importante dal punto di vista processuale poiché sostanzialmente inverte l'onere della prova: non sarà più l'autore e l'artista a dover dimostrare l'inadeguatezza del compenso, ma il cessionario/licenziatario a dover dimostrare che il compenso stabilito contrattualmente è adeguato al valore (effettivo) dei diritti ceduti.

Correttamente, agli obblighi di cui sopra sono sottratti gli organismi di gestione collettiva e le entità di gestione indipendenti, le quali sono già onerate dagli obblighi di cui all'art. 24 del d.lgs. 15 marzo 2017, n. 35, che attua il dispositivo dell'art. 18 della Direttiva 2014/26/UE [60].

Infine, l'ultimo comma dell'art. 110-*quater* LDA recepisce quanto disposto dall'art. 27 della Direttiva, statuendo che gli obblighi ivi previsti decorrono a partire dal 7 giugno 2021 [61].

4. Il meccanismo di adeguamento dei contratti

Tenendo presente, con molta probabilità, le istanze giunte dalle associazioni rappresentative di autori e artisti soprattutto del settore musicale, il legislatore comunitario introduce nel considerando n. 78 il tema della durata delle cessioni dei diritti di utilizzazione economica, e della loro negoziazione. Si afferma infatti che "*Alcuni contratti per lo sfruttamento dei diritti armonizzati a livello dell'Unione sono di lunga durata, il che offre agli autori e agli artisti (interpreti o esecutori) poche opportunità di rinegoziarli con le controparti contrattuali o con gli aventi causa nel caso in cui il valore economico dei diritti risulti essere notevolmente superiore a quanto inizialmente stimato*".

Di conseguenza, fatta salva la legislazione applicabile ai contratti negli Stati membri, secondo il legislatore comunitario "*andrebbe previsto un apposito meccanismo di adeguamento nei casi in cui la remunerazione inizialmente concordata nell'ambito di una licenza o di un trasferimento di diritti diventi chiaramente sproporzionatamente bassa rispetto ai proventi generati dal successivo sfruttamento dell'opera o dalla fissazione dell'esecuzione da parte della controparte contrattuale dell'autore o dell'artista (interprete o esecutore)*".

Inoltre, "*Per accertare se la remunerazione sia sproporzionatamente bassa, dovrebbero essere presi in considerazione tutti i pertinenti proventi del caso, inclusi ove opportuno quelli derivanti dal merchandising. Nel valutare la situazione si dovrebbe tener conto delle circostanze specifiche di ciascun caso, incluso il contributo dell'autore o dell'artista (interprete o esecutore), delle specificità e*

---

[60] Sul punto, V. Falce, M.L. Bixio, *op. cit.*, pp. 276-277.

[61] Sull'applicazione di tale disposizione si rimanda all'ultimo paragrafo.

delle prassi in materia di remunerazione dei diversi settori di contenuti come pure del fatto che il contratto si basi o meno su un contratto collettivo. I rappresentanti degli autori e degli artisti (interpreti o esecutori) debitamente autorizzati in conformità del diritto nazionale, in linea con il diritto dell'Unione, dovrebbero poter fornire assistenza a uno o più autori o artisti (interpreti o esecutori) in relazione alle richieste di adeguamento dei contratti, tenendo altresì conto degli interessi di altri autori o artisti (interpreti o esecutori), se del caso.

Tali rappresentanti dovrebbero proteggere l'identità degli autori e degli artisti (interpreti o esecutori) rappresentati quanto più a lungo possibile. Qualora le parti non concordino sull'adeguamento della remunerazione, l'autore o l'artista (interprete o esecutore) dovrebbe avere il diritto di adire il giudice o altra autorità competente. Tale meccanismo non dovrebbe applicarsi ai contratti conclusi dalle entità di cui all'articolo 3, lettere a) e b), della Direttiva 2014/26/UE o da altre entità soggette alle norme nazionali recanti attuazione della Direttiva 2014/26/UE".

Con tali premesse si è raggiunto l'accordo sul testo finale dell'art. 20 della Direttiva Copyright, intitolato "*Meccanismo di adeguamento contrattuale*", che stabilisce:

> "*1. Gli Stati membri garantiscono che, in mancanza di un accordo di contrattazione collettiva applicabile che preveda un meccanismo comparabile a quello stabilito nel presente articolo, gli autori e gli artisti (interpreti o esecutori) o i loro rappresentanti abbiano il diritto di rivendicare una remunerazione ulteriore adeguata ed equa dalla parte con cui hanno stipulato un contratto per lo sfruttamento dei diritti o gli aventi causa, se la remunerazione inizialmente concordata si rivela sproporzionatamente bassa rispetto a tutti i proventi originati in un secondo tempo dallo sfruttamento delle loro opere o esecuzioni.*
>
> *2. Il paragrafo 1 del presente articolo non si applica ai contratti conclusi dalle entità di cui all'articolo 3, lettere a) e b), della Direttiva 2014/26/UE o da altre entità già soggette alle norme nazionali recanti attuazione di tale Direttiva*".

Il legislatore italiano attua tale disposizione nell'art. 110-*quinquies* LDA con un testo ancor più esplicativo:

> *1. Fatto salvo quanto stabilito in materia dagli accordi collettivi, gli autori e gli artisti interpreti o esecutori, direttamente o tramite gli organismi di gestione collettiva o entità di gestione indipendenti di cui al decreto legislativo 15 marzo 2017 n. 35, hanno diritto a una remunerazione ulteriore, adeguata ed equa, dalla parte con cui hanno stipulato un contratto per lo sfruttamento dei diritti o dai suoi aventi causa, se la remunerazione concordata si rivela sproporzionatamente bassa rispetto ai proventi originati nel tempo dallo sfruttamento delle loro opere o prestazioni artistiche, considerate tutte le possibili tipologie di proventi derivanti dallo sfruttamento dell'opera o prestazione artistica, a qualsiasi titolo e in qualsiasi forma, ivi inclusa la messa a disposizione dei fonogrammi online.*

2. Le disposizioni di cui al comma 1 non si applicano ai contratti conclusi dagli organismi di gestione collettiva e dalle entità di gestione indipendenti di cui all'articolo 2, commi 1 e 2, del decreto legislativo 15 marzo 2017, n. 35.

Tale meccanismo è stato oggetto di critiche e perplessità da parte dei primi commentatori, per il rischio concreto di "*far vacillare i modelli di business su cui poggia l'industria creativa*" e per i criteri in forza dei quali misurare il successo di alcune opere, suggerendo piuttosto di introdurre anche per gli autori nuove forme di equo compenso *ex post* irrinunciabile [62], simili al "*droit de suite*" di cui alla Direttiva 2001/84/CE del Parlamento Europeo e del Consiglio, del 27 settembre 2001, relativa al diritto dell'autore di un'opera d'arte sulle successive vendite dell'originale.

Quella appena proposta può essere una strada che trovo però difficilmente applicabile a un contesto generale che viene a differenziarsi nelle particolarità dei meccanismi di creazione/produzione e successiva circolazione nel mercato di opere e materiali, del tutto eterogenei. Piuttosto, concordo nel fatto che la valutazione della remunerazione "*sproporzionatamente bassa*" va svolta caso per caso esaminando le circostanze specifiche e anche il valore del contributo dell'autore/artista [63].

In fase di attuazione il legislatore italiano ha inserito la possibilità di ottenere la remunerazione ulteriore non solo tramite negoziazione diretta tra le parti contrattuali, ma anche tramite gli organismi di gestione collettiva o entità di gestione indipendenti di cui al d.lgs. 15 marzo 2017 n. 35, inserimento che possiamo ricollegare all'espressione "*o i loro rappresentanti*" presente nel testo dell'art. 20 della Direttiva. Ciò permetterebbe di ridurre i costi elevati legati alle trattative singole e il proliferare di contenziosi [64], salvo il fatto che per poter esercitare tale diritto tali organismi ed entità dovrebbero munirsi di specifico mandato da parte degli aventi diritto.

5. Il diritto di revoca

Nel considerando n. 80 il legislatore comunitario affronta il tema del mancato sfruttamento delle opere i cui diritti sono stati trasferiti o licenziati: "*Quando concedono in licenza o trasferiscono i loro diritti, gli autori e gli artisti (interpreti o esecutori) si aspettano che le loro opere o esecuzioni vengano sfruttate. Tuttavia, potrebbe accadere che le opere o esecuzioni concesse in licenza o trasferite non vengano affatto sfruttate. Se tali diritti sono stati trasferiti su base esclusiva, gli*

---

[62] V. Falce, M.L. Bixio, *op. cit.*, p. 279 ss.

[63] V. Falce, M.L. Bixio, *op. cit.*, p. 280, con richiamo a R. Moro Visconti, *La valutazione economica del diritto d'autore (copyright)*, in *Dir. ind.*, 2019, p. 583.

[64] V. Falce, M.L. Bixio, *op. cit.*, p. 281.

autori e gli artisti (interpreti o esecutori) non possono rivolgersi a un altro partner affinché le loro opere o esecuzioni vengano sfruttate".

In tal caso, e dopo un lasso di tempo ragionevole, il legislatore comunitario suggerisce l'applicazione di un meccanismo di revoca dei diritti: "*gli autori e gli artisti (interpreti o esecutori) dovrebbero potersi avvalere di un meccanismo di revoca dei diritti che consenta loro di trasferire o concedere in licenza ad un'altra persona i loro diritti. Dato che lo sfruttamento di opere o esecuzioni altri materiali può variare a seconda dei settori, si potrebbero stabilire disposizioni specifiche a livello nazionale al fine di tenere conto delle specificità dei diversi settori, ad esempio il settore audiovisivo, o delle opere o esecuzioni, in particolare fissando i termini temporali per l'esercizio del diritto di revoca. Al fine di tutelare i legittimi interessi dei licenziatari e dei cessionari dei diritti e di evitare abusi, e tenendo presente che è necessario un determinato periodo di tempo prima che un'opera o un'esecuzione venga effettivamente sfruttata, gli autori e gli artisti (interpreti o esecutori) dovrebbero poter esercitare il diritto di revoca in conformità di taluni requisiti procedurali e solo dopo un certo periodo di tempo dalla conclusione dell'accordo di licenza o dell'accordo di trasferimento. Agli Stati membri dovrebbe essere consentito disciplinare l'esercizio del diritto di revoca nel caso di opere o esecuzioni che interessano più di un di autore o artista (interprete o esecutore), tenendo conto dell'importanza dei singoli contributi*".

Con tali premesse, è stato disposto all'art. 22 della Direttiva, intitolato "*Diritto di revoca*", il diritto a favore di autori o artisti di revocare la licenza o il trasferimento dei diritti in caso di mancato sfruttamento delle loro opere o materiali protetti:

> "*1. Gli Stati membri provvedono a che un autore o artista (interprete o esecutore) che abbia concesso in licenza o trasferito in esclusiva i propri diritti per un'opera o altri materiali protetti possa revocare, in toto o in parte, la licenza o il trasferimento dei diritti in caso di mancato sfruttamento di tale opera o altri materiali protetti.*
>
> *2. Il diritto nazionale può prevedere disposizioni specifiche per il meccanismo di revoca di cui al paragrafo 1, tenendo conto:*
>
> *a) delle specificità dei diversi settori e delle diverse tipologie di opere e esecuzioni; e*
>
> *b) dell'importanza relativa dei contributi individuali e degli interessi legittimi di tutti gli autori o artisti (interpreti o esecutori) interessati dall'applicazione del meccanismo di revoca da parte di un autore o artista (interprete o esecutore) che agisce a titolo individuale, laddove un'opera o altri materiali contengano il contributo di una pluralità di autori o artisti (interpreti o esecutori).*
>
> *Gli Stati membri possono escludere dall'applicazione del meccanismo di revoca opere o altri materiali che contengono generalmente contributi di una pluralità di autori o artisti (interpreti o esecutori).*
>
> *Gli Stati membri possono prevedere che il meccanismo di revoca possa applicarsi solo entro un determinato periodo di tempo, qualora tale restrizione sia debi-*

tamente giustificata dalle specificità del settore o dalla tipologia di opere o altri materiali protetti in questione.

Gli Stati membri possono disporre che gli autori o artisti (interpreti o esecutori) possano scegliere di porre fine all'esclusività di un contratto anziché revocare la licenza o il trasferimento dei diritti.

3. Gli Stati membri dispongono che la revoca di cui al paragrafo 1 possa essere esercitata solo dopo un lasso di tempo ragionevole in seguito alla conclusione dell'accordo di licenza o al trasferimento dei diritti. L'autore o artista (interprete o esecutore) informa la persona cui i diritti sono stati concessi in licenza o trasferiti e stabilisce un termine appropriato entro il quale deve avvenire lo sfruttamento dei diritti concessi in licenza o trasferiti. Allo scadere di tale termine, l'autore o l'artista (interprete o esecutore) può scegliere di porre fine all'esclusività del contratto anziché revocare la licenza o il trasferimento dei diritti.

4. Il paragrafo 1 non si applica se il mancato sfruttamento è principalmente dovuto a circostanze cui è ragionevolmente lecito attendersi che l'autore o l'artista (interprete o esecutore) possa rimediare.

5. Gli Stati membri possono disporre che qualsiasi disposizione contrattuale che deroga al meccanismo di revoca di cui al paragrafo 1 sia esecutiva solo se basata su un accordo collettivo"[65].

La disposizione è confluita nell'art. 110-*septies* LDA, nella seguente modalità:

"*1. L'autore o l'artista interprete o esecutore che ha concesso in licenza o trasferito in esclusiva i propri diritti relativi ad un'opera o ad altri materiali, in caso di mancato sfruttamento può agire per la risoluzione, anche parziale, del contratto di licenza o di trasferimento dei diritti dell'opera o degli altri materiali protetti, oppure revocare l'esclusiva del contratto. Si applicano le disposizioni del codice civile in materia di risoluzione contrattuale.*

2. Il comma 1 non si applica quando il mancato sfruttamento è dovuto a circostanze alle quali l'autore, l'artista interprete o esecutore può ragionevolmente porre rimedio.

3. Nel caso di opera collettiva la risoluzione di cui al comma 1 deve essere chiesta da tutti gli autori ed artisti interpreti o esecutori con il maggior rilievo nel contributo all'opera o all'esecuzione.

4. Salvo diversa previsione contrattuale o diversa disposizione di legge, lo sfruttamento dell'opera o della prestazione artistica deve avvenire nel termine stabilito dal contratto, comunque non superiore a cinque anni o a due anni successivi alla disponibilità dell'opera da parte dell'editore o del produttore. In mancanza, l'autore o artista interprete o esecutore assegna un termine congruo per lo sfruttamento dei diritti concessi in licenza o trasferiti. Decorso il termine, l'autore o l'artista interprete o esecutore può revocare l'esclusiva del contratto o risolvere il contratto, ai sensi del

---

[65] Per le prime valutazioni generali sulla portata innovativa della disposizione in esame, si rimanda a V. FALCE, M.L. BIXIO, *op. cit.*, p. 283 ss.

comma 1. Nel caso di opera collettiva, per l'assegnazione del termine e la risoluzione del contratto o la revoca dell'esclusiva si applica il comma 3.

5. Qualsiasi disposizione contrattuale in deroga al diritto di agire per la risoluzione o per la revoca di cui al comma 1 è nulla salvo che sia prevista da un accordo collettivo".

La scelta attuativa operata dal legislatore italiano è stata quella di attribuire all'autore e all'artista, in caso di mancato sfruttamento dei diritti, due opzioni: agire per la risoluzione contrattuale regolata dagli artt. 1453 ss. c.c., anche parziale[66], "*oppure*" per la revoca dell'esclusiva[67].

Il legislatore italiano indica poi i termini entro i quali deve avvenire lo sfruttamento: se esso è previsto contrattualmente, il termine non può essere superiore a cinque anni, se non è previsto, entro due anni dalla disponibilità dell'opera/materiale in capo all'editore e produttore[68].

Premesso che, come si legge, l'art. 110-*septies* prevede un meccanismo di dialogo in contraddittorio tra le parti contrattuali, individuo almeno tre problematiche applicative della disposizione in esame: 1. I contratti di cessione prevedono in molti casi vaghi obblighi di sfruttamento dei diritti ceduti, ove invece la controprestazione alla cessione/concessione è il pagamento di una percentuale dei ricavi ottenuti da tali sfruttamenti; 2. Per risolvere *ex* art. 1453 c.c., si richiede che l'inadempimento non debba essere "*di scarsa importanza*" *ex* art. 1455 c.c.; 3. Nel caso in cui i diritti siano intermediati da un organismo di gestione collettiva o da entità di gestione indipendenti, il meccanismo di revoca dell'esclusiva non sembra essere applicabile.

Una quarta problematica è relativa all'applicazione di tali disposizioni ai contratti stipulati prima del 7 giugno 2021, e sarà trattata nell'ultimo paragrafo.

Entrando nel merito della prima ipotesi, a fronte di un mancato sfruttamento il cessionario/concessionario potrebbe opporre il fatto che nel contratto di cessione/concessione non sia previsto un obbligo di sfruttamento e pertanto la risoluzione non sia operabile.

Non ritengo percorribile questa strada, per due motivi. Il primo riguarda lo spirito e le motivazioni che hanno portato il legislatore comunitario a predisporre il diritto di revoca, che non deve e non può dipendere dal fatto che nel contratto ori-

---

[66] La risoluzione parziale del contratto è prevista dall'art. 1458 c.c. in riferimento ai contratti ad esecuzione continuata o periodica.

[67] In tema di obbligazioni e contratti, la revoca è utilizzata in più contesti, come per esempio negli artt. 1328 (Revoca della proposta), 1329 (Proposta irrevocabile), 1331 (Opzione) 1333 (Contratto con obbligazioni del solo proponente) e così via.

[68] Forse sarebbe stato meglio aver utilizzato l'espressione "*la parte con cui hanno stipulato un contratto per lo sfruttamento dei diritti o gli aventi causa*" utilizzata negli articoli precedenti, piuttosto che i termini "*editore*" e "*produttore*" che mi sembrano limitativi.

ginariamente stipulato sia previsto o meno un obbligo di sfruttamento a carico del cessionario/concessionario. La volontà del legislatore è quella di fornire uno strumento all'autore e all'artista che consenta di rimettere in circolazione nel mercato la propria opera e materiale, eventualmente con un altro soggetto [69], che condiziona la propria collaborazione con la cessione dei diritti di sfruttamento [70]. Possiamo anche aggiungere che in molti casi il possibile venir meno dell'"*intuitu personae*" che caratterizza i rapporti tra autori e artisti e i loro cessionari/concessionari, porta questi ultimi a non effettuare ulteriori sfruttamenti dell'opera/materiale, a rimuovere dalla circolazione queste ultime e a dimostrare completo disinteresse sulla loro sorte.

Il secondo riguarda invece l'individuazione della causa del contratto di cessione/concessione, elemento essenziale del contratto *ex* art. 1325 c.c. la cui mancanza comporta la nullità del contratto *ex* art. 1418 c.c.

È noto che il codice civile non offre una definizione del concetto di causa del contratto, e che dottrina e giurisprudenza hanno offerto in passato diverse orientamenti. In tempi recenti la Corte di Cassazione ha inteso definire il concetto di causa come "*l'interesse da soddisfare, lo scopo pratico del negozio, la sintesi cioè degli interessi che lo stesso è concretamente diretto a realizzare, quale funzione individuale della singola e specifica negoziazione, al di là del modello astratto utilizzato*" [71].

In sostanza, la causa è la sintesi degli interessi reali (concreti) che il contratto è diretto a perseguire. Nei contratti di cessione/concessione dei diritti di sfruttamento di un'opera o un materiale protetto, salvo il caso in cui il cessionario/concessionario sia l'utilizzatore finale, l'interesse perseguito dall'autore e artista è la circolazione dell'opera / materiale nel pubblico, a cui consegue l'obbligo, da parte del cessionario/concessionario, a sfruttare, anche in mancanza di una previsione specifica inserita nel contratto [72].

---

[69] "*... che consenta loro di trasferire o concedere in licenza ad un'altra persona i loro diritti...*" considerando n. 80 della Direttiva.

[70] Considerando n. 80: "*Se tali diritti sono stati trasferiti su base esclusiva, gli autori e gli artisti (interpreti o esecutori) non possono rivolgersi a un altro partner affinché le loro opere o esecuzioni vengano sfruttate. In tal caso, e dopo un lasso di tempo ragionevole, gli autori e gli artisti (interpreti o esecutori) dovrebbero potersi avvalere di un meccanismo di revoca dei diritti che consenta loro di trasferire o concedere in licenza ad un'altra persona i loro diritti*".

[71] Così Cassazione civ., sez. un., sent. 6 marzo 2015, n. 4628, che richiama orientamenti precedenti della Corte di Cassazione.

[72] L'obbligo di sfruttare può essere considerato "*un effetto naturale di qualsiasi contratto con cui l'autore dispone dei diritti di utilizzazione anche in vista della divulgazione dell'opera. Lo si ricava in via di analogia juris non solo dalla disciplina dei contratti di edizione, rappresentazione ed esecuzione, ma anche da altre disposizioni che pongono tale obbligo a carico di chi abbia acquistato diritti di utilizzazione in virtù di contratti diversi, ma aventi tutti alla base l'interesse dell'autore alla divulgazione (così l'art. 39 in caso di articoli di giornale, gli artt. 35-37 in caso di opere composte, e l'art. 50 in materia cinematografica). Il principio che si ricava da tutte tali disposizioni è che l'avente causa dell'autore è tenuto ad esercitare il diritto acquistato tutte le volte in cui alla base del contratto vi sia l'interesse dell'autore alla divulgazione dell'opera*" P. AUTERI, *Il*

Il mancato sfruttamento dovrebbe perciò comportare la risoluzione per inadempimento del contratto a prescindere dalla presenza o meno di una specifica previsione di obbligo di sfruttamento [73] dei diritti acquisiti.

---

diritto d'autore nella circolazione giuridica, in *Diritto Industriale. Proprietà Intellettuale e Concorrenza*, Seconda edizione, Giappichelli, Torino, 2005, p. 600.

[73] In senso contrario Trib. Firenze, sent. n. 1094 del 12 aprile 2023, inedita al momento della redazione del capitolo, nel quale si sostiene, in tema di contratto di edizione musicale, che "*col contratto sono stati ceduti diritti di sfruttamento e non obblighi di sfruttamento; sicché il mancato esercizio di quei diritti non può configurare inadempimento*". Al contrario, in passato, la giurisprudenza di merito aveva affermato che "*l'interesse che porta le parti a concludere il contratto di edizione musicale non si esaurisce nella pubblicazione, ma riguarda, in effetti la commercializzazione dell'opera, cioè la sua distribuzione e diffusione, poiché è attraverso queste attività che l'opera può avere successo e vedere moltiplicarsi il numero e le forme delle sue utilizzazioni. In conclusione il contratto di edizione musicale va considerato un contratto atipico, regolato dai principi generali del diritto (quindi dalle norme del Codice Civile sui contratti in generale) o misto (cessione/mandato), in ragione del vero interesse economico che il contratto sottende: la cessione di tutti i diritti di sfruttamento economico dell'opera, al fine - cui si indirizzano entrambi i contraenti - di suo utilizzo mediato dagli interpreti ed esecutori, tramite: la pubblica esecuzione, la riproduzione fonografica, la diffusione radiofonica, le sincronizzazione su colonne sonore di audiovisivi, lo sfruttamento pubblicitario; tutte forme di utilizzazione economica che assumono in questo particolare tipo di contratto, stante la natura dell'opera che ne è oggetto, un'importanza assai maggiore della pubblicazione a stampa delle partiture. Il ruolo che svolge l'editore è, quindi, quello della gestione e la divulgazione dell'opera nell'interesse congiunto suo e dell'autore. In ragione della cessione è l'editore che negozia con gli utilizzatori finali i diritti che ha acquistato e che riceve da questi degli introiti (cd. altri diritti), che sono autonomi e diversi rispetto alle royalty che la Siae, o le altre collecting society, periodicamente distribuiscono ai propri aderenti (cd. diritti Siae) cui l'editore, depositando l'opera a stampa, dà generalmente mandato in esclusiva di gestire e riscuotere i diritti fonoriproduzione e di pubblica esecuzione (i diritti relativi all'attività di intermediazione per l'esercizio dei diritti di riproduzione meccanica c.d DRM e di esecuzione musicale - c.d DEM - nonché di quelli derivanti da radiodiffusione e comunicazione al pubblico via satellite). Quindi, a ben vedere, il vero compito dell'editore musicale (quello che è di sua pertinenza dopo il conferimento del mandato alla Siae di riscuotere i diritti per certi tipi di utilizzazione) è proprio quello della promozione dell'opera e della sua pubblicazione attraverso tutte le forme possibili di utilizzazione economica, quali, certamente, la pubblicazione a stampa, la sincronizzazione su colonne sonore di audiovisivi, lo sfruttamento pubblicitario. - E si comprende bene che è proprio l'obbligo di realizzare questa attività di commercializzazione che giustifica, nell'economia del contratto, il correlato obbligo dell'autore di cedere "in esclusiva" "tutti" i diritti di sfruttamento economico, ed il fatto che a tali correlati obblighi prestazionali siano collegati rispettivamente il diritto di percepire le royalty di 'quota editore' e di percepire le royalty di 'quota autore'. Pertanto si deve concludere che l'editore, cessionario dei diritti di utilizzazione economica dell'opera, abbia un obbligo di prestare la sua opera in funzione della promozione e commercializzazione dell'opera in tutte le possibili forme, in quanto esso deriva - anche quando ciò non sia esplicitamente previsto nel contratto proprio dal fatto che egli ha ottenuto una cessione esclusiva di ogni diritto di utilizzazione economica a titolo oneroso, verso, un corrispettivo che, in quanto commisurato agli utili conseguiti, è in effetti condizionato e commisurato al successo di diffusione dell'opera. In altre parole, la cessione dei diritti di utilizzazione economica dell'opera musicale pone come controprestazione primaria della cessione l'obbligo di pubblicazione dell'opera attraverso tutte le possibili forme di divulgazione e promozione che ne costituiscano l'utilizzazione economica*" (Trib. Milano, n. 9232/2016 in Riv. Dir. Aut, SIAE 2016, 3, pagg. 470 e ss. con nota di MARIA LETIZIA BIXIO).

Non ho dubbi che il mancato sfruttamento possa essere considerato un inadempimento "*non di scarsa importanza*" *ex* art. 1455 c.c., rilevo il fatto che se, come stabilisce il primo comma dell'art. 110-*septies* LDA, si devono applicare le "*disposizioni del codice civile in materia di risoluzione contrattuale*", il Tribunale chiamato a dichiarare tale risoluzione sarà costretto a indagare sulla gravità dell'inadempimento [74], ma questo (ulteriore) passaggio mi sembra contrario al disposto della Direttiva [75].

In sostanza, anche in questo caso concordo col fatto che nell'applicazione sostanziale della norma ogni valutazione va fatta caso per caso, esaminando tutte le circostanze specifiche del mancato sfruttamento.

Vi sono infine contesti ove l'esercizio del diritto di revoca dell'esclusiva si presenta estremamente difficoltoso, soprattutto nei casi in cui i diritti dell'autore siano gestiti da un organismo di gestione collettiva o da entità di gestione indipendenti, poiché la revoca non si concilia con la suddivisione delle quote dei proventi che sono percepiti da tali intermediari a fronte degli sfruttamenti dei repertori in gestione. Penso al caso di un compositore che revoca l'esclusiva concessa all'editore musicale, per poter sfruttare la sua opera con un altro editore musicale. In che modo quest'ultimo potrà regolare il rapporto con la OGC o con le EGI per l'intermediazione? Non credo vi sia attualmente una risposta possibile.

Le previsioni di cui ai co. 2 e 3 dell'articolo non necessitano di particolari osservazioni.

6. La procedura alternativa di risoluzione delle controversie: cenni

Concordemente alle osservazioni del considerando n. 79, riportato nella premessa del capitolo, il legislatore comunitario prevede all'art. 21 della Direttiva la possibilità di devolvere le controversie relative all'obbligo di trasparenza e al meccanismo di adeguamento contrattuale a una "*Procedura alternativa di risoluzione delle controversie*":

> *Gli Stati membri dispongono che le controversie relative all'obbligo di trasparenza di cui all'articolo 19 e al meccanismo di adeguamento contrattuale di cui all'articolo 20 possano essere oggetto di una procedura alternativa di risoluzione delle controversie, su base volontaria. Gli Stati membri provvedono a che gli organismi rappresentativi degli autori e degli artisti (interpreti o esecutori) possano*

---

[74] Sul tema si veda Cassazione civ., sent. n. 34 del 3 gennaio 2017.

[75] È stata proposta la tesi secondo la quale il testo dell'art. 110-*septies* LDA preveda una vera e propria clausola risolutiva espressa *ex* art. 1456 c.c. Se così fosse, verrebbe meno il requisito della "*non scarsa importanza*" dell'inadempimento di cui all'art. 1455 c.c. A. BURA, *op. cit.*, p. 320.

avviare tali procedure su richiesta specifica di uno o più autori o artisti (interpreti o esecutori).

Tale disposizione è confluita nell'art. 110-*sexies* LDA, che dispone:

> *1. Per la risoluzione delle controversie aventi ad oggetto gli obblighi di trasparenza di cui all'articolo 110-quater e il meccanismo di adeguamento contrattuale di cui all'articolo 110-quinques, ciascuna delle parti può rivolgersi all'Autorità per le garanzie nelle comunicazioni, che risolve la controversia nel termine di novanta giorni dalla richiesta, in conformità a quanto stabilito da apposito regolamento, da adottare entro sessanta giorni dalla data di entrata in vigore della presente disposizione, fermo restando il diritto di adire l'autorità giudiziaria.*
> *2. La procedura di risoluzione della controversia di cui al comma 1 può essere avviata anche dagli organismi rappresentativi degli autori e degli artisti interpreti o esecutori, su richiesta specifica di uno o più autori o artisti interpreti o esecutori.*

Per la bozza di Regolamento valgono le osservazioni svolte al par. 3 e alla nota 19. Prevedendo un meccanismo di ADR su base volontaria, il legislatore europeo sembra cosciente del fatto che gli obblighi sopra descritti possano portare a una possibile proliferazione delle cause giudiziali [76].

7. L'applicazione nel tempo

Il legislatore comunitario dispone, all'art. 26, le regole di "*Applicazione nel tempo*" della Direttiva nei seguenti termini:

> "*1. La presente Direttiva si applica a tutte le opere e altri materiali protetti dal diritto nazionale nel settore del diritto d'autore al 7 giugno 2021 o in data successiva.*
> *2. La presente Direttiva si applica fatti salvi gli atti conclusi e i diritti acquisiti prima del 7 giugno 2021*".

Tale disposto è confluito nell'art. 3 del d.lgs. 177/2019 intitolato "*Disposizioni transitorie e finali*" che stabilisce che "*1. Le disposizioni del presente decreto si applicano anche alle opere e agli altri materiali protetti dalla normativa nazionale in materia di diritto d'autore e diritti connessi vigente alla data del 7 giugno 2021. Sono fatti salvi i contratti conclusi e i diritti acquisiti fino al 6 giugno 2021*".

Il legislatore italiano ha voluto precisare, con l'uso della congiunzione "*anche*", che le disposizioni della Direttiva si applicano a tutte le opere e ai materiali ancora sotto tutela alla data del 7 giugno 2021.

---

[76] Così A. BURA, *op. cit.*, p. 311.

In secondo luogo, il sostantivo "*atti*" della Direttiva è sostituito con il termine "*contratti*". Questa sostituzione mi sembra limiti la portata dell'applicazione della Direttiva, poiché il significato di "*atto*" è ben più ampio di quello di "*contratto*".

Per atto giuridico in senso lato, se è questo il significato che vogliamo dare al termine "*acts*" che troviamo nella versione inglese del testo della Direttiva, si intende qualsiasi manifestazione di volontà, di scienza o di giudizio (ovvero, in generale, qualunque atto umano) capace di produrre effetti giuridici (definizione tratta dal Dizionario Treccani).

La definizione di contratto dell'art. 1321 c.c. è ben nota: "*Il contratto è l'accordo di due o più parti per costituire, regolare o estinguere tra loro un rapporto giuridico patrimoniale*".

Il contratto è solo, e non l'unica, una delle fonti delle obbligazioni *ex* art. 1173 c.c.: "Le obbligazioni derivano da contratto, da fatto illecito, o da ogni altro atto o fatto idoneo a produrle in conformità dell'ordinamento giuridico"

In terzo luogo, ci si è chiesto se il legislatore, quantomeno quello italiano, abbia inteso che le norme che abbiamo sopra esaminato siano applicabili ai contratti conclusi a partire dal 7 giugno 2021, e siano conseguentemente non applicabili a quelli vigenti e a quelli conclusi prima di tale data, ovvero entro il 6 giugno 2021.

Una interpretazione in tal senso non sembra essere accettabile e in linea con le indicazioni della Corte di Giustizia Europea.

Più volte quest'ultima ha ricordato che, sebbene la nuova legge abbia validità solo per l'avvenire, essa si applica anche, salvo deroga, agli effetti futuri di situazioni sorte in vigenza della vecchia legge. Del pari, "*come risulta sempre da una giurisprudenza costante della Corte, la sfera di applicazione del principio della tutela del legittimo affidamento non può essere estesa fino ad impedire, in generale, che una nuova disciplina si applichi agli effetti futuri di situazioni sorte sotto l'impero della disciplina anteriore* (sentenza Stadt Papenburg, C-226/08, EU:C:2010:10, punto 46 e giurisprudenza ivi citata)" [77].

Applicando il principio alle norme in esame, si può concludere che le stesse

---

[77] Corte di Giustizia Europea, sez. V, sent. 3 settembre 2015 n. C-89/14: "*Al riguardo si deve ricordare che, secondo una giurisprudenza costante della Corte, il principio della certezza del diritto osta a che un regolamento venga applicato retroattivamente, vale a dire a una situazione acquisita anteriormente alla sua entrata in vigore, e ciò a prescindere dalle conseguenze favorevoli o sfavorevoli che una siffatta applicazione potrebbe avere per l'interessato; lo stesso principio esige che qualsiasi situazione di fatto venga di regola, purché non sia espressamente disposto il contrario, valutata alla luce delle norme giuridiche vigenti al momento in cui essa si è prodotta. Tuttavia, sebbene la nuova legge abbia quindi validità solo per l'avvenire, essa si applica anche, salvo deroga, agli effetti futuri di situazioni sorte in vigenza della vecchia legge (v., in tal senso, sentenza Bavaria, C-120/08, EU:C:2010:798, punti 40 e 41 e giurisprudenza ivi citata)*". Sembra utile anche richiamare la nota sentenza n. C-60/98 del 29 giugno 1999, "*Carosello*" in tema di reviviscenza dei diritti d'autore in *AIDA*, Giuffrè, Milano, 1999, p. 576, parr. 24 e 25. Sul tema, *amplius*, L.C. UBERTAZZI, *Durata dei diritti connessi e diritto transitorio*, in *Dir. inf.*, 1998, pp. 723-724, e M. BERTANI, *Diritto d'autore europeo*, Giappichelli, Torino, 2011, p. 254.

siano applicabili a tutti i contratti di cessione/concessione stipulati antecedentemente alla data del 7 giugno 2021 [78] relativi a opere e materiali ancora protetti a tale data.

Da ultimo, con riguardo alla decorrenza dei termini da cui è applicabile il sistema della revoca dei diritti, *ex* art. 110-*septies* [79], ritengo che se essi siano già trascorsi alla data del 7 giugno 2021, l'autore e l'artista possano procedere nei confronti del cedente/cessionario nei termini sopradetti per la risoluzione contrattuale.

---

[78] In senso contrario la già citata Trib. Firenze, sent. 1094/2023, inedita "*Ora, il dato letterale di tali disposizioni è chiaro nell'escludere dall'ambito applicativo della richiamata disciplina i contratti conclusi e i diritti acquisiti fino al 6 giugno 2021. E poiché nel caso di specie il contratto concluso con la convenuta risale al 1993 non pare proprio che ci siano margini per l'applicazione del nuovo istituto della revoca introdotto dalla Direttiva del 2019 e recepito col decreto del 2021*".

[79] Co. 4, …*termine stabilito dal contratto, comunque non superiore a cinque anni o a due anni successivi alla disponibilità dell'opera da parte dell'editore o del produttore…*

Finito di stampare nel mese di aprile 2024
nella Rotolito S.p.A. – Via Sondrio, 3
20096 Pioltello (MI)